经河南省普通高等教育教材建设指导委员会审定

河南省"十二五"普通高等教育规划教材

高职高专"十二五"财经类专业规划教材

财政与金融教程

CAIZHENG YU JINRONG JIAOCHENG

李　光　主编

张　辉　审定

河南科学技术出版社

·郑州·

图书在版编目(CIP)数据

财政与金融教程/李光主编.—郑州:河南科学技术出版社,2015.2
河南省"十二五"普通高等教育规划教材
ISBN 978-7-5349-6961-4

Ⅰ.①财… Ⅱ.①李… Ⅲ.①财政金融-高等职业教育-教材
Ⅳ.①F8

中国版本图书馆CIP数据核字(2014)第017052号

出版发行:河南科学技术出版社
地址:郑州市经五路66号　　邮编:450002
电话:(0371)65788001　65788622
网址:www.hnstp.cn
策划编辑:马国宝
责任编辑:杨艳霞
责任校对:柯　姣
封面设计:张　伟
版式设计:栾亚平
责任印制:张艳芳
印　　刷:焦作市海德瑞印务有限公司
经　　销:全国新华书店
幅面尺寸:185 mm×260 mm　　印张:22.5　　字数:520千字
版　　次:2015年2月第1版　2015年2月第1次印刷
定　　价:39.80元

河南省“十二五”普通高等教育规划教材

《财政与金融教程》编写人员名单

主　编　李　光

副主编　李　琰　汤晓阳　宋晓薇　李小典

编　委　（以姓氏笔画排序）

邓　瑜　汤晓阳　李　光　李　琰　李小典

杨　峰　宋晓薇　张雪凤　蔡兆瑞

前 言

根据教育部高职高专教材建设规划要求，我们基于经济理论与实际经济生活相结合的原则编写了本教材。

本教材包括财政与金融两个方面的内容，重点阐述了财政与金融学科的基本知识、基本原理和实务。财政部分主要阐述了财政的特征与职能、财政支出、购买性支出、转移性支出、财政收入、税收、国债、政府预算等；金融部分主要阐述了金融的构成、信用、利率、货币与货币流通、金融机构体系、商业银行、金融市场、国际金融、中央银行与货币政策、通货膨胀与通货紧缩等。

本教材具有以下几个方面的特点：

一是编写目的明确。教材编写力求与高职高专类院校培养目标一致，特别适合作为财经类相关专业基础课教材。

二是知识新颖。力求反映当今国内外财政金融领域的最新理论动态和实践的最新发展。

三是知识呈现方式灵活。每章都设有学习目标、知识链接、本章小结、思考与练习等内容，供教师和学生参考。

四是体系完整。本教材基本涵盖了财政与金融领域的热点问题，内容翔实，条理清楚。

五是理论联系实际，突出实践性。每章都安排有引导案例、案例分析，注重培养和提高学生分析问题和解决问题的能力。

本教材既可作为高职高专院校财经类专业的教材，也可以作为广大经济工作者的学习和参考用书。

本教材由李光担任主编，负责拟定编写大纲和书稿总纂。李琰、汤晓阳、宋晓薇、李小典担任副主编。具体编写分工是：杨峰撰写第一章、第二章，张雪凤撰写第三章、第八章，汤晓阳撰写第四章、

第十五章，宋晓薇撰写第五章、第六章，李光撰写第七章，邓瑜撰写第九章、第十章，李小典撰写第十一章、第十六章，李琰撰写第十二章、第十四章，蔡兆瑞撰写第十三章。

本教材在编写过程中，参阅了国内外的一些重要文献资料、同行专家的专著和一些知名网站的网络资源，在此对这些前辈、专家、学者深表谢意。

本教材在编写过程中虽经过多次的研讨修改，但由于编写时间紧迫和编者水平所限，书中可能存在错误和不当之处，敬请专家、读者批评指正。

编　者

2015 年 1 月

目 录

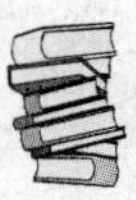

第一章 财政概述

学习目标

知识目标

1. 了解财政产生的政治经济条件和财政的发展历史。
2. 理解财政和公共财政的概念和特征。
3. 掌握财政在市场经济条件下的职能和作用。

能力目标

1. 能够辨别生活中的财政和非财政现象。
2. 能够对国家有关财政的方针、政策和法规进行分析。
3. 能够分析市场和政府之间的关系。

引导案例

2014 财政报告解读：财力更多用于民生

2014 年，是我国全面深化改革的开局之年。财政作为国家治理的基础和重要支柱，预算报告的重点是什么？又有哪些新亮点和新看点？

亮点一：突出财税改革“重头戏”，加快建立现代财政制度。今年财政报告专门介绍了 2014 年财税改革工作重点和财税政策，从预算管理制度、税收制度和财政体制三个方面提出了一系列的改革措施，并对支出预算和政策进行了重点说明。“不但要让公众知道财政收了多少钱、花了多少钱，还要让公众了解财政收入是怎么收上来的，支出政策和支出重点是什么。”财政部财科所副所长白景明认为，这样可以进一步增强透明度，让社会各界对预算和财政政策有一个更全面的了解。

亮点二：四大预算统筹财力，更多调入公共财政。这一改革着眼点，就是在现有财力的基础上，怎么把钱花得更有效益，更多地向民生领域倾斜。在统筹财力的同时，进一步盘活财政存量资金，腾出资金重点用于农业、教育、社会保障、卫生、大气污染治理和生态环境保护等领域的支出。

亮点三：优化支出结构，重点支出据实安排不“填空”。支出结构合理、重点突出，稳增长、惠民生、调结构等重点支出得到保障；我国继续实施积极的财政政策，适当扩大财政赤字，可以保持一定的刺激力度；同时赤字率保持不变，体现了宏观政策的稳定性和连续性，有利于经济持续健康发展和财政平稳运行。

（资料来源：人民日报，2014 年 3 月 6 日）

第一节　财政的产生与发展

一、财政现象

在现实社会经济生活中，时时处处都存在着财政现象，从人们的衣食住行到国家的政治活动、经济建设、社会发展，财政渗透到每一个领域。例如，关系到国计民生的长江三峡水利枢纽建设工程、南水北调工程、西气东输工程等大部分建设项目是国家财政投资兴建的；2008 年“5·12”四川汶川大地震及 2014 年夏季威马逊台风登陆海南等灾害发生后，国家财政迅速对灾区实施救助；成功举办第二十九届夏季奥运会；等等。诸如此类的财政现象还有很多，这些财政活动关系到每一个企事业单位和每一个社会成员的切身利益，同时，人们也总在主动或被动地参与着财政活动。每一个社会成员之所以都要通过各种渠道、以各种方式与财政发生联系，是因为他们时时都要从政府那里享受各种形式的公共服务以满足自己及家庭的需要，同时也要为接受这类服务而支付费用。

1. 人们可以从政府那里得到的公共服务

（1）国防、公安、司法及国家机关是靠财政拨款维持运行的。它们的良好运行，是维持人们的正常生活秩序及生命财产安全的可靠保证。这是任何一个国家的政府必须为民众提供的最基本的公共服务。

（2）遍布全国的铁路、公路网，桥梁，城镇的供水、排水、煤气系统，农村的大型水利工程灌溉系统，以及其他大型公共工程等社会生产和生活基础设施，大多数都是由政府财政投资兴建的。这些基础设施为人们的生产、生活提供了便利。

（3）大型发电站、钢铁厂、煤矿、油田等大中型企业是由政府财政出资兴建的。这些企业为国民经济的运行提供了大量的电力、能源、原材料等必要产品，为整个国民经济的发展、人民群众物质文化生活水平的提高奠定了雄厚的物质基础。

（4）幼儿园、学校、医院、科学研究机构等事业单位大多数是靠财政出资建立并且靠财政拨款维持与发展的。居民个人的健康成长乃至全民族科技文化素质和身体素质的提高，都与这些事业单位的建立与发展密切相关。

（5）政府通过财政活动，直接或间接地为社会提供了大量的工作岗位和就业机会。

（6）城镇居民和农民都不同程度地享受由财政支付的各种福利和补贴。

2. 人们为接受政府提供的公共服务所支付的项目

政府为民众办事并不是一种无偿的、额外的恩惠，因为政府提供的各种公共服务要消费掉一定的人力、物力、财力，这些支出必须从民众个人收入中扣除或暂借。人们为接受政府提供的公共服务所支付的项目有：

（1）企业、单位和个人要按国家税法的规定，把收入的一部分以税收的形式直接向国家财政缴纳，或在购买商品和劳务时，将“税”隐含在商品和劳务的价格之中间接缴纳给国家财政。

（2）企业、单位和个人办理户口登记、结婚登记、出国护照、驾驶证等各种证照向政府上交的规费。

（3）企业、单位和个人使用公共设施、公有资源要上交的使用费。

（4）企业、单位和个人以自愿或非自愿的形式购买政府发行的各种形式的债券。

上述种种现象，就是与人们生活息息相关的人们能直接感知的财政现象。透过现象看本质，上述各种活动都是以政府为主体的一种货币收支活动。政府为提供公共服务而出资、拨款及进行各种支付的过程，表现为政府支出；政府为筹措提供公共服务所需的资金而征税、举债及收取各种规费和使用费的过程，表现为政府收入。这种由政府进行的收支活动，就是我们通常所说的财政或财政活动，而政府的支出和政府的收入也就是我们通常所说的财政支出和财政收入。

二、财政的产生

财政是个分配问题，属于经济范畴，同时，它又是一个历史范畴。它作为国家作用于经济的产物，是从产品分配中独立出来的一个分配范畴，是人类社会发展到一定历史阶段的产物。财政的产生必须具备两个最基本的条件，一个是经济条件，另一个是政治条件。

1. 社会生产力的发展、剩余产品的出现是财政产生的经济条件

在生产力极其低下的原始公社时期，人们共同参加劳动，共同占用生产资料。劳动产品在氏族成员之间平均分配，以维持氏族成员最低限度的生活需要。这个时期没有剩余产品，很明显也不会产生私有制。在原始社会末期，随着社会分工的出现，社会生产力有了很大发展，出现剩余产品，相应产生了必须由剩余产品予以满足的社会共同需要。因此，社会生产力的发展和剩余产品的出现是财政产生的经济条件。

2. 国家的产生是财政产生的社会政治条件

随着生产力的发展，出现了私有制，人类社会分裂为奴隶阶级和奴隶主阶级两个根本对立的阶级。由于两个阶级之间经济利益不可调和，客观上需要一种日益同社会脱离又凌驾于社会之上的政治力量，把阶级冲突保持在“秩序”许可的范围以内，这个力量就是国家。

国家是从社会中产生但又自居社会之上并且日益同社会脱离的力量。这个庞然大物要行使它的权力、实现它的职能，就需要消费相当数量的物质资料。而国家机器本身并不是创造社会财富的生产组织，不能为自身提供任何物质资料，它所需要消费的物质资料就只能依靠国家的权力采取强制的手段将物质领域生产的一部分物质产品无偿地转化为国家所有，以满足国家实现其职能的需要，这样，就在整个社会产品分配中出现了以国家为主体的依靠权力进行的分配现象，即财政分配。

综上所述，对于财政产生的条件可以归纳为：生产力的发展和剩余产品的出现为财政产生提供了物质条件，使财政的产生成为可能；社会生产力发展到一定水平，剩余产品的规模达到相当程度后，公共权力——国家的产生，为财政产生奠定了政治基础。虽然财政的产生与国家的出现相联系，这决不意味着财政是由国家权力创造的。财政随着国家的产生而产生，是指国家是财政分配从一般经济分配中独立出来的原因，但其根本的、首要的原因还是生产力和生产关系的发展，财政产生后，决定财政的根本原因也还是经济条件，而不是国家权力。

三、财政的发展

作为一个历史范畴和经济范畴，财政与国家有着天然的本质联系。财政随着国家的出现而产生，也随着国家的发展而发展。国家性质的变化、社会制度的演进，都会在财政的收支内容和分配特点上有所反映。迄今为止，国家制度的发展共经历了四种不同的社会形态，与此相应也存在着四种形态的国家财政，即奴隶制国家财政、封建制国家财政、资本主义国家财政和社会主义国家财政。

1. 奴隶制国家财政

奴隶制国家财政，是奴隶制国家政府为实现其职能，对社会剩余产品和部分必要产品所进行的集中性分配，反映着奴隶主阶级剥削和掠夺奴隶阶级的分配关系。奴隶制国家的财政收入主要来源有王室土地收入、贡赋收入、捐税收入、战争掠夺收入。奴隶制国家的财政支出主要内容有军事支出、祭祀支出、王室费用支出、官吏俸禄支出、建设性支出。

2. 封建制国家财政

封建制国家财政，是封建制国家政府为实现其职能，对一部分社会产品所进行的强制、无偿性分配，反映着封建地主阶级剥削农民阶级和其他劳动者的分配关系。封建制国家的财政收入来源主要有赋税收入、官产收入、专卖收入和国债收入。封建制国家的财政支出内容主要包括军事支出、国家机构经费支出、封建宗教和文化支出。此外，皇室费用支出、官吏俸禄支出、农田水利建设、发展生产支出、债务支出和战争赔款等，也都属于封建国家财政支出的内容。

3. 资本主义国家财政

资本主义国家财政，是资本主义国家政府为实现其职能，对一部分社会产品以价值形式所进行的强制、无偿性分配，反映着资产阶级剥削无产阶级和其他劳动者的分配关系。资本主义国家财政收入的主要来源包括税收收入、国家债务收入和财政性货币发行收入。资本主义国家财政支出的主要内容包括军费支出、行政经费支出、社会保障和社会福利支出、国家投资支出和债务支出。

4. 社会主义国家财政

社会主义国家财政，是社会主义国家政府为实现其职能，对一部分社会产品所进行的集中性分配，它体现着国家利益与全体劳动人民根本利益相一致的分配关系。社会主义国家财政收入的主要来源包括税收收入、国有企事业收入、专项收入、债务收入和其他收入，如规费收入、罚没收入、国家资源管理收入、公产收入、国有土地使用权出让收入等。社会主义国家财政支出的主要内容包括经济建设支出、社会文教支出、行政管理支出和国防建设支出。此外，社会主义国家的财政支出还包括债务支出、援外支出、支援不发达地区支出，以及形式多样的转移支付等。

四、财政的概念与特征

财政产生以后，随着社会生产方式的变革和国家的更替，财政也在不断地发展和变化，然而，财政作为一种分配范畴，无论在何种社会形态下都有其固有的共性。从

财政的本质及其基本特征出发，并立足社会主义市场经济的体制环境，财政这一经济范畴的定义概括为：财政是以国家为主体，通过政府收支活动，集中一部分社会资源，用于履行政府职能和满足社会公共需要的经济活动。对于财政的含义和特征，可以从以下几个方面进行理解。

1. 财政分配的主体是国家

财政分配是以国家的存在为前提的，由国家来组织，国家在财政分配中居于主导地位，这使得财政分配作为一种分配范畴，与国民收入的其他分配，诸如企业财务分配、个人收入分配、价格分配、银行信用分配等形成很显著的差异，这是财政区别于其他分配范畴的基本特征之一。

（1）财政分配以国家为前提。国家直接决定着财政的产生、发展，决定着财政分配的范围。没有国家这一分配主体，就没有国家财政的存在。或者说，不是以国家为主体的分配，就不属于财政分配范畴。

（2）在财政分配中，国家总是处于主动的支配地位。国家是财政分配活动的决定者与组织者。在财政分配的各项活动中，无论是收支的方式、渠道，还是收支的规模、比例等都是由国家确定的，都取决于国家的意志。而参与分配的另一方总是处于被动的、从属的地位，是按照国家的意志行事的具体执行者。

（3）财政分配是以国家制定的法律制度为依据进行的。当国家参与社会产品分配时，必然会与各类社会经济组织和社会公民个人在物质利益上产生矛盾。为协调和处理这一矛盾，国家便凭借法律或行政权力对社会经济关系进行强制处理，这就使财政分配具有强制性。从局部来看，这种强制性是违背社会经济组织和公民的意愿的；但从全局来看，这种强制性却是符合社会经济组织和全体公民利益的。

2. 财政分配的对象是社会产品

从财政分配的客体来考察，财政分配的对象是社会产品的一部分。按照我们对社会产品的分析，全部社会产品是由补偿生产资料消耗（C）部分、劳动者个人收入（V）部分和剩余产品价值（M）部分所组成的。从财政的实际运行情况来看，财政收入中既包含剩余产品价值（M）部分，也包含劳动者个人收入（V）部分。就全部收入而言，我国财政分配的对象主要是剩余产品价值（M）部分；但从社会经济的发展来看，劳动者个人收入（V）部分对财政分配的影响作用越来越大。

3. 财政分配的目的是保证国家实现其职能的需要

财政分配的目的是保证国家实现其职能的需要，任何社会形态的国家都有其职能，国家的职能体现国家的性质与统治者的意志。无论在何种社会形态下，财政分配总是围绕着实现国家职能的目的而进行的。在市场经济条件下，财政分配的目的直接表现为满足社会公共需要。

4. 财政是一种集中性的、全社会范围内的分配

财政分配是宏观经济问题，是在全社会范围内进行的集中性分配，财政收入涉及社会生产与生活的各个领域。财政支出也涉及社会的各个方面，在一个国家内，任何微观经济组织与个人都囊括在财政分配范围之内。因此，国家在组织财政收入和安排支出时，都要以社会总体的发展为目标，不仅要考虑政府部门的自身利益，而且要考虑其对整个国民经济的影响。财政活动的主体是政府，政府作为整个社会代表的身份及其所履行的社会职能，决定了财政活动要在全社会范围内集中地进行。

5. 财政分配是一种无偿性的分配

财政分配是为了满足国家行使其职能的需要而进行的，而任何社会形态下的国家都是非生产性的，这就需要财政分配要无偿地进行。无偿性表现为财政在筹集资金、使用资金等方面都不需要偿还，收与支都是价值的单方面转移。随着财政收支活动，其资金的所有权也随之改变。这种特征与银行信用的有偿分配有根本区别。当然，随着财政收支范畴不断扩展，除无偿的基本形式之外，国家也运用信用方式来有偿分配资金，从而形成财政分配调剂形式。但这种形式只是财政分配的一种补充，并不影响财政分配在整体上和本质上的无偿性特征。

知识链接

中国古代国家财政机构

早在《周礼》一书中就记述了周朝关于国家财政国库机构的组织状况，天官中的财务职责主要是支出，地官中的财务职责主要是收入。

统一的秦王朝建立后，财政管理机构在九卿中有少府卿和治粟内史。西汉沿袭秦制，皇室库与国库有时互守领域，但更多的时间是互相调拨使用。进入魏晋南北朝时期，财权集中于宫廷机构，由皇帝通过尚书直接掌握整个财政活动，国库变成了皇帝的私库。

隋朝建立后，国库管理走上了正常轨道。隋统治者将内库与国库划分开，适应了国家统一和中央集权制度的发展，国库独立体制的确立符合历史的进程。唐朝贞观二十三年（649 年）设立户部。宋初，以天下财计归之三司，三司设有使、副使、判官等。三司下有盐铁、度支、户部三个机构。

元时，国家理财机构的名称几经变易。中统之初为左右部，独立于中书省之外，后改为制国用司，又改尚书省，专理财赋。至元八年（1271 年），并入中书省的户部。明代中央财政国库机关为户部。

清初财政管理机构在中央为户部，在地方为承宣布政司及漕运、盐政等专门财务机构。光绪三十年（1904 年）正月，由户部筹股，试办大清户部银行。清政府赋予该行经理国库事务，主管国家一切款项。宣统二年（1910 年），资政院提议统一国库办法，于是会同度支部订定了“统一国库章程”，至此我国国库由实物库向货币国库转变。

（资料来源：中国财经报网，http：//www. cfen. com. cn/web/zt/node_ 1755. htm.）

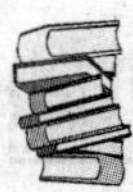

第二节　公共财政

一、公共财政的概念

公共财政是为市场提供公共物品和公共服务的政府分配行为。它是与市场经济相对应的特有的财政模式，是国家财政的一种具体存在形态。

公共财政是市场经济的产物，反之也是确保市场经济得以正常存在和顺利运行的关键条件，它起源于西方市场经济国家，是与市场经济相适应的财政类型。

二、公共财政的基本特征

1. 公共财政是弥补市场失效的财政

公共财政处于市场活动之外，为市场的正常和正当的活动提供必不可少的服务。人们常说，在市场经济下，市场能干的，政府就不应去干；而市场不能干的，政府就应当去干。这句话对于市场经济下的财政来说，显然是必须遵循的。那么，具体来看，什么是市场不能干的呢？那就是共同消费存在的领域。由于具有公共需要性，这类活动大体上是难以通过市场来提供的。这就产生了所谓的市场失效问题。也就是人们所说的市场不能干的问题。反之，由于政府的活动是从整个社会的角度进行的，因而共同消费性活动大体上只能由政府来解决。这样，政府通过自身收支活动而满足共同消费需要，就直接弥补了市场失效。

市场失效准则很好地区分了政府和财政与企业和私人之间的活动范围。其含义是企业和私人活动于市场有效的范围内，而政府和财政则活动于市场失效的范围内。由于政府对市场失效的弥补，满足着社会公众的共同消费需要，也就具有了鲜明的公共性。

2. 公共财政必须为市场活动提供一视同仁的服务

政府及其财政必须一视同仁地对待所有的市场活动主体。否则的话，对不同的市场活动主体采取不同的措施和待遇，就意味着政府直接支持了某些主体的市场活动，而抑制了另一些主体的市场活动。如果政府以其非市场的手段直接介入和干预了市场正常活动，显然是违背市场经济的根本要求的。

而从一视同仁来看，在财政支出方面，就意味着其提供的服务是适用于所有的市场活动主体的，或者是服务于所有的市场活动主体的根本利益的。比如，政府修建的高速公路，就不应当是只有国有经济主体才能使用；政府的环境卫生服务，不可能是只为国有企业提供而不清除非国有企业门前的垃圾；在税收方面，对于某些经济成分征收较高的税率而对另一些征收较低的税率，就造成了纳税人不同的税收负担，政府就人为地破坏了等价交换准则，造成了不公平的市场竞争条件；等等。

可见，财政必须采取一视同仁的政策，才能避免政府活动对市场公平竞争条件的破坏。而一视同仁的服务，也就是公共服务。

3. 公共财政具有非市场营利的性质

营利性是人们市场活动的直接动力，之所以会产生市场失效问题，其根本原因之

一，就是因为无法确保应有的或正常的市场盈利。这样，只能处于市场失效领域内的政府及其公共财政，就不能直接进入市场去追逐盈利，而只能以社会利益为活动目的，只能从事非营利性活动，从而具有非营利性。

当某些行业的活动为社会公众所需要，并且有一定的市场收入，但又达不到市场平均盈利水平之时，政府和企业是可以共同承担这类活动的。这就是政府通过公共财政的投资或补贴等，使得投入到该行业的企业具有获得平均利润率利润的能力，从而政府通过自身的无偿投入支持该行业的发展而为整个社会的利益服务；与此同时，企业由于可以获得平均利润率利润而承担起部分的乃至主要的投资任务，从而大大减轻财政的支出负担。这样，财政的非营利性活动就直接与为市场提供公共服务相联系了。

4. 公共财政是法治化的财政

财政的法治化，意味着社会公众通过国家权力机构和相应的法律程序，决定、约束、规范和监督着政府的财政行为，从而使得此时的财政体现出社会公众的财政的性质。此时的税收是依据税法征收的，没有权力机关的批准授权，有关税法是无法确立的；而没有获得权力机关批准的政府预算，政府是一分一毫也无权随意使用的。这实际上表明政府代表社会公众在使用他们的钱，办他们的事，而直接体现出财政的公共性。

三、公共财政的主要职责

公共财政职责以保证社会公共需要为核心。所谓社会公共需要，是同私人需要相区别的，它是社会全体成员作为一个整体所提出来的需要，而不是由个别社会成员或单个经济主体提出来的需要。社会公共需要的范围颇广，可以分为不同的层次。不同层次的社会公共需要的性质有所不同。

第一层次，完全的社会公共需要。政府保证履行其职能的需要，包括政府履行某些社会职能的需要，诸如国防、外交、公安、司法、行政管理以及普及教育、卫生保健、基础科学研究和生态环境保护等。这类需要是最典型的、最基本的、最纯粹的社会公共需要，是社会公共需要中的最高层次。

第二层次，准社会公共需要。这类需要是介于社会公共需要和私人个别需要之间、在性质上难以严格划分的一些需要，其中的一部分或大部分要由政府集中加以满足。高等教育便是一个适当的例证：高等教育并非全体社会成员都可以享用，由于招生名额所限，进入大学学习具有竞争性和排他性，而且可对享受高等教育的人收取费用。从这个角度讲，高等教育具有私人个别需要的性质。然而，从另一角度看，高等教育也可以归入社会公共需要之列。因为高等教育为国家培养高级专门人才，是任何社会存在和发展所必需的，学生学得的知识和提高的素质也具有外部效应乃至社会效应，所以，即使在西方国家，国立大学的投资和经费也主要由政府拨付，自然属于社会公共需要范围。财政支出中的转移支付项目，如保险基金、抚恤救济金、价格补贴等，也属于这类需要。这是社会公共需要的第二层次。

第三层次，视同社会公共需要。大型公共设施，甚至包括基础产业，如邮电、电讯、民航、铁路、公路、煤气、电力、钢铁等，这些行业虽然可以按市场法则允许私

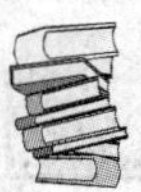

人进入，但由于耗资巨大，私人难以承担或只能承担一小部分，而这些行业在经济运行中对国民经济又具有重大的调节作用，只能由政府来提供大部分服务以满足社会的需要。在以公有制为主体的国家，这类行业基本由政府出资举办，即使在私有制的国家，也有相当大的部分由政府投资兴办。所以，我们把这类需要称为视同社会公共需要。这是社会公共需要的第三层次。

公共财政以政府与市场的关系为立足点确定其职责。政府为社会提供公共需要，表现为各种政府活动和公共服务，公共财政就是为政府活动和公共服务提供足够的财力支持，而不应参与市场所能解决的领域的活动。财政的公共性，就表现在它满足的是市场无法满足的社会公共需要。公共财政提供财力给予保证的公共需要主要包括：

（1）保证国家机构正常运转的财力需要。政府提供公共服务，是通过政府机构对其职责的履行来实现的。政府机构的存在与正常运转，就构成了提供公共服务的基本条件；而公共财政提供相应经费又是政府机构存在与履行职责的前提。

（2）保证市场资源配置不能有效解决的社会科学、教育、文化等事业发展的财力需要。由于这类事业活动具有强烈的外溢性，即对于整个社会经济的发展和人民物质文化生活水平的提高都具有广泛而深远的影响，因而它们所需的经费中不能直接按受益原则由单位和个人分担的部分，就应由财政来负担。

（3）保证为社会再生产顺利运转创造环境的大型基础设施、公用设施等建设支出的财力需要。这类投资也具有公共产品性，尽管市场也可以或多或少地介入，但由于它们耗资巨大，只能由政府来充当主要的投资者，公共财政也必须为这类的投资提供财力支持。

四、我国由建设型财政向公共财政的转变

改革开放30多年，见证了我国财政实力的日益强大。尤其是1994年分税制实施以来，我国财政收入稳定增长机制逐步建立并不断完善。在经济发展的基础上，全国财政收入不断跨上新台阶。

1978年，全国财政收入首次突破1 000亿元，达到1 132.3亿元。20年后的1998年，全国财政收入突破1万亿元，是改革开放之初的10倍。2003年，全国财政收入又跃过2万亿元大关，2008年突破6万亿元，2013年超过12万亿元。

国家财政实力的不断增强，为贯彻落实党中央、国务院的重大决策部署、维护改革发展的大局、推进社会全面发展，奠定了坚实的物质基础。

1998年我国提出建立公共财政框架，在此基础上，2003年党的十六届三中全会要求“健全公共财政”；2007年党的十七大提出“完善公共财政体系”，这一突破传统财政理念的重大转变旨在由政府提供公共产品来满足人民的需求并逐步使其均等化，同时使财政体制更加公平、公开、透明，财政体制改革不断深化，公共财政渐行渐近。

改革开放以来，为适应社会主义市场经济发展和公共财政要求，财政支出结构开始向公共财政方向调整。财政资金逐步退出一般性、竞争性领域，着重保障政府履行经济调节、市场监管、社会管理和公共服务等职能。在向公共财政迈进过程中，我国通过实施所得税收入分类改革、出口退税分担机制改革、缓解县乡财政困难的激励约

束机制和建立健全财政转移支付制度等，进一步完善了省级以下分税制财政管理体制，规范了财政管理体制，规范了财政分配关系。全国财政收入稳定增长和地方财政统筹能力明显增强，为促进基本公共服务均等化和地区协调发展提供了财力保障。

立足我国国情，中央和地方财政按照“广覆盖、保基本、多层次、可持续”的原则，增加对公共服务领域的投入，优先保障和改善民生，向社会主义新农村建设倾斜，向社会事业发展的薄弱环节倾斜，向困难地区、基层和群众倾斜。重点加大在“三农”、教育、科技、就业、社会保障、医疗卫生、住房保障、公益文化、生态环境、节能减排等方面的投入，稳步推进民生保障体系建设。

知识链接

政府是“看得见的手”，更是“灵巧的手”

建设公共服务型政府，必须适应市场经济进入更高阶段的新要求。其中，关键是牢固树立有限政府、有为政府和法治政府的理念，明晰政府、市场、社会三者的边界。通俗地说，就是凡是能够由市场机制调节的事，坚决放给市场；凡是应由企业自主决策的事，一律交还企业；凡是能够由社会组织解决的事，积极移交社会组织管理；凡是应由政府承担的职责，要切实履行好。

政府干预常被喻为一只“看得见的手”，与以市场机制这只“看不见的手”相对应。其实，“看得见的手”并不能准确定位政府职能。在市场经济条件下，政府应是一只“灵巧的手”。作为一只“灵巧的手”，政府的基本职能是校正市场失灵，同时避免自身失灵。一个能够灵活运用市场机制的政府，才是一个高效的政府。

（资料来源：温州日报，http：//www. wzrb. com. cn/article347400show. html.）

第三节　财政的职能

财政职能是由财政本质所决定的财政所固有的功能和职责，是不以人的意志为转移的。它回答的问题是“财政能干什么”，或是“财政应当干什么”。市场经济下财政的职能较为一致的看法是具有三种职能，即资源配置职能、公平分配职能、稳定经济职能。

一、财政的资源配置职能

1. 资源配置职能的含义

在社会经济活动中，相对于人们的需求而言，资源总是表现出相对的稀缺性。资源供给的有限性与需求的无限性是经济社会普遍存在的矛盾。这就要求人们对有限的、相对稀缺的社会资源进行合理配置，以最少的资源耗费生产出最多的产品和劳务。所谓资源配置，指的是人力、物力、财力在不同部门、不同地区、不同用途和不同受益者之间的分配。既然是一种配置，那么对同一种资源的不同配置，其效果必然存在巨大差异。资源配置的最高目标就是实现资源的最优分配，取得最大效益。因此，资源配置永远是同效益联系在一起的。

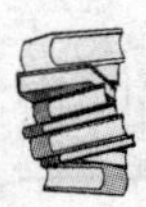

财政的资源配置职能则是通过各种财政手段对一定的人力、物力、财力进行分配，直接或间接引导资源流量、流向，从而形成资源最优分配的功能。

2. 财政配置资源的必要性

2013 年 11 月，党的十八届三中全会审议通过的《中共中央关于全面深化改革若干重大问题的决定》指出，“经济体制改革是全面深化改革的重点，核心问题是处理好政府和市场的关系，使市场在资源配置中起决定性作用和更好发挥政府作用”。市场决定资源配置是市场经济的一般规律，完善社会主义市场经济体制必须遵循这条规律。但市场经济并不意味着政府无所作为、作用最小化。也就是说，市场在资源配置中起决定性作用，并不是起全部作用。由于存在市场失灵或缺陷，市场并不能有效地配置整个社会资源，这就客观需要财政承担部分资源配置的职能。市场在资源配置方面的缺陷主要体现在三个方面：

（1）市场机制不能有效地组织公共物品的供应。公共物品是源于西方经济学的概念，是相对于私人物品而言的。私人物品在消费中具有竞争性、排斥性，甲消费了这种产品，乙就不能再消费，即甲的消费利益排斥乙的消费利益。公共物品在消费中则不具备竞争性，社会的各个成员都能享受相同的利益。也就是一个人的消费利益并不排斥别人的消费利益。因此公共物品也就具备如下特征：①非排他性，即一个人享受公共物品带来的利益而不能排除其他人同时从公共物品中获得利益。有些公共物品经过技术处理虽然可以做到排他，但排他的成本往往很高。公共物品的非排他性可能形成“免费搭车”现象。②非竞争性。非竞争性是指消费者的增加不会引起生产成本的增加，即多增加一个消费者不增加成本，边际成本为零。任何人有权利享受，不受排斥。公共物品与私人物品的不同特征决定了它们不同的供应方式。

我们知道，完全竞争的市场模型是建立在所有权基础之上。所有权给予人们拥有某种商品的权利，从而排斥别人享用该种商品的利益。个人在交换商品和劳务时，实际是在交换商品的所有权。市场机制很适合私人物品供应，它是建立在交换的基础上，但只有产权明确的商品和劳务才能进行交换。在市场信息的引导下，生产者的生产随着消费者的需求变化而变化，从而达到资源的一种有效配置。

但对公共物品来说，由于其利益是共享的，不能运用市场机制条件下的排斥原则，排斥任一消费者的利益分享。正如无法制止个别消费者分享空气净化措施所带来的利益，也不能使路灯只为某一些人照明一样。因此，来自某些公共物品的利益并不属于个人，也就是存在所有权比较复杂或不能清楚划分的情况。与产品联系的所有权越含糊不清，就越降低了市场交易和市场定价的可能性。这样，市场法则对公共物品的供应往往很难起作用。

可见，公共物品的利益人人可以分担，消费者当然就不会自觉向其供应者付款。这样，生产者和消费者之间的联系就中断了。也就是，公共物品的供应，没有市场供求关系，不能明确核算其对个人提供的利益，也不能从供应产品中直接获得报偿，故企业和个人不愿或不能提供。而这类公共物品对社会和个人来说又不可缺少，因此政府就必须介入，以便提供此类产品和劳务，财政分配一部分社会资源也就成为必要。

（2）市场机制不能消除外部效应的影响。我们知道，当存在外部负效应时，生产成本等于私人成本加社会成本，而决定市场价格的是私人成本，这往往会造成该类商品生产过度；当存在外部正效应时，这时可能又会造成生产供应不足。所以，在外部效应存在时，就有可能导致资源配置不合理。即有些部门和产品要素投入过多，一些部门和产品要素投入过少，这就需要充分发挥财政的资源配置职能，对外部效应造成的资源不合理配置进行矫正。

（3）市场机制存在不完全性。在市场经济条件下生产者和消费者往往缺乏选择产品和机会的充分信息，资源转移会受到种种限制，经济领域存在着垄断等。

这些市场机制的不完全性，限制了资源的合理配置。因此，通过财政配置资源对市场机制的不完全性加以矫正也十分必要。

3. 财政在配置资源中的作用

《中共中央关于全面深化改革若干重大问题的决定》在强调使市场在资源配置中起决定性作用的同时，也强调更好发挥政府作用。政府应充分发挥"有形之手"不可或缺的功能和作用。财政在资源配置中具有引导性、弥补性、规制性作用。

（1）引导性作用。市场配置资源具有一定的盲目性，有时不能很好地解决社会化大生产所要求的社会总供给和社会总需求平衡及产业结构合理化问题，容易出现经济周期性波动和区域性、系统性经济风险，以及地区经济发展的过度不平衡现象。财政可以通过发挥引导性作用来间接影响资源配置，保持宏观经济稳定、均衡和健康发展，促进经济转型升级。具体而言，财政的引导性作用主要是通过制定和实施中长期经济发展战略、产业规划、市场准入标准等，引导一定的资源向某些产业、区域流动；以财政政策、货币政策、产业政策等为主要手段，实现对经济活动的宏观调控，平抑经济波动，促进经济均衡、可持续发展。

（2）弥补性作用。市场失灵是普遍存在的。由于外部性、信息不对称、竞争不完全、自然垄断等因素，市场不能有效解决公共产品供给、分配不公平等问题，这就需要财政发挥弥补性作用，通过提供公共服务、促进共同富裕、推动可持续发展来纠正市场失灵。比如，在公共服务方面，政府是最主要的供给主体，也是管理者，应该承担必要的责任，建设公共服务型政府。同时，政府在公共服务供给中应注意发挥市场的作用，使公共服务的提供与生产适当分离，在生产环节善于运用市场力量，引入竞争机制。在收入分配方面，市场配置资源的机制能够提高效率，但也容易造成收入差距过大，影响社会公平和稳定。这就需要财政发挥作用，在保持合理的初次分配格局基础上，通过再分配为低收入群体提供必要保障。

（3）规制性作用。自发的市场机制有时会损害公平和公共利益。政府必须为市场提供规则、营造环境，实施市场监管，维护市场秩序，保障公平竞争，保护消费者权益，提高资源配置效率和确保公平性。这些必要的规制是政府的职能。政府在资源配置中发挥规制性作用，就是通过制定规则对市场进行管理和制约，其内容主要包括保护各种所有制经济的产权和合法利益，建设统一开放、竞争有序的市场体系，破除各种形式的垄断，反对市场封锁和不正当竞争，规范中介组织发展，保护劳动者权益，建立健全社会征信体系，完善企业破产制度等。

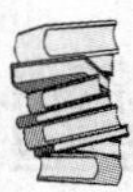

二、财政的公平分配职能

1. 公平分配职能的含义

所谓财政的公平分配职能，就是指运用各种财政手段调节收入和财富的分配，使之符合社会公认的公平或公正分配状态的功能。这里的分配主要指个人收入与财富的分配。个人收入与财富分配公平与不公平实际上是人们对现存分配状况的一种价值判断，符合一定时期人们公平分配的观念，收入分配就被视为公平；反之，就被视为不公平。而一定时期人们收入分配公平的观念是对一定时期社会经济关系的反映，一定时期社会经济关系又是由当时的生产力发展水平决定的。随着社会生产力的发展，人们关于收入分配公平的观念也会处于不断的变化之中。可见，公平标准具有社会性和历史性。正是基于此，可以说公平问题是一个挑战性的问题。它不仅是个经济问题，而且也是哲学、伦理、社会和政治问题。这就决定了对公平问题应进行多方面的研究。从伦理方面，要研究什么程度的收入差别可以容忍和接受；从政治方面，要研究什么程度的收入差别不会危害社会的组织和秩序；从经济方面，要研究什么样的收入分配既能刺激追求收入的动机，又能吸引各种资源参加生产，也就是说，在追求公平的同时，又不以过大效率损失作为代价。尽管研究公平分配问题很困难，但这仍是当前财政职能应该强化的一个非常重要的方面。

2. 财政公平分配职能的必要性

在社会主义市场经济条件下，我国个人收入分配坚持的是以按劳分配为主体，多种分配方式并存的制度，在劳动者个人收入分配中引入竞争机制，主要通过市场分配而获得。因此，在国家调整分配状态的措施出台以前，收入与财富的分配是在市场机制的作用下，通过市场竞争而形成的，个人的收入分配主要视其要素的供给与要素的定价而定，这种由市场机制形成的收入与财富的分配，可能与社会公认的公平或公正状态一致，也可能不一致。但应看到，由于市场缺陷的存在，很容易造成分配的不公平，其主要原因表现如下：

（1）人们收入能力的差别很容易导致分配不公。对于有收入能力的人来说，收入能力的差异，很容易导致他们之间的分配不公。人们的收入能力是由多方面因素决定的，主要取决于自身的素质、拥有财富的多少、提供劳动的数量与质量等。这些方面的差别决定了收入能力强的人能够获得较高收入，收入能力弱的人获得较少收入，甚至不能维持正常生计。尽管这种差距从他们获得收入的依据来看是公平的，即人们的收入同其向社会的贡献是对称的，但是从社会的角度来看，这种收入差距悬殊又是不公平的，容易影响社会的安定。所以，运用财政手段调节收入分配很有必要。

（2）市场分配并不能照顾无收入能力者。市场分配既然以人们的收入能力或社会所做贡献为依据，那么必然把无收入能力者排除在收入分配之外。但是这部分人也有生存的权利，也要维持必要的生计，这就需要政府负起责任，使整个分配在有收入能力者和无收入能力者之间达到公平。

（3）经济机会不均等导致分配不公。市场的自由竞争及政府的保护很容易在某些行业和产业形成垄断，垄断势力的存在，使人们即使在收入能力同等的条件下，也会导致经济机会的不均等，再加上社会关系、家族等方面的因素，更加剧了机会不均等的状况，从而也导致了人们收入分配的不公平。

为了解决上述一系列因素引起的分配不公平问题，就有必要运用政府部门的力量，充分发挥财政的公平分配职能。

3. 实现公平分配的财政手段

在各种财政手段中，实现公平分配的最直接手段应该包括以下几个层次：

（1）制定公平的财政制度。这是消除分配不公平的一个基本层次，财政部门可针对社会收入和财富分配的不同状况，制定多税种、多层次、多环节的税收调节体系，尤其是要建立流转税、财产税同所得税相结合的财政制度，以保证政府对收入分配有比较强的调控能力。

（2）合理运用累进的个人所得税。有公平的财政制度，还不能自动地实现社会公平分配，这里还有一个合理运用尤其是对累进个人所得税的运用问题。当前世界许多国家都把个人所得税作为调节收入分配的强有力手段，通过累进个人所得税对高收入者课征，有利于实现公平分配。

（3）通过转移支付对低收入者或无收入者进行补贴。这主要是通过财政支出，根据人们的收入状况，对低收入者或无收入能力者实行补助金制度或救济金制度，把资金转移给那些应该增加收入的人们。

（4）对低收入者或无收入者能够获益的项目提供资金或进行补贴。如为公共住宅提供资金，对低收入者或无收入者消费的物品给予必要的补贴。

通过这些手段的运用，必然使社会分配趋于公平，但是还应注意公平与效率的矛盾问题。我们在实施公平分配的政策时，由此可能产生“经济效率的额外损失”即“效率代价”，这一代价是因为消费者或生产者的偏好受到干扰而产生的。比如对高收入者课税较重，就有可能打击他们的生产积极性，从而减少对生产的要素投入，这必然伴随着效率损失。可见，社会的公平原则在一定程度上排斥市场的效率原则。因此，在执行社会的公平原则时，至少应考虑两个问题：①任一分配的变动都应以最低的效率代价来完成。②在执行公平原则时应权衡相互冲突的政策目标。

三、财政的稳定经济职能

1. 稳定经济职能的含义

所谓财政的稳定经济职能，就是以财政政策为手段，以保持高就业率、合理程度的物价稳定、适当的经济增长率和国际收支平衡的功能。可见，财政稳定经济主要包括四个方面的内容：

（1）充分就业，是指有工作能力而且愿意工作的劳动者都可以得到一份自己的工作。经济学中的就业，是指一切用自己的劳动维持自己生活的活动。可见，在我国各种所有制企业，各行各业从事劳动，包括从事个体经营都属于就业范畴。

但是也应注意，充分就业并不是指有工作能力而且愿意工作的人百分之百地就业，而是指就业率达到某一社会公认的比较高的比率。

（2）物价稳定，是指物价总水平的基本稳定，货币购买力不发生剧烈变动。在纸

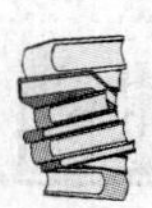

币流通条件下，随着商品经济的不断发展，物价有不断上升的趋势，但只要上涨幅度人们可以容忍，都可视为物价稳定。物价稳定并不等于物价上涨率为零。

（3）适度的经济增长，稳定经济并不是不要经济增长。我们所讲的经济稳定，是经济适度增长中的稳定。尤其像我们这样一个发展中国家，要赶超世界先进水平，就应该保持一个较高的经济增长率。在高速增长中，保持经济持续稳定、协调的发展，就显得更加重要。

（4）国际收支平衡，是指一国在进行经济交往时，其经常项目和资本项目的收支合计大体保持平衡。现代社会，各国经济日益成为国际经济的有机组成部分，国民经济要受到国际经济交往的多方面影响。因此，国民经济的稳定客观上要求国际收支不要出现大的逆差和顺差。

经济稳定是动态稳定，是经济适度增长中的稳定，而不是静态稳定。稳定和增长是相辅相成的，经济稳定为经济增长提供良好的环境，经济持续增长为稳定打下良好的物质基础。经济稳定的含义是保持经济持续协调的发展。

2. 财政稳定经济的必要性

之所以要发挥财政稳定经济的职能，是因为在社会主义市场经济中，充分就业和物价稳定等不能自动出现，这就需要财政政策的指导。没有财政的稳定作用，经济发展就会出现大幅度波动，或为长期的持续失业和通货膨胀所困扰。

经济稳定集中体现为社会总供给与社会总需求的平衡。如果社会总供求保持了平衡，那么经济稳定和各项目标也就可以基本实现。因此，利用财政手段来保护经济的稳定，主要任务是调节社会总供求的平衡。在市场经济条件下，就业和物价的整个水平是由总需求水平确定的，也与当时的生产能力有关。而总需求水平与总供给水平又是由多方面复杂的因素决定的，这就很难保证需求水平与供给水平的一致性。有可能在一个时期出现支出水平不能保证劳动力和其他资源的合理利用，故实施为提高总需求水平的扩张性财政是必要的。在另一个时期，在高就业率的通货膨胀条件下，支出水平可能又超过供给水平，这时又需要实施一种紧缩性财政政策以降低总需求水平。

这就是说，在市场机制条件下，不存在恢复高就业率、适度经济增长、物价稳定的自动调整机制，即使存在这种机制，其调整成本也是非常昂贵的。比如通过周期性的经济危机来达到经济发展的均衡状态。所以，为了克服市场缺陷，达到经济稳定的目的，国家就应该对经济运行实施稳定的政策。但是应该看到，财政政策里能成为经济稳定的因素，也可能成为经济不稳定的因素。因此，这里探讨的实施稳定的财政政策，应该是有效的财政政策。

3. 实现经济稳定的财政手段

要实现经济的稳定增长，关键是做到社会总供给与社会总需求的平衡，包括总量平衡和结构平衡。财政在这两个方面都能发挥重要作用。关于结构平衡，实际上是个资源配置问题，前面已进行了分析，这里着重对财政在调节社会供求总量平衡方面的手段加以分析。

（1）通过财政预算收支进行调节。所谓预算收支调节，就是改变预算结构或规模以影响宏观经济水平，达到经济稳定和增长的目标。这种政策是政府根据现实条件下的经济形势，采取不同的财政措施，以消除通货膨胀或通货紧缩或滞涨，是政府利用国家财力干预经济运行的行为。

通过财政预算收支进行调节主要是通过作为财政收支计划的国家预算来进行的。由于国家预算收入通常代表可供国家支配的商品物资量，是社会供给总量的一个组成部分，而国家预算支出会形成货币购买力，是社会需求总量的一个组成部分。因此，通过调整国家预算收支之间的关系，就可以起到调节社会供求总量平衡的作用。当社会总需求大于社会总供给时，可以通过实行国家预算收入大于支出的结余政策进行调节；而当社会总供给大于社会总需求时，可以实行国家预算支出大于收入的赤字政策进行调节；当社会供求总量平衡时，国家预算应实行收支平衡的中性政策与之相平衡。一般而言，在市场经济条件下，由于受各种复杂因素的影响，市场上的供求关系会经常发生变化，时而总供给大于总需求，时而总需求大于总供给，这就要求国家更替使用赤字预算和结余预算来进行调节。

（2）通过制度性安排，发挥财政“内在稳定器”的作用。内在稳定器是指财政收支制度设计具有对经济总量自动调节的功能，即人们在制定财政收支制度的时候，使财政收支的扩大和缩小与总需求和总供给呈相反方向的变化，以此维持经济稳定增长的局面。

内在稳定器调节的最大特点在于无须借助于外力就可以直接产生调控的效果，使这种内在稳定可以随社会经济的发展自身发挥调节作用，不用政府采取任何其他有意识的政策干预。内在稳定器调节主要表现在财政收入和财政支出的两方面制度。在收入方面，主要是实行累进所得税制。在这种税制条件下，当经济过热而出现通货膨胀时，企业和居民收入增加，适用税率相应提高，税收的增长幅度超过国内生产总值的增长幅度，从而可以抑制经济过热；反之，当经济萧条时，企业和居民收入下降，税收的降低幅度超过国内生产总值的降低幅度，从而可以刺激经济复苏和发展。当然，上述作用是以所得税特别是个人所得税在整个税收体系中有相当大的比重为前提的。目前在我国无论是企业所得税还是个人所得税在全部税收中占的比重都比较低，况且企业所得税还实行比例税率，因此，这种作用比较小。但从长远来看，作为一种制度安排仍然具有借鉴意义。在财政支出方面，主要体现在转移性支出（如社会保障、补贴、救济和福利支出等）的安排上。其效应正好同税收相配合，经济高涨时，失业人数减少，转移性支出下降，对经济起抑制作用；反之，经济萧条时，失业人数增加，转移性支出上升，对经济复苏和发展起刺激作用。

（3）财政政策和其他政策配合的调节。财政政策和其他政策配合的调节，主要是与货币政策、产业政策、投资政策、国际收支政策等方面的政策配合调节。这样的调节只要配合得当，协调得好，往往能取得综合性的全方位效果。

财政政策与货币政策的配合主要是松紧搭配的政策，如松的财政政策与紧的货币政策、紧的财政政策与松的货币政策等。财政政策的松紧主要是以预算规模的扩张与收缩来衡量和判断的。货币政策的松紧则主要是以利率的下降与上升及信贷规模的扩张与收缩等来衡量和判断的。

财政政策与产业政策、投资政策的配合主要是财政政策如何协助产业政策与投资政策、国际收支政策的实施，当然，财政政策与产业政策和投资政策、国际收支政策等也不是截然分开的，各自之间相互渗透和交叉。财政政策、货币政策、产业政策、国际收支政策都是政府的宏观调控政策，但在宏观调控中，财政政策处于基础的地位。

四、财政职能的协调配合

财政政策包含不同的目标，在实践中它们互相重叠，要同时发挥财政的资源配置、收入分配和经济稳定职能是存在实际困难的。因此，要制定有效的政策，就要协调好不同职能目标的关系。一个职能目标的实现往往会牺牲另一个职能目标，它们彼此之间都存在着客观执行结果的冲突。一般来说，政府对资源配置要比对收入分配具有更大的兴趣，但在通货膨胀严重时，政府的注意力会转向经济稳定，而减少对资源配置和收入分配的重视。如果各种宏观经济问题反复出现，表明政府的财政政策和财政体制存在缺陷。如何权衡利弊，协调运用、充分实施财政职能，统筹考虑各职能目标的相互作用，使之同时满足配置、分配和稳定发展目标，是财政政策实施的重要问题，也是财政体制改革的核心问题。

财政的职能之间既有一致性，也有矛盾性，协调妥当可以相辅相成，协调失当则会相悖相克。财政职能的一致性表现在它们都是在国民经济运行的大环境中起作用的，互为条件，相互促进。资源配置职能是各职能的前提。调节收入分配关系职能则是优化资源配置的继续。而经济的稳定增长和发展既是前两种职能的结果，同时又进一步构成实现前两种职能的前提条件。但这些职能在实现中又会经常处于矛盾状态。财政宏观调控以财政职能作为目标，有时会处于顾此失彼的境地，削弱政策效果。

综合观察财政各职能的矛盾与协调，最终归结为公平与效率的冲突与权衡。公平与效率有内在统一性，只有依靠效率不断提高，才能提供个性发展的物质条件，有利于实现社会公平；社会公平不仅有利于劳动者积极性的提高，也有利于每个人聪明才智的发挥，因此，还可以促进效率的提高。但是，效率与公平毕竟是两个不同的问题。片面强调效率就可能产生不公平，同样，片面强调公平就可能损害效率。因此，政府应在基于公平与效率相辅相成关系的基础上，恪守市场效率规则，改善收入分配状态，在不损害经济效率的前提下，提高社会总体的交换效率，促进国民经济的健康发展。

知识链接

寻找效率和公平双赢的路径

“效率”体现的是发展能力，“公平”体现的是权利支配。效率和公平是辩证统一的。效率和公平是经济社会发展的双腿，任何一只缺失，都会造成经济社会体制的不健康发展，只有同时兼顾公平与效率，才能充分发挥市场机制的调节作用，使社会资源获得有效配置，促进经济长足的发展。

经过改革开放多年的发展积累，中国经济社会已进入重要的转型期。在这一阶段，经济社会矛盾的日益突出和尖锐，“中等收入陷阱”的日益逼近及实现“中国梦”的伟大理想，相互交织，迫切期盼效率和公平的同步提升。

中国经济社会在改革开放后的持续迅猛发展，同步积累了许多深层次矛盾：发展动力减弱、贫富悬殊、腐败现象严重、体制改革滞后、民众仇富心理、富人移民倾向、就业包袱加重等，许多矛盾正日益剧烈地显现，这需要公平和效率的同步提升来解决。公平是解决当下矛盾、稳定民心、团结大众的良药；效率是解决经济发展动力不足的保障。

实现伟大的“中国梦”，需要效率和公平同步提升。实现中华民族的伟大复兴，是每一个中国人的梦想，这样的“中国梦”必须是有效率的、有发展的，同时，也必须是公平的。实现民族复兴，必须要提高效率，充分发挥现有资源，创造财富的最大化，为民族的发展提供坚实的力量。而公平则提供一个良好的氛围，为每个公民提供均等的发展机会，平等地分享发展成果。只有提供更好的公平与效率平台，才能激励广大中国民众走中国道路，弘扬中国精神，凝聚中国力量，实现复兴梦想。

（资料来源：中华工商时报，2013 年 10 月 11 日）

本章小结

财政是以政府为主体的分配活动。财政是以国家为主体，通过政府收支活动，集中一部分社会资源，用于履行政府职能和满足社会公共需要的经济活动。财政分配的主体是国家；财政分配的对象是社会产品；财政分配的目的是保证国家实现其职能的需要；财政是一种集中性的、全社会范围内的分配；财政分配是一种无偿性的分配。财政是人类社会发展到一定历史阶段的产物。财政的产生必须具备两个最基本的条件：一个是经济条件，另一个是政治条件。财政随着不同社会经济形态的进程而不断发展。国家制度的发展共经历了四种不同的社会形态，与此相应也存在着四种形态的国家财政，即奴隶制国家财政、封建制国家财政、资本主义国家财政和社会主义国家财政。公共财政是为市场提供公共物品和服务的政府分配行为。它是与市场经济相对应的特有的财政模式，是国家财政的一种具体存在形态。从发展社会主义市场经济、适应政府职能转变要求的大局来考虑，必须进行财政模式的转换，建立有中国特色的公共财政。根据市场经济体制的内在要求，财政职能包括资源配置、收入分配和稳定经济等方面。财政的资源配置职能是通过各种财政手段对一定的人力、物力、财力进行分配，直接或间接引导资源流量、流向，从而形成资源最优分配的功能；财政的公平分配职能，就是指运用各种财政手段调节收入和财富的分配，使之符合社会公认的公平或公正分配状态的功能；财政稳定经济职能，就是以财政政策为手段，以保持高就业率、合理程度的物价稳定、适当的经济增长率和国际收支平衡的功能。

思考与练习

一、选择题

1．财政在社会再生产中属于（　　）。

A．生产环节　B．交换环节　C．分配环节　D．消费环节

2．财政的性质属于（　　）。

A．历史和经济范畴　B．政治范畴　C．文化范畴　D．法律范畴

3．财政分配的主体是（　　）。

A．企业　B．银行　C．事业单位　D．国家

4．财政分配的主要对象是（　　）。

A．剩余产品　B．社会产品　C．必要产品　D．社会财富

5．财政区别于其他分配范畴的基本特征是（　　）。

A．分配对象是社会产品　B．分配方式是国民收入再分配

C．分配主体是国家　D．分配目的是保证国家实现其职能

6．下面说法不正确的有（　　）。

A．财政是集中性分配　B．财政是微观经济问题

C．财政是以国家为前提　D．财政分配的是社会产品的一部分

7．财政分配的目的是（　　）。

A．满足微观经济主体需要　B．追求利润最大化

C．保证国家实现其职能　D．参与市场竞争

8．公共财政实质上是（　　）。

A．计划经济财政　B．市场经济财政

C．封建经济财政　D．指令经济财政

9．公共财政是一种（　　）。

A．企业经济活动　B．居民经济活动

C．政府经济活动　D．家庭经济活动

10．一般而言，公益性项目的建设主体应该是（　　）。

A．银行　B．企业　C．事业单位　D．政府

11．在日常经济生活中，可以遇到的财政现象是（　　）。

A．政府发行债券　B．国家投资兴建电站

C．银行对企业贷款　D．保险公司支付赔款

12．财政分配具有的特点是（　　）。

A．社会性　B．分散性　C．国家主体性

D．集中性　E．微观性

13．财政分配的主体是国家，其包括的含义有（　　）。

A．财政是集中性分配　B．财政随国家的产生而产生

C．财政分配的是货币资金　D．财政分配中国家处于主导地位

14. 下列属于紧缩性财政政策的手段有（　　）。

A. 减少税收　B. 增加税收　C. 增加财政支出规模

D. 减少财政支出规模　E. 扩大社会总需求

15. 社会公共需要所包括的范围是（　　）。

A. 国家职能需要　B. 大型工程设施需要　C. 社会再生产需要

D. 宏观调控需要　E. 半社会公共需要

16. 财政的职能主要包括（　　）。

A. 资源配置职能　B. 收入分配职能　C. 货币稳定职能

D. 经济稳定职能　E. 公平分配职能

17. 公共产品的核心特征有（　　）。

A. 消费的非排他性　B. 取得方式的非竞争性　C. 效用的不可分割性

D. 提供目的的非营利性　E. 取得方式的竞争性

18. 以下符合发挥财政“内在稳定器”作用的制度有（　　）。

A. 比例税率制度　B. 累进税率制度　C. 定额税率制度

D. 转移支付制度　E. 财政补贴制度

二、判断题

1. 财政伴随剩余产品的出现而随之产生。（　　）
2. 国家的产生，为财政产生奠定了政治基础。（　　）
3. 社会产品价值的 C、V、M 三个部分都是财政收入价值的构成部分。（　　）
4. 财政具有直接偿还性。（　　）
5. 社会主义财政是社会再生产的内在组成部分。（　　）
6. 市场经济条件下，个人需要和公共需要的满足都是通过市场来实现的。（　　）
7. 高等教育属于准公共产品。（　　）
8. 所谓充分就业就是指社会上有劳动能力的人必须全部就业。（　　）
9. 财政配置资源的范围主要是竞争性领域。（　　）
10. 紧缩性财政政策可以降低社会总需求水平。（　　）

三、名词解释

财政　公共财政　社会公共需要　资源配置职能　公平分配职能　稳定经济职能

四、简答题

1. 试述财政的含义。
2. 财政产生的政治经济条件是什么？
3. 什么是公共财政？其主要特征是什么？
4. 财政在资源配置领域发挥哪些作用？
5. 财政如何行使公平分配职能？
6. 分析实现经济稳定的财政手段。

五、案例分析

国王与税收

公元前1030年，犹太部落长期在一种无政府状态下生活，《圣经》里有这样的记

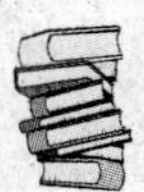

载：人们要求先知塞缪尔“像所有的国家一样，给我们一个能统治我们的君主吧”。塞缪尔描述了在君主统治下的生活状况，试图以此打消犹太人的念头：“在国王统治你们的时候，他会夺走你们的儿子，安排在他的身边，做他战车的马车夫，跑在战车的前面。……他会夺走你们的女儿，替他喷香水、做厨娘、烤面包。他会夺走你们的土地、你们的葡萄园和你们的橄榄园，甚至夺走你们最好的园地，去赏赐他的仆人……他会强征你们十分之一的羊群；你们将沦为他的奴仆。那时，你们将为自己有了国王而痛苦不已。”

然而，犹太人没有被这令人沮丧的言语所震慑，人们拒绝倾听塞缪尔的劝告，他们说：“不，我们应该有一个国王，那样我们才能像其他国家一样，国王会统治我们，走在我们前面，带我们去战斗。”

（资料来源：财经，2012 年第 5 期）

根据上述资料，讨论分析以下问题：

1. 为什么需要财政？
2. 政府应该怎样开展财政活动？

第二章　财政支出

学习目标

知识目标

1. 了解财政支出的意义和支出形式。
2. 理解财政支出的原则和分类。
3. 掌握财政支出的概念、规模变动及结构变化。

能力目标

1. 能把握财政支出规模的变化规律。
2. 能区分财政支出的种类。
3. 能对我国财政支出结构进行分析。

引导案例

15 万亿元财政蛋糕如何切分

每个家庭都有一本记录开支的“家庭账本”，每个国家也都有一本关乎国计民生的“国家账本”。根据政府预算草案报告，2014 年全国公共财政支出预计达到 153 037 亿元。要分好越做越大的“财政蛋糕”，既要公开透明，也要公平合理，还要保证效果，确保每一笔财政资金都用在“刀刃”上。

评判 15 万亿元财政支出花得好不好，除了看钱花到了哪里，更关键要看花钱的效果。“分好财政资金，关键要强化绩效管理，用最少的钱办好最多的事。”全国人大代表、河南省财政厅厅长钱国玉建议，在财政资金分配中应更多引入竞争性机制，在减少财政部门自由裁量权的同时，财政资金不再“撒胡椒面”，而是多中选好、好中选优，使有限的资金最大限度地发挥效益。

（资料来源：新华社，2014 年 03 月 06 日）

第一节　财政支出的概念、意义、形式与分类

一、财政支出的概念、意义及形式

1．财政支出的概念

财政支出又称预算支出，是指国家把通过预算收入的资金，按照一定的方式和渠

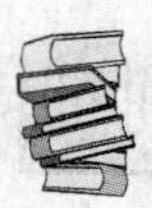

道，有计划地进行分配的过程。它是整个财政分配活动的第二个阶段，是实现政府职能的财力保证。财政支出的规模、结构、内容和形式的变化，主要取决于政府职能及其范围的变化。另外，财政支出是财政分配活动的重要环节，它反映了国家的政策，规定了政府活动的范围和方向。

2. 财政支出的意义

通过财政支出可以为政府履行职责提供财力保障，其意义主要表现在以下几个方面：

（1）为公共产品的生产提供必要的资金支持。如加强国防力量、建立良好社会秩序、维护国家主权和领土完整等。

（2）为构建和谐社会提供保障。如开展社会救济、社会保险等。

（3）提供"准公共产品"，提高民族素养。如提供医疗、教育、文化、气象等公共服务。

（4）构建良性经济发展环境，引导资金流向，发展完善基础产业。如提供资金改善交通、开发新能源、兴修水利、治理环境污染等。

3. 财政支出形式

财政支出形式是指国家供应财政资金的具体方式。财政支出形式通常可以归结为以下两种。

（1）无偿拨款方式。无偿拨款即财政将资金直接拨付给有关的部门和单位使用，不要求使用的部门和单位偿还。一般来说，财政无偿拨款形式适于满足纯粹的社会公共需要，如国家机关、行政管理机构、军队等所需的经费支出，文化、科学、教育等事业单位的部分经费支出及社会救济、社会优抚等社会保障事业所需的资金支出。

（2）有偿贷款方式。有偿贷款即财政把其所掌握的资金采取信贷方式支付给有关部门和单位使用，并收取一定的利息或占用费。财政有偿贷款形式主要适用于有稳定收入来源、具备偿还能力、从事生产经营活动的企事业单位的生产性投资项目的建设。

改革开放以前，我国的财政支出基本上采取无偿拨款形式。经济体制改革以来，我国对所有直接从事生产经营活动、有偿还能力的单位和某些生产性投资项目都实行了财政有偿贷款形式。尽管在目前的财政支出中，有偿贷款形式居于相当重要的地位，但就财政分配的性质而言，财政支出形式仍是以无偿拨款为主。

二、财政支出的分类

随着社会经济的发展，财政支出的数量不断增加，财政支出的种类也越来越多，为了合理地使用财政资金，有效地对财政资金进行管理和监督，需要对财政支出的内容进行科学的分类、合理的归纳，以便准确反映和科学分析支出活动的性质、结构、规模及支出的效益。

1. 按财政支出功能分类

按照2007年1月1日正式实施的政府收支分类改革，我国现行支出分类采用了国际通行做法，即同时使用支出功能分类和支出经济分类两种方法对财政支出进行分类。按财政支出功能分类，将政府支出分为类、款、项三级。其中，类、款两级科目设置情况如下（以《2009年政府收支分类科目》为例）：

（1）一般公共服务。分设32款：人大事务、政协事务、政府办公厅（室）及相关机构事务、发展与改革事务、统计信息事务、财政事务、税收事务、审计事务、海关事务、人事事务、纪检监察事务、人口与计划生育事务、商贸事务、知识产权事务、工商行政管理事务、食品和药品监督管理事务、质量技术监督与检验检疫事务、国土资源事务、海洋管理事务、测绘事务、地震事务、气象事务、民族事务、宗教事务、港澳台侨事务、档案事务、共产党事务、民主党派事务、群众团体事务、彩票事务、国债事务、其他一般公共服务支出。

（2）外交。分设8款：外交管理事务、驻外机构、对外援助、国际组织、对外合作与交流、对外宣传、边界勘界联检、其他外交支出。

（3）国防。分设3款：现役部队及国防后备力量、国防动员、其他国防支出。

（4）公共安全。分设11款：武装警察、公安、国家安全、检察、法院、司法、监狱、劳教、国家保密、缉私警察、其他公共安全支出。

（5）教育。分设10款：教育管理事务、普通教育、职业教育、成人教育、广播电视教育、留学教育、特殊教育、教师进修及干部继续教育、教育附加及教育基金支出、其他教育支出。

（6）科学技术。分设9款：科学技术管理事务、基础研究、应用研究、技术研究与开发、科技条件与服务、社会科学、科学技术普及、科技交流与合作、其他科学技术支出。

（7）文化体育与传媒。分设6款：文化、文物、体育、广播影视、新闻出版、其他文化体育与传媒支出。

（8）社会保障和就业。分设17款：社会保障和就业管理事务、民政管理事务、财政对社会保险基金的补助、补充全国社会保障基金、行政事业单位离退休、企业关闭破产补助、就业补助、抚恤、退役安置、社会福利、残疾人事业、城市居民最低生活保障、其他城镇社会救济、农村社会救济、自然灾害生活救助、红十字事业、其他社会保障和就业支出。

（9）社会保险基金支出。分设6款：基本养老保险基金支出、失业保险基金支出、基本医疗保险基金支出、工伤保险基金支出、生育保险基金支出、其他社会保险基金支出。

（10）医疗卫生。分设10款：医疗卫生管理事务、医疗服务、社区卫生服务、医疗保障、疾病预防控制、卫生监督、妇幼保健、农村卫生、中医药、其他医疗卫生支出。

（11）环境保护。分设10款：环境保护管理事务、环境监测与监察、污染防治、自然生态保护、天然林保护、退耕还林、风沙荒漠治理、退牧还草、已垦草原退耕还草、其他环境保护支出。

（12）城乡社区事务。分设12款：城乡社区管理事务、城乡社区规划与管理、城乡社区公共设施、城乡社区住宅、城乡社区环境卫生、建设市场管理与监督、政府住房基金支出、土地有偿使用支出、城镇公用事业附加支出、国有土地收益基金支出、农业土地开发资金支出、其他城乡社区事务支出。

（13）农林水事务。分设7款：农业、林业、水利、南水北调、扶贫、农业综合开发、其他农林水事务支出。

（14）交通运输。分设4款：公路水路运输、铁路运输、民用航空运输、其他交通运输支出。

（15）工业商业金融等事务。分设18款：采掘业、制造业、建筑业、电力、信息产业、旅游业、涉外发展、粮油事务、商业流通事务、物资储备、金融业、烟草事务、安全生产、国有资产监管、中小企业事务、可再生能源节约利用、石油价格改革财政补贴、其他工业商业金融等事务支出。

（16）其他支出。分设4款：预备费、年初预留、住房改革支出、其他政府性基金支出。

（17）转移性支出。分设8款：返还性支出、财力性转移支付、专项转移支付、政府性基金转移支付、彩票公益金转移支付、预算外转移支出、调出资金、年终结余。

2. 按财政支出经济分类

财政支出经济分类主要反映政府支出的经济性质和具体用途，方便对政府的支出进行经济分析。

财政支出经济分类设类、款两级，科目设置情况如下：

（1）工资福利支出。分设11款：基本工资、津（补）贴、奖金、住房公积金、提租补贴、购房补贴、福利费、社会保障缴费、伙食费、伙食补助费、其他工资福利支出。

（2）商品和服务支出。分设30款：办公费、印刷费、咨询费、手续费、水费、电费、邮电费、取暖费、物业管理费、交通费、差旅费、出国费、维修（护）费、租赁费、会议费、培训费、招待费、专用材料费、装备购置费、工程建设费、作战费、军用油料费、军队其他运行维护费、被装购置费、专用燃料费、劳务费、委托业务费、工会经费、其他商品和服务支出。

（3）对个人和家庭的补助。分设14款：离休费、退休费、退职（役）费、抚恤金、生活补助、救济费、医疗费、助学金、奖励金、生产补贴、住房公积金、提租补贴、购房补贴、其他对个人和家庭的补助支出。

（4）对企事业单位的补贴。分设4款：企业政策性补贴、事业单位补贴、财政贴息、其他对企事业单位的补贴支出。

（5）转移性支出。分设4款：不同级政府间转移性支出、同级政府间转移性支出、不同级预算单位间转移性支出、同级预算单位间转移性支出。

（6）赠与。下设2款：对国内的赠与、对国外的赠与。

（7）债务利息支出。分设6款：国库券付息、向国家银行借款付息、其他国内借款付息、向国外政府借款付息、向国际组织借款付息、其他国外借款付息。

（8）债务还本支出。下设2款：国内债务还本、国外债务还本。

（9）基本建设支出。分设9款：房屋建筑物购建、办公设备购置、专用设备购置、交通工具购置、基础设施建设、大型修缮、信息网络购建、物资储备、其他基本建设支出。

（10）其他资本性支出。分设9款：房屋建筑物购建、办公设备购置、专用设备购置、交通工具购置、基础设施建设、大型修缮、信息网络购建、物资储备、其他资本性支出。

（11）贷款转贷及产权参股。分设6款：国内贷款、国外贷款、国内转贷、国外转贷、产权参股、其他贷款转贷及产权参股支出。

（12）其他支出。分设5款：预备费、预留、补充全国社会保障基金、未划分的项目支出、其他支出。

3. 按财政支出的经济性质分类

按财政支出的经济性质分类，主要是以财政支出是否与商品和劳务相交换为标准，把财政支出分为购买性支出和转移性支出。

（1）购买性支出。购买性支出是指政府在商品劳务市场购买商品和劳务的支出，包括购买进行日常政务活动所需要的政府各部门的或用于进行国家投资所需要的商品和劳务的支出。前者如政府各部门的事业费，后者如政府各部门的投资拨款。

（2）转移性支出。转移性支出是指政府不获得直接的经济利益补偿的单方面支出，这类支出主要有社会保障支出、各种财政补贴、捐赠支出和债务利息支出等。它不存在任何交换的问题，是政府的非市场性再分配活动。

（3）购买性支出与转移性支出的区别：

1）作用不同。购买性支出所起的作用，是通过支出使政府掌握的资金与微观经济主体提供的商品和服务相交换。在这里，政府直接以商品和服务的购买者身份出现在市场上，因而，对于社会的生产和就业有直接的影响。此类支出当然也影响分配，但这种影响是间接的。转移性支出所起的作用，就是通过支出过程使政府所有的资金转移到领受者手中，是资金使用权的转移，微观经济主体获得这笔资金以后，究竟是否用于购买商品和服务及购买哪些商品和服务，这已脱离开了政府的控制，因此，此类支出直接影响收入分配，而对生产和就业的影响是间接的。

2）遵循的原则和对政府的效益约束不同。在安排购买性支出时，政府必须遵循等价交换的原则，因此，通过购买性支出体现出的财政活动对政府形成较强的效益约束。在安排转移性支出时，政府并没有十分明确和一以贯之的原则可以遵循，而且，财政支出的效益也极难换算。由于上述原因，转移性支出的规模及其结构也在相当大的程度上只能根据政府同微观经济主体、中央政府与地方政府的谈判情况而定，显然，通过转移性支出体现出的财政活动对政府的效益约束是软的。

3）对微观经济主体的效益约束不同。微观经济主体在同政府的购买性支出发生联系时，也须遵循等价交换原则。对于向政府提供商品和服务的企业来说，它们收益的大小，取决于市场供求状况及其销售收入同生产成本的对比关系，所以，对微观经济主体的预算约束是硬的。微观经济主体在同政府的转移性支出发生联系时，并无交换发生。因而，对于可以得到政府转移性支出的微观经济主体来说，它们收入的高低在很大程度上并不取决于自己的能力（对于个人）和生产能力（对于企业），而取决于同政府讨价还价的能力，显然，对微观经济主体的预算约束是软的。

将全部财政支出划分为购买性支出和转移性支出，具有较强的经济分析意义，故

为许多发达国家和发展中国家所采用。因为，在市场经济条件下，政府的购买性支出是将政府掌握的资金，在市场上与微观经济主体提供的商品和劳务相交换，因而对社会的生产和就业有着直接而重要的影响。而政府的转移性支出则是资金使用权的转移，即从政府转移到领受者（受益者）手中，尽管它对财力分配产生直接的影响，却只能对生产和就业产生间接的影响。由此可见，在财政支出总额中，如果购买性支出比重较大，财政活动对生产和就业的影响相应较大，直接通过财政所配置的规模当然也就相应较大；反之，转移性支出所占比重较大，财政分配活动对社会收入分配的直接影响就大。前一种财政支出结构模式使财政具有较强的资源配置功能；后一种财政支出结构模式使财政具有较强的收入分配职能。

购买性支出与转移性支出占财政总支出的比重，各个国家以及在不同时期有所不同。一般说来，在发展中国家，由于政府较多地直接参与经济活动，而财政收入相对较少，故购买性支出占总支出的比重较大；在经济发达国家，由于政府较少参与经济活动，财政职能侧重于收入分配的公平与经济的稳定增长，而且财政收入相对较充裕，因而转移性支出占总支出的比重较大。表 2－1 显示了发达国家与发展中国家购买性支出与转移性支出所占比重的差异。

表 2－1　两类国家购买性支出与转移性支出所占比重（%）

类别	发达国家	发展中国家
购买性支出	45.2	61.5
其中：经常性支出	34.9	50.1
资本性支出	10.3	11.4
转移性支出	41.0	22.5
其中：国债利息	5.6	5.5
补助金	35.4	17.0
其他	13.8	16.0
合计	100.0	100.0

中国作为一个发展中国家，财政支出结构既与一般发展中国家具有相同的特征，又有其自身的特点。尤其是改革开放以来，在全部财政支出中，购买性支出所占的比重有所下降，转移性支出所占比重有所上升。这是与我国改革开放的进程和目标相一致的。我国确立了社会主义市场经济目标模式以来，政府比较注重经济与社会的协调发展，为提高人民的物质生活水平，增进社会福利保障事业，用在这方面的支出大幅度增加，因而转移性支出增长势在必行。

4. 按财政支出与国家职能的关系分类

按照财政支出与国家职能的关系分类，可分为以下五类。

（1）经济建设支出。经济建设支出主要包括基本建设投资支出，企业挖潜改造支出，科技三项费用支出，地质勘探费支出，支援农业生产支出，工业、交通、商业等部门的事业费支出，城市维护费支出，国家物资储备支出等。

（2）社会文教支出。社会文教支出包括用于文化、教育、科学、卫生、出版、通信、广播、文物、体育、地震、海洋、计划生育等方面的经费、研究费和补助费等。

（3）行政管理支出。行政管理支出包括用于国家行政机关、事业单位、公安机关、司法检察机关、驻外机构的各种经费、业务费、培训费等。

（4）国防支出。国防支出包括各种武器和军事设备支出，军事人员给养支出，有关军事的科研支出，对外军事援助支出，用于实行兵役制的公安、边防、武装警察部队和消防队伍的各种经费、防空经费等。

（5）其他支出。其他支出包括财政补贴、对外援助支出等。

5. 按财政支出在社会再生产中的作用分类

按财政支出在社会再生产中的作用分类，可以分为补偿性支出、消费性支出和积累性支出。

（1）补偿性支出。用于补偿生产过程中消耗掉的生产资料方面的支出。目前属于补偿性支出的项目，只剩下企业挖潜改造支出一项。

（2）消费性支出。财政用于社会共同消费方面的支出。如文教科学卫生事业费、抚恤和社会救济费、行政管理费、国防费等项支出。

（3）积累性支出。财政直接增加社会物质财富及国家物资储备的支出。包括基本建设支出、流动资金支出、国家物资储备支出、生产性支农支出等。

知识链接

管理“三公”经费就要一刀切

“八项规定”实施以来，公众感受到了“三公”经费下降后的社会效果。由此看来，在削减“三公”经费上，就是要采取类似“八项规定”的一刀切，坚决杜绝公款吃喝、减少公费用车和基本杜绝公费出国。相关数据显示，政府机关“三公”经费公布三年来，各级各类政府机关的“三公”经费都呈下降趋势。但“三公”经费下降幅度最大、效果最明显的，还是在中央的“八项规定”实施以后。“八项规定”就像是切向“三公”经费的一柄利刃，以往在钝刀子面前左躲右闪的某些“三公”经费，在“八项规定”的一刀切下，全无遁处。

因此，正是“八项规定”的“手起刀落”，让公众亲身感受到了“三公”经费下降后的社会效果。在此方面，人们不仅眼见那些昔日靠公款支撑的高档酒楼、会所、浴场、歌厅变得门可罗雀，就是远在万里之外的国外中餐馆、旅游景点甚至赌场，也受到了我国“三公”经费削减的影响。

（资料来源：光明日报，2014年04月08日）

第二节　财政支出的原则与规模及其影响因素

一、财政支出的原则

财政支出的原则是指政府在安排和组织财政支出的过程中应遵循的基本准则。财政资金的安排和使用是政府财政活动的一个关键环节，因为政府能否合理地分配各项财政支出资金，以及能否正确地使用各类财政支出资金，不仅关系到政府各项职能的实现问题，而且关系到国民经济的稳定与增长。因此，有必要为政府安排财政资金、使用财政资金的活动制定基本的行为准则。结合我国社会主义市场经济的实际情况，我国的财政支出应遵循以下基本原则。

1. 支出总量与国力相适应的原则

坚持支出总量与国力相适应的原则，是我国长期以来所实行的“收支平衡，略有节余”的财政工作方针的具体体现，这是因为我国目前正处在社会主义市场经济发展的初级阶段，经济发展水平相对落后，财政收入规模不大，而经济和社会发展及社会主义国家的政府职能都要求财政给予更多的支持。在这种前提下，如果不坚持支出总量适度的原则，就很容易出现财政支出总量的失控，形成巨额的财政赤字，以至于影响经济和社会的稳定发展。具体来说，坚持财政支出总量与国力相适应原则，必须注意以下几个方面的问题。

（1）坚持量入为出的理财思想。量入为出是指财政在安排支出时，其规模应限制在财政所允许的组织收入规模的限度内，财政支出总量不能大幅超过收入总量。财政收入与财政支出是存在矛盾的，其实质是需要与可能的矛盾，但两者是可以统一的。财政收入代表国家聚集财力的规模，是有其客观限量的。财政支出反映国家职能和经济建设的需要，这种需要随着社会的发展和人民生活的改善而日益增长，其增长速度往往超过财政收入的增长，甚至超过财政收入的可能限量。处理这一矛盾的正确方法，就是必须坚持量入为出的原则，把财政支出的总量控制在财政收入的可能限量内。

（2）以满足社会公共需要为目标。财政支出的根本目的就是满足社会公共需要，其实质是实现国家基本职能的需要，这是财政支出满足的最低需要，是财政支出必须保证的项目。财政在安排这一类支出项目时，必须认真界定政府的职能范围，保证国家实现其职能的最低需要。

（3）以实现经济稳定运行为调控目标。财政支出除了实现满足社会公共需要这一最低需要外，还要满足经济建设支出的需要。它属于第二层次的需要，其目的是促进社会经济的稳定增长，以更好地满足提高人民生活消费水平的需要。财政在安排这类支出项目时，必须对财政收入来源进行认真的分析，实事求是地估计国力，量力而行。2009 年为应对国际金融危机，保持国民经济的增长，我国实行了积极的财政政策，在预算安排上全国财政支出高达 75 874 亿元，全国财政收支差额有 9 500 亿元赤字，以扩大内需，刺激经济发展。

2. 优化支出结构的原则

所谓优化财政支出结构的原则，是指根据国民经济和社会发展的比例结构，相应地安排财政支出结构，使之实现结构的最佳配合，以促进经济和社会的协调发展。实现财政支出结构的优化，要处理好以下两个方面的关系。

（1）正确处理购买性支出与转移性支出的关系。购买性支出与转移性支出是财政支出按其经济性质划分的结果，购买性支出反映了政府财政的资源配置职能，而转移性支出则反映了政府财政的收入分配调节职能。因此，在正确处理购买性支出与转移性支出的关系时，应本着“效率优先，兼顾公平”的原则，既要解决好政府财政实现资源优化配置这一经济运行的效率问题，同时又要处理好政府实现公平收入分配这一市场经济条件下必然存在的公平问题，解决好经济发展和社会进步的关系。

在处理购买性支出与转移性支出的关系时，还要注意支出的环境条件及效果。如在“5·12”四川汶川发生地震初期，国家采用购买性支出方式购买食物、药品和救灾帐篷等物资直接运达灾区，解决了灾区人民的燃眉之急。在灾后重建家园阶段，国家采取转移性支出方式，向灾民发放救灾扶贫款，让灾民根据自己的实际需要安排支出用途，收到了比较好的支出效果。

（2）正确处理投资性支出与公共消费性支出的关系。投资性支出与公共消费性支出的关系实质是财政支出中的发展性支出和维持性支出的关系，处理好这一关系，对社会经济的稳定发展具有十分重要的意义。因为一方面，社会经济的发展是社会永恒的主题，扩大再生产是其最基本的特征，这需要通过投资才能实现；另一方面，生产的目的是为了满足消费，消费反过来促进生产，社会的发展必须有稳定的消费需求，才能实现经济的稳定增长。我国近几年来的实践已经证明了这一点。近年来，我国经济所出现的“过剩经济”就是由需求的相对萎缩，特别是消费需求的相对不足引起的，国家所采取的积极的财政政策及相应的扩大内需的政策，特别是扩大消费需求的政策已初见成效。这从另一个侧面说明了处理好投资性支出与消费性支出关系的必要性。

在处理两者关系的顺序上，必须坚持“先维持，后发展”的顺序，坚持先保证基本的“吃饭”问题，然后再根据量力而行的原则来安排发展性支出。

3. 讲究支出效益的原则

财政分配过程，就是通过集中收入将资源集中到国家手中并由国家支配使用。由于资源的有限性，国家在集中资源时首先应考虑将有限的资源集中由政府来支配或由微观经济主体支配，后者更能促进经济的稳定发展和社会财富的增加。只有当政府占有资源比微观经济主体占有资源能发挥更大效益时，政府占有资源才是对社会有益的，也是对社会公众负责的最终体现，财政支出要讲究效益的根本就在于此。通常讲，确定合理的财政支出规模和结构，其目的就是提高财政支出的效益，从这个意义上讲，提高财政支出的效益，是财政支出的核心问题。如何提高财政支出的效益，应当从以下三个方面着手：

（1）健全预算制度，硬化预算约束。结合目前我国的实际情况，在安排财政支出

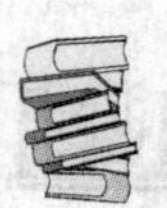

时，要合理确定财政支出项目，对支出项目所需的资金要精打细算，并将支出项目的资金列入政府预算，强化预算约束机制。

（2）完善财经制度，强化财经纪律。针对我国目前行政事业单位财经制度不太完善，财政资金管理过程中存在较多的“跑、冒、漏、滴”的特点，在安排财政支出的过程中，要强化财经纪律，加强监督管理及政府的审计，把节省财政支出的理财思想贯穿于财政支出的实施过程中。

（3）注意运用提高支出效益的方法。要真正提高财政支出的效益，除了上述的管理措施外，还必须运用科学的财政资金管理方法，这些方法对于节省财政资金、提高财政资金使用效益及建立科学的财政资金管理制度都具有十分重要的意义。

1）成本—效益分析法。该方法就是对政府确定的建设目标，提出若干实现目标的方案，详细列出各种方案的全部预期成本和全部预期收益。通过比较分析，选择出最佳的政府投资项目。该方法多用于政府的经济建设支出上。

2）最低费用选择法。首先根据政府确定的建设目标，提出多种备选方案，然后分别计算出各备选方案的各种有形费用并予以相加，最后按费用的高低顺序排列，以供决策者选择。与前一方法相比，这种方法通常不计算效益，只计算财政支出备选项目的有形成本，并以成本最低作为择优的标准。该方法多被用于军事、政治、文化、卫生等财政支出项目上。

3）公共劳务收费法。公共劳务在财政学中是指国家机构为了行使其职能而展开的各项工作，包括军事工作、行政工作、城市排水工作、道路的建设与维修工作、住宅供应工作和邮电工作等。通过公共劳务收费法来提高财政支出的效益，主要是指通过对公共劳务的定价，使公共劳务得到最有效、最节约的使用，达到提高财政支出效益的目的。公共劳务的定价包括免费、低价、平价、高价四种。通常，普遍使用或需要鼓励使用的公共劳务，如义务教育、卫生保健、计划生育用品等，可采用低价或免费的价格政策；对于那些无需特别鼓励也无需特别限制的公共劳务，如公园、邮电、医疗、公路、铁路等，可采用平价的价格政策；对于那些必须限制使用的公共劳务，如居民身份证件的补办等，可采用高价的价格政策。

二、财政支出规模的变化趋势

财政支出的不断增长，是一种带有规律性的历史趋势。在自由资本主义时期，国家财政主要执行维护社会秩序和保卫国家安全的政治职能，在经济、文化和社会发展等方面很少有所作为。然而，随着资本主义经济的日益发展，政府活动范围及其职能的相应扩大，特别是随着市场失灵弊端的日渐显现和国家宏观调控功能的不断强化，财政支出的增长趋势变得更加明显。

1．财政支出的绝对增长

在不同国家和不同时期里，尽管财政支出水平的变化幅度不尽相同，但从一个较长的历史时期看，支出绝对额的不断扩大是一个带有规律性的历史趋势。统计资料表明，英国1900年的公共财政支出为2.8亿英镑，而1984年则已达到1 463亿英镑，84

年间增长了522倍。美国政府的财政支出，1890年时约为8亿美元，而2010年则达到59 200亿美元，90年间增加了7 400倍。中国的财政支出增长情况亦基本如此。改革开放30多年我国财政支出增长情况见表2－2。

表2－2　全国财政支出增长情况

年份	财政支出总量（亿元）	财政支出增长率（%）
1978	1 122.09	33.0
1983	1 409.52	17.8
1988	2 491.21	9.2
1993	4 642.3	24.1
1998	10 798.18	16.9
2001	18 902.58	19.0
2005	33 930.28	19.1
2010	89 874.16	17.8
2012	125 952.97	15.3

（资料来源：《中国统计年鉴2013》，中国统计出版社，2013）

从表2－2中可以看出，改革开放30多年，我国财政支出由1978年的1 122.09亿元增加到2012年的125 952.97亿元，增长了100多倍。2013年全国财政支出达到139 744亿元，比2012年增长了10.9%，为实现国家职能提供了重要的财力保障。

2．财政支出的相对增长

财政支出的相对增长，一般是指一国财政支出占该国同期国民生产总值（GNP）、国内生产总值（GDP）或国民收入（NI）的比重。在实际经济分析中，相对量指标更能反映一国的财政支出规模的状况。

财政支出的相对规模，或者说财政支出占GDP（或GNP，NI）的比重，在不同的国家是有所不同的，即使在同一个国家的不同发展时期，这一比重也有较大的变化。但从较长时间来看，其不断增长的趋势也是十分明显的。

下面分析我国财政支出占GDP比重的发展趋势。在改革开放以前，我国财政支出占GDP的比重是比较高的，这与当时实行的计划经济体制存在着密切的关系。一方面，我国实行的“低工资，高就业”的政策，在GDP的初次分配中，个人所占的份额是很小的，同时，大量的个人生活必需品由国家低价甚至无偿提供；另一方面，国家实行统收统支的经济政策，国有企业的利润乃至基本折旧基金也几乎全部上缴国家财政。相应地，固定资产和流动资金，乃至更新改造资金则由国家无偿拨付。在这样的经济背景下，财政支出占GDP比重过高就成为必然。改革开放以来，国家以打破平均主义、调动各经济主体的积极性和主动性为目标，实行放权让利的政策，提高了人民的收入水平。在GDP的分配中，个人和企业所占份额随之提高，自然就出现了财政支出占GDP的比重逐步下降的趋势。但是我们应当看到，自1995年以来，由于上述导致财政

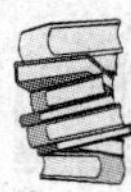

支出比重下降的政策性因素的逐渐减少，财政支出占 GDP 的比重在逐步提高，而且，从今后的趋势来看，还将有更大的提高。见表 2－3。

表 2－3　我国财政支出总量占 GDP 的比重

年份	1990	1995	1998	2001	2005	2008	2009	2012
财政支出占 GDP 比重	16.5%	11.2%	12.8%	17.2%	18.5%	20.8%	22.6%	24.3%

（资料来源：根据《中国统计年鉴 2013》相关数据计算得出）

三、影响财政支出规模的因素分析

影响财政支出规模的因素是多方面的，通过上述分析，再结合当今世界各国的现实情况，可以得出其影响因素主要包括以下几个方面。

1. 经济因素

这主要是指一国的经济发展水平和相应的经济体制。经济规模决定财政支出规模，经济发展、生产力水平提高，财政支出规模也相应增大；同时一国的经济体制对财政支出规模也有很大影响。一般来说，实行高度集中的经济管理体制，其财政支出规模会较大，实行市场经济国家的财政支出规模也较大。从我国的实践来看，便可以得出这样的结论。我国在实行计划经济体制时，财政支出（相对）规模较大。在改革开放之初，随着放权让利政策的实施，其相对规模在不断减少。在我国确定建立社会主义市场经济体制以后，我国政府比较注重提高财政支出的规模。近几年财政支出的相对规模的增大，也可以说明这个问题。

2. 政府对经济的干预程度

在实行自由的市场经济时期，强调国家不干预经济，缩小政府职能，财政支出规模较小；在实行国家干预的市场经济时期，由于国家职能的扩大，政府在稳定经济过程中要起到重要的作用，因此，在这个时期，财政支出的规模较大。

3. 政治性因素

政治性因素对财政支出规模的影响主要体现在三个方面：一是政局是否稳定；二是政体结构的行政效率；三是机构设置是否科学。当一国社会出现动荡或发生战争时，财政支出规模增大；相反，一个稳定的社会，其支出规模相对减小。当一国的行政机构臃肿、人浮于事、效率低下，其经费开支必然会增大。

4. 社会性因素

人口状态、文化背景等社会性因素，在一定程度上也影响到财政规模。在发展中国家，人口基数大，增长快，相应的教育、保健及救济的贫困人口的财政支出压力便大；而在一些发达国家，公众要求改善生活质量，也会对财政支出提出新的要求。我国在生产发展和劳动生产率提高的基础上，人民的生活水平逐步提高，但由于近几年我国工资总额增长幅度一直高于劳动生产率提高的幅度，这对我国的财政支出规模就不能不产生影响。

知识链接

三大因素酿成希腊债务危机

希腊经济和工业研究基金会负责人、经济学家亚尼斯·斯图尔纳拉斯说，希腊陷入严重的政府债务危机有着深刻的历史原因，政府财政多年来超支、公务员队伍庞大、偷逃税现象严重是三大重要因素。

斯图尔纳拉斯在接受新华社记者采访时说，希腊财政赤字和政府债务“双高”问题由来已久。基于政党和工会组织的压力，希腊政府多年来过量增加公共支出，过度提高工资和养老金等社会福利待遇水平，令政府不堪重负；同时，上述举措还造成工资增长与劳动生产率提高相脱节，削弱了希腊经济的竞争力。

虽然近年来希腊历届政府已意识到这一点，但却没有及时采取措施，切实巩固财政，结果当国际金融和经济危机袭来时，作为希腊国民经济支柱的旅游业和航运业受到冲击，早已捉襟见肘的希腊财政再也无法维持下去。

公务员队伍过于庞大也是导致希腊债务危机的一大因素。据斯图尔纳拉斯估计，仅政府部门严格意义上的公务员数量就占希腊全国劳动人口的10%。如果算上养老金管理机构等一些公共部门的从业人员，这一比例会更高，庞大的公务员队伍带来巨大的财政负担。

此外，斯图尔纳拉斯认为，希腊政府多年来在打击偷逃税方面一直力度不够，令政府失去了大笔财政收入，无力填补巨额支出留下的缺口。据他估计，希腊政府因偷逃税行为每年损失的税收至少相当于国内生产总值的4%。

（资料来源：新华网，http：//news. xinhuanet. com/fortune/2010 - 02/19/content_13009089. htm.）

第三节　财政支出的结构

一、财政支出结构增长变化的规律性

市场经济发展的历史表明，财政支出结构的变化具有一定的规律性。在经济发展早期，投资性支出占财政支出的比重及政府投资占社会总投资的比重较大，社会性支出比重相对较低，而随着社会经济的发展，财政支出中投资性支出比重逐步下降，社会性支出则呈急剧增长的趋势。因为，在经济发展初期，政府要为经济发展提供公共设施，如道路、运输等，某些基础产业、新兴产业及经济结构的调整，都必须有政府的介入和支持，政府要加大投入，为经济起飞和持续、稳定增长创造条件。所以，投资性支出占财政支出的比重及政府投资占社会总投资的比重较大。在经济发展中期，政府投资仍在继续，但已逐步让位于私人投资，作为私人投资的补充，财政支出中投资性支出的比重及社会总投资中政府投资的比重呈现逐步下降的趋势。到经济发展的成熟期，经济发展的目标由注重经济增长转向注重社会经济的全面协调发展，注重提高生活质量，政府财政支出开始强化稳定功能，教育、卫生保健，特别是社会福利和

社会保障等方面的支出急剧增长。

在西方发达国家，社会性支出在整个财政支出中的普遍提高的增长趋势已日益明显，目前不少国家这一比重都超过财政支出的一半以上，如德国已超过60%。从根本上说，这是生产社会化高度发展的必然结果。因为生产社会化的发展需要大量具有较高文化素质和技术水平的劳动者。提高整个居民的文化教育水平，在很大程度上需要通过举办教育事业这类社会福利形式来解决，由此使得社会性支出中教育经费保持了一个较高比重。与此同时，随着生产社会化的发展，资本主义的内在矛盾更加突出，尤其是社会贫富差距的扩大，社会财富和收入分配不均已成为资本主义社会存在的最大问题之一。这一问题需要政府通过各种形式的收入再分配手段，主要是社会福利和社会保障支出来加以解决。毫无疑问，政府的高投入对于提高居民的整体社会福利水平起着至关重要的作用。

二、我国财政支出结构的现状

改革开放以来，在经济增长的基础上，我国的财政支出规模也不断扩大。在财政支出总量增加的同时，财政支出结构也在不断优化。2013 年，在财政收支矛盾十分突出的情况下，优化财政支出结构，盘活财政存量，用好财政增量，促进各项社会事业发展，着力改善民生，落实中央厉行节约的要求，从严控制“三公经费”等一般性支出。尤其是用于改善民生方面的投入增长较快，其占财政支出总额的比重明显提高。2013 年中央财政用在与人民群众生活直接相关的教育、医疗卫生、社会保障和就业、保障性安居工程、文化方面的支出安排合计 15 712.5 亿元，比上年预算数增长 13.5%。如包括环境保护、交通运输等方面涉及民生的支出，中央财政实际用于民生的投入还要更大一些。

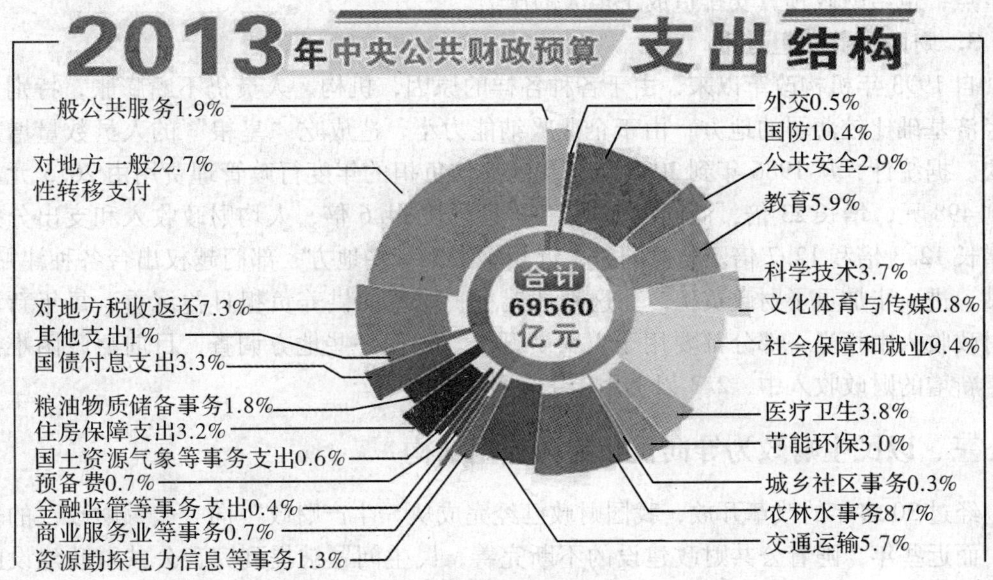

图 2-1 2013 年中央财政支出结构

（资料来源：新华网：http：//news. xinhuanet. com/2013lh. ）

近年来，财政支出与解决经济和社会发展的重大问题更紧密地结合起来，使我国

的财政支出结构日趋完善。但是我们也应当看到，由于我国政府职能尚未根本转变及财政支出管理体制滞后等原因，财政支出结构与社会主义市场经济的要求还有诸多不相适应的地方。其主要表现为：

1. 财政支出范围不尽合理

目前，我国经济体制正处于转轨时期，政府职能还未能完全适应社会主义市场经济发展的要求，仍然包办或管理了一些应当由企业、私人和市场从事的活动。相应地，财政资金供给范围过大、包揽过多的问题还没有得到解决。一些有条件进入市场的经营性事业单位，如行政事业单位办的出版社、杂志社、培训中心等，以及民间协会、学会、研究会等，仍然由财政负担经费；一些应由市场配置资源的领域，如企业生产经营所需的流动资金、挖潜改造资金等，各级财政不同程度地介于其中。与此同时，一些本应由财政供给资金的项目（如义务教育、基础科研、卫生保健等方面的需要）却得不到充足的资金保证，全国还有一些县甚至无力维持政府机构的正常运转，有的连员工工资都难以按时发放。

2. 财政支出挂钩项目过多

近几年来，国家对部分重点支出项目的增长做出了与收入（支出）增长挂钩的规定，有的还以法律的形式确定下来：对农业、科技、教育、卫生、环境保护、计划生育、宣传文化、政法等项支出，都提出了明确的要求；对其他支出项目，如国防、社会抚恤救济、价格补贴、公务员工资等，虽然支出增长没有与正式法规规定要求挂钩，但预算支出必须尽力安排，有的在预算执行中还要不断追加。另外，中央有关部门要求地方政府增加配套资金的项目也越来越多，有的省仅满足配套项目的支出，就已经超过可支配的财力。这种分配格局，造成支出的刚性越来越强，突出不了真正要保证的重点，也给财政预算安排造成了很大的压力。

3. 财政供养负担过重

自 1993 年机构改革以来，由于各种各样的原因，机构、人员仍不断膨胀，特别是在经济基础比较薄弱的地方，由于企业吸纳能力小，造成吃“皇粮”的人员数量增加更快。据统计，从 1986 年到 2005 年，我国人均负担的年度行政管理费用由 20.5 元增长到 498 元，增长 23 倍，而同期人均 GDP 只增长 14.6 倍，人均财政收入和支出分别只增长 12.3 倍和 12.7 倍。与此同时，近几年来，一些地方、部门越权出台各种津贴、补贴，进一步加重了财政负担。在这种情况下，财政的供养负担日益沉重，每年新增的财政收入中相当一部分都要用于人头费开支。根据一些地方调查，目前财政困难县每年新增的财政收入中，2/3 以上用于了各种人员经费。

三、以民生财政为导向优化财政支出结构

经过 30 多年的改革开放，我国财政已经完成从“生产财政”向“公共财政”的转变，而近些年，随着公共财政建设的不断完善，民生问题被提到完善公共财政建设的突出位置，即所谓民生财政。民生财政是公共财政的延续和深化，围绕民生问题，如何调整财政支出结构，就是今后一个时期财政支出结构优化的总体要求。

1. 控制行政经费规模，努力降低政府运作成本

一是在财政内部全面实行“下管一级”的管理办法。上级财政对下级财政的行政经费总量限额、行政人员编制及人均行政支出综合定额提出控制指标，进行动态考核，辅之以一定的奖罚措施。既要确保正常的行政经费，又要严格控制经费的支出规模，控制不合理开支，提高经费使用效率。二是推进行政改革，精简机构。通过建立有效的政府公务员竞争机制，改变行政机关机构臃肿、人浮于事、效率低下的现状，努力减少财政供养人口，节约财政支出。三是完善预算管理制度，加强对财政收支的监管。同时，完善政府官员的政绩考评体系，改变只看人均GDP和财政收入增长的评价标准，应综合考虑行政人员的精简、行政成本的下降、公共产品和公共服务质量的提高、社会福利的增长、产业结构和城乡就业结构的改善及精神文明的提高等多方面的因素。

2. 增加对农村基础设施的投入

农村基础设施是促进农村经济和社会全面发展的重要基础，对于提高农民收入、减少贫困和协调区域发展发挥着重要的基础性作用，因此农村基础设施建设应成为财政投资的重中之重。应以财政投入为主，充分发挥财政资金的引导作用，采取税收优惠、信贷支持、财政贴息等多种措施，鼓励和吸引社会资金参与农村基础设施建设。

3. 大力加强社会公共性开支

社会公共性开支涉及的面很宽，包括教育、科技、卫生、社会保障、环境保护等，是代表社会共同利益和长远利益的支出，也是现代市场经济条件下国家财政支出中十分重要的支出。具体为：

（1）坚持把教育放在优先发展的位置。我们要确保现有预算口径的教育支出稳定增长，逐步建立分级负担、分级管理的教育经费管理体制，同时重视研究增设教育专项资金的新渠道，开征教育税，取消现有的教育费附加，确保财政教育支出的可靠来源。

（2）增加医疗卫生投入。深化医疗卫生体制改革，加快公共卫生体系建设，提高公共卫生服务水平和突发公共卫生事件的应急能力，尽快建成覆盖城乡、功能完善的疾病预防控制和医疗救治体系。

（3）加大社会保障支出。应根据我国现阶段的经济社会发展水平，加强以最低生活保障为主体的社会救助体系建设，促进新型农村合作医疗和救助制度的发展，不断完善城镇基本养老、医疗、失业、工伤等保障体系，逐步扩大社会保障覆盖面。

（4）重视生态保护。加大环境建设投入和环境污染治理力度，促进经济社会持续协调发展。

4. 逐步压缩我国的行政事业费用

行政管理费用是政府机构运行的成本，是政府正常运作的前提，因此一定行政费用的支出是必不可少的，但如果政府对此类支出规模不加控制，将导致行政成本过高、行政效率低下，浪费公共财政资源，对经济社会产生负面影响。因此，政府应严格控制一般性支出，合理控制行政成本，制定、完善一般性开支标准，推进服务型、节约型政府建设。严格控制行政成本增长幅度，尤其是公务用车、会议经费、公务接待、因公出国等经费的增长，以及党政机关事业单位办公楼等楼堂馆所建设和信息化建设项目，推进机关节能减排工作。通过压缩一般性支出，腾出财力增加保障和改善民生方面的支出。

优化财政支出结构是一个动态的过程，需要正确处理促进经济发展与推进社会建设的关系，统筹兼顾与突出重点的关系，财政支持与社会参与的关系。同时，要进一步研究优化财政支出结构的政策措施和效果。优化财政支出结构的核心是有保有压，一方面要增加公共服务领域投入，另一方面，要严格控制一般性支出，合理控制行政成本。

知识链接

财政支出结构变化告诉我们什么

调节社会收入分配，促进社会和谐，为我国经济的发展创造良好的环境，是财政的任务和职责。经济的蓬勃发展，不但要使政府的财政收入越来越多，而且还要让老百姓从中受益更多。

2012 年上半年，全国财政收入完成 63 795 亿元，同比增长 12.2%，财政支出 53 893亿元，比上年同期增加 9 458 亿元，增长 21.3%。为什么财政支出的增速远远高于财政收入的增速？这些支出花在了什么地方？财政支出主要增长在哪些领域？

虽然财政的支出结构调整不可能在短时间内一蹴而就，但是，动态中的调整也在不断让我们看到希望。财政支出不断增加的过程中，用于项目经济建设费和行政管理费在整个支出中的比重呈现明显的下降趋势，而投向民生的支出呈现明显的上升态势。这是一个巨大的变化。它鲜明地体现在财政支出撬动了城乡居民收入的提高和消费需求的扩大；体现在财政补助规模的不断扩大，减轻了群众在教育、医疗、住房保障等方面的负担；体现在新农保和城镇居民医保制度全覆盖工作的落实，调整企业退休人员基本养老金、提高新农合和城镇居民医保补助标准、扩大农村危房改造试点、支持提高城乡低保保障水平等一系列保障民生政策措施的落实。

（资料来源：经济日报，2012 年 7 月 19 日）

本章小结

财政支出又称预算支出，是指国家把通过预算收入的资金，按照一定的方式和渠道，有计划地进行分配的过程。它是整个财政分配活动的第二个阶段，是实现政府职能的财力保证。财政支出按照不同的标准进行分类，可以体现财政支出的运用方向和结构。财政支出的原则是指政府在安排和组织财政支出的过程中应遵循的基本准则。财政支出规模的不断增长，是一种带有规律性的历史趋势。影响财政支出规模的因素是多方面的，主要包括经济因素、政府对经济的干预程度、政治性因素和社会性因素。我国的财政支出结构日趋完善，但还有诸多不相适应的地方。我们应按照市场经济要求不断优化我国财政支出结构。财政支出的形式、内容、规模和结构都是不断变化的，这种变化总是与政府职能及其范围的变化和社会经济发展水平相适应。同时，财政支出的规模、内容、结构和形式的变化，又影响到财政职能的实现。

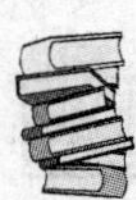

思考与练习

一、选择题

1. 在安排财政支出时，应适度把握财政资金的总量，相应的支出原则是（ ）。

A. 量入为出原则　　B. 量出为入原则

C. 统筹兼顾、全面安排原则　　D. 厉行节约、讲求效益原则

2. 改革开放以来，我国行政支出的增长与 GDP 的增长呈现的关系是（ ）。

A. 行政支出的增长超过 GDP 的增长水平

B. 行政支出的增长低于 GDP 的增长水平

C. 行政支出与 GDP 的增长同步

D. GDP 增长，而行政支出下降

3. 在下列方法中，最适用于财政支出中政府经济建设支出项目效益分析的是( )。

A. 成本—效益分析法　　B. 最低费用选择法

C. 公共劳务收费法　　D. 企业投资财务分析法

4. 下列方法中，主要适用于军事、政治、文化、卫生等财政支出项目效益分析的是（ ）。

A. 成本—效益分析法　　B. 最低费用选择法

C. 公共劳务收费法　　D. “影子价格”法

5. 近年我国财政支出中增长较快的项目是（ ）。

A. 消费性支出　　B. 行政支出　　C. 民生支出　　D. 国防支出

6. 政府部门用于失业救济、养老金等方面的支出属于（ ）。

A. 购买性支出　　B. 转移性支出　　C. 行政管理支出　　D. 资本性支出

7. 按财政支出的经济性质分类，政府购买商品的行为是（ ）。

A. 经常性支出　　B. 资本性支出　　C. 转移性支出　　D. 购买性支出

8. 购买性支出主要反映政府的（ ）。

A. 资源配置职能　　B. 调节收入分配职能

C. 稳定经济职能　　D. 刺激需求职能

9. 衡量财政支出规模的相对指标是（ ）。

A. 财政支出总额　　B. 财政支出/财政收入

C. 财政支出/GDP　　D. 财政支出 × GDP

10. 财政支出规模的发展趋势是（ ）。

A. 不断缩小　　B. 不断扩大　　C. 无规律性　　D. 基本不变

11. 按财政支出的性质分类，可以把财政支出分为（ ）。

A. 购买性支出　　B. 转移性支出　　C. 积累性支出　　D. 消费性支出

12. 转移性支出包括（ ）。

A. 政府各部门的事业费　　B. 社会保障支出

C. 各种财政补贴　　D. 政府投资

13. 按财政支出在社会再生产中的作用分类，可以分为（ ）。

A. 补偿性支出　B. 消费性支出　C. 积累性支出　D. 投资性支出

14. 我国的财政支出应遵循以下哪些基本原则？（　　）

A. 量入为出　B. 量出为入　C. 优化支出结构　D. 讲求经济效益

15. 评价财政支出效益的方法主要有（　　）。

A. 成本—效益分析法　B. 成本—效益对比法

C. 最低费用选择法　D. 公共劳务收费法

16. 影响财政支出规模的因素有（　　）。

A. 经济因素　B. 政治因素　C. 社会因素　D. 政府职能

17. 我国以社会和谐为取向，进一步调整和优化财政支出结构，应该（　　）。

A. 控制行政经费　B. 增加农业投入

C. 强化社会公共事业和公益事业支出　D. 完善政府间转移支付制度

18. 我国财政支出结构的现状包括（　　）。

A. 财政支出范围不尽合理　B. 财政支出挂钩项目过多

C. 财政支出项目过多　D. 财政供养负担过重

二、判断题

1. 财政支出是整个财政分配活动的第二个阶段，是实现政府职能的财力保证。（　　）

2. 财政支出的根本目的就是满足社会公共需要。（　　）

3. 购买性支出直接影响收入分配。（　　）

4. 政府投资完全可以不讲投资效益。（　　）

5. 财政支出的不断增长，是一种带有规律性的历史趋势。（　　）

6. 确定财政支出规模时，财政支出总量不能超过收入总量。（　　）

7. 在正确处理购买性支出与转移性支出的关系时，应本着“效率优先，兼顾公平”的原则。（　　）

8. 一国的经济规模决定财政支出规模。（　　）

9. 我国财政已经完成从“生产财政”向“公共财政”的转变。（　　）

10. 普惠民生是我国财政支出结构调整方向。（　　）

三、名词解释

财政支出　购买性支出　转移性支出　成本—效益分析法　最低费用选择法

四、简答题

1. 财政支出形式有哪些？

2. 对比分析购买性支出与转移性支出对经济的影响。

3. 简述我国财政支出的原则。

4. 分析财政支出规模不断增长的因素。

5. 调整我国财政支出结构应注意哪些问题？

五、案例分析

公款禁买高档酒，茅台市值一天缩水142亿元

“天哪，茅台一天跌了13.70元啊，超过了上千家公司股价本身。”昨日一位股民

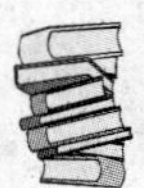

看到贵州茅台暴跌13.70元感到很惊讶。高端白酒一直是A股中的特殊队伍，前期连续大涨，然而，近日“禁止用公款买高档酒”一声令下，高端白酒股价应声下跌，昨日跌幅达到2.18%，其中贵州茅台狂泻6.37%，市值一天就蒸发了142亿元。

（资料来源：凤凰网）

根据上述资料，讨论分析以下问题：

1. 为什么会出现此现象？
2. 此案例反映出我国财政支出中存在什么问题？

第三章　购买性支出

学习目标

知识目标

1. 了解购买性支出对经济的影响。
2. 理解社会消费性支出、政府投资性支出及政府采购的含义。
3. 掌握各项购买性支出的性质、资金来源、规模分析和管理。

能力目标

1. 能够结合财经新闻分析政府购买性支出对经济的影响。
2. 能够分析某项事业建设资金的合理来源。
3. 能够撰写对当前政府财政支出的建议。

引导案例

2014 年，公车改革再出发

2014 年，公务用车体制将迎来一场全面改革。此次公车改革在“顶层设计”之下的再出发，从中央国家机关起步，会形成“自上而下”的破题态势。

公车消费一直是“三公”经费的大头，被称为是铺张与浪费的一个源头。据权威部门公布的行政经费的调查报告，“全国的公车大致是 230 万辆，开支在 1 500 亿元到 2 000 亿元之间”。公车的问题主要体现在三个方面：购买环节存在超编制、超标准配备使用问题；使用环节“公车私用”现象严重；维修保养环节浪费惊人。“有一部车一年换了 40 个轮胎，这说明差不多每周换一个轮胎。”“公车私用，一直存在三个‘三分之一’的现象，即办公事占三分之一，领导干部及亲属私用占三分之一，司机私用占三分之一。”这严重影响党和政府的形象。

始于 1994 年的公车改革，在磕磕碰碰、步履蹒跚中，已摸索了 20 年。时至今日，推进公车改革的外部环境不同以往。中央“八项规定”和《党政机关厉行节约反对浪费条例》的出台，让公车改革峰回路转，势在必行。目前，中央国家机关公车改革方案已完成初稿，对地方党政机关公车改革的指导意见也已有雏形。此次公车改革的范围不仅涵盖中央党政机关，也将延展至地方党政机关，不仅是党政机关，还会带来事业单位和国企的公车改革的酝酿。

（资料来源：财经国家周刊，2014 年 2 月 18 日）

第一节　购买性支出的含义及其对经济的影响

一、购买性支出的含义

购买性支出又称消耗性支出，是指政府在市场上购买所需商品和劳务的支出，这些支出包括用于日常政务活动的支出和用于投资的支出。用于日常政务活动的支出包括行政管理费、国防费、社会文教费及各项事业费等，属于社会公共消费性支出。用于投资的支出包括政府各部门的投资拨款，如农业、基础设施、基础产业、支柱产业等，属政府投资性支出。因而，购买性支出又可分为社会公共消费性支出和政府投资性支出两大类。判断一项支出是社会公共消费性支出还是政府投资性支出，主要看该项支出发生后是否形成相应的固定资产。

二、购买性支出对经济的影响

政府购买性支出是政府以等价交换为原则，通过直接交换获取所需的商品和劳务而形成的财政支出，它与市场运行具有密切关系，是政府的市场再分配活动，对生产、就业和分配有重大的影响。

1. 对生产领域产生直接影响

政府的购买性支出是社会总需求的重要组成部分，它的变化直接影响社会需求总量。在社会总需求中，占主要地位的是个人消费需求，而个人消费需求中有一部分，如国家行政机关的公务员、政府事业部门的工作人员、军队官兵等的消费需求是必须通过政府的购买性支出才能形成的。微观经济主体的投资需求在政府购买性支出所进行的大量订货的刺激下也会受到很大的影响。而政府部门本身的消费需求的增减变动会直接制约社会总需求的形成。购买性支出的增加，往往会通过直接或间接刺激社会总需求的增加，导致社会生产的膨胀，形成经济繁荣的局面。而购买性支出的减少，往往会通过直接或间接减少社会总需求，导致社会生产的萎缩，形成经济萎缩的局面。

政府购买性支出数量的变化会对经济总量产生明显的影响。购买性支出增加时，政府对商品和劳务的需求增加，社会总需求增长，导致市场价格水平上升，从而使企业增加商品和劳务的供给量、扩大生产规模。在各个企业相互刺激和相互推动的情况下，可能在全社会范围内导致一系列企业的生产普遍增长。政府购买性支出的减少，会直接或间接地使社会总需求紧缩，导致社会生产的萎缩。因而购买性支出往往是政府调控经济增长的一个重要手段。

2. 政府购买性支出对国民经济结构变动产生直接影响

在政府购买性支出数量既定的前提下，支出结构的变动将对社会资源的配置状况、对经济结构产生直接影响。比如，政府增加对 A 产品的购买时，将引起对该产品需求的增加，导致这类产品生产规模的扩大，以及相关要素投入的增加和要素报酬的提高，社会游资也会流入这一领域；而当政府减少对该类产品的购买性支出时，情况就正好相反。这就产生了一个因政府购买性支出方向变动而带来的生产结构、劳务供应结构的调整效应。在市场经济条件下，政府购买性支出的结构调整，往往是引导社会经济结构调整的一个强有力手段。

3. 对就业产生的影响

当购买性支出增加时，政府对商品和劳务的需求增长，这会导致市场价格水平上升，生产企业利润率提高，企业会扩大生产，从而带来所需生产资料的增多，又可能推动生产资料的企业扩大生产，所需劳动力的增多，又引起就业人数的增多，从而引起消费品的社会需求膨胀。生产消费品的企业的生产规模同样可能因之而扩大。当购买性支出减少时，则会出现相反的情况。

4. 购买性支出间接影响分配

财政用于购买性支出在总额上增加或减少了，那么给政府提供商品和劳务的企业从政府购买性支出中所获得的收益额也会随之增减，导致企业扩大或缩小生产规模，资本的利润和劳动者的工资都会有所提高或降低。

如果财政用于购买性支出的总额不变，只是所购买的商品或劳务在结构上发生改变，那么有关企业从购买性支出中所获得的收益便发生不同方向的变动，提供政府所增加购置的商品或劳务的企业获得的利润增加，提供政府所减少购置的商品或劳务的企业获得的利润减少，而前者增加的利润正是来自后者减少的利润。整个社会的收入分配状况将因政府购买性结构的变动而受到相应的影响。

知识链接

社会消费性支出和政府投资性支出谁更重要

社会消费性支出和政府投资性支出在购买性支出中的比重，与政府职能范围密切相关。一般来说，发达国家政府职能侧重于提供公共产品和公共服务，因而公共消费性支出占的比重相对较大；而发展中国家处于经济起飞阶段，且各项公共设施基础较差，因此，政府投资性支出比重一般较高。

（资料来源：寇铁军. 财政学［M］. 北京：中国人民大学出版社，2004.）

第二节　社会消费性支出

社会消费性支出只是对物质财富的消耗，并不形成任何资产，因而称消费性支出。又因该支出的使用满足的是社会公共需要，是社会再生产的正常运转所必需的，所以具有社会性。社会消费性支出主要满足纯社会公共需要，是政府提供公共物品和劳务的主要渠道。一般来说，社会公共消费性支出分为两大类：一类属于公共需要如行政管理费支出、国防费支出等；另一类属于准公共需要，如文化、教育、科研、医疗卫生等部门的事业费，这部分可以由私人部门提供部分服务，但政府仍要承担大部分支出，因为科教文卫事业具有公共性，对经济和社会的发展进步作用是十分重要的。

一、行政管理费支出

1. 行政管理费支出的概念及基本内容

任何国家为履行对内职能、实施行政管理、维护社会秩序和公正，都必须设立相

应的行政管理部门。行政管理费支出，是财政用于国家各级权力机关、行政管理机关和外事机构等行使其职能所需的费用支出，它是维持国家政权存在和保证各级国家管理机构正常运转所必须支付的成本。

我国的行政管理费支出具体包括行政管理费支出、公检法经费支出、武装警察部队经费支出、对外援助支出和外交外事支出五大类。就其本质而言，行政管理费支出的作用体现在维持国家机器的正常运转上，因而是由国家提供的纯粹公共物品，除了政府提供之外，其他任何部门无法提供。

行政管理费支出是用于国家党政机关、民主党派和人民团体的经费，包括行政机关经费、行政业务费、干部训练费和其他行政经费。

公检法经费支出是指国家用于公安、安全、检察、法院的支出，主要包括公检法机关经费、公检法业务费、警校和司法学校及干校经费、其他公检法经费。

外交外事支出包括驻外机构经费、出国费、招待费、国际组织会费、捐赠支出和其他外事费。

2. 行政管理费支出规模分析

行政管理既然是国家的一项基本职能，行政管理费当然不可能从财政支出中完全消失，甚至它的绝对规模不断增长也带有必然性。行政管理费支出不足会影响政府机构行使其职能，进而影响社会稳定和社会秩序。但是行政管理费支出过多会浪费社会资源，还可能助长政府机构重叠设置、人浮于事，降低行政效率，影响社会经济的发展。因此，在支出规模上，行政管理费支出应遵循“足额”原则，即在保证政府机构行使其职能的前提下，政府机构应精简机构，努力降低行政成本，节约行政开支。这样有利于减轻财政负担，提高财政资金的使用效益，也有利于提高行政机关办事效率，改善投资环境，促进社会经济的发展。

行政管理费支出的增加显然是党政机关扩大的结果。随着社会经济的发展，公共物品和劳务的范围扩大，党政机关随之扩大或新建，都会增加人员经费和公用经费。如果这是一种趋势，那么，行政管理费支出的增长就有一定的必然性。公安、司法、检察、安全机关是用于维持社会秩序的，社会经济活动日趋复杂，社会交往的规模日益增大，“城市化”的浪潮不可遏止，可能难免导致犯罪和违法事件及经济和社会纠纷增多，为了保证社会在法制的轨道上有秩序地运行，用于维持秩序的机关的增大及相应的经费的增长也是不可避免的。国际交往也会随经济发展和外事活动的频繁而增多，于是，驻外机构的费用、迎来送往的支出也将呈不断增加的趋势。将上述各方面总括起来看，公共支出不断增长应该是一个实践可以证实的事实。然而，行政管理费支出的绝对数是增长的，但它在财政支出总额中所占的比重却应该呈下降趋势，世界各国一般都是如此。

自改革开放后，随着国家职能的扩展，我国的行政管理费支出无论绝对量还是占财政支出比重的相对量都呈现出快速增长的趋势，成为我国各项财政支出中增速最快的项目。1978 年，行政管理费支出占财政支出的比重仅为 4.71%，1986 年这一比重上升为 10%，2005 年更是达到了 19.2%，超出 IMF（国际货币基金组织）15.6% 的标准。而目前这个比重日本是 2.38%，英国是 4.19%，法国是 6.5%，加拿大是 7.1%。这些数据足以反映出我国行政成本之高、行政效率之低的严重程度。行政管理费支出的规模是由多种因素形成的，而且具有历史的延续性。我国在较长时间内政府机构和人员过分膨胀是不争的事实。

改革开放30年来，我国政府经过六次机构改革，机构和人员膨胀的势头依然没有消除，由于机构设置的上下对口，中央每设置一个机构，全国县以上就要设置3 000多个机构，还有庞大的乡镇一级政府机构。有关统计资料显示，中国财政供养人口在1978年时是2 015万人，至1997年已增至3 675万人，增长了82.4%。1978年时50个人供养一个财政供养人口，至1997年则要30个人供养一个财政供养人口，财政供养人口增加，直接增大了财政压力，也增大了纳税人的负担。

此外，行政管理费应向公用经费倾斜，但我国的公用经费缺乏明确的界定，预算软约束，不仅人员、车辆、会议、电话等开支的增幅过快，而且掺杂某些变相的私人消费，诸如公费旅游、公款招待、大吃大喝等不正之风屡禁不止。

3. 行政管理费支出的控制

我国人口众多，行政事务繁杂，在传统体制下，事无巨细，政府包揽过多，而当前又处于转轨过程中，所以行政管理费的控制是一个十分棘手的问题。究竟要有怎样的一些政府部门，各部门应有多大规模，可能只有通过某种政治程序方能确定。这种政治程序我们在前文中几次提到，此处不再赘述。如果政治程序的科学化和民主化能够得以充分实施，公民也能得到充分的信息并实施有效的监督，行政机构规模、行政管理费规模及提高行政效率等问题方可得到适当的确定和解决。问题是一时难以充分具备这些条件。参照各国的经验，可行的办法是，对行政管理费支出的绝对规模或其占财政支出的比重规定一个具有法律效力的指标，并由国家立法机关和国家审计部门对之施行严格的审计监督。第九届全国人民代表大会第一次会议决定本着“精简、统一、效能”的原则，积极推进政府机构改革，将为控制行政管理费的增长带来契机并提供前提条件。与此同时，财政部门本身必须对行政管理费加强管理和监督，主要是适应行政机构改革，规范行政管理费的供应范围，完善行政经费定额考核办法，坚持支出秩序，加强检查监督，使其走向法制化、规范化轨道。

二、国防支出

1. 国防支出的概念和基本内容

国防支出是购买性支出的组成部分。国防本身是公共产品，它在消费过程中具有非竞争性和非排他性。这是因为现代国防对抵御外敌入侵、保卫国家安全和社会安定发挥着重要作用。国防支出是实现国家职能的重要财力保障。

国防支出即国家防卫支出，是一国政府为维护国家主权与领土完整，用于军事工程和科研的费用，以及各军兵种经常性开支、后备部队经常性开支和战时的作战经费。我国财政用于中国人民解放军和国防建设方面的支出，包括国防费、民兵建设费、国防科研事业费和防空经费等。按用途可将国防费分为人员经费、活动维持费和装备费三部分；按军种可将国防费分为陆、海、空三军经费。

2. 国防支出的规模和结构分析

国防在防御外来侵略、保卫国家安全和领土完整方面，具有不可替代的重要作用。

国防历来都是政府的基本职能之一，因此必须合理安排国防支出的规模。单纯从国防的角度看，充足的军费开支有助于提高国家的防御能力和威慑力。但是由于国防是纯消费性支出，如果耗费财政资金过多，就会挤占其他方面的资金需求，影响国家其他职能的发挥。所以国防支出应有一个合理的规模，国防支出占财政支出的比例应有一个合适的限度。国防支出水平的一般决定因素有以下几个：

（1）经济发展水平的高低。国防支出规模从根本上说是由经济实力决定的，经济实力越强，能用于国防方面的支出就大；经济实力越弱，国防开支就会受到很大的限制。

（2）国家管辖控制的范围大小。一个国家领土越大，人口越多，用于保卫国土、保护国民安全的防护性开支就会越大。

（3）国际政治形势的变化情况。在爆发军事战争或处于军事对峙时期，国防开支会大幅上升；而在和平时期，国家周边外交政策比较成功，与邻近国家和睦相处时，则国防开支会相应减少。

与各大国相比，无论是绝对数还是相对数，我国国防支出都处于较低的水平，我国国防经费的增长远低于财政收入的增长比例，2014 年我国国防经费预算约合 8 082. 3 亿元，只相当于美国的 6. 19%，英国的 52. 95%，法国的 71. 45%。2000 年以来，我国国防费占 GDP 的比例一直保持在 1. 6% 左右，而同时期世界平均水平为 4% 左右，美国为 4. 5%，英国为 3%，俄罗斯为 2. 63%，印度为 2. 5%。

国防支出主要分为维持费和投资费两大部分，其中主要是军事人员费和武器装备的研制费和采购费。当今世界，新技术革命的发展在军事上产生了深远的影响，导致军队技术构成日益提高。不断提高武器装备的研制和采购费，适当降低军事人员费用，已经成为各国国防支出发展的共同趋势。例如，1972—1985 年的 13 年中，美国国防支出中军事人员费平均每年递增 0. 18%，而武器装备的研制费则平均每年递增 4. 92%，采购费平均每年递增 6. 65%。美国 1975—1986 年，军事人员费占国防支出的比重由 36. 4% 下降到 25. 5%，武器装备研制费的比重则从 10. 4% 上升到 12%，武器装备采购费的比重由 18. 7% 上升到 29. 1%。军队技术构成的提高，使国防支出不断增加，同时也改变了国防支出结构。

中国国防费在结构优化和效益提高上还有较大空间。一是人员费与装备费、研发费的比例需要优化。人员费比重过高，装备费、研发费比例低。根据近几年公布的《中国国防白皮书》，近年来，我军人员生活费、活动维持费和装备费大约各占1/3。从表面上看，生活开支并不高，但所有维持性开支比例高达2/3。相比之下，发展类费用还比较低，网络信息战和高技术装备等项建设比较薄弱。二是军兵种费用结构需要优化。三是军费保障和管理效益还有待提高。总体来看，目前我国国防费还没有完全形成符合我军战略任务和新军事变革趋势所要求的费用结构，与世界军事变革先行国家相比仍有一定差距。

三、科教文卫生事业费支出

科教文卫生事业费支出，是国家财政用于文化、教育、科学、卫生等事业的经费支出。科教文卫生事业在现代经济发展中发挥着越来越大的决定作用。无论是支出总量还是其占财政支出的比例都呈逐年上升的趋势。

1. 科教文卫生事业支出的经济分析

一般意义上讲，这类支出属非生产性支出，因为这些方面的活动不直接创造实际的物质财富。但从最终与物质生产的关系看，这类支出会间接地推动生产力发展，增加物质财富，不是纯粹的非生产性支出。视之为非生产性支出，只是从静态的、绝对的角度看，它不能对当年的物质生产发挥作用；从动态的、相对的角度看，具有部分生产性支出的性质，如科研支出、教育支出，会提高劳动者素质、革新劳动工具和劳动对象及其三者结合的方式，会大大提高劳动生产率，随着信息时代、知识经济的到来，这些方面的支出将对物质财富增长的贡献率越来越大。因此财政在安排支出时，要处理好当前利益和长远利益的关系。必须让这类支出占一个合适的比例，而且这一比例将随着社会经济发展而不断增高。

科学技术是第一生产力，是推动经济发展最具能动性的重要力量。20 世纪 70 年代以来，经济发达国家的劳动生产率提高很快，科技贡献率高达 60% ~80%；中国目前只有 20% ~30%。因此，加大这方面的支出，充分发挥科学技术对社会经济的促进作用在中国意义更深远，也更迫切。

教育是科学技术进步的基础和源泉，随着知识更新加快，新技术、新材料等不断出现，产业结构提升，对教育提出更高要求，使继续教育、自我教育和终身教育已成必然。

人民的身体健康和文化素质关系到社会主义精神文明的建设和经济稳定发展。如 2003 年上半年暴发的大规模的非典型性肺炎给中国社会经济的稳定和发展造成极其不良影响，使本来就过冷的经济雪上加霜，引起民众恐慌心理，还引发更多的社会、经济和政治矛盾。因此，确保这些方面的支出是政府履行职能的具体体现。

2. 科教文卫生事业的资金来源分析

科教文卫生事业支出提供的劳务一部分属于典型的纯公共产品，一部分属于兼有私人产品和公共产品双重属性的混合产品，所以，科教文卫生事业发展的资金来源应该是多元化的。除国家财政外，还应该根据劳务的产品属性建立财政与社会共同出资的费用分担机制，才能保证以充足的财源促进科教文卫生事业的发展。

（1）教育支出的资金来源分析。一般认为，教育是可以由微观主体提供的，需要接受教育的人也可以花钱“买”到这种服务。所以，人们对教育的需求，原则上可以不必都由政府予以满足。但是教育对经济发展的作用日益显著，教育是社会经济发展的必然要求，因此，义务教育问题就成为一种社会公共需要。教育是一种混合公共物品，教育消费利益具有明显的内在化特征。随着享受教育的程度不断提高，对社会、人类做出的贡献就可能越大，其社会地位、经济收入及其相关待遇等会逐步提高，即主观为自己，客观为国家。教育的资金来源理应是多方面的。教育经费应由政府和接受教育的人们及从教育中得益的经济实体共同承担。

根据基础教育和高等教育的具体特征，基础教育关系到一个国家和一个民族的素质和发展，应属纯粹公共物品，应由政府投资；高等教育属混合公共物品，其经费应由受益者首先负担，不足部分再由政府投资。

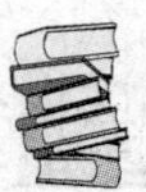

（2）科学研究支出的资金来源分析。科学研究是为社会共同需要的，一般分为基础科研和应用科研。基础科学研究对科学进步和发展起基础制约性作用，但研究期限长、风险大、投资大，外部效应强，且不易通过市场交换来衡量和弥补其科研经费，因此基础科学研究的经费应由政府承担；而应用科学研究，相比而言，容易出成果，也易通过市场交换来衡量和弥补其科研经费，还可实现利润，则可由微观主体来承担。

（3）医疗卫生支出的资金来源分析。政府对卫生事业进行干预的三条理由是：第一，减少贫困是在医疗卫生方面进行干预的最直接的理论基础；第二，许多与医疗卫生有关的服务是公共物品，其作用具有外部性；第三，疾病风险的不确定性和保险市场的缺陷是政府行为的第三个理论基础。

卫生事业实际上由医疗和卫生两个部分组成，两者在经济性质上是有区别的。医疗服务，可由政府提供，也可由私人提供，完全可市场化；医疗消费利益内在化。其与高等教育一样属于混合公共物品。世界上实行公费医疗的国家都普遍存在医疗资源严重浪费等问题。卫生服务由于具有很强的外溢性、非排他性和不可分割性，只能由政府提供。消费利益的外在性使微观经济主体没能力也没义务提供。2003 年上半年中国暴发“非典”疫情，对中国社会经济产生很大影响，同时说明多年来政府对公共卫生医疗，尤其是农村卫生医疗方面投资严重不足的问题。因此，在政府不断增加对卫生事业投资的同时，还要注意支出结构问题。

通过以上分析可以看出，科教文卫生服务并非是一种纯公共产品，而是一种准公共产品。因此，从总体上来说，为了促进科教文卫生事业的发展，政府和社会公众应当共同出资。具体来说，在文教事业方面，政府应当为那些有助于普遍提高全民文化素质的文化教育事业出资；在科学研究方面，应当主要为基础科学研究出资；在医疗卫生方面，则主要为卫生事业出资。除此之外的科教文卫生事业，原则上都可以由社会公众出资。

知识链接

中国政府的六次机构改革

改革开放 30 年来，政府机构进行了六次较大的调整。

一是 1982 年 3 月，改革内容主要是废除领导干部职务终身制、精简了各级领导班子、干部队伍年轻化、大幅度撤并经济管理部门，并将条件成熟的单位改建为经济实体组织的政府机构改革。这次改革之后，国务院各部委正副职是一正二副或者一正四副，部委的领导班子成员的平均年龄从 64 岁减到 60 岁，局级干部的平均年龄从 58 岁降到 50 岁，国务院各部门从 100 个减为 61 个，人员编制从原来的 5.1 万人减为 3 万人。本次改革没有触动高度集中的计划经济管理体制，政府职能没有转变。

二是 1988 年 4 月，这次改革着重于大力推进政府职能的转变。政府的经济管理部门从直接管理为主转变为间接管理为主，强化宏观管理职能，淡化微观管理职能。改革的重点是那些与经济体制改革关系密切的经济管理部门。通过改革，国务院下属的永久性机构从过去的 72 个削减为 66 个，临时性机构从 75 个削减为 49 个。人员编制从过去的 53 000 人减至 45 000 人以下。

三是1993年3月，改革的主要目标是实行政企分开，并重点强调政府的执法部门和行政监督部门，以加速构建社会主义市场经济的基本框架。方案实施后，国务院下属的永久性机构从过去的68个削减为59个，国务院的直属机构由19个调整为13个，办事机构由9个调整为5个。国务院不再设置部委归口管理的国家局，国务院直属事业单位调整为8个。此外，国务院还设置了国务院台湾事务办公室与国务院新闻办公室。人员编制从过去的50 000人减至30 000人。地方政府裁员200万人。

四是1998年3月，以中央政府人员、机构减半，进一步实行政企分开，加强政府在宏观经济管理、社会管理和公务员管理方面的能力为目标，逐步建立适应社会主义市场经济体制的有中国特色的政府行政管理体制。根据改革方案，国务院不再保留的有15个部、委。新组建的有4个部、委。更名的有3个部、委。改革后除国务院办公厅外，国务院组成部门由原有的40个减少到29个，人员编制削减了47%。从1998年开始，国务院机构改革首先进行，随后中共中央各部门和其他国家机关及群众团体的机构改革陆续展开；1999年以后，省级政府和党委的机构改革分别展开；2000年，市县乡机构改革全面启动。截至2002年6月，经过四年半的机构改革，全国各级党政群机关共精简行政编制115万人。

五是2003年3月，主要以职能划分清晰为改革目标。方案特别提出了"决策、执行、监督"三权相协调的要求。除国务院办公厅外，国务院29个组成部门经过改革调整为28个，不再保留国家经贸委和外经贸部，其职能并入新组建的商务部。国家发展计划委员会改组为国家发展和改革委员会，其任务是研究拟订经济和社会发展政策，进行总量平衡，指导总体经济体制改革。国家药品监督管理局重组为国家食品药品监督管理局，原属于国家经贸委管理的国家安全生产监督管理局改为国务院直属机构。同时，将国家计划生育委员会更名为国家人口和计划生育委员会。设立国务院国有资产监督管理委员会（简称"国资委"），以指导推进国有企业改革和重组；设立中国银行业监督管理委员会（简称"银监会"），以加强金融监管，确保金融机构安全、稳健、高效地运行。

六是2008年3月以大部制改革，解决政出多门、职能交叉的问题，健全宏观调控为主要目标，这个阶段的政府机构改革十分艰难。此次国务院机构改革，涉及调整变动的机构共15个，正部级机构减少4个。新组建工业和信息化部、交通运输部、人力资源和社会保障部、环境保护部、住房和城乡建设部。

调整后，除国务院办公厅外，国务院组成部门设置27个。改革后，除国务院办公厅外，国务院组成部门如下：外交部，国防部，发展和改革委员会，教育部，科学技术部，工业和信息化部，国家民族事务委员会，公安部，国家安全部，监察部，民政部，司法部，财政部，人力资源和社会保障部，国土资源部，环境保护部，住房和城乡建设部，交通运输部，铁道部，水利部，农业部，商务部，文化部，卫生部，人口和计划生育委员会，中国人民银行，审计署。

当前和今后一个时期，要以转变政府职能为核心，规范行政权力，调整和优化政府组织结构与职责分工，改进政府管理与服务方式，大力推进政务公开，提升公务员

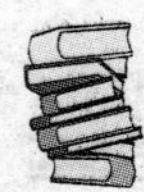

队伍素质，全面提高行政效能，增强政府执行力和公信力，完善公共财政模式，提供更多的公共福利与公共产品。

（资料来源：党的文献，2008，03.）

第三节　政府投资性支出

政府投资又称财政投资，就是以政府为主体的投资活动。它是政府为了实现其职能，满足社会公共需要，实现经济和社会发展战略，投入资金用以转化为实物资产的行为和过程。作为特殊的投资主体，主要是为了促进国民经济各部门的协调发展，满足社会需求而进行的投资活动。

投资是经济增长或经济发展的主要因素和主要动力。投资不仅是经济增长的推动力，而且还对经济增长具有乘数作用。马克思的论述和凯恩斯的理论从不同角度论证了这一论断。投资可以刺激需求的增长，同时又可以增加和改善供给；投资过程首先是刺激需求，投产后才增加供给。

在任何社会中，社会总投资都是由政府投资和非政府投资两大部分构成的。非政府投资是指由具有独立经济利益的微观经济主体（企业和个人）进行的投资，由于社会经济制度和经济体制的不同，这两大部分投资在社会总投资中所占比重存在很大的差异。影响这一比重的主要因素有：第一，经济体制的不同。一般而言，实行市场经济的国家，非政府投资所占的比重相对较大；实行计划经济的国家，政府投资所占的比重相对较大。第二，经济发展阶段的不同。经济发达国家政府投资占社会总投资的比重小，发展中国家政府投资占社会总投资的比重较大。第三，所有制的不同。一般地说，私有制占主体的国家政府投资所占的比重比较小，公有制占主体国家政府投资占社会总投资比重较大。

一、政府投资的特点

与非政府部门投资相比，政府投资有自身显著的特点：

1．政府投资的社会效益性

非政府部门投资追求微观上的盈利性；政府投资可以不盈利或微利，但是政府投资项目的建成，可以极大地提高国民经济的整体效益。

政府由于在国民经济中居于特殊地位，可以从事社会效益好而经济效益一般的投资，而且应该将政府的投资集中于那些外部效应较大的公用设施、能源、交通、农业，以及治理大江大河、环境污染等有关国计民生的产业和领域，换言之，在投资主体多元化的经济社会中，政府可以投资于具有外溢性的社会效益项目。

2．政府投资项目的大型化和长远性

非政府部门一般无力承担规模较大的投资项目，只能从事周转快、见效快的短期性投资；由于政府财力雄厚，且资金来源多半是无偿的，可以投资于大型项目和长周期项目。这一点是非政府部门的投资所不能及的。

3. 政府投资是调控经济运行的重要手段

由于政府居于宏观调控的主体地位，政府投资还要考虑调控经济运行的需要，以保证国民经济健康、协调、稳定的发展。

二、政府投资的地位

政府投资是国家财政安排的预算内投资，是进行国家重点建设和其他大中型建设项目的主要资金来源，是形成国有资产的主要物质基础。因而政府投资是实现国家宏观调控的强有力手段。

1. 政府投资是形成和调整国民经济结构的有力手段

历史上，我国已经建立起来的独立的、门类比较齐全的工业体系和国民经济体系是巨额财政投资形成的。现在在市场经济建设过程中，政府投资仍然是调整和改变国民经济结构的有力手段。

2. 政府投资是影响经济稳定增长的决定性因素

由于政府投资数量大，作用力强，具有远远大于企业和个人投资的乘数效应。它的投入能大大提高全社会的积累水平，增强国家的经济实力，促进整个国民经济的增长。但是，如果投资规模过大，超过国家财力和物力的可能，则会造成积累和消费比例关系的失调、社会总供给与总需求的严重失衡。而压缩投资规模又成了调整和稳定国民经济的关键。

三、政府投资的作用

随着投资主体和投资格局的变化，政府对投资的宏观调控方式也将发生变化。如果在传统体制下，政府对投资的宏观调控主要通过调节自身的投资而进行直接调控，那么，在社会主义市场经济体制下，政府对投资的宏观调控则需要通过间接和直接两种方式进行。所谓间接调控，就是通过产业政策的引导作用，通过政府投资的导向作用，并通过税收、财政补贴、折旧政策等来制约非政府投资的条件，调控非政府投资的方向、规模与结构。所谓直接调控，就是根据宏观经济政策目标，结合非政府投资的状态，安排政府自身投资的方向、规模与结构，从而使全社会的投资达到优化状态。显然，在社会主义市场经济条件下，政府投资的宏观调控作用主要体现在以下几个方面：

（1）弥补市场调节的不足，为社会和经济发展提供服务。如政府对公益性项目的投资，这是市场调节难以实现的。

（2）调节社会投资总量。这是通过直接调节政府自身投资规模和间接调节非政府部门投资规模，而使社会投资总规模与国民经济稳定增长所要求的投资总量相适应来实现的。1998 年的积极财政政策，2008 年的 4 万亿元经济刺激政策，起到了刺激国内需求及国民经济的稳定和持续增长，发挥了积极作用。

（3）调节社会投资结构，纠正非政府投资结构的偏差，使全社会的投资结构符合国家产业政策的要求。如上所说，由于我国过去一段时间内，分散在各地方、各部门、各单位的预算外资金急剧增长，中央不能对这些资金统筹安排，灵活调度，严重削弱了政府特别是中央政府在调节社会投资规模和调整产业结构中应有的作用。

四、政府投资的原则

一般而言，在市场经济条件下，政府投资的选择必须遵循以下几个原则：

1. 弥补市场失效的原则

市场经济条件下，调节经济主要通过市场机制特别是价格机制进行，在一般的竞争性领域，市场机制能够充分发挥对社会资源的配置作用，但在其他一些领域，如社会公益事业、基础产业、环境治理、高新技术等领域，市场机制却无法正常发挥作用，影响了资源的优化配置，从而出现了市场失效现象。在市场失效领域，私人投资是不会大量介入其中的，但这些产业、领域对社会经济发展的支持性和整体性作用又是至关重要的，因此这些领域的投资不足，只能由政府来弥补。也就是说，在市场失效的领域，应由政府投资，这是政府投资所要遵循的最基本原则。

2. 维护市场配置功能的原则

这是从第一个原则引申而来的。在市场失效的领域需要政府投资，相应地在市场有效的领域，市场能够充分发挥其对资源的配置作用，私人投资在这些领域能够充分介入，从而保证这些领域投资的充分性。政府投资不应干预这些私人投资的选择，政府投资规模的增长，不能以牺牲私人投资特别是不应以削弱国家鼓励发展的相关产业部门的企业投资实力为代价，避免挫伤非政府投资主体在市场有效的领域进行投资的积极性。

3. 调节国民经济运行的原则

政府投资是调节宏观经济平稳运行的重要手段。政府投资作为全社会投资的一个重要组成部分，对社会其他投资起着示范作用和引导作用。适时适度调整政府投资的规模和结构，可以弥补非政府投资的不足，刺激社会总需求，增加社会总供给，调整产业结构和地区结构，促进国民经济的协调和稳定发展。

五、政府投资的领域选择

社会总投资从投资方向上看，包括三大部分：一是社会公益类项目的投资，它们提供的产品和服务，基本上属于纯公共产品，包括国防、政府行政机构、司法部门等设施，文化、教育、科学、卫生、福利等部门设施，以及环境保护和其他城市公用设施等。二是经济基础类项目投资，主要指基础设施和基础工业，具体包括能源、交通、机场、港口、桥梁、邮电通信、农业、水利、气象设施及高新技术产业等。三是竞争类项目投资，竞争类项目和行业是指完全受市场调节的盈利性的项目和行业，它提供的产品如西方经济学所称的“私人产品”，具有排他性和竞争性的特点，其价格完全通过市场竞争形成，包括制造业、流通仓储业、服务业、金融保险业等。

根据上述公益性、基础性和竞争性三类投资项目的不同性质和特点，其投资范围应做如下划分：竞争性项目应以企业为投资主体，通过市场筹集建设资金。政府只对支柱产业的重点项目和高新技术开发项目，可以有选择地加以支持，参与投资。基础性项目主要应由政府集中必要的资金进行建设，并引导社会资金、企业资金和外资参与投资。公益性项目主要由各级政府运用财政资金安排建设。因此，政府投资应主要投资于以下三个领域：

1. 社会基础设施和公用基础设施投资领域

社会基础设施是指一国在科学技术研究和开发方面，以及教育和体育卫生等社会发展方面的基础设施。政府对这些方面进行投资，可以提高社会成员的整体素质，保证经济增长的质量和效率，促进社会的全面进步。

公用基础设施是一国的经济发展的外部环境所必需的基础设施，如道路、桥梁、供水、供电、供热、通信、排水和固体废物的处理等。政府对公用基础设施的投资，可以实现促进经济增长的目标，对于人民生活水平的提高都是必不可少的。这些基础设施提供的功能或服务是面向全社会的，因而社会效益是其基本着眼点，虽然可以收取一定费用，但基本上是非盈利的。正是基于这一点，公用基础设施的投资成为政府投资必须参与的领域。

2. 经济基础产业投资领域

经济基础产业大都是关系国计民生的重要企业，是经济增长必不可少的因素。基础产业是支撑一国经济运行的基础部门，决定着工业、农业、商业等直接生产活动的发展水平。一国的基础产业越发达，该国的国民经济运行就越顺畅、越有效，人民的生活也越便利，生活质量相对也就越高。

基础产业是国民经济的重要组成部分，是为人类生产与生活提供不可或缺的物质载体和基本要素，在国民经济发展过程中具有重要的产业地位和战略地位。基础产业包括基础设施和基础工业。基础设施是支撑一国经济运行的基础部门，决定着工业、农业、商业等直接生产活动的发展水平。基础设施有广义和狭义之分。狭义的基础设施，是指经济社会活动的公共设施，主要包括交通运输、通信、水利、供电、机场、港口、桥梁和城市供排水等。广义的基础设施还包括提供无形产品或服务的科学、文化、教育、卫生等部门。基础工业主要指能源（包括电力）工业和基本原材料（包括建筑材料、钢材、石油化工材料等）工业。我们将基础设施和基础工业统称为基础产业。在社会经济活动中，基础产业与其他产业相比，具有不同的特征：第一，从整个生产过程来看，基础设施为整个生产过程提供“共同生产条件”。作为共同生产条件的资产，它不能被某个生产者独家使用，也不能被销售者当作商品一次性地将整体出售给使用者。换句话说，基础产业具有公用性、非独占性和不可分割性。这些特点决定了它具有公共物品的一般特性。第二，无论是基础设施还是基础工业，大都属于典型的资本密集型行业，需要大量的资本投入，而且它们的建设周期比较长，投资形成生产能力和回收投资的时间往往需要许多年，这些特点决定了基础设施和基础工业很难由个别企业的独立投资来完成，尤其在经济发展的初级阶段，没有政府的强有力支持，很难有效地推动基础设施和基础工业的发展。

经济欠发达国家在经济增长过程中常常经受基础瓶颈的困扰，由于民间经济的财力有限，政府只能通过财政集中动员一部分资源，以加快基础瓶颈部门的发展。实际上，发展中国家的财政，除具有一般弥补“市场失灵”的作用外，还部分地充当着社

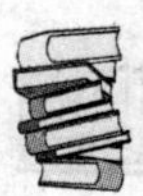

会资本原始积累的角色。

基础设施是处在上游的产业部门，基础设施投资是一种“社会先行资本”。它所提供的产品和服务构成其他部门（也包括本部门）必需的投入品和服务，如供电、供水、道路和交通等。基础设施在产业链中属于这样一类产业，即当基础产业、加工工业和服务业发展时，一般要求适度加大基础设施投资，要求基础设施的适度超前发展。从价值构成上分析，基础设施所提供的产品和服务的价格，构成其他部门产品成本的组成部分，因而它们的价格变动具有很强的连锁效应，会引起整个产业成本的波动。

3. 高新技术投资及重要能源和稀缺资源的开发领域

新兴产业、高科技和高风险产业是为国民经济提供技术装备，保障国家经济长远发展的特殊产业。对一些重要能源和稀缺资源进行开发利用的产业，以及某些只有垄断才可以保证规模经济效益的自然垄断产业等，属于私人无力投资或不允许私人投资的产业，对此必须通过政府投资来实施。

知识链接

基础设施的提供方式

从我国的实践来看，基础设施投资的提供方式主要有以下几种形式：

(1) 政府筹资建设，或免费提供，或收取使用费。

(2) 私人出资、定期收费补偿成本并适当盈利，或地方主管部门筹资、定期收费补偿成本。

(3) 政府与民间共同投资的提供方式。

(4) 政府投资，法人团体经营运作。

(5) BOT 投资方式（建设—经营—转让投资方式）。

（资料来源：陈共. 财政学［M］. 北京：中国人民大学出版社，2009）

第四节 政府采购制度

一、政府采购制度概述

政府采购，也即一般意义上的公共采购，是指各级政府及其所属机构为了开展日常政务活动或为公众提供公共服务的需要，在财政的监督下，以法定的方式、方法和程序，对货物、工程或服务的购买。政府采购不仅是指具体的采购过程，而且是采购政策、采购程序、采购过程及采购管理的总称，是一种公共采购管理制度，是国家财政的重要组成部分。政府采购制度对于政府日常工作的正常进行、公共服务设施的建设及特定的社会经济政策目标的实现具有重要的意义，在各国的经济管理中有着十分重要的地位。

政府采购制度作为财政制度的一个重要组成部分，在国外已经有相当长的历史，英国于 1782 年设立文具公用局，美国在 1778 年的宪法中就有了政府采购的条款。目前发达国家的政府采购占 GDP 的比率较高，一般为 10% ~20%，如美国为 20%，欧盟为 15% ~20%，日本为 10%，东南亚国家大体在 5% 左右，占政府财政支出的 30% ~50%。

我国的政府采购始于 1996 年上海政府采购试点，并于当年先后在北京、河北、江苏、山东、安徽、山西等省市推广。1999 年各地财政部门根据财政部的《政府管理暂行办法》等有关规定，普遍加大了政府采购制度推行的力度。2003 年 1 月 1 日起施行的《政府采购法》标志着我国的政府采购活动逐步步入法制管理的轨道。我国政府采购规模从 1998 年的 31 亿元扩大到 2011 年的 1.13 万亿元。2011 年政府采购规模仅占 GDP 的 1.75%，占财政支出的 11%，包括教育、卫生、保障性住房及铁路、交通、能源等，则超过 5 万亿元，成为全球最大公共采购市场，资金节约率均在 10% 以上。为了实现政府采购工作的公开和透明，并按照国际惯例，中央和省级财政部门都指定了政府采购招标中标信息发布媒体，《中国政府采购》杂志的创刊，标志着杂志、网络、报纸三位一体的政府采购信息管理体系建设工作基本完成。

政府采购制度具有公开性、公平性和竞争性的特征。公开竞争是政府采购制度的基石，它体现了公平的原则，通过竞争，政府能买到具有最佳价格和性能的物品和劳务，节约财政资金，使公民缴纳的税金产生最大的效益，它同时又体现了效率原则。

二、实施政府采购制度的意义

我国目前正处在社会主义市场经济逐步建立的转轨时期，建立和完善政府采购制度具有十分重要的现实意义。

1. 实施政府采购制度是市场经济体制的内在要求

市场经济讲求效益原则，要求使社会资源得到有效的合理配置。政府采购制度要保证政府的采购行为实现效益最大化，同时在公平竞争的市场中进行，增加政府行为的透明度，使政府行为规范化、法制化，既能较好地发挥政府职能作用，又能弥补市场机制本身的缺陷。我国社会主义市场经济的不断发展完善，为政府采购制度的建立提供了良好的外部环境，同时，政府是国内最大的单一消费者，政府采购的数额和内容会对市场供求产生重大的影响。当经济过热时，压缩政府采购可以把过热的需求降下来；在经济萧条时，加大政府采购，可以刺激市场需求。

2. 实施政府采购制度是提高财政资金使用效益的需要

政府采购大多以招标的方式进行，增加了采购的透明度，通常可以在保证质量的前提下，以最低价格成交。这一方面节约了财政资金，另一方面由于实行政府采购的基础工作是要对各财政拨款的行政事业单位的现有的资产存量进行摸底清查，建立资产档案，各单位无权自行调剂、报废和变卖，既可保证国有资产的安全性，又可避免重复购置，节约财政资金。

3. 实施政府采购制度是改革财政支出方式的需要

政府采购制度通过改革财政支出方式，对部分财政购买性支出实现价值管理和实物管理相结合，能够更好地监督、控制财政资金的使用。因为政府采购是由政府委托专职部门实施的，专职部门根据政府各职能部门、事业单位的实际情况，对其所需的

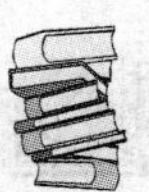

办公用品、车辆设备购置与维护、工程项目、会议用品及服务统一购买，据实发放，由过去的单一的资金拨付制改为资金管理与实物管理相结合的财政支出制度，强化了财政监督管理力度，使政府资源得到合理配置。

4. 实施政府采购制度是防止产生腐败的制度性措施

实行政府采购制度有利于从源头上堵塞漏洞，为反腐倡廉提供了制度保障。政府采购制度有利于建立一种反腐倡廉机制，使政府采购行为置身于财政、审计、供应商和社会公众等全方位监督的机制当中，在公开、公正、透明的环境中运作，有效抑制了公共采购当中的各种腐败现象，有利于维护政府信誉，维护政府官员廉洁奉公的良好形象。

5. 实施政策采购制度可以有效保护国内产业

虽然政府采购市场的对外开放是一国经济参与国际竞争，促进区域经济发展的重要内容，但由于各国经济实力的差距和贸易保护主义的影响，各国在开放本国政府采购市场的同时，也在通过机构和产品清单、门槛金额、优先购买本国产品、规定采购的本地含量等政府采购的法律和制度手段对本国政府采购市场进行有效保护，以维护国家权益，促进国内产业的发展。

三、实施政府采购制度的必要条件

1. 专门的机构及人员

从各国的经验看，一般把财政部门作为政府采购中的一个重要管理机构。其职责主要有：制定政府采购法规或指南，管理招标事务，制定支出政策，管理和协调采购委员会的工作等。由于政府采购是一项专业性、系统性较强的工作，因而要由一批专门的人才来执行。

2. 明确规范的采购原则

一般建立政府采购制度的国家都把货币价值最大化、公开、公平竞争、透明度、效率、防止腐败等作为政府采购普遍遵循的原则。

3. 法定的采购程序

具体是采取招标方式或是非招标方式，要视采购对象的数量、金额或特点而定。但无论采取哪种方式，都要遵循严格的法定程序。

4. 权威的仲裁机构

仲裁的主要内容是招投标和履约双方在一些程序、协议条款和运作方式上产生的各种异议。

四、政府采购的范围、方式和程序

1. 政府采购范围

政府采购的范围较广，内容庞杂。一般按政府采购对象的性质将其内容分为三大类，即货物、工程和劳务。货物包括原料产品、设备和器具；工程包括建造房屋、兴修水利、改造环境、交通设施和铺设地下水管等；服务包括专业服务、技术服务、资讯服务、营运服务、维修、培训、会务等。

2. 政府采购方式

政府采购的方式包括公开招标、邀请招标、竞争性谈判、单一来源采购、询价等，其中公开招标是最基本的方式，即邀请所有潜在的供应商参加投标，采购部门通过事先确定并公布的标准从所有投标者中评出中标供应商，并与之签订采购合同的一种采购方式。

3. 政府采购程序

政府采购程序一般包括三个阶段，即确定采购要求、签订采购合同和执行采购合同。

知识链接

政府采购提高财政资金支出效益的三个层次

政府采购制度能从三个层次上提高财政支出的效益：一是从财政部门自身看，有利于政府部门强化支出管理，硬化预算约束，在公开、公正、公平的竞争环境下进行交易，降低交易费用。二是从代理人角度看，通过招标竞争方式，优中选优，使具体的采购资金予以有效节约，提高所购货物、工程和服务的质量。三是从代理人与供应商的关系角度看，由于引入了招标、投标的竞争机制，使得采购实体与供应商之间难以存在相互共谋或串通的机会，使中间环节减少，从而减少财政支出中不合理的开支。

（资料来源：中国审计信息与方法，2001. 07）

本章小结

购买性支出分为社会公共消费性支出和政府投资性支出两大类。社会消费性支出是政府提供公共物品和劳务的主要渠道，包括行政管理费支出、国防支出和文教科卫生事业费支出。行政管理费支出和国防费支出属于纯公共需要，科教文卫生事业支出属于准公共需要。社会总投资由政府投资和非政府投资两大部分构成。非政府投资的主要目标是追逐盈利，且要受到资金成本、资金规模的限制，因而投资的领域有限。政府投资则可弥补非政府投资的不足，可以投资于大型项目和长期项目，更注重投资的社会效益，是实现国家宏观调控的强有力手段。政府采购制度是以公开招标、投标的方式从市场上购买商品和劳务的一种制度。它具有公开性、公平性和竞争性的特征，其中公开竞争是政府采购制度的基石，有利于财政支出效益的提高。

思考与练习

一、选择题

1. 政府购买是决定国民收入大小的主要因素之一，下列项目中，不属于政府购买的是（ ）。

A. 地方政府新办三所中学　　B. 政府给低收入者提供一笔住房补贴

C. 政府订购一批军火　　D. 政府给公务员增加一笔薪水

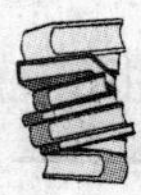

2. 下列属于购买性支出的是（　　）。

A. 社会保障支出　　B. 国债利息支出

C. 社会文教支出　　D. 财政补贴支出

3. 下列关于科教文卫生事业支出的表述中，正确的是（　　）。

A. 教育属于公共产品，其支出应全部由政府财政承担

B. 公共卫生支出应由政府财政承担

C. 应用科学研究的经费应由政府财政提供

D. 医疗费用应由政府财政全额承担

4. 下列各单位履行职能所需的经费，不属于行政管理支出的是（　　）。

A. 政府各级权力机关　　B. 行政管理机关

C. 司法检察机关　　D. 企业的人力资源部门

5. 下面行业中属于基础产业的是（　　）。

A. 服装业　　B. 交通运输业

C. 餐饮业　　D. 家具业

6. 政府投资主要应该投向（　　）。

A. 国有企业　　B. 有盈利的部门

C. 社会基础设施　　D. 加工工业

7. 下列关于政府投资的表述正确的是（　　）。

A. 政府投资完全是无偿拨款　　B. 财政投资应侧重项目的经济效益

C. 政府可以投资大型项目　　D. 政府投资的资金来源都是无偿取得的

8. 政府投资具有的特点是（　　）。

A. 注重投资的经济效益

B. 可以投资大型项目

C. 可以提高国民经济的整体效益

D. 可以从事经济效益一般、但社会效益好的项目

9. 影响我国行政管理支出规模的因素有（　　）。

A. 财政收支规模　　B. 政府职能

C. 行政效率　　D. 国际政治形势的变化

10. 政府采购的特征有（　　）。

A. 公开性　　B. 公平性　　C. 公正性　　D. 效益性

11. 应由社会和政府共同出资的项目有（　　）。

A. 高等教育　　B. 医疗服务　　C. 卫生事业　　D. 应用性科研

二、判断题

1. 如果行政经费不足，势必影响到国家行政管理机关的正常运作，所以要尽量增加行政经费。（　　）

2. 国防支出和行政管理支出都是为保障政府职能的正常进行所必需的。（　　）

3. 科教文卫生事业支出是一种单纯的非生产性支出。（　　）

4. 基础设施为整个生产过程提供“共同生产条件”。（ ）

5. 一般来看，社会消费支出绝对规模的变化趋势是不断扩张。（ ）

6. 基础设施、基础产业都是公共产品。（ ）

7. 我国的政府采购制度始于1996年。（ ）

8. 科学研究的投入应主要由政府承担。（ ）

9. 公共卫生是一种纯公共产品，具有极强的外部效益，其资金筹集主要由财政拨款解决。（ ）

10. 基本医疗是一种纯公共产品，政府免费提供是一种最有效的消费方式。（ ）

三、名词解释

行政管理费支出　国防支出　政府投资　政府采购制度

四、简答题

1. 简述我国行政管理费的主要内容、变化趋势及节约途径。
2. 简析影响国防支出的因素。
3. 分析科教文卫生事业支出的性质。
4. 分析发展科教文卫生事业的资金来源。
5. 试述政府投资的特点和范围。

五、案例分析

行政管理费用25年增长87倍的N个“好处”

2006年3月“两会”期间，任玉岭委员提交的一份提案中，一组数据显示：“从改革开放初期的1978年至2003年的25年间，我国行政管理费用已增长87倍。”

我们不少党政机关用钱上大手大脚和铺张浪费的现象非常严重。我国行政管理经费增长之快，行政成本之高，已经达到世界少有的地步。可仔细琢磨，却发现其“益处”多多。

好处之一：不上班也可把工资拿，即“吃空饷”！有报道称：四川清理查出全省目前“吃空饷”者高达3.7万多人，每年冒领经费达6 400多万元；河南清理出各类“吃空饷”人员20 773人，涉及资金1.53亿元。据2月20日人民网报道，每年都有数以万计的人“吃空饷”，这怎么让行政管理费用不一再增加呢？

好处之二：出门坐车够豪华。在群众中流传着一句笑谈：官员们的车轮子一转，老百姓一年白干。我国有些地方政府的财政稍有好转，他们首先想到的是换座骑，出门不能太掉价，扔了国产车换奔驰宝马是稀松平常的事。据不完全统计，全国每年公车消费就高达3 000亿元人民币，不仅远远超过军费开支，更比教育和医疗经费加起来还要多！

好处之三：出国参观考察。我们的官员热衷于出国参观考察。其实考察学习是名，出国旅游是真。原北京市市长王岐山曾讲过一段话对此颇具讽刺意义。他说：“以前，听说南斯拉夫的奶牛养得好，中国人就经常去学习参观。当地的官员就对我们讲，‘中国人就是爱学习，连我们的奶牛都认识中国人了！’”有统计说，我国如今公费出国考

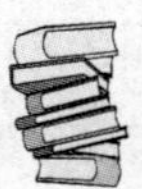

察的费用是每年2 000亿元。有了这笔开销，行政管理费之高能不世界罕见吗?

好处之四：一人的工作两人干，美其名曰“促进就业”。这样一来，增加了就业岗位，提高了就业率，有利于维护社会稳定。但不可忽略的是，机关冗员却大大降低了公共管理的效率。

好处之五：拉动内需，促进市场繁荣。行政机关的空调不分春夏与秋冬；电灯“不懂”白昼与黑夜；自来水就是“常流水”；工作报告材料满天飞。有了这一切岂不是拉动了内需，繁荣了市场?

“好处”的确是好处，可这些好处都让官员们得了，老百姓可却没沾上半点便宜，而且与国、与民都不利。所以笔者认为，这种“好处”是少有些为好!

（资料来源：http://www. jxnews. com. cn/jxcomment/system/2006/03/07/002216824. shtml.）

根据上述资料，讨论分析以下问题：

1. 结合本文分析我国行政管理费居高不下的成因。
2. 结合我国实际提出解决该问题的对策建议。

第四章　转移性支出

学习目标

知识目标

1. 了解社会保障支出的含义、资本主义社会保障制度的建立和发展，了解税收支出的含义和主要内容。

2. 理解新中国社会保障体系的建立、发展和完善措施，理解我国财政补贴的内容、我国财政补贴制度存在的问题和财政补贴手段的运用。

3. 掌握我国当前社会保障体系的主要内容和实际应用。

能力目标

1. 能深入分析转移性支出在调节社会收入分配时发挥的重要作用。

2. 能调查分析家庭参加社会保险的现状和当地社会保障状况，提出完善措施。

3. 能调查家庭和当地财政补贴的状况，分析利弊。

引导案例

调查显示半数大学生不熟悉“五险一金”

“‘五险一金’具体指什么?”“你所在的工作单位每月给你交了多少社保费?”

面对这些关乎切身利益的问题，不少刚出校门的大学生却一脸茫然。在被调查的15所高校1 200名学生中，只有4%的学生肯定自己对“五险一金”非常了解，28%的学生则表示较为了解，不太了解的占了64%，还有4%的学生承认完全不了解。在表示了解的学生中，能准确说出“五险一金”具体内容的不足十分之一。由此可见，大学生的社会保障知识相当匮乏。应届大学毕业生往往急于就业，并缺乏社会经验，在与用人单位签订就业合同时往往比较盲目。由此带来的隐患是，部分企业就会利用大学生社会保障知识的欠缺及社会经验较少等弱点，降低对初入职职工的保障，推卸公司本应当承担的责任。据了解，社保条例规定试用期员工有获得用人单位按实发工资数买社保的权利，社会保险受劳动保障行政部门监督检查，单位不缴“社保”，可以通过劳动仲裁处理。但是很多大学生缺乏相关知识，也缺乏社会保障意识，有些人还认为，只要收入高就可以了。事实说明，对于在校大学生，不仅要进行就业素质和技能的指导，更要加强有关社会保障常识的宣传和培训。

（资料来源：http：//zqb. cyol. com/content/2011 -01/04/content_ 3474161. htm.）

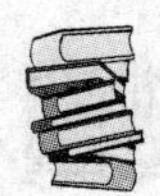

第一节 社会保障支出

社会保障支出是指国家为城乡居民在年老、疾病、待业、灾害或者丧失劳动能力时，以集中或分散形式，提供基本生活保障而安排的有关支出。社会保障支出是与社会保障制度联系在一起的，各国的社会保障制度不同，相应的社会保障支出安排也就存在较大差别。

一、资本主义社会保障制度的建立和发展

西方国家的社会保障制度并不是进入资本主义社会之始就有的。据说始创者是德国的俾斯麦政府，时间则在19世纪80年代。俾斯麦政府于1883年、1884年和1889年相继颁布了《疾病保险法》《伤害保险法》和《残疾和老年保险法》，宣布社会保障制度的成立，当时并未立即被各国所效法。到了20世纪30年代，席卷世界的经济大危机已经威胁到资本主义制度的时候，各国才纷纷建立社会保障制度。如今发达国家的社会保障制度已经十分完整和稳定，形成相当大的规模。从财政收入方面看，社会保障税（包括社会保障捐助）已成为仅次于所得税的第二大税类；从财政支出方面看，社会保障支出超过其他一切项目独占鳌头。

西方各国社会保障制度的实施及运筹资金的方式各有特色，共同的特点可概括为如下几点：

（1）保障项目名目繁多。保障涉及从生到死、从物质到精神、从正常生活到遭受变故的一切方面，保障可谓“从摇篮到坟墓”。

（2）社会保障资金有确定的来源。用于提供社会保障的资金主要来自于社会保障税，该税由取得工资收入的职工和职工的雇主各缴纳一半，社会保障税不足社会保障支出部分，由政府从其他收入中拨付。

（3）社会保障支出依法由政府集中安排，实施社会保障制度的一切细节，从资金来源、运用的方向，直至保障的标准、收支的程序，大都有明确的法律规定。

（4）政府实施社会保障制度有明显的宏观调控动机。因社会保障支出能够随经济周期而发生反向变化，可能弱化经济周期的波幅，成为经济的“内在稳定器”：在繁荣的年代，失业准备金不但增长，而且还对过多的支出施加稳定性的压力；在就业较差的年份，失业准备金则使人们获得收入，以维持消费数量和减轻经济活动下降。

二、新中国社会保障制度的建立和发展

1. 传统体制下的社会保障体系

我国现行的社会保障制度，是在中华人民共和国成立之后逐步建立起来的。在传统体制下，中国的社会保障体系事实上被分为两大块。集体所有制单位（包括广大农民及城镇集体单位）是一块，其资金来源于集体经营的提留，保障对象只限于集体的成员。国有制单位是另外一块。在国家对国有企业实行“统收统支”的大背景下，这一块社会保障体系的资金事实上无区别地取自全体国有企业和单位，并无区别地施用

于全体在国有制企业和单位中就业的人员。除此之外，国家财政还面向全社会提供社会保障，但保障项目仅限于抚恤支出、社会福利救济费和自然灾害救济费，金额也不多。总体来看，实际上主要是在国有制单位就业的职工得到了社会保障。在资金的运筹上，中国的社会保障机制实行的是“现收现付制”：在国家财政与各执行社会保障的单位的预算和会计账目上，并无与社会保障支出相对应的收入项目，也没有专项社会保障基金，社会保障发生多少便支出多少，支出多少便记录多少。随着市场化经济体制改革步伐的加快，各项改革都尖锐地触及社会保障问题，失业人员、离退休人员在增多，人口老龄化趋势在加快，居民收入差距在拉大，公费医疗的浪费与低效，等等。总之，经济改革的深化，把建立一个社会化的社会保障体系的任务急切地推上改革的日程。

2. 我国社会保障体系的建设和完善

我国社会保障制度的改革目前主要是继续深化养老保险、医疗保险和失业保险改革，解决人口老龄化的特殊问题，积极配合国有企业改革和就业制度改革的实施，采取由地区统筹逐步过渡为全国统筹，先城市后农村，逐步推行，逐步建立和完善多层次的社会保障体系。

社会保障是实现社会安定、人民安居乐业的重要保证。社会保障体系作用体现在三个方面：

（1）维护社会稳定的“安全网”。保障人民群众在年老、失业、患病、工伤、生育时的基本收入和基本医疗不受影响，无收入、低收入及遭受各种意外灾害的人民群众有生活来源，满足他们的基本生存需求，帮助他们消除和抵御各种市场风险，避免因生活缺乏基本保障而引发一系列的矛盾，从而维护社会的稳定。

（2）发挥社会“平衡器”的作用。社会保障制度具有收入再分配的功能，调节中高收入群体的部分收入，提高最低收入群体的保障标准，适当缩小不同社会成员之间的收入差距。

（3）实现经济稳定发展的“助推器”。完善的社会保障制度，既有利于提高劳动者自身素质，促进劳动力的有序流动，一定程度上激发中国经济的活力，推动经济更快地发展，又可以避免社会消费的过度膨胀，引导消费结构更为合理，平衡社会供需的总量，有利于防止经济发展出现波动，实现更好的发展。

中国政府高度重视社会建设，着力保障和改善民生，我国社会保障体系日趋完善，社会保障覆盖面持续扩大，社会保障待遇水平连年提高，社会保险覆盖范围不断扩大，管理服务体系逐步健全，多渠道筹集社会保障资金的机制初步形成，涵盖养老、医疗、失业、工伤和生育保险，以及城市居民最低生活保障制度的社会保障体系框架基本形成。党的十七大报告中指出：要以社会保险、社会救助、社会福利为基础，以基本养老、基本医疗、最低生活保障制度为重点，以慈善事业、商业保险为补充，加快完善社会保障体系。促进企业、机关、事业单位基本养老保险制度改革，探索建立农村养老保险制度。全面推进城镇职工基本医疗保险、城镇居民基本医疗保险、新型农村合作医疗制度建设。

“十一五”时期，我国社会保障体系建设的快速推进为保障和改善民生发挥了重要作用。一是《中华人民共和国社会保险法》正式颁布。2010 年 10 月 28 日，第十一届全国

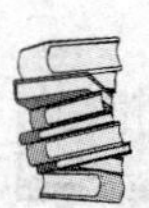

人民代表大会常务委员会第十七次会议通过了《中华人民共和国社会保险法》，自2011年7月1日起正式开始施行，这是社会保障领域具有里程碑意义的一件大事。二是建立新型农村社会养老保险制度，试点地区已有1.43亿农村居民参保，标志着中国养老保险制度从城镇向广大农村扩展。三是全面实施城镇居民医疗保险制度和新型农村合作医疗制度，总计有12.6亿人参保参合，加上城镇职工基本医疗保险，已从制度上实现了对城乡居民全覆盖。四是实现了养老保险省级统筹，扩大了基金调剂范围，增强了抗风险能力，提高了管理水平和工作效率。五是制定实施了基本养老保险和基本医疗保险关系跨地区转移接续政策，维护了流动人员特别是广大参保农民工的权益。这一时期，保障范围不断扩大，保障水平大幅提高，解决了一批历史遗留问题。

党的十八届三中全会通过的《中共中央关于全面深化改革若干重大问题的决定》指出，要建立更加公平可持续的社会保障制度。坚持社会统筹和个人账户相结合的基本养老保险制度，完善个人账户制度，健全多缴多得激励机制，确保参保人权益，实现基础养老金全国统筹，坚持精算平衡原则。推进机关事业单位养老保险制度改革。整合城乡居民基本养老保险制度、基本医疗保险制度。推进城乡最低生活保障制度统筹发展。建立健全合理兼顾各类人员的社会保障待遇确定和正常调整机制。完善社会保险关系转移接续政策，扩大参保缴费覆盖面，适时适当降低社会保险费率。研究制定渐进式延迟退休年龄政策。加快健全社会保障管理体制和经办服务体系。健全符合国情的住房保障和供应体系，建立公开规范的住房公积金制度，改进住房公积金提取、使用、监管机制。健全社会保障财政投入制度，完善社会保障预算制度。加强社会保险基金投资管理和监督，推进基金市场化、多元化投资运营。制定实施免税、延期征税等优惠政策，加快发展企业年金、职业年金、商业保险，构建多层次社会保障体系。积极应对人口老龄化，加快建立社会养老服务体系和发展老年服务产业。健全农村留守儿童、妇女、老年人关爱服务体系，健全残疾人权益保障、困境儿童分类保障制度。

三、我国社会保障体系的内容

我国的社会保障体系，包括社会保险、社会福利、社会救助、社会优抚四个方面，其中社会保险在社会保障体系中居于核心地位，是社会保障体系的重要组成部分。这几项社会保障相互联系，相辅相成。

1. 社会保险

社会保险支出是指国家对劳动者在生、老、病、死、伤残、失业时，给予的货币和物质帮助。社会保险不同于商业保险，两者的主要区别在于：①资金来源不同。商业保险的资金只来源于投保人，而社会保险的资金则主要来源于用人单位（雇主）、劳动者（雇员）依法缴费及国家资助和社会募集。②保险的手段不同。商业保险是自愿参加的，而社会保险具有强制性，被保险人无论愿意与否，都必须参加。③保险的提供者不同。商业保险由商业性保险公司提供，以盈利为目的，而社会保险则由国家举办，不以盈利为目的，目的是保障被给付者的基本生活需要，属于基本性的社会保障。

2. 社会福利

广义的社会福利是指提高广大社会成员生活水平的各种政策和社会服务，旨在解决广大社会成员在各个方面的福利待遇问题。狭义的社会福利是指对生活能力较弱的儿童、老人、残疾人、慢性精神病患者等的社会照顾和社会服务。社会福利所包括的内容十分广泛，不仅包括生活、教育、医疗方面的福利待遇，而且包括交通、文娱、体育等方面的待遇，其目的是增进群众福利，改善国民的物质文化生活。社会福利资金的重要来源是国家和社会群体。

3. 社会救助

社会救助是指国家和社会对依靠自身努力难以满足其生存基本需求的公民给予的物质帮助和服务。社会救助的对象主要是遭到自然灾害、失去劳动能力者或其他低收入公民，目的是保障被救助者的最低生活需要，资金来源主要是国家及社会群体。社会救助以居民最低生活保障为基本内容，并根据实际情况实施专项救助、自然灾害救助、临时救助及国家确定的其他救助。

（1）居民最低生活保障：对共同生活的家庭成员人均收入低于当地居民最低生活保障标准且家庭财产状况符合所在省、自治区、直辖市人民政府有关规定的家庭，由县级人民政府民政部门给予最低生活保障。目前，我国以城乡居民最低生活保障制度为核心的城乡社会救助体系基本形成，在多层次社会保障体系中发挥着重要保障作用。

（2）专项救助：对共同生活的家庭成员人均收入低于当地居民最低生活保障标准2倍，且家庭财产状况符合所在省、自治区、直辖市人民政府有关规定的家庭，由县级以上地方人民政府有关主管部门根据需要给予教育、医疗、住房等专项救助。

（3）自然灾害救助：各级人民政府对基本生活因自然灾害受到影响的人员提供资金、物资、服务等方面的救助，保障其吃、穿、住、医等基本需求。

（4）临时救助：对因交通事故等意外事件或者其他特殊原因，导致基本生活暂时出现较大困难的家庭，由县级以上地方人民政府民政部门给予资金、物资、服务等临时救助。

4. 社会优抚

社会优抚安置是社会保障的特殊构成部分，属于特殊阶层的社会保障。社会优抚是对军人及其家属的优待和抚恤，其资金来源是国家财政拨款。

四、我国当前社会保险的主要内容

目前我国社会保险包括养老保险、失业保险、医疗保险、工伤保险、生育保险等。

1. 养老保险

所谓养老保险（或养老保险制度），是国家和社会根据一定的法律和法规，为解决劳动者在达到国家规定的解除劳动义务的劳动年龄界限，或因年老丧失劳动能力退出劳动岗位后的基本生活而建立的一种社会保险制度。结合我国国情，将逐步建立由社会基本养老保险、企业补充养老保险和个人储蓄性养老保险相结合的多层次养老保险体系，改过去的现收现付制为基金积累制，保险基金由国家、企业、个人三方共同负担，实行社会统筹与个人账户相结合的模式。

在这种多层次养老保险体系中，第一部分是基本养老保险，由政府主办，主管部门为劳动和社会保障部，基本养老保险的参保是强制性的，用人单位必须为自己的员

工办理社保，城镇职工参加了社保，退休以后就可以到当地的劳动部门领取退休金。

第二部分是企业补充养老保险，是由企业根据自身经济实力，在国家规定的实施政策和实施条件下为本企业职工所建立的一种辅助性的养老保险。即企业为自己的职工购买的商业保险，这是商业行为，不带强制性，目前一些效益较好的企业都会为自己的职工购买商业保险，以达到吸引和留住人才的目的，职工在退休以后可以到商业保险公司领取一份养老金。国家鼓励企业为职工办理补充养老保险，企业出资的部分按规定比例可以享受所得税减免的优惠政策。企业补充养老保险费可由企业完全承担，或由企业和员工双方共同承担，承担比例由劳资双方协议确定。

第三部分是个人储蓄性养老保险。职工个人储蓄性养老保险是由社会保险机构经办的，职工自愿参加、自愿选择经办机构的一种补充保险形式。职工根据自己的工资收入情况，按规定缴纳个人储蓄性养老保险费，计入当地社会保险机构在有关银行开设的养老保险个人账户，本息一并归职工个人所有。职工达到法定退休年龄经批准退休后，凭个人账户将储蓄性养老保险金一次总付或分次支付给本人。职工跨地区流动，个人账户的储蓄性养老保险金应随之转移。职工未到退休年龄而死亡，计入个人账户的储蓄性养老保险金应由其指定人或法定继承人继承。

（1）城镇企业职工基本养老保险的有关规定：1997 年，国务院发布《关于建立统一的企业职工基本养老保险制度的决定》，规定城镇所有职工都要逐步参加基本养老保险。2005 年 12 月 3 日，国务院出台《关于完善企业职工基本养老保险制度的决定》，要求扩大基本养老保险覆盖范围，城镇各类企业职工、个体工商户和灵活就业人员都要参加企业职工基本养老保险，退休后按企业职工基本养老金计发办法计发基本养老金，基本养老金由统筹养老金和个人账户养老金组成。从 2006 年 1 月 1 日起，个人账户全部由个人缴费形成，规模统一为本人缴费工资的 8%，单位缴费划入社会统筹。在 1997 年国务院《关于建立统一的企业职工基本养老保险制度的决定》实施后，参加工作、缴费年限（含视同缴费年限）累计满 15 年的人员，退休后按月发给基本养老金。

（2）新型农村社会养老保险的基本规定：我国决定从 2009 年起开展新型农村社会养老保险（简称新农保）试点，到 2020 年之前基本实现对农村适龄居民的全覆盖。目前正在探索建立个人缴费、集体补助、政府补贴相结合的新农保制度，实行社会统筹与个人账户相结合，与家庭养老、土地保障、社会救助等其他社会保障政策措施相配套，保障农村居民老年基本生活。新型农村社会养老保险制度的基本原则是“保基本、广覆盖、有弹性、可持续”。一是从农村实际出发，低水平起步，筹资和待遇标准要与经济发展及各方面承受力相适应；二是个人、集体、政府合理分担责任，权利与义务相适应；三是政府引导和农民自愿相结合，引导农民普遍参保；四是先行试点，逐步推开。年满 16 周岁、不是在校学生、未参加城镇职工基本养老保险的农村居民均可参加新型农村社会养老保险，最低缴费年限为 15 年，其间因特殊情况可以间断，只要累计满 15 年即可。新型农村社会养老保险待遇由基础养老金和个人账户养老金组成。年满 60 周岁、符合相关条件的参保农民可领取基本养老金。根据目前的试点草案，基础养老金底线为 55 元，上不封顶，根据地方财力而定。

（3）城镇居民社会养老保险：国务院决定，从 2011 年起开展城镇居民社会养老保

险（以下简称城镇居民养老保险）试点，2012 年基本实现城镇居民养老保险制度全覆盖。建立个人缴费、政府补贴相结合的城镇居民养老保险制度，实行社会统筹和个人账户相结合，与家庭养老、社会救助、社会福利等其他社会保障政策相配套，保障城镇居民老年基本生活。年满 16 周岁（不含在校学生）、不符合职工基本养老保险参保条件的城镇非从业居民，可以在户籍地自愿参加城镇居民养老保险。城居保的养老金由个人账户养老金和基础养老金两部分构成，个人账户养老金水平由账户储存额，也就是个人缴费和政府补贴总额来决定；基础养老金则由政府全额支付。城镇居民养老保险基金主要由个人缴费和政府补贴构成，而且个人缴费和政府补贴全部计入参保人的个人账户。

2014 年 2 月 7 日，国务院总理李克强主持召开国务院常务会议，决定在已基本实现新型农村社会养老保险、城镇居民社会养老保险全覆盖的基础上，依法将这两项制度合并实施，在全国范围内建立统一的城乡居民基本养老保险制度，并在制度模式、筹资方式、待遇支付等方面与合并前的新型农村社会养老保险和城镇居民社会养老保险保持基本一致。2014 年 2 月 26 日发布的国务院《关于建立统一的城乡居民基本养老保险制度的意见》提出，到“十二五”末，在全国基本实现新农保和城居保制度合并实施，并与职工基本养老保险制度相衔接。2020 年前，全面建成公平、统一、规范的城乡居民养老保险制度，与社会救助、社会福利等其他社会保障政策相配套，充分发挥家庭养老等传统保障方式的积极作用，更好地保障参保城乡居民的老年基本生活。

城乡居民养老保险基金筹集采取个人缴、集体助、政府补的方式，中央财政按基础养老金标准，对中西部地区给予全额补助，对东部地区给予 50% 的补助。地方政府为重度残疾人等缴费困难群体代缴部分或全部最低标准的养老保险费，鼓励公益慈善等社会组织为参保人缴费提供资助。城乡居民养老保险待遇由基础养老金和个人账户养老金构成，支付终身。个人账户养老金的月计发标准，目前为个人账户全部储存额除以 139（与现行职工基本养老保险个人账户养老金计发系数相同）。参保人死亡，个人账户资金余额可以依法继承。

2014 年 2 月 24 日，人社部、财政部印发《城乡养老保险制度衔接暂行办法》，于 2014 年 7 月 1 日起实施。首次明确城乡居民养老保险和城镇职工养老保险之间可以转移衔接，但要在参保人达到法定退休年龄后进行。

（4）机关事业单位养老保险制度改革：国务院总理李克强在政府工作报告“2014 年工作总体部署”这一部分中明确提出，“建立统一的城乡居民基本养老保险制度，完善与职工养老保险的衔接办法，改革机关事业单位养老保险制度，鼓励发展企业年金、职业年金和商业保险”。2014 年年底，国务院关于统筹推进城乡社会保障体系建设工作情况的报告指出，中国将推进机关事业单位养老保险制度改革，建立与城镇职工统一的养老保险制度。

2. 失业保险

失业保险是指国家通过立法强制实行的，由社会集中建立基金，对因失业而暂时中断生活来源的劳动者提供物质帮助的制度。1999 年国务院颁发《失业保险条例》规定，我国城镇企事业单位失业保险基金由以下各项构成：

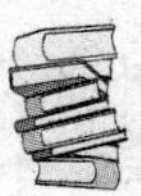

（1）城镇企业事业单位、城镇企业事业单位职工缴纳的失业保险费。

（2）失业保险基金的利息。

（3）财政补贴。

（4）依法纳入失业保险基金的其他资金。

城镇企业事业单位按照本单位工资总额的百分之二缴纳失业保险费。城镇企业事业单位职工按照本人工资的百分之一缴纳失业保险费。城镇企业事业单位招用的农民合同制工人本人不缴纳失业保险费。

城镇企业事业单位职工失业后，应当持本单位为其出具的终止或者解除劳动关系的证明，及时到指定的社会保险经办机构办理失业登记。失业保险金自办理失业登记之日起计算。失业保险金由社会保险经办机构按月发放。社会保险经办机构为失业人员开具领取失业保险金的单证，失业人员凭单证到指定银行领取失业保险金。失业人员失业前所在单位和本人按照规定累计缴费时间满 1 年不足 5 年的，领取失业保险金的期限最长为 12 个月；累计缴费时间满 5 年不足 10 年的，领取失业保险金的期限最长为 18 个月；累计缴费时间 10 年以上的，领取失业保险金的期限最长为 24 个月。重新就业后，再次失业的，缴费时间重新计算。再次失业领取失业保险金的期限可以与前次失业应领取而尚未领取的失业保险金的期限合并计算，但是最长不得超过 24 个月。单位招用的农民合同制工人连续工作满 1 年，本单位并已缴纳失业保险费，劳动合同期满未续订或者提前解除劳动合同的，由社会保险经办机构根据其工作时间长短，对其支付一次性生活补助金。

3. 医疗保险

医疗保险就是当人们生病或受到伤害后，由国家或社会给予的一种物质帮助，即提供医疗服务或经济补偿的一种社会保障制度。

（1）城镇职工基本医疗保险制度：国务院于 1998 年底下发了《关于建立城镇职工基本医疗保险制度的决定》，规定城镇所有用人单位的职工都要参加基本医疗保险，基本医疗保险费由用人单位和职工双方共同负担；基本医疗保险基金实行社会统筹和个人账户相结合。基本医疗保险费由用人单位和职工共同缴纳。用人单位缴费率应控制在职工工资总额的 6% 左右，职工缴费率一般为本人工资收入的 2%。基本医疗保险基金由统筹基金和个人账户构成。职工个人缴纳的基本医疗保险费，全部计入个人账户。用人单位缴纳的基本医疗保险费分为两部分，一部分用于建立统筹基金，一部分划入个人账户。划入个人账户的比例一般为用人单位缴费的 30% 左右，具体比例由统筹地区根据个人账户的支付范围和职工年龄等因素确定。

统筹基金的起付标准原则上应控制在当地职工年平均工资的 10% 左右，最高支付限额原则上应控制在当地职工年平均工资的 4 倍左右。起付标准以下的医疗费用，从个人账户中支付或由个人自付。起付标准以上、最高支付限额以下的医疗费用，主要从统筹基金中支付，个人也要负担一定比例。超过最高支付限额的医疗费用，可以通过商业医疗保险等途径解决。

（2）城镇居民基本医疗保险制度：城镇居民基本医疗保险是以没有参加城镇职工医疗保险的城镇未成年人和没有工作的居民为主要参保对象的医疗保险制度。不属于城镇职工基本医疗保险制度覆盖范围的学生（包括在校大学生）、少年儿童和其他非从业城镇居民都可自愿参加城镇居民基本医疗保险。城镇居民基本医疗保险以家庭缴费为主，政府给予适当补助。参保居民按规定缴纳基本医疗保险费，享受相应的医疗保险待遇。

(3）新型农村合作医疗制度：新型农村合作医疗，简称“新农合”，是指由政府组织、引导、支持，农民自愿参加，个人、集体和政府多方筹资，以大病统筹为主的农民医疗互助共济制度。新型农村合作医疗制度从2003年起在全国部分县（市）试点，到2010年基本实现覆盖全国农村居民，实行个人缴费、集体扶持和政府资助相结合的筹资机制。

4. 工伤保险

工伤保险，又称职业伤害保险。工伤保险是通过社会统筹的办法，集中用人单位缴纳的工伤保险费，建立工作保险基金，对劳动者在生产经营活动中遭受意外伤害或职业病，并由此造成死亡、暂时或永久丧失劳动能力时，给予劳动者及其实用性法定的医疗救治及必要的经济补偿的一种社会保障制度。这种补偿既包括医疗、康复所需费用，也包括保障基本生活的费用。

自2011年1月1日起施行的新《工伤保险条例》规定：中华人民共和国境内的企业、事业单位、社会团体、民办非企业单位、基金会、律师事务所、会计师事务所等组织和有雇工的个体工商户都应当依照本条例规定参加工伤保险，为本单位全部职工或者雇工缴纳工伤保险费。中华人民共和国境内的企业、事业单位、社会团体、民办非企业单位、基金会、律师事务所、会计师事务所等组织的职工和个体工商户的雇工，均有依照本条例的规定享受工伤保险待遇的权利，可以说，工伤保险适用于所有职工，任何职工在生产劳动过程中发生工伤事故或遭受职业疾病，以及在上下班途中，受到非本人主要责任的交通事故或者城市轨道交通、客运轮渡、火车事故伤害的，都应毫无例外地获得赔偿，无论工伤事故的责任归于用人单位还是职工个人或第三者，用人单位均应承担保险责任。工伤保险不同于养老保险等险种，劳动者不缴纳保险费，全部费用由用人单位负担，即工伤保险的投保人为用人单位。工伤保险待遇相对优厚，标准较高，其保障内容较丰富，除了在工作时的意外伤害，也包括职业病的报销、急性病猝死保险金、丧葬补助（工伤身故）。

5. 生育保险

生育保险是通过国家立法规定，在劳动者因生育子女而导致劳动暂时中断时，由国家和社会及时给予物质帮助的一项社会保险制度。我国生育保险待遇主要包括两项。一是生育津贴，用于保障女职工产假期间的基本生活需要；二是生育医疗待遇，用于保障女职工怀孕、分娩期间及职工实施节育手术时的基本医疗保健需要。生育保险对于均衡企业负担、改善妇女就业环境、切实保障女职工生育期间的基本权益，发挥了重要作用。同时，对计划生育、优生优育等工作也产生了积极影响。

五、社会保障体系的继续建设和完善

我国多层次的社会保障体系框架已经基本形成，主要包括社会保险、社会救助、

社会福利、慈善事业等基本保障部分和补充社会保险、商业保险等补充保障部分。“十二五”时期，是全面建设小康社会的关键时期，是深化改革开放、加快转变经济发展方式的攻坚时期，也是建立和完善覆盖城乡居民的社会保障体系的重要时期。中国社会保障体系建设还不够完善，社会保障体系建设任务仍然十分繁重：人口老龄化加剧使中国社会保障制度面临着养老负担重、筹集资金难和医疗费用大等诸多挑战；城镇化进程加速，相当数量的失地农民、进城务工农民已成为产业大军中的重要力量，带来城乡保障制度统筹、社会保险关系异地转移接续等重大课题；就业方式日益多样化，相当数量的非公有制职工需要纳入社会保障的覆盖范围；管理基础比较薄弱、法律不够健全，规模巨大的社保基金需要加强监督和管理等问题都急需解决。我们需要在实践中总结经验，不断完善我国的社会保障制度。

1. 继续把弥补制度缺失放在首位，完善各项改革措施

积极推进城乡社会保险制度统筹；推进机关事业单位养老保险制度改革；建立健全保障生活、促进就业、预防失业的失业保险制度体系；建立并形成工伤预防、补偿、康复相结合的工伤保险制度体系；大力发展企业年金和职业年金，完善多层次的保障体系。

认真解决农民工和被征地农民的社会保障问题，加快建立适合农民工特点的社会保障制度，重点推进农民工工伤保险和大病医疗保障工作，积极推进被征地农民就业培训和社会保障工作试点。

推进城乡居民最低生活保障制度统筹发展，重点是推进制度整合和待遇衔接，努力消除城乡制度上的差异，逐步缩小待遇标准上的差距。

探索建立更加符合我国国情的住房保障制度。以增强针对性、有效性、公平性为重点，积极探索保障性住房建设、分配、管理的有效方式，建立更加完善的保障房供应体系，切实解决住房困难群众的住房问题。建立公开规范的住房公积金制度，改进住房公积金提取、使用、监管机制，着力提高住房公积金使用效率。

健全特殊群体的服务保障制度。一是健全农村留守儿童、妇女、老年人关爱服务体系，二是健全残疾人权益保障制度，三是健全困境儿童分类保障制度。

2. 进一步扩大社会保险覆盖范围

将各类用人单位、灵活就业人员和城乡居民有计划地纳入社保体系，加大财政对社会保障的投入，调整支出结构，使更多的人享有基本社会保障。

3. 从低到高，稳步提高保障水平

根据经济社会发展情况和各方面承受能力，不断提高各项社会保障水平，逐步缩小城乡、区域、群体之间的待遇差距。要建立正常待遇调整机制，保障弱势群体，拓展保险范围和项目，使保障水平做到持续、有序、合理增长。

4. 努力扩大社保基金的筹集渠道，加大对社保基金的监管力度

通过各种方式，积极引导参保人员缴纳社会保险费，鼓励社会捐赠，不断做大做强全国社保基金。要进一步提升基金的统筹层次，建立健全各项制度，促进基金管理的公开、透明，确保基金的安全运行。

5. 继续加强社会保障公共服务体系建设

大力推进社会保障管理服务的信息化、规范化、标准化建设，使参保人员能够在

不同时间、不同地区享受到便利的、均等化的公共服务。

6. 加快完善社会保障制度法律体系

继续讨论出台社会保障的各项法律法规，严格执法，提高社会保障工作的规范化、法制化，加大对违法行为的打击力度，保障群众利益。

7. 加强社会保障措施的宣传和指导

促使单位、家庭和个人依法缴纳各种社会保险费用，调动社会各方面力量，在社会救助、济贫帮困、慈善服务等方面发挥作用，推动形成团结互助、和谐融洽的社会氛围。

8. 积极发展补充社会保险和商业保险

制定实施免税、延期征税等优惠政策，加快发展企业年金、职业年金等补充社会保险和各类商业保险，构建多层次社会保障体系。

知识链接

"铁血宰相"俾斯麦

奥托·冯·俾斯麦，1815 年4 月1 日出生于普鲁士勃兰登堡阿尔特马克雪恩豪森庄园一家大容克贵族世家，幼时受过良好教育，俾斯麦体格强壮、个性粗野，为了追求目标可以不择手段，持现实主义态度。曾任普鲁士王国首相，德意志帝国第一任总理，人称"铁血宰相""德国的建筑师"及"德国的领航员"。他还是普鲁士首相兼外交大臣，是德国近代史上杰出的政治家和外交家，是德国近代史上一位举足轻重的人物。

俾斯麦于1851—1858 年被任命为普鲁士邦驻德意志联邦代表会的代表。1862 年任普鲁士首相兼外交大臣，他极力推行"铁血政策"，主张通过战争，由普鲁士统一德国。他权倾朝野，对内加强普鲁士和帝国政府的权力，促进容克和资产阶级的联盟与经济收益，镇压工人运动；对外采取现实主义态度，争霸欧洲，并向海外积极扩张，他相继发动了对丹麦、奥地利和法国的战争，逐步实现了德国统一。1871 年俾斯麦出任新成立后的德意志帝国宰相，并受封为劳恩堡公爵，1898 年去世。

19 世纪70 年代俾斯麦一方面代表统治阶级利益对工人运动血腥镇压；另一方面为了维护统治阶级的利益对工人阶级斗争进行了一些让步，他通过立法建立了世界上最早的工人养老金、健康和医疗保险制度。他在1883 年制定了世界第一部《疾病保险法》，1884 年通过了《工人赔偿法》，1889 年实行了《伤残和养老保险法》。这三个法律是现代世界上第一个比较完整的社会保障法律体系。

（资料来源：百度百科，baike. baidu. com/view/22699. htm.）

第二节　财政补贴

财政补贴是国家为了某种特定的目的，由财政向企业或居民提供无偿补助的一种财政支出形式。财政补贴总是与相对价格的变动联系在一起，这种补贴可通过影响相对价格结构，从而改变资源配置结构、供给结构和需求结构。

一、我国财政补贴的内容

1. 价格补贴

这是国家为了稳定人民生活和保证某些关系国计民生的重要产品的生产经营而对企业或居民支付的补贴。它包括农副产品价格补贴、农业生产资料价格补贴、工矿产品价格补贴、日用工业品价格补贴等。

2. 企业亏损补贴

它一般是对经营政策性亏损产品的企业，为了弥补其经营损失而支付的财政补贴。按照企业的经营性质划分，可分为国内经营企业亏损补贴和外贸企业亏损补贴两种。

3. 财政贴息

这是国家对鼓励发展的行业和产品，由财政通过政策性银行向企业提供贷款利息补助的财政补贴方式。比如，为促进企业联合，发展优质名牌产品，支持沿海城市和重点企业引进先进技术和设备，发展节能机电产品等，这些行业和产品所使用的政策性银行贷款，可以得到财政贴息。

由于财政补贴的内容十分广泛，还可以根据不同需要进行若干其他分类。从补贴同社会经济运行过程的关系来看，可分为生产环节补贴、流通环节补贴、分配环节补贴和消费环节补贴；从政府是否明确地安排支出来分，可分为明补和暗补；从补贴资金的接受主体来区分，可分为企业补贴和居民补贴；从补贴的经济性质来看，可分为生产性补贴和非生产性补贴；从补贴是否与具体的购买活动相联系来分析，又可分为实物补贴和现金补贴。

二、财政补贴手段的运用

财政补贴在各国都是被当作一种调节经济活动的手段来使用的，之所以能有这种作用，是因为它可以改变相对价格结构。

1. 财政补贴可以改变需求结构

人们的需求客观上有一个结构，决定这个结构的因素主要有两个：一是人们所需要的商品和服务的种类；二是各种商品和服务的价格。一般来说，商品和服务的价格越低，需求越大，反之需求就越小。既然价格的高低可以影响需求结构，那么，能够影响价格水平的财政补贴便有影响需求结构的作用。

2. 财政补贴可以改变供给结构

这一作用是通过改变企业购进的产品价格（供给价格或销售价格加补贴），从而改变企业盈利水平，改善供给结构。

3. 财政补贴同经济制度的配合

不同社会的经济制度，由于运行机制不同，可能赋予财政补贴以不同的任务。

在市场经济不发达、价值规律不能发挥作用的社会经济中，财政补贴承担的任务主要是纠正不合理的价格结构，帮助价值规律发挥作用。以粮食价格补贴为例，此类补贴是由提高粮食的收购价格引起的，而提高粮食收购价格，是为了纠正价格中的扭曲因素，逐步消除工农产品剪刀差，使农产品价格比较接近它的价值。就这个意义来说，粮食价格补贴是对粮食生产必要耗费的一种补贴，毫无疑问，它是符合价值规律的，但是，用补贴来改变相对价格结构，只是使价值规律部分地发挥作用。仍以粮食价格为例，在过去的情况下，粮价补贴是支付给商业部门的，商业部门得到补贴，得以维持粮食的售价不因购价的提高而提高，在这里，支付给企业（粮食部门）的补贴事实上是对消费的补贴。按照价值规律和正常要求，当粮食购价提高后，商业部门相应提高售价；售价提高后，职工实际工资下降，应相应地提高工资；提高工资，企业利润可能下降，上缴税利会减少。这样一系列的反应，可能为经济社会难以承受，即便可以承受，于国家的社会福利目标也可能无益。在这里，粮价补贴切断了这一反应链条。它的作用，就在于使价值规律在一定的范围内发挥有利的作用。

在市场经济发达、价值规律可以正常发挥作用的社会经济中，财政补贴的作用主要是纠正市场缺陷，借以实现国家的社会福利目标。价值规律的最重要的作用是优化资源配置。但是，如果让其自发地起作用，就不可避免地会产生周期性的有时是剧烈的波动。当出现经济波动时，政府给某些生产者以价格补贴，如粮食生产过剩时实行保护价格，以暂时维持生产和工人就业，以利资源从容转移。借助于价值规律优化资源配置，主要着眼于效率，它必然将资源导向经济效益高的部门和经济发达地区，同时会引起国民收入分配在不同收入阶层之间发生较大的差异，在这种情况下，适当运用补贴手段，有利于促进落后地区的经济发展和调节 GDP 分配。

因为财政补贴的这些作用，政府当然会将其作为调节经济运行的政策手段，所以财政补贴有其存在的必然性。但是财政补贴只是辅助性的调节手段，国民经济的运行对财政补贴的依赖过大，是不完善、不合理的。总之，在运用补贴手段来调节经济运行时，必须与既定的经济制度和经济运行机制相适应。

三、我国财政补贴制度的沿革与当前存在的问题

我国的财政补贴制度始于 1953 年，当时只有絮棉价格补贴一项，补贴金额为 5 000 万元。此后，补贴范围逐步扩大，补贴金额也不断增加。改革开放以后，由于农产品购销倒挂、价格体制不合理等原因，财政补贴进一步迅猛增加，直到 1994 年分税制改革后，财政补贴过快增长的势头才得到有效抑制。从总体上看，我国财政补贴项目繁多、数额巨大、发展迅速，补贴结构不合理，不仅增加了国家财政负担，严重影响了国家财政收支平衡，同时还产生了不少负效应，越来越成为深化经济改革的拖累。具体表现在以下方面：

1. 财政补贴过多可能破坏价值规律和市场体制的正常调节作用

价格补贴掩盖了商业的真实成本，使其销售价格不能反映商品价值量的变化，使本来不合理的价格体系更加不合理，也使得价格杠杆扭曲，不能发挥其引导产业结构调整、促进资源优化配置的作用。

2. 企业亏损补贴不利于企业改善生产经营管理，客观上起到了保护落后的作用

企业亏损中有一部分是由价格政策造成的政策性亏损，也有一部分是企业自身经营管理不善造成的政策性亏损。但是，现实生活中两种亏损往往混在一起。在发生政策性亏损的同时，掩盖了企业发生的经营性亏损。如果此时给予补贴，就会使企业产

生松劲情绪，放松对经营管理的改善，不利于企业转换经营机制积极参与市场竞争。

3. 补贴结构不合理，扩大了城乡差距，削弱了经济发展的后劲

农业是国民经济的主要部门。农业的发展，农业生产资料市场和消费资料市场的发展，是宏观经济持续快速发展的重要条件。但农民收入低下，扩大再生产能力和运用新技术能力很弱，发展后劲不足，而且农村消费品市场疲软，造成消费品产能过剩，制约了宏观经济的发展，因此，改善补贴结构，增加对种粮农民的补贴，不仅是改善农业生产条件和提高农民生活水平的需要，也是保持宏观经济持续快速发展的需要。

针对现行财政补贴制度存在的问题，根据市场经济体制的基本要求，以及财政补贴应具有的功能，财政补贴制度改革的思路是：减少财政补贴项目，改善补贴结构，规范补贴方式，提高补贴效率，充分发挥财政补贴杠杆调节的积极作用。

知识链接

工农业产品的剪刀差

剪刀差是在工农业产品的长期交换中，农产品价格低于其价值，工业品价格高于其价值，由这种不等价交换形成的剪刀状差距。

剪刀差本身具有自动从农业向其他产业转移资金的功能，所以，苏联和不少其他发展中国家都曾采取通过剪刀差政策积聚资金来加速工业化进程。我国采用剪刀差政策有着深刻的历史背景。新中国成立之初，我国不但处于经济贫穷落后的状态，而且面临以美国为首的西方国家的经济封锁和朝鲜战争，以及台海局势的压力。严峻的形势使新中国的领导人意识到，迅速发展经济增强国家的经济实力是关乎国家生死存亡的头等大事。而在当时看来，实现国家的工业化，几乎是发展经济、摆脱贫穷的代名词。由于重工业比重高标志着国家较高的经济发展水平和较强的经济实力，而且鉴于当时的国内外形势，新中国领导人确定了优先发展重工业的发展战略。重工业优先发展要求国家具有相当高的资本积累和资本动员能力，然而当时我国工业资本来源渠道很少：第一，新中国成立之初，百废待兴，而国家财力极其有限。第二，受当时国际环境的制约，我国工业化建设资金来源的国际渠道很窄。第三，土地改革以后，地主阶级被消灭，富农阶级也大为削弱，农村中已经基本上不存在具有一定规模的私人资本。因此，民间的农业资本向工业资本转化的渠道在土改后基本上被切断了。第四，土地改革以后，农村收入趋于平均化，总储蓄率下降，因而国家通过金融系统转移资金的余地也不大。第五，农业税收的名义税率已经较重（1953 年我国农业税的税率已达 11.9%），提高农业税增加国家财力的空间不大。在这种背景下，在确立了主要依靠自己的力量高速实现工业化之方针的前提下，国家收入分配由农业向工业、由农村向城市倾斜，让农业为重工业优先发展提供积累，也就成了必然的选择。我国的剪刀差政策通过对农业剩余的过度抽取，在一定时期内加速了工业化进程，使我国在较低的国民收入水平上实现了较高工业化水平。

（资料来源：bbs. tiexue. net/post_ 2911287_ 1. html.）

第三节 税收支出

一、税收支出的概念与性质

税收支出是以特殊的法律条款规定的、给予特定类型的活动或纳税人以各种税收优惠待遇而形成的收入损失或放弃的收入。可见，税收支出是政府的一种间接性支出，属于财政补贴支出。

从税收支出所发挥的作用来看，它可分为照顾性税收支出和刺激性税收支出。

（1）照顾性税收支出，主要是针对纳税人由于客观原因在生产经营上发生临时困难而无力纳税所采取的照顾性措施。这类税收支出明显带有财政补贴性质，目的在于扶植国家希望发展的亏损或微利企业及外贸企业，以求国民经济各部门的发展保持基本平衡。在采取这种财政补贴性质的税收支出时，必须严格区分经营性亏损和政策性亏损，要尽可能地避免用税收支出的手段去支持因主观经营管理不善所造成的财务困难。

（2）刺激性税收支出，主要是指用来改善资源配置、提高经济效率的特殊减免规定，主要目的在于正确引导产业结构、产品结构、进出口结构及市场供求，促进纳税人开发新产品、新技术，积极安排劳动就业等。这类税收支出是税收优惠政策的主要方面，税收的调节经济的杠杆作用也主要表现于此。

二、税收支出的形式

就刺激经济活动和调节社会生活的税收支出而言，其一般形式大致有税收豁免、纳税扣除、税收抵免、优惠税率、延期纳税、盈亏相抵等。

1．税收豁免

税收豁免是指在一定时期内，对纳税人的某些所得项目或所得来源不予课税，或对其某些活动不列入课税范围等，以豁免其税收负担。至于豁免期和豁免税收项目，应视当时的经济环境和政策而定。最常见的税收豁免项目有两类：一类是免除关税与货物税，可使企业降低固定成本，增强企业的市场竞争力；另一类是免除所得税，一方面可以增加投资利润以刺激投资，另一方面可以促进社会政策的顺利实施，以稳定社会正常生活秩序，诸如对慈善机构、宗教团体等的收入不予课税。

2．纳税扣除

纳税扣除是指在计算应课税所得时，从毛所得额中扣除一定数额或以一定比率扣除，以减少纳税人的应课税所得额。在累进税制下，纳税人的所得额越高，这种扣除的实际价值就越大，这等于降低了这部分纳税人的课征税率。

3．税收抵免

税收抵免是指允许纳税人从其某种合乎奖励规定的支出中，以一定比率从其应纳税额中扣除，以减轻其税负。税收抵免的形式多种多样，其中最主要的有两种形式，即投资抵免和国外税收抵免。

（1）投资抵免：政府规定凡对可折旧性资产投资者，其可由当年应付公司所得税

税额中，扣除相当于新投资设备某一比率的税额，以减轻其税负，借以促进资本形成并增强经济增长的潜力。通常，投资抵免是鼓励投资以刺激经济复苏的短期税收措施。

（2）国外税收抵免：常见于国际税收业务中，即纳税人在居住国汇总计算国外的收入所得税时，准予扣除其在国外的已纳税款。

国外税收抵免与投资抵免的主要区别在于，前者是为了避免国际双重征税，使纳税人的税收负担公平；后者是为了刺激投资，促进国民经济增长与发展，它恰恰是通过造成纳税人的税收负担不平等来实现的。

4. 优惠税率

优惠税率是对合乎规定的企业课以比较一般为低的税率。在实践中，优惠税率的表现形式很多，例如，纳税限额即规定总税负的最高限额，事实上就是优惠税率的方式之一。

5. 延期纳税

这种方式也称“税负延迟缴纳”，是允许纳税人对那些合乎规定的税收，延迟缴纳或分期缴纳其应负担的税额。在施以这种办法的场合，因可延期纳税，纳税人等于得到一笔无息贷款，能在一定程度上帮助纳税人解除财务上的困难。采取这种办法，政府的负担也比较轻微，因为政府只是延后收款而已，充其量只是损失一点利息。

6. 盈亏相抵

这种方式是指准许企业以某一年度的亏损，抵销以后年度的盈余，以减少其以后年度的应纳税款；或是冲抵以前年度的盈余，申请退还以前年度已纳的部分税款，这种方式对具有高度冒险性的投资有相当大的刺激效果。但是它对于一个从未发生过亏损但利润确实很小的企业来说，没有丝毫鼓励效果；而且，就其应用的范围来看，盈亏相抵办法通常只能适用于所得税方面。

7. 加速折旧

加速折旧指在固定资产使用年限的初期提列较多的折旧。采用这种折旧方法，可以在固定资产的使用年限内早一些得到折旧费和减免税的税款。对企业来说，虽然总税负未变，但税负前轻后重，有税收递延缴纳之利，也同政府给予一笔无息贷款之效；对政府而言，在一定时期内的总税收收入未变，但税收收入前少后多，损失了一部分收入的时间价值。因此，这种方式同延期纳税方式一样，都是税收支出的特殊形式。

8. 优惠退税

优惠退税指国家为鼓励纳税人从事或扩大某种经济活动而给予的税款退还。其中包括两种形式：出口退税和再投资退税。

（1）出口退税是指为鼓励出口而给予纳税人的税款退还。退还进口税，即用进口原料或半制成品，加工制成成品后，出口时退还已纳的进口税；退还已纳的国内销售税、消费税、增值税等。

（2）再投资退税是指为鼓励投资者将分得的利润进行再投资，而退还纳税人再投资部分已纳税款。

知识链接

世界各国对公益组织的免税规定

为了支持公益基金会的发展，世界各国普遍对基金会投资收益实行税收优惠政策。

在美国，基金会分为两种：公共的慈善机构性质的基金会和私人基金会。对前者，其红利、利息、中间收入、无关宗旨商业活动等不用交所得税。私人基金会不需要交无关宗旨商业所得税，但是要交消费税，其比例很低，只相当于净投资收益的2%，而且其前五年的平均慈善支出超过一定数目，这个比例可以减少到1%。

英国税法对慈善团体的大多数形式的收入免征收入和资本利得税。英国的公益组织分慈善机构和非慈善机构。公益组织到慈善委员会登记之后拥有了一个慈善号，就可以享受到很好的税收政策，否则只能适用与企业相同的税收政策和相同的法律形式。英国的“慈善”含义广泛。新近修改的慈善法案规定了十二个领域。目前，英国大概活跃着50万~70万个公益组织，但是注册的慈善组织为18.9万家。

按照日本公司所得税法第4项第7条规定，公共利益法人、基金会属于公益法人，免交公司所得税，除非他们从盈利活动中获得了所得，一般不需要征所得税。

德国：所有从事“社会公益”活动的法人都可免税，只有位于德国境内，并且受德国公司税法管辖的企业才能提出税收优惠要求。没有法人资格的，就没有资格去要求税收优惠。所有受公司税法管辖的法人实体，包括协会有限责任公司、基金会和合作社都具备要求税收优惠的资格。其要求能否获批，决定因素在于这些法人实体所从事的活动是否与社会公益目的、慈善目的或者与教会相关的目的相关。

中国：根据2008年1月1日起开始施行的《中华人民共和国企业所得税法》第九条之规定，企业发生的公益性捐赠支出，在年度利润总额12%以内的部分，准予在计算应纳税所得额时扣除。

（资料来源：公益时报网，http：//www. gongyishibao. com.）

本章小结

转移性支出指政府的补助支出、捐赠支出和债务利息支出等，表现为财政资金单方面的、无偿的转移，它直接影响着收入分配。社会保障支出是指国家为城乡居民在年老、疾病、待业、灾害或者丧失劳动能力时，以集中或分散形式，提供基本生活保障而安排的有关支出。我国的社会保障体系，包括社会保险、社会福利、社会救助、社会优抚四个方面，其中社会保险在社会保障体系中居于核心地位，它是社会保障体系的重要组成部分。目前我国社会保险包括养老保险、失业保险、医疗保险、工伤保险、生育保险等。财政补贴是国家为了某种特定的目的，由财政向企业或居民提供无偿补助的一种财政支出形式。税收支出是以特殊的法律条款规定的、给予特定类型的活动或纳税人以各种税收优惠待遇而形成的收入损失或放弃的收入，一般形式大致有税收豁免、纳税扣除、税收抵免、优惠税率、延期纳税、盈亏相抵等。

思考与练习

一、选择题

1. 在社会保障体系中居于核心地位的是（　　）。

A. 社会保险　　B. 社会福利　　C. 社会救助　　D. 社会优抚

2. 对军人及其家属的优待和抚恤属于（　　）。

A. 社会保险　　B. 社会福利　　C. 社会救助　　D. 社会优抚

3. 我国决定在（　　）年之前基本实现新型农村养老保险对农村适龄居民的全覆盖。

A. 2009　　B. 2010　　C. 2020　　D. 2015

4. 新型农村合作医疗制度从2003年起在全国部分县（市）试点，到（　　）年基本实现覆盖全国农村居民。

A. 2009　　B. 2010　　C. 2015　　D. 2020

5. 2010年10月28日，第十一届全国人民代表大会常务委员会第十七次会议通过了《中华人民共和国社会保险法》，这是社会保障领域具有里程碑意义的一件大事，《中华人民共和国社会保险法》自（　　）起正式开始施行。

A. 2010年12月1日　　B. 2011年7月1日

C. 2011年1月1日　　D. 2011年12月1日

6. 根据我国《医药卫生体制五项重点改革2011年度主要工作安排》最新规定，将在校大学生的医疗全部纳入（　　）范围。

A. 城镇职工基本医疗保险　　B. 城镇居民基本医疗保险

C. 新型农村合作医疗　　D. 大学生基本医疗保险

7. 我国目前正在探索建立（　　）相结合的新型农村养老保险制度。

A. 个人缴费　　B. 集体补助　　C. 政府补贴　　D. 企业缴费

8. 在西方国家，税收抵免的形式多种多样，其中最主要的有两种形式，即（　　）。

A. 投资抵免　　B. 国外税收抵免　　C. 优惠税率　　D. 延期纳税

9.《中华人民共和国社会保险法》规定目前我国的医疗保险制度主要包括（　　）三个方面。

A. 城镇职工基本医疗保险　　B. 城镇居民基本医疗保险

C. 新型农村合作医疗制度　　D. 农民工基本医疗保险

10. 自2011年1月1日起施行的新《工伤保险条例》规定：任何职工在遇到以下（　　）状况时，无论工伤事故的责任归于用人单位还是职工个人或第三者，用人单位均应承担保险责任。

A. 职工在生产劳动过程中发生工伤事故

B. 职工在生产劳动过程中遭受职业疾病

C. 职工在上下班途中，受到非本人主要责任的交通事故或者城市轨道交通、客运轮渡、火车事故伤害

D. 职工在上下班途中，与人打架斗殴受伤

11. 工伤保险保障内容较丰富，包括（　　）。

A. 在工作时的意外伤害　　B. 职业病的报销

C. 急性病猝死保险金　　D. 丧葬补助（工伤身故）

二、判断题

1. 我国社会保障的资金主要来自于社会保障税。（　　）

2. 我国社会保障制度的改革采取先农村后城市，逐步推行，逐步建立和完善多层次的社会保障体系。（　　）

3. 到2010年我国的养老保险已从制度上实现了对城乡居民全覆盖。（　　）

4. 城镇职工基本医疗保险起付标准以下的医疗费用，从个人账户中支付或由个人自付。（　　）

5. 企业亏损补贴是国家对鼓励发展的行业和产品，由财政通过政策性银行向企业提供贷款利息补助的财政补贴方式。（　　）

6. 常见于国际税收业务中的国外税收抵免，是指纳税人在居住国汇总计算国外的收入所得税时，准予扣除其在国外的已纳税款。（　　）

7. 财政补贴是政府调节经济运行的主要政策手段，有其存在的必然性。（　　）

8. 转移性支出直接影响着收入分配。（　　）

9. 出口退税是指为鼓励出口而给予纳税人的税款退还，包括出口时退还已纳的进口税和已纳的国内销售税、消费税、增值税等。（　　）

10. 加速折旧即按照固定资产使用年限平均计提较多的折旧。（　　）

三、名词解释

转移性支出　财政补贴　税收支出

四、简答题

1. 试述社会保险与商业保险的区别。

2. 试述进一步完善我国社会保障制度应遵循的思路。

3. 试述我国财政补贴的主要内容。

4. 为什么说财政补贴是一种经济调节手段？

5. 请说明我国目前社会保障体系的主要内容。

五、案例分析

尚未就业的大学毕业生遇上医保真空地带

周某是一名优秀的应届大学毕业生，办理毕业手续不到一周，刚和外企签下就业协议，正前途光明，却被诊断出身患白血病。老家、毕业的学校、新找的工作单位，没有一个地方能为他解决医疗费用。如果周某还是一个农民，可以参加农村合作医疗保险，但是周某是个大学生；如果是在校大学生，学校的大病医疗保险也能够撑起一把保护伞；如果周某已经签订劳动合同，就有了职工医疗保险，这些都可以挽救他的生命。但是，现在周某与这三条出路一条都“搭不上边”，在整体走势日益完善的医疗保障体系面前，周某尴尬地落在医保真空地带，只有依靠社会救济。

无论公费医疗和商业医疗保险，保期都限制在在校期间，像周某这样刚办了毕业离校手续，还没去单位上班，办理“三金三险”，这个时间段确实是个空档期，如果这

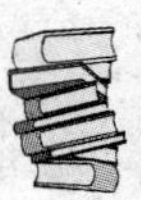

个时间段发生重大疾病，医疗保障确实是个问题。哪怕毕业生自己要在这段时间内，通过商业医疗大病保险来解决，也会碰到保险的期限障碍。周同学的经历，向我们展示了毕业后尚未就业的大学毕业生缺乏医疗保障所遇到的困难，提醒政府完善这一方面的制度，也提醒大学生慎重考虑医疗保障的问题。

（资料来源：浙江日报，2008 年 11 月 03 日）

根据上述资料，讨论分析以下问题：

1. 你了解大学生医疗保险的相关内容吗？
2. 你对尚未就业大学毕业生参加医疗保险有什么看法和建议？

第五章 财政收入

学习目标

知识目标

1. 掌握财政收入的含义和作用。

2. 理解财政收入按照收入形式、收入来源、资金管理方式、政府征收级别划分的种类。

3. 掌握财政收入的规模衡量指标、财政收入的影响因素。

能力目标

1. 能计算财政收入规模的绝对量和相对量指标。

2. 能分析财政收入的影响因素，结合我国实际情况做出判断。

3. 根据我国实际情况，能分析比较财政收入的变化特点，找出原因所在。

引导案例

中国人均财政收入 1 166 美元仅为部分发达国家 8%

针对目前公众对于民生支出感受存在差异的问题，财政部表示，我国人均财政收入和支出水平很低，是导致这一问题的第一大原因。目前我国人均财政收入水平世界排名在百位之后，仅为部分发达国家人均财政收入的 8% 左右。

财政部称，民生保障和福利水平与人均财政收入和支出水平密切相关。目前，我国财政提供的公共产品和服务与广大人民群众的期望还有一定差距，主要是因为我国人均财政收入和支出水平很低。

财政部表示，2010 年我国公共财政收入达到 83 102 亿元，然而，我国人口多，人均财政收入水平排名世界百位之后。按照 IMF 口径计算，2010 年美国、日本、德国、法国、意大利和英国的人均财政收入水平均在 14 000 美元以上，而我国人均财政收入按当年平均汇率折算为 1 166 美元，仅为上述国家人均财政收入的 8% 左右。

（资料来源：京华时报，2011 年 10 月 15 日）

第一节 财政收入的含义与分类

一、财政收入的含义

财政收入是财政分配的一个重要阶段，指政府为履行其职能、实施公共政策和提

供公共物品与服务需要而筹集的一切资金的总和。财政收入表现为政府部门在一定时期内（一般为一个财政年度）所取得的货币收入。

财政收入是衡量一国政府财力的重要指标，政府在社会经济活动中提供公共物品和服务的范围和数量，很大程度上决定于财政收入的充裕状况。如2013年，我国财政收入超过12.91万亿元，比上年增加1.19万亿元，增长10.1%。财政收入的快速增长为加大教育、医疗、社保等民生领域投入，增强政府调节收入分配能力等方面提供了有力的资金保障。

二、财政收入的分类

1. 按财政收入形式分类

国际上对财政收入的分类，通常按政府取得财政收入的形式进行分类，即将财政收入分为税收收入、公债收入、国有资产收益、收费收入及其他收入等。

（1）税收收入。税收是政府为实现其职能的需要，凭借其政治权力并按照特定的标准，强制地、无偿地、固定地取得财政收入的一种形式。在我国，税收收入按照征税对象可以分为五类税，即流转税、所得税、财产税、资源税和行为税，由于税收的征收面广且稳定，因此也是我国政府财政收入最主要的来源。目前，我国税收收入占财政收入的90%以上。税收还是政府干预经济的重要经济杠杆，税收收入是现代国家最为重要的财政收入形式。

（2）公债收入。公债是政府的债务，是政府按照借贷的信用原则，为了筹借资金而向投资者出具的，承诺在一定时期支付利息和到期还本的债务凭证。在整个公债活动中，形成了政府与公债持有者之间稳定的债权债务关系。中央政府的债务称为中央债，又称国债；地方政府的债务称为地方债。

公债是财政收入的一种特殊形式，具有弥补财政赤字、筹集财政资金和调控经济等功能。它主要的特征是有偿性、自愿性、灵活性，这完全不同于税收所反映的征纳关系。

（3）国有资产收益。国有资产收益是指国家凭借对国有资产的所有权，从国有资产经营收入中所获得的利润、租金、股息、红利、资金使用费等收入的总称。

国家凭借对国有资产所有权取得的收入所采取的形式，主要取决于国有资产的经营方式，随着国有资产经营方式的多样化，国有资产收入的形式也相应多样化。现阶段国有资产收益上缴的主要形式有股息、红利收入、上缴利润、租金收入、其他收入等。

（4）收费收入。收费收入是指国家政府机关或事业单位在提供公共服务、实施行政管理或提供特定公共设施的使用时，向受益人收取一定费用的收入形式。收费收入具有有偿性、不确定性、非强制性、非普遍性、规范性的特点，它在财政收入中所占的比重不大，但种类多，涉及面广，政策性强。收费收入具体可分为使用费、规费和政府性基金。

使用费是政府对公共设施的使用者按一定标准收取费用，如对使用政府建设的高速公路、桥梁、隧道的车辆收取的使用费。

规费是政府对公民个人提供特定服务或特定行政管理所收取的费用，包括行政收费（如护照费、商品检测费、毕业证费）和司法规费（如民事诉讼费、出生登记费、结婚登记费）。

政府性基金是各级人民政府及其所属部门根据法律、国家行政法规和中共中央、国务院有关文件的规定，为支持某项事业发展，按照国家规定程序批准，向公民、法人和其他组织征收的具有专项用途的资金。包括各种基金、资金、附加和专项收费，如养路费、车辆购置附加费、铁路建设基金、电力建设基金等。

（5）其他收入。其他收入包括各种罚没收入、国家资源管理收入、公产收入和杂项收入。

罚没收入，是指工商、税务、海关、司法等国家机关和经济管理部门依法处理的罚款和没收品收入，如对违反交通规则的罚款、违反治安管理条例的罚款，对经营假冒伪劣商品的罚款，对违反技术标准、违反商标管理的罚款，对违反污染排放规定的罚款，等等。

国家资源管理收入，是指各单位经国家批准开采国家矿产等资源，按规定向国家交纳的管理费，如矿山管理费、沙石管理费等。

公产收入是指国有山林等公产的产品收入、政府部门主管的公房和其他公产的租赁收入及变价出售收入等。

杂项收入包括国际组织援助捐赠收入、对外借款归还收入等。

2. 按财政收入来源分类

按财政收入来源的分类，包括两种：一是以财政收入来源中的所有制结构为标准，将财政收入分为国有经济收入、集体经济收入、中外合营经济收入、私营经济或外商独资经济收入、个体经济收入等；二是以财政收入来源中的部门结构为标准，将财政收入分为工业部门和农业部门收入，轻工业部门和重工业部门收入，生产部门和流通部门收入，第一产业部门、第二产业部门和第三产业部门收入等。

这种分类体现了财政收入的来源，反映各种收入来源的经济性质，同时通过纵向比较可以反映各种收入来源单位的历史变化和发展趋势。

3. 按财政收入征收的政府级别分类

按财政收入征收的政府级别的不同，我国政府的财政收入可分为中央财政收入和地方财政收入。

中央财政收入是指按照财政管理体制的规定，由中央财政筹集和支配使用的财政收入。它主要来源于国家税收中属于中央的税收（如关税、海关代征消费税和增值税，消费税，中央企业所得税等）、中央政府所属企业的国有资产收益、中央和地方政府共享收入中的中央分成收入、地方财政上解的收入及公债收入等。

地方财政收入是指按照财政管理体制的规定，由地方政府筹集和支配使用的财政收入。该类收入主要包括：按国家有关法律法规的规定，由地方政府负责征收、安排使用的税收，如个人所得税、城镇土地使用税、房产税、契税等；按国家有关法律法规，由地方征收的规费收入；按财政体制规定由地方财政参与分享的收入，如增值税分成、证券交易中的印花税的分成。

4. 按财政资金的管理方式分类

按财政资金的管理方式分类，我国财政收入分为预算收入和预算外收入两部分。

预算收入是指统一纳入国家预算，按国家预算立法程序实行规范管理，由各级政府统筹安排使用的收入，主要包括税收收入、依照规定应当上缴的国有资产收益、专项收入和其他收入。

预算外收入是指各地方、各部门、各单位不纳入国家预算，自行管理使用的财政性资金，即预算外资金，如各种附加和其他不纳入预算的基金收入等。

知识链接

2013 年全国财政收入增长 10%，房地产税种贡献近 2 成

记者日前从财政部了解到，去年我国财政收入增幅明显回落。全国公共财政收入同比增长 10.1%，其中，中央财政收入增幅为 7.1%，地方财政收入增幅为 12.9%。值得注意的是，国有土地使用权出让收入 41 250 亿元，同比增幅高达 44.6%。在支出方面，去年全国公共财政支出 139 744 亿元，比上年增加 13 791 亿元，增长了 10.9%。

财政部发布，2013 年全国公共财政收入累计达到 129 143 亿元，比上年增长 10.1%，其中，中央财政收入 60 174 亿元，比上年增加 3 999 亿元；地方财政收入（本级）68 969 亿元，比上年增加 7 891 亿元。财政收入中的税收收入 110 497 亿元，比上年增长 9.8%。全国公共财政支出 139 744 亿元，比上年增加 13 791 亿元，增长 10.9%。

在财政收入中，房地产相关的税种历来占比较大，2013 年也不例外，且增幅较大。财政部数据显示：房地产企业所得税 2 850 亿元，增长 25.1%；受全年商品房销售面积增长 17.3%、销售额增长 26.3% 的拉动，房地产营业税达 5 411 亿元，增长 33.6%；受固定资产投资较快增长拉动，建筑业营业税达 4 315 亿元，增长 16.5%；财产转让所得税 664 亿元，增长 38%，主要受二手房市场交易活跃的影响。

受房地产成交量增加带动，地方税种中的契税收入达 3 844 亿元，增长 33.8%；土地增值税收入 3 294 亿元，增长 21.1%；耕地占用税收入 1 808 亿元，增长 11.6%；城镇土地使用税收入 1 719 亿元，增长 11.5%。据记者统计，上述房地产领域税种总计 2.4 万亿元，占到公共财政收入的 18%，近两成的规模。

（资料来源：北京日报，2014 年 1 月 26 日）

第二节　财政收入的结构分析

财政收入的结构是指财政收入的项目构成，即各项目收入在财政收入总体中占有的比重。财政收入结构反映了财政收入的基本构成内容及其各类收入在财政收入总体中的地位，也反映了一定时期内财政收入的来源和财政收入政策调节的目标、重点和力度。

对财政收入进行结构分析，目的在于揭示财政收入结构与经济结构之间的内在联系和规律性，理顺分配关系，寻求增加财政收入的途径，加强对现有收入的监督和管理。

一、财政收入的价值结构

社会产品按其价值构成是由 *C*、*V*、*M* 三部分组成的。*C* 是生产资料消耗的转移价值，它一般不应构成财政收入的来源；*V* 是指维持劳动力再生产所必需的消费资料价值，是以劳动报酬的形式支付给生产劳动者的部分（劳动者个人收入），它是财政收入的必要补充；*M* 是生产领域劳动者剩余劳动所创造的价值，它是财政收入的主要来源。

1. *C* 不宜作为财政收入的来源

C 是补偿生产资料消耗的价值，又叫补偿基金。它可以分为两部分：一部分是补偿消耗掉的原材料等劳动对象的价值，只要企业不断地持续生产，就必须不断地用这部分购买新的劳动对象，投入生产。因此，它一直在循环占用中，不能构成财政收入的来源。另一部分是补偿机器设备、厂房等固定资产耗费的价值。固定资产价值的补偿和实物更新是不一致的，其物质形态的补偿是通过固定资产的更新来实现的，而价值形态的补偿则是通过从销售收入中提取折旧基金来实现的。由于折旧基金是随着固定资产的磨损逐步提取的，而固定资产在它报废后才需要更新，因此折旧基金从提取到使用有一段时间间隔，在这一段时间内它可以被当作新的资金追加投资。也由于折旧基金所具有的积累属性，所以，在传统的高度集中的财政体制中，国有企业的折旧基金全部或部分地上缴财政，成为财政收入的一个来源。但从建立现代企业制度所要维护的企业经营管理权限来看，折旧基金属于企业自主支配的资金，是简单再生产的范畴，由企业管理使用为宜。虽然从理论上来讲，价值 *C* 的部分不应构成财政收入的来源，但还不能绝对排除折旧基金作为财政收入的可能性。

2. *V* 是财政收入的补充

V 是指以劳动报酬的形式支付给劳动者个人的部分（劳动者个人收入）。在发达国家，*V* 是构成财政收入的主要来源；在发展中国家，*V* 在财政收入中的比重远远低于发达国家。从我国目前来看，*V* 虽构成财政收入的一部分，但它在全部财政收入中所占的比重很小。这是因为我国长期以来实行低工资制度，劳动者个人的收入普遍较低，国家不可能从 *V* 中筹集更多的资金。就现实的经济运行来看，目前我国来自 *V* 的财政收入主要有以下几个方面：第一，直接向个人征收的税，如个人所得税、房产税、土地使用税等。第二，向个人收取的规费收入（如结婚登记费、护照费、户口证书费等）和罚没收入等。第三，居民购买的国库券。第四，国家出售高税率消费品（如烟、酒、化妆品等）所获得的一部分收入，实质上是由 *V* 转移来的。第五，服务行业和文化娱乐业等企事业单位上交的税收，其中一部分是通过对 *V* 的再分配转化来的。

随着我国个人收入水平的提高和我国税收制度的不断完善，财政收入中直接来源于 *V* 部分的收入将会不断增加。

3. *M* 是财政收入的主要来源

M 是新创造的价值中归社会支配的剩余产品部分，它是财政收入的基本源泉，只有 *M* 多了，财政收入的增长才有坚实的基础。正如马克思所指出的“富有的程度不是

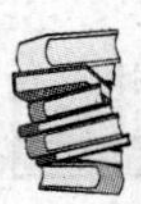

由产品的绝对量来决定的，而是由剩余产品的相对量来决定的”。

剩余产品价值包括税金、企业利润和用剩余产品价值支付的费用（如利息），其中主要是税金和企业利润。在统收统支的计划型财政条件下，国营企业所创造的M绝大部分均由国家集中分配用于扩大再生产和社会共同需要形成财政收入。另外，国家以税金形式取走非国有企业的一部分纯收入形成财政收入。在社会主义市场经济体制下，国家赋予国有企业经营自主权，具有相对独立的经济利益。根据事权与财权相一致的原则，国家不能取走国有企业的全部M，只能参与一部分企业纯收入的分配，即国家以行政管理者身份参与分配，向企业收取税金，同时以资产所有者身份参与企业利润分配。

既然M是财政收入的基本源泉，那么增加财政收入的根本途径就是增加M。而在国民经济中，影响M增减变化的因素有三个：产量、成本和价格。在产品成本和价格一定的条件下，扩大生产、增加产量和产值，必然会增加M，这是确保财政收入增长的根本；在产品产量和价格不变的情况下，成本与M成反比例变化，即成本提高，则M减少，财政收入也相应减少；反之，成本降低，则M增加，财政收入也相应增多。因此，增加财政收入的根本途径是降低成本，提高经济效益。

(1) C、V、M三部分之间存在着此消彼长的关系，同时M构成财政收入的主要因素，因此研究社会总产品价值构成同财政收入的关系应着重研究社会总产品价值构成中成本因素C和V的变化对M从而对财政收入的影响。

C与M的关系。在社会总产品一定且V不变时，降低物化劳动消耗C，是降低生产成本，提高设备利用率，增加M和增长财政收入的主要途径。

降低生产资料耗费C，要根据生产资料的性质区别对待。属于原材料、易燃易耗品等生产资料的耗费，应通过加强内部管理，在保证产品质量前提下，力求节约，通过技术或生产工艺流程创新降低成本，增加企业纯收入和财政收入。属于固定资产耗费的补偿，应合理确定折旧率，提高设备利用率，减少每件产品中转移的折旧价值，降低单位产品成本从而增加企业盈利和财政收入。如果折旧率过高，就势必减少企业利润和财政收入；如果折旧率过低，此时财政收入的增长是以牺牲企业发展后劲，减慢企业设备更新改造步伐为代价的，因此财政收入增收是虚假的。

(2) V与M的关系。在社会总产品一定且C不变时，V部分增大，M部分减少，相反V部分减少，M部分则增大。因此，充分调动劳动者积极性，提高劳动生产率，对增加企业利润和财政收入有着重大意义。

二、财政收入的所有制结构

财政收入是由不同所有制的经营单位各自上缴的利润、税金和费用等部分构成的。所谓财政收入的所有制结构，是指由不同经济成分提供的财政收入所占的比重及其变化情况。研究财政收入的所有制结构是国家制定财政政策、制度，正确处理国家同各种所有制经济之间财政关系的依据。

一个国家财政收入的所有制结构直接取决于该国经济上的所有制结构。我国经济是以公有制为主体，国有经济占支配地位，同时允许并鼓励发展城乡个体经济、私营经济、中外合资经营企业和外商独资企业等多种经济成分共同发展的经济结构。因此，我国财政收入按经济成分分类，有来自全民所有制经济的收入、集体所有制经济的收入、私营经济的收入、个体经济的收入、外资企业的收入、中外合资经营企业的收入和股份制企业的收入。

国有经济始终是我国财政收入最主要的来源。目前，我国财政收入主要是来自全民所有制的国有经济，国有经济上交的财政收入占整个财政收入的2/3左右。国家主要通过规范的税收形式和国有资产收益形式从国有经济中获取财政收入，并通过发挥国有制经济的主导作用，为整个国民经济的发展包括非国有经济的发展奠定良好的物质技术基础，从而间接地增加财政收入。

非国有经济包括集体经济、个体经济、私营经济、“三资企业”和其他混合所有制企业中的非国有部分。随着非国有经济的迅速发展，这些经济成分对财政收入的贡献将逐渐增加。

三、财政收入的部门结构

财政收入的部门构成，是指国民经济各产业部门对财政收入的贡献程度，即财政收入是从哪些部门集中的，集中的比例有多大。对财政收入的部门构成进行分析的目的，在于说明各生产流通部门在提供财政收入中的贡献及其贡献程度，可以为培植财源、调整结构、提高效益、实现增产增收提供主攻方向的选择。

这里所说的部门具有双重含义：一是按照传统意义上的部门分类，将国民经济部门分为工业部门、农业部门、建筑业、交通运输业及服务业等；二是按现代意义上的产业分类，分为第一产业、第二产业和第三产业。

按照传统意义上的分类，工业和农业是国民经济中的两大部门。由农业部门直接提供的财政收入的比重是比较低的，一般为5%左右。农业部门提供的财政收入表现为两种形式：一种形式是直接上缴的农业（牧）税。由于我国农业的劳动生产率较低，农业部门的经济收益较低，通过税收上缴财政的只占全部财政收入中的很小一部分。2006年，我国为了减轻农民负担，原来征收的农业税已全面取消。另一种形式是间接提供财政收入，即农业创造的一部分价值是通过为工业提供原材料而转到工业部门来实现的。农业的丰歉，对本年度特别是下年度财政收入有重大的影响。因为农业丰歉与工业特别是轻工业部门产值的增长有密切的联系。

工业是创造GDP的主要部门，当然也是财政收入的主要来源。过去我国工商税收是在生产环节征收，所以工业部门提供的财政收入在整个财政收入中所占的比重较高，1985年以前一直占到60%以上。随着税制的改革，主要是实行增值税以后，所占比重虽有所下降，但仍占40%左右，仍然是财政收入的主要来源。因此，加快企业改革，特别是国有大中型企业的改革，提高经济效益，减少亏损，仍然是财政收入增长的关键所在。

除工农业部门以外，其他部门对财政收入增长的贡献率在快速增长。从我国1994年实行税制改革以来，增值税和营业税的作用大大加强了，其中商业流通部门提供的财政收入迅速增长。另外，随着我国房地产业和各种服务业的快速发展，这些行业已

经成长为我国财政收入的非常重要的来源。

现代产业结构分类可将产业结构分为第一产业、第二产业和第三产业。第一产业的生产物取之于自然，包括农业、畜牧业、林业等；第二产业的属性是取自于自然的加工生产物，包括采矿业、制造业、建筑业、煤气、电力等工业部门。以上两大产业部门都是有形物质财富的生产部门。第三产业部门则属于繁衍于有形物质财富之上的无形财富的生产部门，包括商业、金融业及保险业、运输业、服务业、公益事业等部门，简称为广义的服务业。部门结构属于传统的核算方法，已经不能完全适应市场经济发展的要求，而按第一、第二、第三产业分类是我国改革后的现行核算方法的分类，更具有实际意义。

在发达国家，第三产业占GDP的比重已达60%以上，提供的财政收入占全部财政收入的50%以上。随着我国市场经济体制改革加快和科学技术进步，第三产业占GDP的比重也越来越大，财政收入来自于第三产业的比重也越来越高。如以2003年和2004年我国三大产业占GDP的比重为例：2003年第一产业占GDP的14.6%，第二产业占GDP的52.3%，第三产业占GDP的33.1%；2004年，根据全国经济普查，第一产业占GDP的13.1%，第二产业占GDP的46.2%，第三产业占GDP的40.7%。目前来自第三产业的财政收入占财政总收入的40%左右。

第三产业成为我国开辟财源、筹集财政资金的重要产业。为此，必须加强对第三产业部门的管理，建立科学化、系统化的管理制度，并加强税收的征收管理，通过大力发展第三产业来进一步推动财政收入的不断增长。

四、财政收入的地区结构

由于受历史机遇、地理条件、人口素质、经济政策及其他因素的影响，地区经济发展必然会出现不平衡，因此一国各地区的财政收入规模和结构必定存在差距。财政收入按来源地的不同可以分为不同的地域或行政区划提供的财政收入。

从这一角度分析财政收入结构，有助于了解财政收入的地域分布状态，进行地区结构分析，有利于国家进行财政统筹规划、合理分工，使地区之间优势互补、协调发展、利益兼顾，走共同富裕之路。

在中国，按东部、中部、西部三个地带划分，东部地区的财政收入水平明显高于中西部地区，而西部地区的收入水平最低。东部12个省（市）的土地面积占全国的14.2%，工农业总产值占全国的55%以上；中部地区9个省（市）土地面积占全国的34.3%，人口占全国的41.9%，而工农业总产值仅占全国的38%；西部地区11个省（地市）土地面积占全国的51%，人口占全国的11%，工农业总产值仅占全国的6%。由于经济发展程度不一，技术水平悬殊，东部地区是我国财政收入主要来源地带，据统计，中央财政收入的70%以上是来自东部地区。因此，只有将东部的资金、技术、人才优势与中西部的资源优势有机结合起来，帮助中西部地区发展经济，培植财源，才能实现中西部地区财政收入较快增长，特别是改变西部地区财政收入过低、靠中央财政转移支付过多的局面。

地区间的经济发展和财政收入水平差距过大，既不利于资源的有效利用和收入的公平分配，也不利于社会政治局面的稳定。因此，各国大都采用税收、政府投资、转移支付等手段来促进经济落后地区的开发，协调区域经济发展。如在中国实施的西部大开发战略，对于逐步缩小东西部地区之间的经济和财政收入差距都具有重大意义。

知识链接

琼地方财政收入现结构性变化：服务业贡献超50%，传统主体收入来源增势放缓

在2012年严峻复杂的宏观经济形势下，海南地方公共财政收入面临着不小的压力，但同时也呈现出一些新的变化，有可能形成更符合海南特点的收入结构。记者21日从省财政厅获悉的一组数据显示，2012年1月至5月，全省地方公共财政收入完成184亿元，同比增长17.3%，超额完成序时进度。但其中房地产、工业、建筑等传统主体收入板块增长明显放缓，在收入中占比下降，而服务业、地方小税种等板块增收贡献率分别超过50%和30%，在收入中的比重明显上升，初步显现出海南省地方公共财政收入结构正在发生的变化。

省财政厅有关负责人分析，1月至5月海南省服务业税收增长的主要动力来自零售、住宿餐饮、交通运输和金融保险等行业的快速增长。“特别是三亚、海口免税店的带动作用突出，功不可没。”

业内人士指出，这种变化一方面反映了房地产调控和宏观形势严峻的背景下，房地产业、工业等增长放慢的客观经济因素，也反映了海南省服务业迅速发展的良好势头，更符合海南经济的特点和发展趋势。

（资料来源：http：//news. dichan. sina. com. cn. ）

第三节　财政收入的规模分析

财政收入规模是一定时期内（通常为一年）财政收入的总量。财政收入规模是衡量国家财力和政府在社会经济生活中职能范围的重要指标，一国的财政收入规模既要满足政府支出的需要，更要能够维护经济的持续稳定发展。因此，一国的财政收入规模要适当，财政收入规模过大，意味着政府集中的社会财力过多，会影响企业扩大再生产，压缩社会消费水平，影响经济效率，会形成“国富民穷”的局面；财政收入规模过小，则不能满足公共产品的需要，会阻碍到社会的再分配和公平，影响到政府职能的发挥。

财政收入规模的大小，可以采用绝对量和相对量两类指标加以反映。前者适用于财政收入计划指标的确定、完成情况的考核及财政收入规模变化的纵向比较，后者适用于衡量财政收入水平、分析财政收入的动态变化及对财政收入规模进行纵向和横向的比较分析；前者适用于静态和个量分析，后者适用于动态和总体分析。

一、财政收入规模的衡量指标

1. 财政收入规模的绝对量指标

财政收入规模的绝对量是指一定时期内财政收入的实际数量。财政收入的绝对量

可以直观反映财政收入规模，体现政府运用收入手段调控宏观经济的力度，以及财政收入来源、构成、形式和数量等问题，也可以考察一定时期内的经济发展水平。

2. 财政收入规模的相对量指标

衡量财政收入相对量的指标通常有两个：一是财政收入占国民生产总值（GNP）或国内生产总值（GDP）的比重；二是税收收入占国民生产总值（GNP）或国内生产总值（GDP）的比重。

衡量财政收入规模的相对指标可以用财政集中率（K），该指标反映政府对一定时期内新创造的社会产品价值总量（国民收入 GDP）的集中程度。这一指标表示为

$$K=\frac{\mathrm{FR}}{\mathrm{GDP}}\times 100\%$$

其中，FR 表示一定时期内（一年）的财政收入总额。它可以根据反映对象和分析目的的不同，运用不同的指标口径，如中央政府财政收入、各级政府财政总收入、预算内财政收入、预算内和预算外财政总收入等，常用的是各级政府预算内财政总收入。同样他，式中的国民收入也可运用不同的指标口径，如国内生产总值、国民生产总值等。

财政集中率 K 综合体现了政府与微观经济主体之间占有社会资源的关系，体现了政府调控国内生产总值分配结构，进而影响经济运行和资源配置的力度、方式、地位等。该指标越高，表明政府集中配置的社会资源的数量越多，私人经济部门可支配收入相对减少。反之，该指标越小，表明政府分配到的社会财富的份额就越小，市场配置的作用和地位就相对增强。这一指标是衡量一国财政收入规模的基本指标，该指标也同样使用于分级财政体制下中央政府财政收入或地方政府财政收入的分析。

在多数国家，财政收入几乎等于税收，税收收入在政府财政收入中所占的比例通常都在 90% 以上。因此财政收入的相对规模在很大程度上可以等价于税收占 GNP 的比例，税收占 GNP 的比例又称为宏观税负率，它也是衡量一国宏观税负水平高低的基本指标。

二、制约财政收入规模的因素

从历史上看，保证财政收入持续稳定增长始终是世界各国的主要财政目标，而在财政赤字笼罩世界的现代社会，谋求财政收入增长更为各国政府所重视。但是，财政收入规模多大，财政收入增长速度多快，不是或不仅仅是以政府的意愿为转移的，它要受各种政治经济条件的制约和影响。这些条件包括经济发展水平、生产技术水平、价格及收入分配体制等，其中最主要的是经济发展水平和生产技术水平。

1. 经济发展水平对财政收入规模的影响

从理论方面看，经济发展水平反映一个国家的社会产品的丰富程度和经济效益的高低。经济发展水平高，社会产品丰富及其净值——国民生产总值就多，一般而言，则该国的财政收入总额较大，占国民生产总值的比重也较高。当然，一个国家的财政收入规模还受其他各种主客观因素的影响，但有一点是清楚的，就是经济发展水平对财政收入的影响表现为基础性的制约，两者之间存在源与流、根与叶的关系，源远则

流长，根深则叶茂。

从世界各国的现实状况考察，发达国家的财政收入规模大都高于发展中国家，而在发展中国家中，中等收入国家又大都高于低收入国家，绝对额是如此，相对数亦是如此。如英、法、美等西方主要国家，19 世纪末财政收入占国内生产总值的比重一般为10%左右，而到20 世纪末，则上升到30% ~50%。从横向比较看，经济发展水平较高的发达国家财政收入水平一般高于经济发展水平较低的发展中国家。根据相关数据计算，目前低收入国家的财政集中率平均为21%，中下等收入国家平均为25.7%，中等收入国家为28.2%，高收入国家平均为39.5%。

上述资料证明了一个财政原理：经济决定财政，没有发达的经济就没有丰裕的财政收入。

2. 生产技术水平对财政收入的影响

生产技术水平也是影响财政收入规模的重要因素，但生产技术水平是内含于经济发展水平之中的，因为一定的经济发展水平总是与一定的生产技术水平相适应，较高的经济发展水平往往是以较高的生产技术水平为支柱。所以，对生产技术水平制约财政收入规模的分析，事实上是对经济发展水平制约财政收入规模的研究的深化。

简单地说，生产技术水平是指生产中采用先进技术的程度，又可称之为技术进步。技术进步对财政收入规模的制约可从两个方面来分析：一是技术进步往往以生产速度加快、生产质量提高为结果；技术进步速度较快，GDP 的增长也较快，财政收入的增长就有了充分的财源；二是技术进步必然带来物耗比例降低。经济效益提高，产品附加值所占的比例扩大。由于财政收入主要来自产品附加值，所以技术进步对财政收入的影响更为直接和明显。

据有关经济学家测算，在20 世纪初一些发达国家经济增长的各种因素中，技术进步所占比重为5.2%，到20 世纪中叶上升到40%，20 世纪 70 年代进一步上升到60%以上，其中，美、日等发达国家已达80%左右。我国作为一个发展中国家，生产技术水平与发达国家相比还有一定的差距，如对1979 年至1987 年国民收入增长因素的测算显示，技术进步对国民收入增长的贡献仅为15%左右。但是，从技术进步发展过程来看，其作用仍是不断扩大的，如1957 年至1965 年，我国国有工业企业技术进步对产值增长的贡献为20.7%，而1976 年至1982 年，这一比例已达到或超过40%。而且，随着我国改革开放的不断扩大，技术进步的速度正以前所未有的态势快速增长，其对我国经济增长的贡献作用日益突出，并且随着技术进步带来的经济效益的大幅度提高，直接会对我国财政收入规模产生积极的影响。

由此可见，促进技术进步，不断提高生产技术水平，从而提高经济效益，是增加财政收入的首要的有效途径，对我国来讲更是如此。

3. 分配政策和分配制度对财政收入规模的制约

经济决定财政，财政收入规模的大小，归根结底受生产发展水平的制约，这是财政学的一个基本观点，但在经济发展水平和技术进步既定的条件下，一国的财政收入规模，还取决于收入分配政策和其他制度因素。

一般说来，实行计划经济体制的国家，政府在资源配置和收入分配上起主导作用，

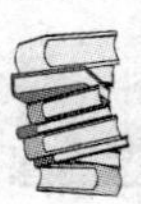

并会采取相应的收入分配政策使政府在一定的国民收入中掌握和支配较大的份额，从而有较大的财政收入规模。例如苏联、东欧国家以及改革开放前的中国。而实行市场经济体制的国家，政府活动定位于满足公共需要，市场机制在资源配置及收入决定中发挥基础性作用，收入分配政策的选择和实施以弥补市场缺陷为主，财政收入规模就相对较小。

即使在经济发展水平相当的国家，由于政治、社会、经济制度等方面的差别，也会造成财政收入规模的差异。因为不同的制度对政府职能和作用的要求不同，必然影响财政在整个国民收入分配中的份额。此外，在国家基本制度制约下的产权制度、企业制度以及劳动工资制度等都会对财政分配政策和收入制度产生影响，从而引起财政收入绝对规模和相对规模的变动。

改革开放以来，我国财政收入占 GDP 的比重出现逐年下滑的趋势，直接导因是经济转轨过程中 GDP 分配格局的急剧变化。据有关部门统计，从最终收入分配格局分析，政府收入的比重 1978 年为 31.3%，到 1994 年下降为 12.0%，下降了 19.3 个百分点；企业收入所占比重 1978 年为 18.2%，1994 年为 21.5%，上升了 3.3 个百分点；个人收入比重 1978 年为 50.5%，1994 年为 66.5%，上升了 16 个百分点。GDP 分配格局变化的显著特征是向居民个人倾斜。改革初期，这种倾斜带有补偿性质。过去在计划经济体制下，分配模式是“先扣除，后分配”，实行低工资、低收入制度。当时，财政收入占 GDP 比重最高年份曾高达 47%（1960 年）。变化是从 1979 年开始的，当年，同时采取三大措施：大幅度提高农副产品价格，提高职工工资水平，对企业减税让利。三大措施的实施对财政收入产生了巨大影响，1979 年、1980 年两年财政收入平均只增长 1.2%，财政收入占 GDP 的比重急剧下降。1980 年比 1978 年下降了 5.6 个百分点，是下降幅度最大的一年。此后继续实行减税让利政策，财政收入占 GDP 的比重继续下滑。

GDP 分配格局变化的原因是复杂的，是国民经济运行中各种因素综合作用的结果。

首先，是经济体制转轨的必然结果。分配体制和分配模式是由经济体制决定的，过去在计划经济体制下的统收统支体制，显然是和市场经济体制不相称的，经济体制转换带来分配体制的转换是必然的。实际上，我国经济体制改革是以分配体制改革为突破口的。实践证明，分配体制的改革促进了经济体制的改革，促进了经济的快速增长。问题在于，一开始步子迈得大了一些，有序性差了一些，以后在较长时期内继续减税让利，政府也曾做过一些调整，但多是临时性、非规范性措施，没有从根本上加以解决，财政收入占 GDP 的比重一直是下滑趋势。1993 年中央采取整顿措施以后，财政收入占 GDP 的比重才相对稳定，到 1996 年开始停止下滑，并略有回升。

其次，GDP 分配向个人倾斜。财政收入比重的不断下滑，与分配制度不健全及分配秩序混乱有直接关系。党和政府的分配制度和分配政策是明确的，即以按劳分配为主，多种分配形式并存；效率优先，兼顾公平；保护合法收入，取缔非法收入，调节过高收入。但在改革过程中，特别是在改革初期，对这个分配政策的贯彻不是十分有力。居民收入可分为两部分：一是制度内收入或称正常收入，主要是工资、奖金、经营收入和财产收入，这部分收入特别是工资收入目前还处于相对平均状态，据计算，基尼系数仍处于 0.23 的部位；二是制度外收入或称非正常收入，即所谓灰色收入和黑色收入，这部分收入的特征是透明度差，通过哪些渠道，采取哪些形式，比重有多大，至今仍是若明若暗。例如，大家都说通过利用价差、利率差、汇率差、投机证券、权钱交易而致富的人不少，但这些收入带有很大的隐蔽性。后一部分收入的急剧增长是居民收入差距急剧扩大并形成分配不公的主要原因，而且通过再分配进行调节的难度很大。

从以上分析可以看出，在经济体制改革中调整分配政策和分配体制是必要的，但必须有缜密的整体设计，并要考虑国家财政的承受能力。改革伊始以至于以后多年来对分配政策和分配体制的调整缺乏有序性，存在过急过度的弊病，削弱了财政的宏观调控能力，造成资金分散与保证国家重点建设的严重矛盾。因此，在提高经济效益的基础上，整顿分配秩序，调整分配格局，适当提高财政收入占国民收入的比重，是深化改革中应有的课题。

4. 价格对财政收入规模的影响

由于财政收入是在一定价格体系下形成的货币收入，价格水平及比价关系的变化必然会影响财政收入规模。在经济发展水平、财政分配制度及其他因素保持不变的条件下，价格水平的上涨会使以货币形式表现的财政收入增加，价格下降则使财政收入减少，这实际上是由价格水平的上涨或下跌引起的财政收入虚增或虚减。

价格变动可以从三个方面来影响财政收入，主要包括：价格水平的升跌引起的财政收入的绝对数量的变动；价格—税收制度机制间接引起的财政收入的变动；产品比价关系变动以另一种形式影响财政收入。

（1）价格总水平上升对财政收入的影响。在市场经济条件下，价格总水平一般呈上升趋势，一定范围内的上涨是正常现象，持续地、大幅度地上涨就是通货膨胀，近年我国也出现物价持续上涨的情况。随着价格总水平的上升而财政收入同比例地增长，则表现为财政收入的“虚增”，即名义增长而实际并无增长。在现实经济生活中，价格分配对财政收入的影响可能出现各种不同的情况。我国物价对财政收入的影响突出地表现在通货膨胀时期，近年物价上涨则成为制约财政收入增长的一个因素。表 5 - 1 是我国 1984—1989 年（由于近年的零售价格变动出现上下波动，并无规律性，因此选择 1984—1989 年单边上涨的数据更具代表性）物价上升率和财政收入增长率对比，可以给我们提供一个直观的印象。

表 5 - 1 我国零售物价上升率和财政收入增长率对比（%）

年份	零售物价上升率	财政收入增长率
1984	2. 8	20. 2
1985	8. 8	22. 0
1986	6. 0	5. 8
1987	7. 3	3. 6
1988	18. 5	7. 2
1989	17. 8	13. 1

（资料来源：《中国统计年鉴》1984—1989 年）

从上面的对比，可以总结出在通货膨胀情况下，价格普遍上升，对财政收入产生

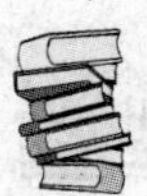

的影响有：

第一，如果财政收入增长率高于物价上升率，财政收入实际增长，名义也在增长，如1984年、1985年。

第二，如果财政收入增长率低于物价上升率，财政收入名义上正增长，而实际上负增长，如1987年、1988年、1989年。

第三，如果财政收入增长率与物价上升率大体一致，财政收入只有名义增长，实际财政收入不增不减。

第四，如果社会零售物价为负增长率时，财政收入的实际增长大于名义增长。

财政收入名义和实际增长率的规律：

财政收入名义增长率－通货膨胀率＝财政收入实际增长率

连年的财政赤字通常是通货膨胀的重要原因。假如物价总水平的上升主要是由财政赤字引致的，亦即流通中过多的货币量是因弥补财政赤字造成的结果，国家财政就会通过财政赤字从GDP再分配中分得更大的份额；在GDP只有因物价上升形成名义增长而无实际增长的情况下，财政收入的增长就是通过价格再分配机制实现的。因此，财政收入的增量通常可分为两部分：一部分是GDP正常增量的分配所得；另一部分是价格再分配所得。后者即为通常所说的“通货膨胀税”。

在许多经济发达的西方国家，过去长期实行赤字财政政策，并通过市场机制形成有利于国家的再分配，所以“通货膨胀税”是国家财政的一项经常性的收入来源。在我国的社会主义经济制度下，则要进行具体分析。通货膨胀是一种货币现象，即流通中实际的货币量超过客观必要量。从宏观上分析过多的货币量是由财政赤字和信用膨胀两条渠道共同形成的，而且信用膨胀也可能是主要原因。如果财政赤字不是通货膨胀的主要原因，那么，财政在再分配中有得有失，而且可能是所失大于所得，即财政收入实际下降。

（2）价格—税收制度机制对财政收入的影响。如果是以累进所得税为主体的税制，出现所谓“档次爬升”效应，即纳税人适用的税率，会随着名义收入增长而提高档次，随着名义收入下降而降低档次，从而财政在价格再分配中所得份额将有所增减。

如果实行的是以比例税率的流转税为主体的税制，这就意味着税收收入的增长率等同于物价上涨率，财政收入只有名义增长，而不会有实际增长。

如果实行的是定额税，在这种税制下，税收收入的增长总要低于物价上涨率，所以财政收入即使有名义增长，而实际必然是下降的。

我国现行税制是以比例税率的流转税为主，同时过去对所得税的主要部分——国有企业所得税实行承包制，大体相当于定额税，因而某些年份在物价大幅度上涨的情况下，财政收入出现名义上正增长而实际上负增长，和现行的税制有极大的关系。

（3）产品比价关系变动对财政收入的影响。产品比价关系变动之所以会影响财政收入缘于两个原因：一是产品比价变动会引起货币收入在企业、部门和个人各经济主体之间的转移，形成GDP的再分配，使财源分布结构发生变化；二是财政收入在企业、部门和个人之间的分布呈非均衡状态，或者说，各经济主体上缴财政的税利比例是不同的。这样，产品比价变化导致财源分布结构改变时，相关企业、部门和个人上缴的税利就会有增有减，而增减的综合结果就是对财政收入的最终影响。

那么，既然价格是影响财政状况的重要因素，反过来，财政状况也是影响价格改革和价格放开的重要因素，那么改革价格体制和放开价格要和财政的承受能力统筹考虑。

三、我国财政收入变化趋势

（1）我国财政收入绝对量随着经济的增长而快速增长，而增长速度放缓。1978 年我国财政收入为 1 132.3 亿元，1995 年达 6 242.2 亿元，增长 4.5 倍，年均增长 10.56%；2008 年达到 61 317.3 亿元，比 1995 年增长 8.8 倍，年增长 7.5%，财政收入的总量是随着经济的发展在逐年增长的。

纵向来看，在 1950 — 2008 年，我国财政收入的增长速度整体水平较高，但增速总体表现为先快速下降再缓慢增长的趋势，近年来财政收入的增长速度逐渐趋于平稳。

横向来看，与当下全球发达国家的财政收入相继出现 1% 左右的低速增长相比，甚至是负增长的局面，中国高达 30% 的财政收入增速明显较高。当然，进行国际比较必须考虑统计口径的差异：第一，我国现行财政收入仅指预算内部分，从政府收入角度看还有预算外收入，企业亏损补贴因未列收列支也未计入；第二，发达国家财政收入中社会保障类收入的比重较大，如美国，这一因素占 20% 左右，而我国至今仍未将其纳入预算。但同发展中国家比较可以不考虑这一因素，因为这些国家的财政收入中或者没有这部分收入或者比重很小。按重新计算的这个比重来看，我国仍低于发达国家，略低于我国周边的发展中国家，如图 5 – 1、图 5 – 2 所示。

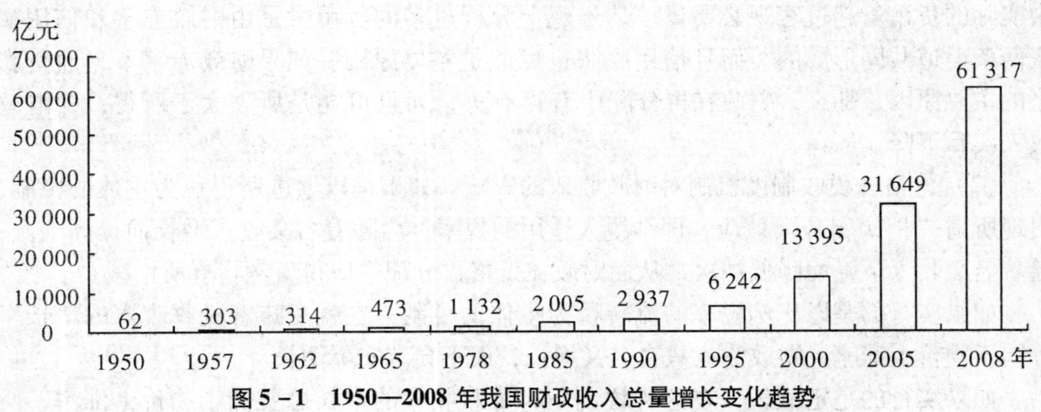

图 5 – 1　1950—2008 年我国财政收入总量增长变化趋势

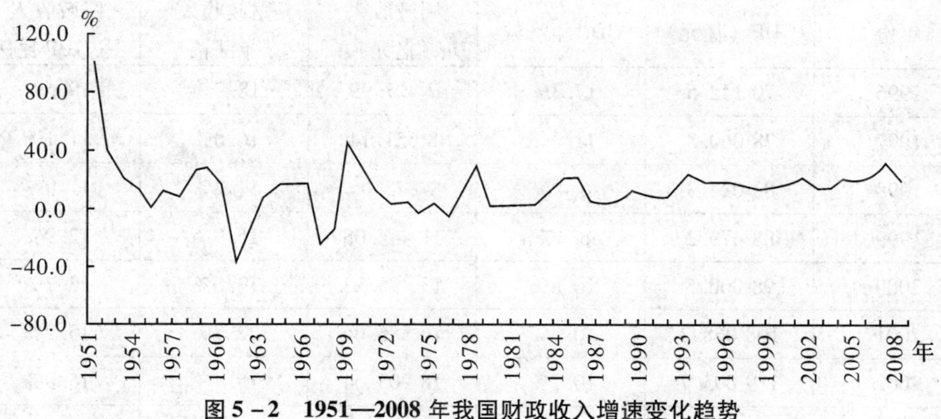

图 5－2　1951—2008 年我国财政收入增速变化趋势

（2）从我国自身的纵向比较看，财政收入相对量呈现先抑后扬的趋势；而从国际横向比较来看，中国政府的财政收入比重仍然较高。

从纵向来看，财政收入相对量呈现先下降后上涨的趋势。我国财政收入占 GDP 的比重的变化趋势同财政支出占 GDP 的比重的变化趋势一样，在过去的计划经济体制下，这一比重也是很高的，1978 年仍占 31.1%，但自经济体制改革以后，则逐年下降，至 1996 年下降为 10.6%，17 年间每年下降 1 个多百分点；从 1997 年到 2010 年平稳上涨，直到 2010 年上涨到 21.6% 的水平。总体呈现出在 1997 年之前逐年下降，1997 年之后逐年上涨的态势。

从横向来看，中国的财政收入比重相对发达国家仍维持在较高水平。近年来我国财政收入已占到 GDP 的 20% 以上，而 2007 年，美国财政税收占 GDP 的比例为 18%；日本国家财政收入占 GDP 比例则低于 10%。因此早在 2006 年，中国财政收入就已经超过日本，而同年日本 GDP 是中国的 2 倍以上。与欧洲比较，2007 年德国及地方政府财政收入大约占 GDP 的 23%。目前中国的这一比例，已高于美、日，略低于德国。以 2010 年财政收入占 GDP 的比重来看，中国的这一比例达到 21.6%，一举超越德国，而德国国民福利之高却远远超过了中国，如表 5－2、图 5－3 所示。

表 5－2　1990—2010 年我国财政收入占 GDP 比例

年份	GDP（亿元）	GDP 年涨幅	财政收入（亿元）	财政收入年涨幅	财政收入占 GDP 比例
1990	18 718.3	10.1%	2 937.10	10.2%	15.7%
1991	21 826.2	16.6%	3 149.48	7.2%	14.4%
1992	26 937.3	23.4%	3 483.37	10.6%	12.9%
1993	35 260.0	30.9%	4 348.95	24.8%	12.3%
1994	48 108.5	36.4%	5 218.10	20.0%	10.8%
1995	59 810.5	24.3%	6 242.20	19.6%	10.4%

续表

年份	GDP（亿元）	GDP 年涨幅	财政收入（亿元）	财政收入年涨幅	财政收入占 GDP 比例
1996	70 142.5	17.3%	7 407.99	18.7%	10.6%
1997	78 060.8	11.3%	8 651.14	16.8%	11.1%
1998	83 024.3	6.4%	9 875.95	14.2%	11.9%
1999	88 479.2	6.6%	11 444.08	15.9%	12.9%
2000	98 000.5	10.8%	13 395.23	17.0%	13.7%
2001	108 068.2	10.3%	16 386.04	22.3%	15.2%
2002	119 095.7	10.2%	18 903.64	15.4%	15.9%
2003	135 174.0	13.5%	21 715.25	14.9%	16.1%
2004	159 586.7	18.1%	26 396.47	21.6%	16.5%
2005	184 088.6	15.4%	31 649.29	19.9%	17.2%
2006	213 131.7	15.8%	38 760.20	22.5%	18.2%
2007	259 258.9	21.6%	51 321.78	32.4%	19.8%
2008	302 853.4	16.8%	61 330.35	19.5%	20.3%
2009	340 507.0	12.4%	68 477.0	11.7%	20.1%
2010	374 557.7	10.0%	81 000.0	18.3%	21.6%

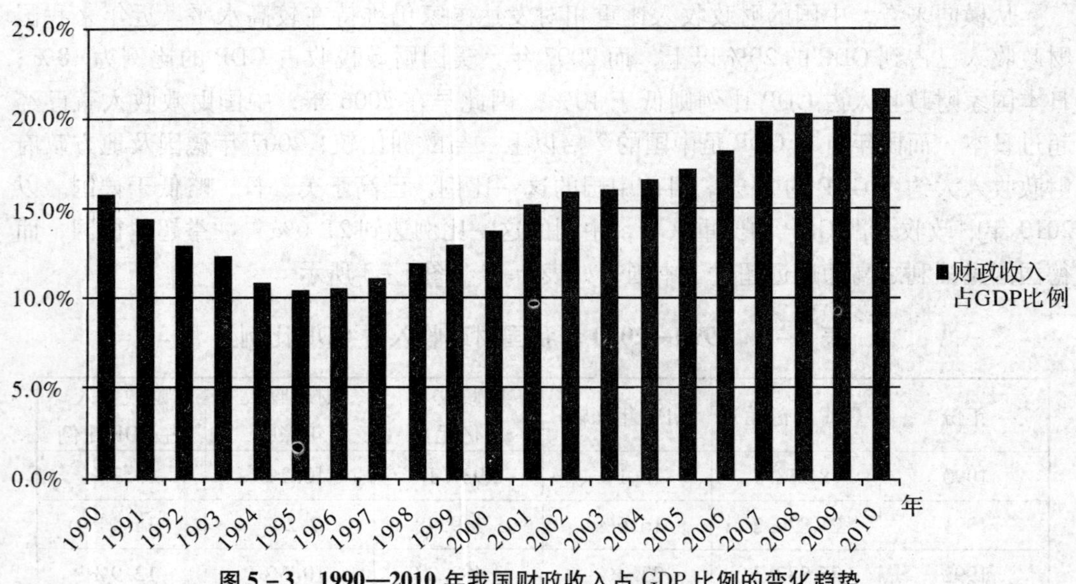

图 5－3　1990—2010 年我国财政收入占 GDP 比例的变化趋势

（3）财政收入增长速度高于国内生产总值的增长速度。1994 年至今，国内生产总值的增长速度平均保持在 7%～9%，财政收入以年均增长 18% 的速度持续发展，增长速度最高的年份达到 30% 左右，最低时也有 10% 左右。从图 5－4 可以看到，近年来，

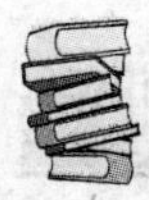

财政收入的增长率高于国内生产总值增长率。

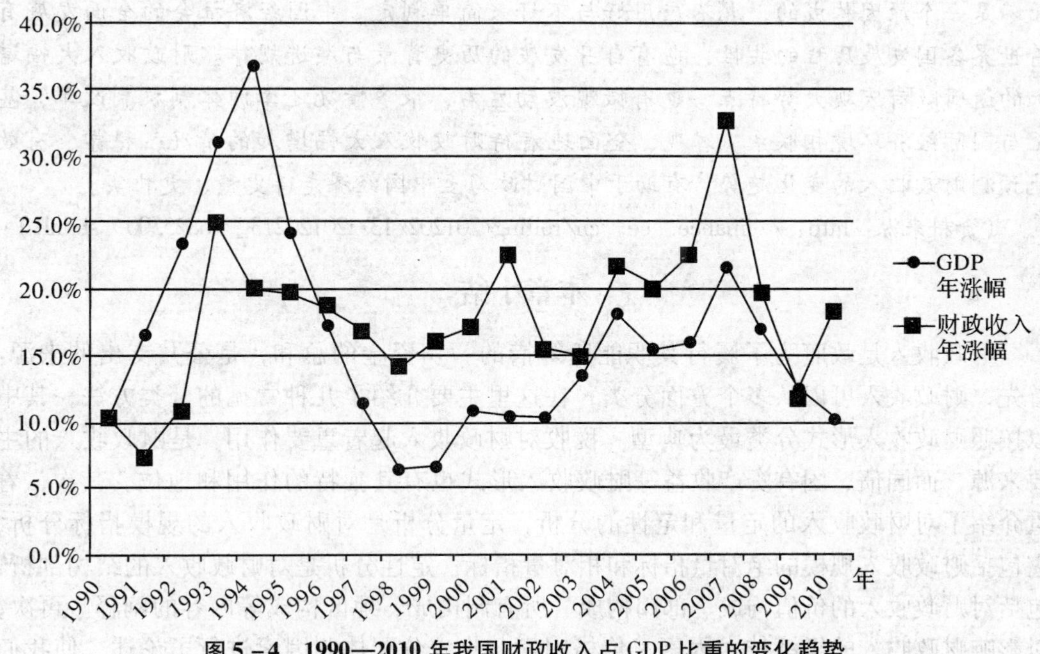

图 5-4 1990—2010 年我国财政收入占 GDP 比重的变化趋势

（4）中央与地方财政收入同步增长。2002—2006 年，中央本级财政收入保持在 1 万亿~1.9万亿元，占全国财政收入的比重年均为54.2%；地方本级财政收入保持在8 000 亿~1.6 万亿元，占全国财政收入的比重年均为45.8%。中央财政收入和地方财政收入可以说是平分秋色，显示了中央财政与地方财政的协调发展，中央和地方分配关系的不断完善。

知识链接

财政收入高增长：客观看待，重在用好

据财政部公共财政收支情况，2011 年，全国财政收入 103 740 亿元，增长 24.8%。其中，中央本级收入 51 306 亿元，增长 20.8%；地方本级收入 52 434 亿元，增长 29.1%。数据显示，中国财政收入再次大幅超收，财政收入持续增加，地方财政收入增速快于中央财政收入，非税收入多年低增长过后再次高增长。

我国财政收入的大幅超收体现了目前我国财政收支活动的一个客观局面。这个局面不是一个原因构成的，也不应用好与不好来简单判定。中国经济社会的全面发展有着世界各国发展历程的共性，也有自身发展的历史背景与演进规律。财政收入大幅增加的逻辑既有宏观大势特点，也有微观波动左右，很多情况还牵涉体制机制改革，甚至与国际经济环境相联系。客观、全面地看待财政收入大幅增加的情况，科学、有效地预测财政收入的变化趋势，有助于中国财政乃至中国经济走得更稳、更扎实。

（资料来源：http：//finance. ce. cn/rolling/201202/13/t20120213_ 16825500. shtml.）

本章小结

财政收入是政府为了履行其职能所筹措的一切资金的总和，是公共支出的来源。首先，财政收入可以从多个方面分类，在这里主要介绍了几种常见的分类方法，其中以按照财政收入形式分类最为典型。税收对财政收入起着重要作用，是财政收入的主要来源，而国债、国有资产收益等财政收入形式也有其独特的作用和地位。其次，着重介绍了对财政收入的定量和定性的分析，定量分析是对财政收入的规模指标分析，它包括财政收入规模的绝对量指标和相对量指标；定性分析是对财政收入的结构剖析，包括对财政收入的价值构成、部门构成、所有制构成、地区构成等内容的阐释。再次，对影响财政收入的经济技术因素、价格因素、收入分配体制因素进行了论述，使我们在改善财政收入规模和结构上有了合理的着力点。

思考与练习

一、选择题

1. 从以货币来度量的意义上看，（　　）表现为一定规模的货币资金，即政府为履行其职能需要而筹集的一切货币资金的总和。

A. 财政收入　　B. 财政支出　　C. 税收收入　　D. 政府收费

2. 税收是国家凭借其（　　）向纳税人强制征收的收入。

A. 经济权力　　B. 政治权力　　C. 国家信誉　　D. 经济实力

3. 各国政府普遍运用的财政收入的主要形式是（　　）。

A. 税收　　B. 国有资产收益　　C. 政府收费　　D. 专项收入

4. 国家以国有资产所有者身份，通过股息、红利等形式取得的收入，属于（　　）。

A. 税收　　B. 国债　　C. 国有资产收益　　D. 专项收入

5. 按我国财政收入的形式分类，公产收入属于（　　）。

A. 政府收费　　B. 专项收入　　C. 其他收入　　D. 税收

6. 按价值构成分类，我国财政收入主要来源于（　　）。

A. 剩余产品价值　　B. 活劳动创造的价值

C. 消费额　　D. 补偿生产资料消耗的价值

7. 衡量财政收入规模的相对量指标，通常用财政收入占（　　）的比重来表示。

A. 财政支出　　B. 社会商品零售额

C. 国内生产总值　　D. 进出口贸易额

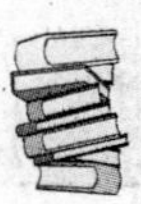

8. 政府债务收入是指政府（ ），依据有借有还的信用原则取得的资金来源，是一种有偿形式的、非经常性的财政收入。

A. 以债务人身份　　B. 以债权人身份

C. 凭借其政治权力　　D. 凭借国有资产所有权

9. 财政收入规模的衡量指标包括绝对量指标和（ ）。

A. 相对度指标　　B. 相对比例指标

C. 相对量指标　　D. 集中度指标

10. 影响财政收入规模的主要因素不包括（ ）。

A. 经济发展水平　　B. 分配政策和分配制度因素

C. 生产技术水平　　D. 人口因素

二、判断题

1. 我国税收收入占财政收入的90%以上，税收是财政收入主体，税收还是政府干预经济的重要经济杠杆。（ ）

2. 政府收费是国家财政收入的组成部分，并且是政府财政收入的主要形式。（ ）

3. V是指以劳动报酬的形式付给劳动者个人的部分。在发达国家，V不是构成财政收入的主要来源，在发展中国家V在财政收入中的比重远远高于发达国家。（ ）

4. M是财政收入的基本源泉，那么增加财政收入的根本途径就是增加M。（ ）

5. 影响M增减变化的因素有三个：产量、成本和价格。（ ）

6. 私营经济始终是我国财政收入最主要的来源。（ ）

7. 工业是创造GDP的主要部门，当然也是财政收入的主要来源。（ ）

8. 随着我国市场经济体制改革加快和科学技术进步，第三产业占GDP的比重也越来越大，财政收入来自于第三产业的比重也越来越高。（ ）

9. 发达国家的财政收入规模大都高于发展中国家，而在发展中国家中，中等收入国家又大都高于低收入国家，绝对额是如此，相对数亦是如此。（ ）

10. 连年的财政赤字有可能会引起通货膨胀。（ ）

三、名词解释

财政收入　税收　公债收入　政府收费　财政集中率　国家资源管理收入

四、简答题

1. 如何理解财政收入的规模指标？这些指标给我们什么信息？

2. 简述影响收入的因素和它们对财政收入的作用机制。

3. 我国财政收入的变化趋势是什么？是什么原因引起的？

4. 我国的财政收入规模是否适度？

五、案例分析

明朝时期的盐专卖

一段发人深省的史实，盐的专卖也许最能表现出明朝政府在商业和财政管理方面的无能。专卖制度最主要的弊病在于将管理简单农耕社会的方法和原则施用于宏大的商业性经营管理。然而无能并不能完全归因于无知，几位明朝的政治家指出了专卖制度的不足，但这被完全忽略了，因为盐的管理仅仅是一成不变的财政制度的一个组成部分。有限的能力和缺乏适应性使得任何彻底的改革在实践中成为不可能。

明朝政府在处理盐商事务时，从来没有宣布过任何一项普遍性政策，盐务机构也没有公布过任何指导性方针。具体适用的方法，是以当时的需要和情况为基础，由各个官员单独制定，这些普遍性做法逐渐成为定例。

虽然官员要同商人进行各种交易，但是他们从来不认为政府同商人之间的关系是一种契约关系。在他们看来，国家高高在上，凌驾于契约关系之上，每个国民都有为其服务的义务。商人们被希望产生利税，而且希望是自愿地参与政府活动。然而，当无利可图，没有自愿者经销食盐时，官员认为征召商人去完成这项任务是完全公平合理的事情，就像他们要求普通百姓服役一样。在某些情况下，商人们事实上被期望在同政府进行交易时要承担一定损失。他们可能认为这些损失在某种程度上是特许经商的费用。

价格、解运办法、截止日期、未完成任务的处罚等，全部由政府单方面决定。虽然地方管理者和检察官员常常提出建议，但所有重大事情都要由北京的皇帝批准。有时，这些建议在提交之前，也向盐商征求意见，但他们从来没有机会同官方讨价还价。商人们希望以投标的方式购买政府指定价格的官盐，但这种建议得不到赞同。1518 年和 1526 年，一些盐商想出了能被朝廷接受的出价，并进行了两次努力。虽然看起来他们是同京师联系紧密、有影响力的富商，他们的建议能够赢得皇帝的欢心，但却激怒了官僚。户部实际上两次都持反对意见，并要求将这样的商人逮捕、严惩。

政府未兑现诺言时，也没有义务对盐商进行赔偿，向遭受巨大损失的盐商分发少量抚恤金是极为少见的情况。当交易对商人有利时，盐政官员随后会以此为借口向他们的利润征税。当商人们受到不公正待遇时，科道官员有义务进行保护，但他们更多是出于仁爱政府不应该残暴地对待其臣民的信念，很少是出于对个人公平的关心。

认为盐商由于政府的任意妄为而心灰意冷，这是一种误解。政府法规的不确定性创造了无数暴富的机会。腐败的官吏易受贿赂，诚实的竞争实际上成为一种例外。

明朝的食盐专卖收入不多，却仍然给百姓造成了很大的痛苦。当发生危机时，盐价上涨，粮价下跌，每个消费者食盐的花费相当于其稻米支出的一半。在一些地区，生活必需品已经完全消失了。食盐短缺的直接原因是巡抚试图控制食盐价格，然而最根本的原因还在于专卖行为本身的性质。

早期中央政府的管理比较有效，制度的结构性弱点虽然逐步恶化，但仍未完全显露出来。但是所有盐的专卖制度的不健全因素从一开始就已经存在了，这主要包括缺乏对灶丁的资助，管理部门分散、低效，分配设施不足，要求商人承担强迫性义务，等等。最根本的是政府为这项工作提供资金的不足，也缺乏相应的服务。

总之，食盐专卖使少数奸商和贪官获得好处，而成千上万的人却备尝艰辛，国家从中所得收入也为数不多，甚至实际收入要比官方统计更少。国家赤字财政主要负担大都落在普通民众身上。政府在食盐专卖交易中占用大量资金的事实，鼓励了其他领域的高利息率，这又更加造成资金匮乏。

（资料来源：《十六世纪明代中国之财政与税收》黄仁宇，生活·读书·新知三联书店）

根据上述资料，讨论分析以下问题：

1. 对某种产品实行专卖是政府出于财政目的所进行的垄断性经营，分析这种做法对财政收入的影响。

2. 政府专卖的财政意义何在？会产生哪些成本？

第六章 税 收

学习目标

知识目标

1. 了解税收转嫁与归宿的概念、税收转嫁的形式，以及我国的税收制度。
2. 理解税收的概念和形式特征，税收的五大原则。
3. 掌握几个重要的流转税、所得税、行为税。

能力目标

1. 熟练运用税制的构成要素，将重要税种的各个构成要素判断出来。
2. 掌握各种税的计算方法，能够灵活运用几个重要的税种。
3. 根据国际税收知识，解释现实社会中的避税现象，能够做简单的税收筹划。

引导案例

营业税改征增值税改革两年为企业减税逾 1 800 亿元

根据国家税务总局 2014 年 2 月 28 日发布的数据显示，截至 2013 年年底，全国 272. 5 万户纳税人纳入营改增试点，其中交通运输业 54. 8 万户，现代服务业 217. 7 万户，全年营改增减税 1 402 亿元，包括试点纳税人因税制转换减税 600 亿元，非试点纳税人因增加抵扣减税 802 亿元。

2012 年 1 月 1 日，我国在上海市正式启动交通运输业和部分现代服务业营改增试点。两年多来，营改增试点范围扩至全国，试点行业不断扩大，在实现结构性减税的同时，营改增在促进经济结构调整、实现转型升级方面的作用日益凸显，为打造中国经济升级版持续释放了发展活力。

上海起帆数字技术有限公司主要从事信息技术服务，2012 年 1 月 1 日，这家企业与上海的交通运输和现代服务业一起，经历了营业税改征增值税改革。谈起营改增，公司负责人最大的感受是“一升一降”：两年间，企业的应税服务收入，由 2. 46 亿元上升到 4 亿元，但企业税负却下了“陡坡”——以前要按 5% 的税率缴纳营业税，营改增后实际税负降至 1. 4%，这“一升一降”中，企业发展活力得到极大增强。截至 2013 年年底，上海全市共有 19. 9 万户企业纳入试点范围。

上海试点的成功迅速调动了全国其他地方改革的积极性。2012 年 9 月 1 日到年底，营改增分批渐次扩大到北京、江苏、安徽等 8 个省市，试点纳税人达到 102. 8 万户。2012 年，包括上海在内的 9 个试点地区营改增共减税约 420 亿元。

2013年8月1日起，我国将未开展试点的22个省区市全部纳入营改增范围，至此营改增实现了在全国推开的目标。2014年1月1日，铁路运输和邮政业成为营改增试点的新成员。

“营改增的一次次扩围带来的减税效应正在呈现加速上升势头。”财政部财政科学研究所副所长白景明介绍说，从2012年减税400多亿元，到2013年减税突破1 400亿元，营改增试点的快速推进带来了全行业的利好，彻底解决了相关行业重复征税问题，使税收更加公平。

（资料来源：人民日报，2014年2月28日）

第一节　税收概述

一、税收的概念与特征

1. 税收的概念

税收是国家为满足社会公共需要，凭借公共权力，按照法律所规定的标准和程序，参与国民收入分配，强制地、无偿地取得财政收入的一种方式。税收是国家财政收入的最主要来源。

税收这一概念的要点可以分为五个层次的含义：税收是财政收入的主要形式；税收分配的依据是国家的政治权力；税收是用法律建立起来的分配关系；税收的目的是满足社会的公共需要，实现政府职能的必要手段；税收属于分配范畴，是社会再生产过程分配环节的一个组成部分。

马克思指出：“赋税是政府机器的经济基础，而不是其他任何东西。”“国家存在的经济体现就是捐税。”19世纪美国大法官霍尔姆斯说：“税收是我们为文明社会付出的代价。”这些都说明了税收对于国家经济生活和社会文明的重要作用。

2. 税收的基本特征

税收与其他分配方式相比，具有强制性、无偿性和固定性的特征，习惯上称为税收的“三性”。

（1）强制性。税收的强制性是指税收是国家以社会管理者的身份，凭借政权力量，依据政治权力而不是财产权，通过颁布法律或政令来进行强制征收。负有纳税义务的社会集团和社会成员，都必须遵守国家强制性的税收法令，在国家税法规定的限度内，纳税人必须依法纳税，否则就要受到法律的制裁，这是税收具有法律地位的体现。

强制性特征体现在两个方面：一方面税收分配关系的建立具有强制性，即税收征收完全是凭借国家拥有的政治权力；另一方面是税收的征收过程具有强制性，即如果出现了税务违法行为，国家可以依法进行处罚。

（2）无偿性。税收的无偿性是指通过征税，社会集团和社会成员的一部分收入转归国家所有，国家不向纳税人支付任何报酬或代价。税收的这种无偿性是与国家凭借政治权力进行收入分配的本质相联系的。

无偿性体现在两个方面：一方面是指政府获得税收收入后无需向纳税人直接支付

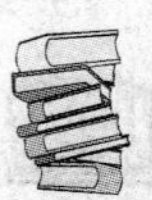

任何报酬；另一方面是指政府征得的税收收入不再直接返还给纳税人。税收无偿性是税收的本质体现，它反映的是一种社会产品所有权、支配权的单方面转移关系，而不是等价交换关系。税收的无偿性是区分税收收入和其他财政收入形式的重要特征。

（3）固定性。税收的固定性是指税收是按照国家法令规定的标准征收的，即纳税人、课税对象、税目、税率、计价办法和期限等，都是税收法令预先规定了的，是一种固定的连续收入，不经批准不能随意改变。对于税收预先规定的标准，征税和纳税双方都必须共同遵守，非经国家法令修订或调整，征纳双方都不得违背或改变这个固定的比例或数额及其他制度规定。

税收的固定性既是对国家的约束，也是对纳税人的约束。这种约束体现在两个方面：一方面，纳税人只要有应税行为，或取得了应税的收入和财产，就必须按预先规定的标准缴纳税款；另一方面，国家以法律形式规定了经济组织和个人应不应该纳税，应纳什么税，纳多少税，这表明国家与纳税人的分配关系具有固定性。

但随着社会生产力和生产关系的发展变化，经济的发展状况，以及国际对税收杠杆调控经济的需要，税法不可能永远固定，会调整和变化，但在一定的时期内是稳定不变的。因此税收的固定性是相对的。

税收的三个基本特征是一个完整的统一体，缺一不可。无偿性是税收分配的核心特征，强制性和固定性是对无偿性的保证和约束。

二、税收的分类

1．按征税对象分类

根据征税对象的性质和特点的不同，可以将税收划分为流转税、所得税、财产税、行为税和资源税五大类。这也是最常用、最重要的一种税收分类方法。

（1）流转税是以商品的交换和提供劳务为前提的，是以流转额为课税对象的一类税。流转税是我国税制结构中的主体税类，目前包括增值税、消费税、营业税和关税等税种。

（2）所得税也叫作收益税，是指以各种所得额或收益额为课税对象的一类税。所得税也是我国税制结构中的主体税类，目前包括企业所得税、个人所得税等税种。

（3）财产税是指以纳税人所拥有或支配的财产为课税对象的一类税。我国现行税制中的房产税、契税、车辆购置税和车船使用税都属于财产税。

（4）行为税是以纳税人的某些特定行为为课税对象的一种税。我国现行税制中的城市维护建设税、印花税属于行为税。

（5）资源税是指对在我国境内从事资源开发的单位和个人征收的一类税。我国现行税制中的资源税、土地增值税、耕地占用税和城镇土地使用税都属于资源税。

2．按税收的计算标准分类

按税收的计算标准不同，可以把税收分为从量税和从价税。

（1）从量税是指以课税对象的数量（重量、面积、件数、长度、容积、体积）为依据，按固定税额计征的一类税。从量税实行定额税率，具有计算简便等优点，如我国现行的资源税、车船使用税和土地使用税等。

（2）从价税是指以课税对象的价格为依据，按一定比例计征的一类税。从价税实行比例税率和累进税率，税收负担比较合理，如我国现行的增值税、营业税、关税和各种所得税等。

3．按税收与价格的关系分类

按税收和价格的关系，可将税种分为价内税和价外税。

（1）价内税是指税款在应税商品价格内，作为商品价格一个组成部分的一类税。如我国现行的消费税、营业税和关税等税种。

（2）价外税是指税款不在商品价格之内，不作为商品价格的一个组成部分的一类税。如我国现行的增值税。

4．按税负是否转嫁分类

按税负是否能够转嫁，可以将税收划分为直接税和间接税。

（1）直接税是指纳税人本身承担税负，不发生税负转嫁关系的一类税。如所得税和财产税等。

（2）间接税是指纳税人本身不是负税人，可将税负转嫁与他人的一类税。如流转税和资源税等。

5．按税收的缴纳形式分类

按照税收的缴纳形式划分，可将税种分为力役税、实物税和货币税。力役税是指纳税人以直接提供无偿劳动的形式缴纳的税；实物税是指纳税人以实物形式缴纳的税；货币税是指纳税人以货币形式缴纳的一类税。现代税收中，力役税和实物税都不存在，几乎所有的税种都是货币税。

6．按税收收入归属分类

按税收收入的归属不同，可把税种分为中央税、地方税、中央和地方共享税。

（1）中央税是指由中央政府征收和管理使用或由地方政府征收后全部划解中央政府所有并支配使用的一类税。如我国现行的关税和消费税等，这类税一般收入较大，征收范围广泛。

（2）地方税是指由地方政府征收和管理使用的一类税。如我国现行的城镇土地使用税、耕地占用税、土地增值税、房产税、车船税、契税，这类税一般收入稳定，并与地方经济利益关系密切。

（3）中央与地方共享税是指税收的管理权和使用权属中央政府和地方政府共同拥有的一类税。如我国现行增值税（不含进口环节由海关代征的部分）：中央政府分享75%，地方政府分享25%。企业所得税：铁道部、各银行总行及海洋石油企业缴纳的部分归中央政府，其余部分中央与地方政府按60%:40%的比例分享。个人所得税：除储蓄存款利息所得的个人所得税外，其余部分的分享比例与企业所得税相同；资源税：海洋石油企业缴纳的部分归中央政府，其余部分归地方政府。印花税：证券交易印花税收入的97%归中央政府，其余3%和其他印花税收入归地方政府。这类税直接涉及中央与地方的共同利益。

7．按课税对象是否具有依附性分类

按课税对象是否具有依附性分为独立税和附加税。

凡不需依附于其他税种而仅依自己的课税标准独立课征的税为独立税，也称主税。多数税种均为独立税。

凡需附加于其他税种之上课征的税为附加税。我国的城市维护建设税就是附加在增值税、消费税和营业税上的，也就是加征税。

三、税收负担、转嫁与归宿

1. 税收负担的概念

税收负担是指纳税人应履行纳税义务而承受的一种经济负担。税收负担是国家税收政策的核心。

从绝对额考察，税收负担是指纳税人应支付给国家的税款额；从相对额考察，它是指税收负担率，即纳税人的应纳税额与其计税依据价值的比率，这个比率通常被用来比较各类纳税人或各类课税对象的税收负担水平的高低，因而是国家研究制定和调整税收政策的重要依据。任何一项税收政策首先要考虑的就是税收负担的高低。税负水平定低了，会影响国家财政收入；定高了，又会挫伤纳税人的积极性，妨碍社会生产力的提高。一般来说，税收负担水平的确定既要考虑政府的财政需要，又要考虑纳税人的实际负担能力。

税收负担直接关系到国家与纳税人及各纳税人之间的分配关系。在一定经济发展水平下，经济体系的税收负担能力是有一定限度的，因此，税收负担应该保持在经济的承受能力范围以内。从一定意义上讲，税收制度的设计问题，也就是税收负担的设计问题。

2. 衡量税收负担的指标体系

社会的税收负担或某一纳税人的负担是指国家征集的税额与社会或纳税人产出总量或总经济规模的对比关系。按负担的层次划分，可分为宏观税收负担和微观税收负担。

(1) 宏观税收负担指标。宏观税收负担是一定时期内（通常是一年）国家税收收入总额在整个国民经济体系中所占的比重。这实际上是从全社会的角度来考核税收负担，从而可以综合反映一个国家或地区的税收负担总体情况。

目前衡量全社会经济总量的指标，一是国内生产总值税负率，简称 GDP 税负率；二是国民收入税负率，简称 NI 税负率。国际经济组织对各国税收水平的衡量，主要使用 GDP 税负率。其计算公式如下：

GDP 税负率 = 税收总额/国内生产总值

NI 税负率 = 税收总额/国民收入

(2) 微观税收负担指标。微观税收负担是指纳税人实纳税额占其可支配产品的比重。衡量企业和个人税负水平首先要考虑不转嫁税，即直接税的负担情况。既然是不转嫁税，纳税人与负税人是一致的，纳税人实际缴纳的税款占其获得的收入的比重可以反映其直接税负担水平，纯收入直接税负担率说明企业或个人拥有的纯收入中有多大份额以直接税形式贡献于国家。

直接税（主要是所得税和财产税）负担率，可用纯收入直接税负担率表示：

纯收入直接税负担率 = 企业或个人一定时期实纳的所得税和财产税/企业或个人一

定时期获得的纯收入

这一指标可用于进行不同企业、不同个人税负轻重的对比，可用于说明同一微观经济主体不同历史时期的税负变化；还可用于说明名义税负水平与纳税人实纳税款的差距，这一差距反映国家给予纳税人的各种税收优惠及非法的税收漏洞。

除直接税负率指标外，通常还会用总产值（或毛收入）税负率、增加值税负率、净产值税负率作为参考性指标：

总产值（毛收入）税负率=企业（或个人）缴纳的各项税收/企业总产值（或个人毛收入）

增加值税负率=企业缴纳的各项税收/企业增加值

净产值税负率=企业缴纳的各项税收/企业净产值

总产值、增加值、净产值全部税收负担率只是名义负担率而非实际负担率，通过这一差异的分析，可以看出税负在各行业、企业的分布状况，了解税负的公平程度及税收政策的实施状态，为税制进一步完善提供决策依据。

3. 影响税收负担的因素

（1）社会经济发展水平：一个国家的社会经济发展总体水平，可以通过国民生产总值和人均国民生产总值这两个综合指标来反映，国家的国民生产总值越大，总体负担能力越高。特别是人均国民生产总值，最能反映国民的税收负担能力。一般而言，在人均国民收入比较高的国家，社会经济的税负承受力较强。世界银行的调查资料也表明，人均国民生产总值较高的国家，其税收负担率也较高；人均国民生产总值较低的国家，其税收负担率也较低。

国家通过税收能够积累多少资金，社会总体税收负担应如何确定，必须首先考虑社会经济体系和纳税人承受能力。只有税收负担适应本国经济发展水平和纳税人的承受能力，税收才能在取得所需的财政收入的同时，刺激经济增长，同时提高社会未来的税负承受力；如果税收负担超出了经济发展水平，势必会阻碍社会经济的发展。

（2）国家的宏观经济政策：任何国家为了发展经济，必须综合运用各种经济、法律及行政手段，来强化宏观调控体系。国家会根据不同的经济情况，采取不同的税收负担政策。如在经济发展速度过快过热时，需要适当提高社会总体税负，以使国家集中较多的收入，减少企业和个人的收入存量，抑制需求的膨胀，使之与社会供给总量相适应。此外，还要根据经济情况的发展变化，在征收中实行某些必要的倾斜政策和区别对待办法，以利于优化经济结构和资源配置。

（3）税收征收管理能力：由于税收是由国家无偿征收的，税收征纳矛盾比较突出。因此，一个国家的税收征收管理能力，也对税收负担的确定有较大的影响。一些国家的税收征收管理能力强，在制定税收负担政策时，就可以根据社会经济发展的需要来确定，而不必考虑能否将税收征上来。而在一些税收征管能力较差的国家，可选择的税种有限，勉强开征一些税种，也很难保证税收收入，想提高税收负担也较困难。

4. 税负转嫁与归宿的概念

税负转嫁是指纳税人通过各种途径将应缴税金全部或部分地转给他人负担从而造成纳税人与负税人不一致的经济现象。税负转嫁的运行机制具有以下几个特征：税负

转嫁是和价格的升降直接相关联的；税负转嫁是各经济主体之间经济利益的再分配，税负转嫁的结果是导致纳税人和负税人的不一致；税负转嫁是纳税人具有的一般行为倾向，是纳税人的主动行为。

税负的归宿，是指税收负担的最终归着点。税收经过转嫁的过程最终会把负担落在纳税人身上，这时税收的转嫁过程结束，税收负担也找到其最终的归宿。

在税负转嫁的条件下，纳税人与负税人是可以分离的。税负转嫁往往多次发生，例如同一笔税款，厂家转嫁给批发商，批发商转嫁给零售商，零售商再转嫁给消费者，从而形成一个税负转嫁的过程。但税负转嫁的过程有一个终点，总是存在一个不能再转嫁的最终负担者，这个最终承担者即税收的归宿，也就是负税人。

5. 税负转嫁的形式

（1）前转：亦称“顺转”，指纳税人在进行商品或劳务的交易时通过提高价格的方法，将其应负担的税款向前转移给商品或劳务的购买者或最终消费者负担的形式。如果加价的额度等于税款，商品销售后即实现了完全的转嫁；如果加价的额度大于税款，商品销售后不仅实现了税负转嫁，纳税人还可以得到额外的利润，称为超额转嫁；如果加价的额度小于税款，商品销售后纳税人本身仍要承担一部分税负，称为不完全转嫁。

一般认为，前转是税负转嫁的最典型和最普通的形式，多发生在商品和劳务课税上。这种形式下，名义上的纳税人是商品和劳务的出售者，实际上税收的负担者是商品或劳务的消费者。

（2）后转：亦称“逆转”，指纳税人通过压低生产要素的进价从而将应缴纳的税款转嫁给生产要素的销售者或生产者负担的形式。后转的发生一般是因为市场供求条件不允许纳税人提高商品价格，使之不能采取前转的方式转移税收负担所致。例如某种设备销售商尽量压低该设备的进价，将税款全部或部分转移给该设备的制造厂家。后转要通过厂家与销售商谈判解决。

（3）混转：混转是指纳税人在提高商品销售价格的同时，又压低商品的购进价格，将税负分别转嫁给商品购买者和供应者。例如零售商通过提高商品价格将一部分税负转嫁给消费者，同时又通过压低商品的购进价格将一部分税负转嫁给批发商和厂商。在现实经济生活中，往往是前转和后转同时进行，混转可以理解为部分前转加上部分后转之后的综合体。

（4）消转：亦称“税收转化”，即纳税人对其所纳的税款既不向前转嫁，也不向后转嫁，而是通过改善经营管理或改进生产技术等方法，从而降低生产成本，自行消化税收负担。

严格地说，消转并未将税收负担转移给他人，它并不是实际意义上的转嫁，而只是一种税负的消化，纳税人此时和负税人是一致的，只是纳税人通过消减成本的方式将税负吸收掉，并没有产生该税负的新的承担者。

（5）税收资本化：亦称“资本还原”，即生产要素购买者将购买的生产要素未来应纳税款，通过从购入价格中扣除的方法，向后转移给生产要素的出售者的一种形式。

首先，交易的财产必须具有资本价值，因此税收资本化主要发生在某些资本品的交易中，这些资本品可长时间使用，并有年利和租金，如房屋、土地等。这类财产税

款长年征收，如为其他商品一次征税后即转入商品价格，无需折入资本。其次，冲抵资本的价值可能获取的利益应与转移的税负相同或相近。

比如一个农场主想向土地所有者租用10亩土地，租用期限为10年，每年每亩地要缴纳税款200元。农场主在租用之际就向土地所有者索要其租用期内所租土地的全部税款，这样便获得2 000元的10年累积的应纳税额，而该农场主每年所支付的税额只有200元，余下的1 800元就成了他的创业资本。这种名义上由农场主按期纳税，实际上全部税款均由土地所有者负担的结果必然导致资本化。

6. 税负转嫁的影响因素

(1) 物价变化：商品课税之后能否转嫁有几种情况：价格不变，税负无转嫁可能；价格提高，税负有可能由卖方转嫁给买方。如果提高数额小于课税额，则税负的一部分由卖方负担，一部分由买方负担；如果提高数额大于税额，税负则能全部转嫁给买方，且可获得额外利益。如价格提高导致销售减少，卖方为维持销路可能负担税负的全部，甚至减少部分利润。

以上转嫁原则适用于自由竞争市场的商品课税，但垄断商品的课税情况有所不同。由于垄断商品价格不是由买卖双方决定的竞争价格，而是由卖方单方决定的垄断价格，如果垄断者将商品价格定在保证最大利润点的最高价格，则课税之后很难再提高价格，无法实现转嫁。

(2) 供求弹性：在自由竞争市场，税负能否转嫁，如何转嫁，受制于商品需求和商品供给的相对弹性。一般来说，商品课税往往向没有弹性的方向转嫁。

从需求方面看，在其他条件不变的情况下，商品需求弹性越大，税负将更多地向后转嫁给卖者；反之，商品需求弹性愈小，则愈有利于卖者向前转嫁给买者；如果商品需求完全没有弹性，则税负可以全部向前转嫁给买者。

从供给方面看，在其他条件不变的情况下，商品供给弹性愈大，税负将更多地向前转嫁给买者；反之，商品供给弹性愈小，则愈不利于卖者向前转嫁给买者；如果商品供给完全没有弹性，则税负可以全部向后转嫁给卖者。在特殊情况下，如果供给弹性与需求弹性相等，课税商品的价格的增加，只能相当于税额的一半，卖者可将税负的一半转嫁给买者，而其余一半由自己负担。

(3) 成本变动：商品成本有固定成本、递增成本与递减成本三种形态。对成本固定的商品课税，如果需求无弹性，则卖者可将税负全部转嫁给买者。对成本递增的商品课税，如需求一定，则卖者可将税负的一部分转嫁给买者，而自己负担一部分。对成本递减的商品课税，如需求无弹性，则卖者可将全部税负转嫁给买者，而且还可获得多于税额的价格利益。

(4) 课税范围：一般来说，课税范围广的，税负转嫁较易；课税范围狭窄，且课税商品有代用品的，其税负转嫁较难。

知识链接

美国想只掏富豪的钱，难！

奥巴马曾经明确表示，不会给中产阶级家庭增加税收负担。然而，美国政府当前

的财政状况已经把他逼到失信边缘。一场应该“从谁的口袋里再多掏出点钱”的争论正在美国民主党和共和党之间展开。

目前，美国政府的财政赤字规模高达 GDP 的 9%。公众持有的联邦政府债券占 GDP 的 62%。为了改变这种局面，美国政府亟待削减开支或增加相当于 2% GDP 的税收，在 2015 年前稳定联邦债务规模。剩下的问题是，加谁的税。

上周起，美国民主党和共和党在参众两院就“究竟向谁加税”展开正面交锋。布什政府提出的全面减税政策 2010 年底到期，奥巴马政府希望只让年收入不超过 25 万美元的家庭或年收入不超过 20 万美元的个人继续享受减税，而不是全体富人集体减税。奥巴马政府认为，继续给富人减税将在今后 10 年减少 7 000 亿美元税收，进而加剧美国政府财政赤字。

然而，奥巴马和民主党的主张没有得到共和党支持。多数民主党人指责共和党人“同百万富翁和千万富翁站在一起”，共和党以给这些富人减税“绑架”中产阶级永久性减税。共和党人则辩解，他们拒绝给任何人加税，是因为那将拖累经济复苏。

有美国媒体评价称，美国的税制充斥着令人费解的各式减免和递延税收迷局，它不仅让税务咨询业兴旺，也耗费了经济增长的能量。其实，只要取缔这类畸形活动，在不提高税收和开辟新税种的前提下，扩增的税源每年约可带来 1 万亿美元税收。

（资料来源：http：//club. china. com/data/thread/1011/2720/68/21/7_ 1. html.）

第二节　税收原则

所谓税收原则，是指在一定社会经济条件下，税收制度的建立、执行及修改所必须遵循的指导思想。税收原则不仅对政府设计和实施税收制度来说十分重要，而且还是判断既定税收制度是否合理的基本标准。

一、财政原则

税收是国家存在和正常运转的财力基础，取得财政收入从来都是税收的主要目的之一。所谓税收的财政原则，就是税收制度的建立，必须有利于取得必不可少的财政收入，以保证国家各方面支出的需要。税收的财政原则包括充裕原则和弹性原则两大基本内容。

1．充裕原则

税收的财政原则最基本的要求，就是通过税收获得的收入，能充分满足一定时期公共支出的需要。为了政府职能的履行，国家必须有充裕的财政收入用以保障其各项职能的实现。当然，税收收入要充裕，是相对国家必需的财政支出而言的，而并非多多益善。为取得充裕的税收收入，在进行税收制度的设计上要选择税源充沛、税基宽广、收入确实的税种作为主体税种。

2．弹性原则

税收的财政原则的第二个要求，是税收收入要有弹性，能够随着国民经济的发展而增长，以满足日益增加的财政支出需要。

经济学中的弹性 E，指的是在存在函数关系的两个变量之间，一个变量对另一个变量变化的反应程度，通常用两个变量的百分比来衡量弹性的大小，也就是两个变量之间的敏感程度。瓦格纳最早提出了税收弹性理论，所谓税收弹性，是指税收收入增长率与经济增长率之间的比率。税收弹性 E 具体反映了税收对经济变化的灵敏程度，可以理解为每当经济增长率上升1%时，税收收入的增长率上升的百分比。

（1）当 $E=1$ 时，则税收收入与经济是同步增长的，此时税收具有单位弹性。

（2）当 $E>1$ 时，表明税收富有弹性，此时税收收入的增长率要高于经济增长率，也就是说，税收收入是随着经济的发展而增加的，而且税收参与国民生产总值分配的比例有上升的趋势。

（3）当 $E<1$ 时，表明税收收入的增长率低于经济的增长率，这时税收收入的绝对量有可能还是在增加，但税收收入占国民生产总值的比例却在下降，新增的国民收入中的税收集中度在减小。

好的税收制度应当使税收富有弹性，以便无需通过经常调整税基、变动税率或者开征新的税种，就可以使得财政收入能与日益增加的国民收入同步或更快地增长，从而保证财政支出的需要。一般来说，税收的合理弹性区间是0.8～1.2。

3. 保护税本原则

税源是一部分国民收入，而国民收入是由生产劳动者和生产资料相结合创造出来的，这样劳动者和生产资料是生产税源的最基本要素，也就是税本。

国家的税收征自税源，不能征自税本。如果征自税本，势将损害国民经济的生产力；生产力损害后，税收收入也没有经济基础。因此，在社会主义市场经济条件下，在不断扩大生产规模的同时，提高劳动生产率、充分发挥生产设备的潜力、充分利用原材料是不断开创税源、增加税收的基础。

二、效率原则

税收效率原则，就是政府征税，包括税制的建立和税收政策的运用，应讲求效率，遵循效率原则。税收应是有效率的，这里的效率通常有两层含义：一是行政效率，也就是征税过程本身的效率，它要求税收在征收和缴纳过程中耗费成本最小；二是经济效率，就是征税应有利于促进经济效率的提高，或者对经济效率的不利影响最小。

税收行政效率，可以通过税收成本率即税收的行政成本占税收收入的比率来反映，有效率就是要求以尽可能少的税收行政成本征收尽可能多的税收收入，即税收成本率越低越好。显然，税收行政成本，既包括政府为征税而花费的征收成本，也包括纳税人为纳税而耗费的缴纳成本。亚当·斯密说得很清楚，“一切赋税的征收，须使国民付出的，尽可能等于国家所收入的”。

税收的经济效率是税收效率原则的更高层次。经济决定税收，税收又反作用于经济。税收分配必然对经济的运行和资源的配置产生影响。从税收本身来说，不合理的税制固然会引起资源配置的扭曲，因而存在税收的经济成本。但若税制设计合理，税收政策运用得当，则不仅可以降低税收的经济成本，而且可以弥补市场的缺陷，提高经济的运行效率，使资源配置更加有效。因此，要积极发挥税收的调控作用，以有效

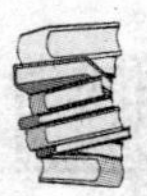

地促进经济的发展。

遵循行政效率是征税的最基本、最直接的要求，而追求经济效率，则是税收的高层次要求，它同时也反映了人们对税收调控作用认识的提高。

三、公平原则

政府征税，包括税制的建立和税收政策的运用，应确保公平，遵循公平原则。公平包括横向公平和纵向公平两个层次。横向公平是指具有相同纳税能力的人应该承担相同的税负；纵向公平是指具有不同纳税能力的人应该承担不同的税负。

税收怎样才算公平，在不同时期，往往标准不同，理解也不同。从历史发展过程看，税收公平经历了一个从绝对公平转变到相对公平的过程。从税收学说史看，税收公平标准主要有受益标准、支付能力标准、均等牺牲标准三种不同的主张。

1. 受益标准

所谓受益原则，是将纳税人从政府公共支出中所获得的利益大小作为税收负担分配的标准。受益原则的理论依据，是政府之所以能向纳税人课税，是因为纳税人从政府提供的公共产品中获得了利益。因此，税收负担在纳税人之间的分配，只能以他们的受益为依据。受益多者多纳税，受益少者少纳税；受益相同者负担相同的税收，受益不同者负担不同的税收。

受益原则在实践中有很大的局限性。在大多数情况下，政府支出所带来的实际利益由谁获得、获得多少等，在目前的技术条件下还难以测度。此外，受益原则也无法解释转移支付即收入分配问题，如社会福利支出的受益人主要是穷人和残疾人，在他们纳税能力很小甚至是没有纳税能力的情况下，根据受益原则应该向他们多征税，这显然有悖于公平。

这些不足之处限制了受益原则的应用，因此受益原则不具有普遍意义。

2. 支付能力标准

支付能力标准，要求按照纳税人的负担能力来分担，税收能力大者多纳税，能力小者少纳税，能力相同者负担相同的税收，能力不同者负担不同的税收。尽管支付能力原则在一些经济学家看来不能令人满意，但从实践角度看，它具有相当的可行性，目前已经广泛地为人们所接受。一般认为，收入最能够反映纳税人的支付能力。

从公平角度来看，所得额是最理想的税基，但是不管以谁来作为测度支付能力的标准，都会有局限性。为了规避这一局限，现实中的税收制度设计应是受益标准和支付能力标准的立体结合。

3. 均等牺牲标准

西方经济学家曾经提出采用效用（或经济福利）牺牲理论来判断是否实现了纵向公平。效用牺牲理论认为，政府征税使纳税人的货币收入和满足程度减小，即纳税人牺牲了效用，因而效用牺牲程度可作为衡量纳税人负担能力的标准。如果征税使每一纳税人的效用牺牲程度相同，那么税收便达到了公平。由于人们对公平有着不同的理解，效用均等牺牲又形成了绝对均等牺牲、比例均等牺牲和边际均等牺牲三种不同的标准。

绝对均等牺牲论认为，不同纳税人的总效用量的牺牲应是相等的。也就是说，不管纳税人收入的高低及其边际效用的大小，其所牺牲的总效用量都应当是相等的。

比例均等牺牲论认为，不同纳税人因纳税牺牲的总效用量与纳税前全部所得的总效用量之比应当是相等的。

边际均等牺牲论，也称为最小牺牲学说，它要求每个纳税人纳税的最后一个单位货币的边际效用应当是相等的。

为体现纵向公平，各国的税收制度更为通行的还是根据纳税人收入的多少分档设计税率，即实行累进税率，对奢侈品课以重税，对生活必需品课以轻税或免税，等等。

四、适度原则

税收适度原则，就是政府征税，包括税制的建立和税收政策的运用，应兼顾需要与可能，做到取之有度。遵循适度原则，要求税率设计适中，税收收入既能满足正常的财政支出需要，又能与经济发展保持协调。

美国供给学派的著名代表拉弗教授发现税率与税收收入、经济增长之间存在一种特殊的函数关系，可以用拉弗曲线来表现这一原理：税收收入并不总是与税负成正比的，税负（率）越高，不等于收入越充裕，而可能是相反，即当税负（率）超过某个临界点后，实际所实现的税收收入可能反而下降，因为税负过高会导致税源的萎缩。

图6－1拉弗曲线说明，税负过高和过低都不好。税负过低，保证了经济增长，但降低了国家的税收收入，不能满足财政支出需要；税负过高，则会挫伤社会生产的积极性，阻碍经济的增长。

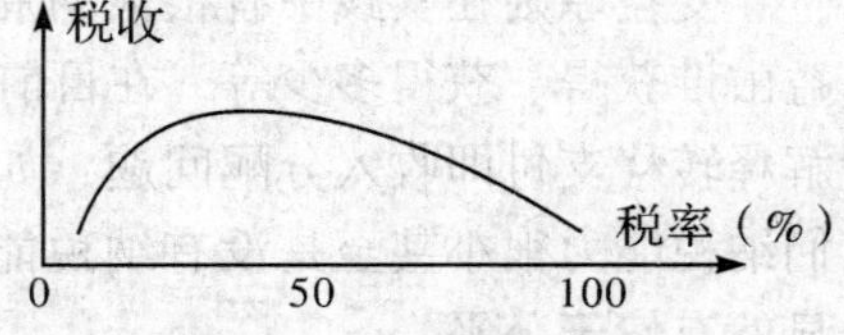

图6－1　拉弗曲线

作为理论上的原则要求，从性质上说，适度就是兼顾财政的正常需要和经济的现实可能，从量上说，就是力求使宏观税负落在或接近拉弗曲线上的“最佳点”。

如果说公平原则和效率原则是从社会和经济角度考察税收所应遵循的原则，那么，适度原则则是从财政角度对税收的量的基本规定，是税收财政原则的根本体现。

五、法治原则

税收的法治原则，就是政府征税，包括税制的建立和税收政策的运用，应以法律为依据，依法治税。法治原则的内容包括两个方面：税收的程序规范原则和征收内容明确原则。前者要求税收程序包括税收的立法程序、执法程序和司法程序法定；后者要求征税内容法定。市场经济是法治经济。我国要发展社会主义市场经济，就需要依法治国，更需要依法治税。因此，在我国建立和完善符合社会主义市场经济发展要求的税制过程中，提倡和强调税收的法治原则就显得更为重要和迫切。

知识链接

税该如何收?

大约在古罗马时代，有这样一个与税收有关的故事。一个皇帝为了增加收入颁布

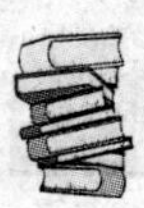

了茅房税，他的儿子有异议，认为这样做不太合理，这位皇帝谆谆教导他说："钱是没有臭味的。"从税收角度，这个故事说明了合法不一定合理。

这个故事表面上是讨论"税收合法性"问题，从根本上说，其实是研究税收原则问题。系统阐述税收原则的还是西方经济学家们，他们在市场经济发展的不同阶段，提出了不同的主张。

法国重农学派创始人魁奈在其《赋税论》和《农业国经济统治的一般准则》两篇著作中首先强调了从征税对象和征税形式方面来建立一个税制的基本框架，他认为，"对私人财产和农产品贸易征税是最有害的征税形式，但这种征税自古以来都被认为是最恰当和最容易的征税形式"。"租税不应过重到破坏的程度，应当和国民收入的数额保持均衡，必须随收入的增加而增加"。

休谟主要作为哲学家而出名，其税收思想至少体现在三个方面：一是适度原则；二是公平原则；三是隐蔽原则。他在《论赋税》中充分肯定了对消费品征税，"如果对平民百姓的消费品征收捐税，其必然后果看来不外乎二条：穷人不是节衣缩食，便是提高工资……但是，紧随着赋税而来的往往还有第三种后果，即穷人提高其生产积极性，完成更多工作，以保持原先生活水平"。显然，休漠将间接税的好处寄托在由征税而引起的收入效应上。

尤斯蒂是站在国家观立场上来研究如何适当征税的，其征税原则是在其对捐税作出自己的定义的基础上而得出的。他认为："所谓捐税，是当王室领地和特权项下的收入不足以应付国家的必要支出时，人民不得不就其私有财产和收益按一定的比率作出的支出。"

（资料来源：http：//www. tjsat. gov. cn/dl/0400/040002/04000202/20120320092917765. html.）

第三节 税收制度

一、税收制度

税收制度简称"税制"，是国家以法律、法令、条例、征收办法等形式确定的各种税收活动的总和。它反映国家与纳税人之间的经济关系，是国家财政制度的主要内容。税收制度的内容包括税种的设计、各个税种的具体内容，如征税对象、纳税人、税率、纳税环节、纳税期限、违章处理等。

二、税制构成要素

税制构成要素是指构成一国税收制度的基本要素，尤其是构成税种的基本元素，也是进行税收理论分析和税收设计的基本工具。包括纳税人、课税对象、税目、税率、纳税环节、纳税期限、减税免税、违章处理等，其中纳税人、课税对象和税率为税收制度的基本因素。

1. 纳税人

纳税人是指税法所规定的直接负有纳税义务的单位和个人，纳税义务人可以是法人，也可以是自然人。纳税人作为纳税的主体，指明了对谁课税的问题。纳税人需依法承担纳税义务，在不能完整执行纳税义务时，会受到税法制裁。

负税人一般是指最终和实际承担税收负担的法人或自然人。所以，当纳税人纳税后通过各种方式又将税款转移给他人时，纳税人就不是真实负税人，只有当纳税人无法转移税款、自己承担了全部负担时，纳税人才等于负税人。

代扣代缴义务人，是按照税法的规定，负有代扣代缴义务的单位和个人。其作用是为了实行源泉控制，保证国家财政收入。代扣代缴义务人直接负有扣缴税款的义务，应当按照税法规定代扣税款，并在规定期限内按期、足额地缴库。大部分税收的征收方式是纳税人自己直接向税务机关缴纳税款，但也有一部分税收是通过源泉扣缴的方式、由扣缴义务人按照税法规定对纳税义务人实行代扣代缴税款的。如我国对证券交易印花税就实行由证券交易所代扣代缴的办法，个人所得税的部分所得也实行源泉扣缴的办法。

2. 课税对象

课税对象也称课税客体，主要是指税收法律关系中征纳双方权利义务所指向的物或行为。课税对象解决了对什么东西课税的问题。每一种税都必须明确规定具体的征税对象，征税对象在法律上的确定，是各个不同税种相互区别的主要标志，决定了不同课税对象之间在质上的差别。

3. 税目

税目是征税对象的具体化，它反映了具体的征税范围，是税法中规定应当征税的具体产品、行业和项目，体现了征税的广度。对于有些税种来说，征税对象都比较复杂、笼统，在实行征税时，对这些税的征税对象还需要进一步划分，并做出具体的界限规定，这个规定的界限范围，就是税目。税目主要分为列举性税目和概括性税目。

（1）列举性税目：就是每一种商品、经营项目或收入项目分别设置税目，并可在税目之下设若干子目。它适用于税源大、界限清楚的征税对象。比如，消费税具体规定了烟、酒等十多个税目。

（2）概括性税目：就是按商品大类或行业设置的税目，适用于品种类别繁杂、界限不易划清的商品或行业。如现行的营业税就是把种类繁多的各种服务行业概括设计为一个“服务业”税目。

4. 计税依据

计税依据是指计算应征税额的依据，可以理解为征税对象的量化表现。它与征税对象是不同的。如房产税，其征税对象是在城乡的房产，其计税依据是房产的评估值。

计税依据分为从量计税和从价计税。凡从价计征的税，计税依据为计税金额，即征税对象的数量乘以单位计税价格的价款总额。凡从量计征的税，计税依据为征税对象的重量、数量、容积、体积等。

5. 税率

税率是税法规定的课税金额与课税对象之间的比例。税率作为计算应纳税额的尺度和标准，其高低直接关系到纳税人的税收负担，关系到国家财政收入的多少，税收对国民经济运行状况的调节也经常通过调整税率来发挥作用。所以，税率是一国税收制度中非常重要的构成要素。税率经常分为比例税率、定额税率和累进税率。

（1）比例税率：对同一征税对象，不分数额大小，规定相同的征收比例。比例税率在适用中又可分为三种具体形式，即单一比例税率、差别比例税率、幅度比例税率。比例税率较多地用于对商品和劳务的课征。

比例税率下，不管商品流转额和非商品流转额的大小，由于课税比例不变，因而税收负担不变，有利于商品流通的扩大。同时，比例税率简便易行，便于税收征缴工作。我国的增值税、营业税、城市维护建设税、企业所得税等采用的是比例税率。

（2）定额税率：按征税对象确定的计算单位，直接规定一个固定的税额。从量征收的定额税率可以在税负上实行一定的幅度，如车船税就对不同的车辆和不同吨位的船舶课以不同的税额。目前采用定额税率的有资源税、城镇土地使用税、车船税等。

（3）累进税率：累进税率是指按照课税对象数额的大小，规定不同等级的税率，征税对象的数额越大，课征的税率就越高，反之适用的税率就较低。累进税率通常适用于对所得额、收益额和财产额的征收。累进税率又可分为全额累进、超额累进、超率累进、超倍累进税率四种不同程度的累进方式。

1）全额累进税率下，随着课税对象数量的增加，应税数额达到新的一级税率级距时，就其增加以后的征税对象的全额适用各该级距的新税率，所以，全额累进税率的累进程度比较急剧，税收负担较重。

2）超额累进税率下，把征税对象按数额的大小分成若干等级，每等级规定一个税率，税率依次提高，但每一纳税人的征税对象则依所属等级同时适用几个税率分别计算，将计算结果相加后得出应纳税款。显然，超额累进税率的累进程度比较全额累进税率相对和缓，税收负担相对较轻，目前采用这种税率的有个人所得税。

3）超率累进税率下，即以征税对象数额的相对率划分若干级距，分别规定相应的差别税率，相对率每超过一个级距的，对超过的部分就按高一级的税率计算征税。目前，采用这种税率的是土地增值税。

4）超倍累进税率，是指按课税对象数额相当于计税基数的倍数为累进依据划分若干级距，每个级距规定的税率随课税对象一定倍数的增大而提高，纳税人的课税对象按相应级距划分若干段，分段适用相应税率征税的税率制度。我国原个人收入调节税，对月综合收入的税率就是采取这种形式。

6. 纳税环节

纳税环节是指在商品流通和非商品的劳务或其他交易过程中，税收应在哪些环节和多少环节予以课征的点或者说是课税关节。纳税环节要解决在哪里征税的问题。

依据纳税环节的多少可以分为不同的课税制度：同一种税只在一个环节课征税收的，称为“一次课征制”，如消费税只在出厂销售环节、委托加工环节或报关进口的单一环节征税；同一种税在两个或两个以上环节课征税收，称为“多次课征制”，如增值

税在商品各个流通环节都要征税，即道道课税。

7. 纳税期限

纳税期限是指纳税人应依法缴纳税款的时间界限或期间。由于各税种的特性不同，因而各税法所规定的税款缴纳入库的时间要求也有所不同，一般可分为按期纳税制和按次纳税制两种情况。

（1）按期纳税制要求税款入库以时间为单位，如应税行为发生后的 1 天内、3 天内、5 天内、10 天内、15 天内、1 个月内等为一个纳税期间。过期被视为滞纳而将被处以罚金或其他处罚。

（2）按次纳税制则要求税款入库以应税行为发生的次数为单位，每发生一次应税行为，纳税人就必须依法缴纳一次相应的税款。例如进口商品缴纳的关税一般以每进口一次为一个税款缴纳期限。

8. 税收优惠

（1）减免税：减税是指部分免除纳税人的应纳税额，减轻纳税人原有的应税负担。免税是指完全免除纳税人的应税额负担。减免税是将应属于国家的一部分财政收入以减免税优惠的形式让渡给纳税人。减免税可分为法定减免、特定减免和临时减免等几种情况。

（2）起征点：起征点是指征税对象达到征税数额开始征税的界点。显然，课税对象的数额若未达到税法所规定的数量标准时不予课税，而一旦课税对象的数额达到了税法所规定的数量标准，就对应税额对象的全部数额适用相应税率，予以“全额征收”。如营业税对一些较小规模的零售商给予起征点的税收照顾，即自 2003 年 1 月 1 日起，提高营业税的起征点：将按期纳税的起征点幅度由现行月销售额 200 ~ 800 元提高到 1 000 ~ 5 000 元；将按次纳税的起征点由现行每次（日）营业额 50 元提高到每次（日）营业额 100 元。纳税人营业额没有超过起征点的收入，免于征收营业税。

（3）免征额：免征额是指税法给予纳税人的应税所得以一定数额的免税待遇，当纳税人应税额尚未超过一定数额时不予征税，但即使纳税人的应税额所得已经达到了应予课税的数额标准，也仅就其超过各该课税标准以上的超出部分适用相应税率，予以“超额征收”。如 2011 年 9 月 1 日起，个人所得税规定个人收入的“工资、薪金所得”项每月免征 3 500 元，只有当个人月收入超过 3 500 元时，就其 3 500 元以上的部分予以课征个人所得税。

9. 附加和加征

附加税是“正税”的对称，指随正税按照一定比例征收的税，是根据正税的征收同时而加征的某个税种。这种作为税种存在的附加税，通常是以正税的应纳税额为其征税标准。如城市维护建设税是以增值税、消费税、营业税的税额作为计税依据的。

加征即加成征收，是在按规定税率计算出应纳税额后，再加征一定成数的税额。加征是为了调节纳税人取得的畸高收入。如税法中对劳务报酬所得征税的具体规定是：对一次收入畸高的，可以实行加成征收。即应纳税所得额超过 2 万 ~ 5 万元的部分，依照税法规定计算的应纳税额加征五成；超过 5 万元的部分，加征十成。

两者的共同点是附加和加成都属于加重纳税人负担的措施。两者的区别是附加税

是与正税相对应的一个概念，加征是对特定纳税人的一种加税措施。

10. 违章处理

违章处理是指税法对纳税人未按税法规定及时足额交纳税款、未履行纳税义务的行为，如欠税、漏税、偷税和抗税等，予以依法处理而采取的各种措施。例如加收滞纳金、处以罚款、其他行政处分和送交人民法院依法查处等。税收的违章处理体现了税收具有强制性的特征，也是税收法令能够得到迅速、有效贯彻执行的保证。

以上各个税收要素构成了税收制度的各个要件，各要素分别解决不同的问题，达到不同的税收目的。

三、我国现行主要税种

1. 增值税

增值税是以商品（含应税劳务和应税服务）在流转过程中产生的增值额作为征税对象而征收的一种流转税。

（1）“营改增”税制改革。2012 年 1 月 1 日，国家决定在上海试点营业税改征增值税的工作；2012 年 9 月 1 日到年底，营改增试点范围分批次扩大到北京、江苏、安徽等 8 个省市；2013 年 8 月 1 日起，未开展试点的 22 个省区市全部纳入营改增范围，实现全国推开；2014 年 1 月 1 日，铁路运输和邮政业成为营改增试点新成员。目前，营改增正向全国覆盖的方向迈进。

本次“营改增”的税收制度改革指导思想是建立健全有利于科学发展的税收制度，促进经济结构调整，支持现代服务业发展。基本原则包括统筹设计、分步实施；规范税制、合理负担；全面协调、平稳过渡。本次改革试点的主要内容包括：

1）改革试点的范围和时间：试点地区综合考虑服务业发展状况、财政承受能力、征管基础条件等因素，先期选择经济辐射效应明显、改革示范作用较强的地区开展试点；试点行业先在交通运输业、部分现代服务业等生产性服务（简称应税服务）开展试点，逐步推广至其他行业；试点时间从 2012 年 1 月 1 日开始，并根据情况及时完善方案，择机扩大试点范围。

2）改革试点的主要税制安排：税率是在现行 17%、13% 的两档税率的基础上，新增 11% 和 6% 两档低税率，租赁有形动产等适用 17% 税率，交通运输业、邮政业等适用 11% 税率，其他部分现代服务业适用 6% 税率。计税方法沿用现行办法，一般纳税人适用增值税一般计税方法，小规模纳税人适用增值税简易计税方法。计税依据为发生应税交易取得的全部收入。服务贸易进口在国内环节征收增值税，出口实行零税率或免税制度。

3）改革试点期间过渡性政策安排：原归属试点地区的营业税收入，改征增值税后收入仍归属试点地区，税款分别入库，因试点产生的财政减收，按现行财政体制由中央和地方分别负担。国家给予试点行业的原营业税优惠政策可以延续，但对于通过改革能够解决重复征税问题的，予以取消。试点纳税人以机构所在地作为增值税纳税地点，其在异地缴纳的营业税，允许在计算缴纳增值税时抵减。非试点纳税人在试点地区从事经营活动的，继续按照现行营业税有关规定申报缴纳营业税。现有增值税纳税人向试点纳税人购买服务取得的增值税专用发票，可按现行规定抵扣进项税额。

4）组织实施：财政部和国家税务总局制定具体实施办法、相关政策和预算管理及缴库规定，做好政策宣传和解释工作。经国务院同意，选择确定试点地区和行业。营业税改征增值税，由国家税务局负责征管。国家税务总局负责制定改革试点的征管办法，扩展增值税管理信息系统和税收征管信息系统，设计并统一印制货物运输业增值税专用发票，全面做好相关征管准备和实施工作。

（2）纳税人。在中华人民共和国境内销售货物或者提供应税劳务和应税服务及进口货物的单位和个人，为增值税纳税人。

为了便于增值税的推行，简化征税手续，节约征税成本，我国按照国际通行做法将增值税纳税人按其经营规模及会计核算健全与否划分为一般纳税人和小规模纳税人，两者适用不同的征税办法。

（3）征税范围。增值税的征税范围分为一般规定和具体规定。

1）一般规定：销售或进口的货物。货物是指有形动产，包括电力、热力、气体在内。销售货物，是指有偿转让货物的所有权。

提供的应税劳务。应税劳务是指纳税人有偿提供的加工、修理修配劳务。单位或者个体工商户聘用的员工为本单位或者雇主提供加工、修理修配劳务，不包括在内。

提供的应税服务。应税服务是指有偿提供的陆路运输服务、水路运输服务、航空运输服务、管道运输服务、邮政普遍服务、邮政特殊服务、其他邮政服务、研发和技术服务、信息技术服务、文化创意服务、物流辅助服务、有形动产租赁服务、鉴证咨询服务、广播影视服务，但不包括非营业活动中提供的应税服务。

2）具体规定：对于实务中某些特殊项目或行为是否属于增值税的征税范围，需要做出具体确定。

属于征税范围的特殊项目包括：货物期货（包括商品期货和贵金属期货）；银行销售金银的业务；典当业的死当物品销售业务和寄售业代委托人销售寄售物品的业务；集邮商品（如邮票、首日封、邮折等）的生产，以及邮政部门以外的其他单位和个人销售的；邮政部门之外的单位和个人发行报刊等30种特殊项目都应征收增值税。

属于征税范围的特殊行为包括视同销售货物行为、混合销售行为、兼营非增值税应税劳务行为、混业经营四种，它们分别采取不同的增值税计征办法。视同销售货物行为，均要征收增值税。混合销售行为中，从事货物的生产、批发或者零售的企业、企业性单位和个体工商户的混合销售行为，视为销售货物，应当缴纳增值税；其他单位和个人的混合销售行为，视为销售非增值税应税劳务，不缴纳增值税。兼营非增值税应税劳务的，应分别核算货物或者应税劳务、应税服务和非增值税应税劳务的销售额，对货物和应税劳务、应税服务的销售额按各自适用的税率征收增值税，对非增值税应税劳务的销售额按适用的税率征收营业税。如果不分别核算的或者不能准确核算各自销售额的，由主管税务机关核定货物或者应税劳务的销售额。混业经营的应当分别核算适用不同税率或征收率的销售额，未分别核算销售额的，一律从高适用税率或征收率。

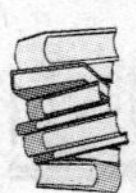

（4）税率和征收率。

1）基本税率：增值税一般纳税人销售或者进口货物，提供应税劳务，提供应税服务，除低税率适用范围外，税率一律为17%，这就是通常所说的基本税率。

2）低税率：增值税一般纳税人销售或者进口下列货物：粮食、食用植物油；自来水、暖气、冷气、热水、煤气、石油液化气、天然气、沼气、居民用煤炭制品；图书、报纸、杂志；饲料、化肥、农药、农机、农膜；国务院规定的其他货物，按低税率计征增值税，低税率为13%。

提供交通运输业服务、邮政业服务，税率为11%。提供现代服务业服务（有形动产租赁服务除外），税率为6%。

3）零税率：出口货物和财政部、国家税务总局规定的应税服务，除国务院另有规定的，适用零税率。

4）征收率：考虑到小规模纳税人经营规模小，且会计核算不健全，难以按上述两档税率计税和使用增值税专用发票抵扣进项税款，因此实行按销售额与征收率计算应纳税额的简易办法。2009年1月1日，修订后的增值税条例对小规模纳税人不再设置工业和商业两档征收率，将征收率统一调整至3%。根据“营改增”的规定，交通运输业、邮政业和部分现代服务业营业税改征增值税中的小规模纳税人适用3%的征收率。

（5）应纳税额的计算。

1）一般纳税人应纳税额的计算：纳税人销售货物或提供应税劳务，其应纳税额为当期销项税额抵扣当期进项税额后的余额。基本计算公式为

当期应纳增值税税额 = 当期销项税额 − 当期进项税额

= 当期销售额 × 适用税率 − 当期进项税额

2）小规模纳税人应纳税额计算：小规模纳税人销售货物或者应税劳务，实行简单办法计算应纳税额。按照销售额（不包括应纳税额）和规定的3%征收率计算应纳税额，不得抵扣进项税额、不得开具增值税专用发票。其计算公式为

应纳税额 = 不含税销售额 × 征收率

由于小规模纳税人在销售货物或应税劳务时，只能开具普通发票，取得的销售收入均为含税销售额。为了符合增值税作为价外税的要求，小规模纳税人在计算应纳税额时，必须将含税销售额换算为不含税的销售额后才能计算应纳税额。小规模纳税人不含税销售额的换算公式为

不含税销售额 = 含税销售额 ÷（1 + 征收率）

3）进口货物应纳税额的计算：纳税人进口货物，按照组成计税价格和规定的税率计算应纳税额，不得抵扣任何税额，公式如下：

组成计税价格 = 关税完税价格 + 关税 + 消费税

应纳税额 = 组成计税价格 × 税率

2. 消费税

消费税是指对消费品和特定的消费行为按消费流转额征收的一种商品税。目的是

为了调节产品结构，引导消费方向，保证国家财政收入。

（1）纳税人。在中华人民共和国境内生产、委托加工和进口应税消费品的单位和个人，为消费税纳税义务人。“境内”是指生产、委托加工和进口属于应当征收消费税的消费品的起运地或所在地在境内。

（2）征税范围。

1）生产应税消费品：生产应税消费品除了直接对外销售应征收消费税外，纳税人将生产的应税消费品换取生产资料、消费资料、投资入股、偿还债务，以及用于继续生产应税消费品以外的其他方面都应缴纳消费税。生产应税消费品销售是消费税征收的主要环节。

2）委托加工应税消费品：委托加工应税消费品是指委托方提供原料和主要材料，受托方只收取加工费和代垫部分辅助材料加工的应税消费品。

3）进口应税消费品：单位和个人进口货物属于消费税征税范围的，在进口环节也要缴纳消费税。为了减少征税成本，进口环节缴纳的消费税由海关代征。

4）零售应税消费品：金银首饰、钻石及钻石饰品消费税在零售环节征收。

（3）税目、税率（表6-1）。

表6-1　消费税税目、税率表

税目	税率
一、烟	
1. 卷烟	
（1）甲类卷烟（生产或进口环节）	56%加0.003元/支
（2）乙类卷烟（生产或进口环节）	36%加0.003元/支
（3）批发环节	5%
2. 雪茄烟	36%
3. 烟丝	30%
二、酒及酒精	
1. 白酒	20%加0.5元/500克
2. 黄酒	（或者500毫升）
3. 啤酒	240元/吨
（1）甲类啤酒	250元/吨
（2）乙类啤酒	220元/吨
4. 其他酒	10%
5. 酒精	5%
三、化妆品	30%
四、贵重首饰及珠宝玉石	
1. 金银首饰、铂金首饰和钻石及钻石饰品	5%
2. 其他贵重首饰和珠宝玉石	10%
五、鞭炮、焰火	15%

续表

税目	税率
六、成品油	
1. 汽油	
（1）含铅汽油	1.40 元/升
（2）无铅汽油	1.00 元/升
2. 柴油	0.80 元/升
3. 航空煤油	0.80 元/升
4. 石脑油	1.00 元/升
5. 溶剂油	1.00 元/升
6. 润滑油	1.00 元/升
7. 燃料油	0.80 元/升
七、汽车轮胎	3%
八、摩托车	
1. 气缸容量（排气量，下同）在 250 毫升（含 250 毫升）以下的	3%
2. 气缸容量在 250 毫升以上的	10%
九、小汽车	
1. 乘用车	
（1）气缸容量（排气量，下同）在 1.0 升（含 1.0 升）以下的	1%
（2）气缸容量在 1.0 升以上至 1.5 升（含 1.5 升）的	3%
（3）气缸容量在 1.5 升以上至 2.0 升（含 2.0 升）的	5%
（4）气缸容量在 2.0 升以上至 2.5 升（含 2.5 升）的	9%
（5）气缸容量在 2.5 升以上至 3.0 升（含 3.0 升）的	12%
（6）气缸容量在 3.0 升以上至 4.0 升（含 4.0 升）的	25%
（7）气缸容量在 4.0 升以上的	40%
2. 中轻型商用客车	5%
十、高尔夫球及球具	10%
十一、高档手表	20%
十二、游艇	10%
十三、木制一次性筷子	5%
十四、实木地板	5%

（4）应纳税额的计算。按照现行消费税法的基本规定，消费税应纳税额的计算分为从价计征、从量计征和从价从量复合计征三类计算方法。

1）从价计征消费税：应税消费品在缴纳消费税的同时，与一般货物一样，还应缴纳增值税。但在计征消费税时，应税消费品的销售额，不包括应向购货方收取的增值税税款。如果纳税人应税消费品的销售额中未扣除增值税税款或者因不得开具增值税专用发票而发生价款和增值税税款合并收取的，在计算消费税时，应将含增值税的销售额换算为不含增值税税款的销售额。其换算公式为

应税消费品的销售额 = 含增值税的销售额 ÷（1 + 增值税税率或征收率）

$$应纳税额 = 应税消费品销售额 \times 比例税率$$

2）从量计征消费税：

$$应纳税额 = 应税消费品销售数量 \times 定额税率$$

3）复合计征消费税：

$$应纳税额 = 应税消费品销售额 \times 比例税率 + 应税消费品销售数量 \times 定额税率$$

3. 营业税

营业税是以在我国境内提供应税劳务、转让无形资产（不包括营改增中的转让商标权、转让著作权、转让专利权、转让非专利技术，下同）或销售不动产所取得的营业额为课税对象而征收的一种商品劳务税。

（1）纳税人。在中华人民共和国境内提供应税劳务、转让无形资产或者销售不动产的单位和个人，为营业税的纳税人。

（2）征税范围。营业税的征税范围可以概括为：在中华人民共和国境内提供的应税劳务、转让无形资产、销售不动产。对营业税的征税范围可以从下面三个方面来理解：首先，在中华人民共和国境内指税收行政管辖权的区域；其次，应税劳务是指属于建筑业、金融保险业（不包括有形动产的融资租赁，下同）、电信业、文化体育业（不包括营改增中的文化创意服务，下同）、娱乐业、服务业（不包括营改增中的应税服务，下同）税目征收范围的劳务；再次，提供应税劳务、转让无形资产或者销售不动产是指有偿提供应税劳务、有偿转让无形资产、有偿销售不动产的行为。

（3）营业税税目、税率表。营业税按照行业、类别的不同分别采用不同的比例税率，如表6－2所示。

表6－2　营业税税目、税率表

税目	征收范围	税率
一、建筑业	建筑、安装、修缮、装饰及其他工程作业	3%
二、金融保险业	贷款、金融商品转让、金融经纪、邮政储蓄和其他金融业务（有形动产融资租赁，纳入“营改增”）	5%
三、电信业	电报、电传、电话、电话机安装、电信物品销售及其他电信业务	3%
四、文化体育业	表演、经营游览场所和展览、培训、举办文化类讲座、讲演、报告会、图书馆的图书和资料借阅、举办体育比赛或为体育活动提供场地业务	3%
五、娱乐业	歌厅、舞厅、卡拉OK歌舞厅、音乐茶座、台球馆、高尔夫球馆、保龄球馆、游艺场、网吧	5%～20%
六、服务业	代理业、旅店业、饮食业、旅游业、租赁业及其他服务业（仓储业、广告业、有形动产经营租赁，已纳入“营改增”）	5%
七、转让无形资产	转让土地使用权、转让自然资源使用权（转让商标权、转让专利权、转让非专利技术、转让著作权和转让商誉，已纳入“营改增”）	5%
八、销售不动产	销售建筑物及其他土地附着物	5%

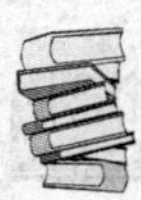

（4）应纳税额的计算。纳税人提供应税劳务、转让无形资产或者销售不动产，按照营业额和规定的税率计算应纳税额。应纳税额的计算公式为

应纳税额 = 营业额 × 税率

一般情况下，纳税人的营业额为纳税人提供应税劳务、转让无形资产或者销售不动产向对方收取的全部价款和价外费用。

4．关税

关税是海关依法对进出境货物、物品征收的一种税。所谓“境”指关境，又称“海关境域”或“关税领域”，是《中华人民共和国海关法》全面实施的领域。

（1）纳税人。进口货物的收货人、出口货物的发货人、进出境物品的所有人，是关税的纳税义务人。进出口货物的收、发货人是依法取得对外贸易经营权，并进口或出口货物的法人或者其他社会团体。进出境物品的所有人包括该物品的所有人和推定为所有人的人。

（2）征税范围。关税的征税对象是准许进出境的货物和物品。货物是指贸易性商品；物品指入境旅客随身携带的行李物品、个人邮递物品、各种运输工具上的服务人员携带进口的自用物品、馈赠物品及其他方式进境的个人物品。

（3）税率。关税税率分为进口关税税率、出口关税税率和特别关税。

我国加入 WTO 后，2002 年 1 月 1 日起我国进口税则设有最惠国税率、协定税率、特惠税率和普通税率、关税配额税率等税率。

我国出口税则为一栏税率，即出口税率。国家仅对少数资源性产品及易于竞相杀价、盲目进口、需要规范出口秩序的半制成品征收出口关税。

特别关税包括报复性关税、反倾销税与反补贴税、保障性关税。征收特别关税的货物、适用国别、税率、期限和征收办法，由国务院关税税则委员会决定，海关总署负责实施。

（4）应纳税额的计算。

1）从价关税的计算方法：从价税是按进出口货物的价格为标准计征关税。这里的价格不是指成交价格，而是指进出口商品的完税价格。因此，按从价税计算关税，首先要确定货物的完税价格。从价税额的计算公式如下：

应纳税额 = 应税进（出）口货物数量 × 单位完税价格 × 适用税率

2）从量关税的商品计算方法：从量关税是依据商品的数量、重量、容量、长度和面积等计量单位为标准来征收关税的。从量关税额的计算公式如下：

应纳税额 = 应税进（出）口货物数量 × 单位货物关税税额

3）复合关税的计算方法：复合税亦称混合税，是对进口商品既征从量关税又征从价关税的一种办法。一般以从量为主，再加征从价税。混合税额的计算公式如下：

应纳税额 = 应税进（出）口货物数量 × 单位货物关税税额 + 应税进（出）口货物数量 × 单位完税价格 × 适用税率

4）滑准税的计算方法：滑准税是指关税的税率随着进口商品价格的变动而反方向

变动的一种税率形式，即价格越高，税率越低，税率为比例税率。因此，实行滑准税率，进口商品应纳关税税额的计算方法，与从价税的计算方法相同。其计算公式如下：

应纳税额 = 应税进（出）口货物数量 × 单位完税价格 × 滑准税税率

5. 资源税

资源税是对在中国境内及管辖海域从事应税矿产品、生产盐的单位与个人课征的一种税。

（1）纳税人。资源税的纳税义务人是指在中华人民共和国领域及管辖海域开采应税资源的矿产品或者生产盐的单位与个人。

中外合作开采石油、天然气，按照现行规定只征收矿区使用费，暂不征收资源税。因此，中外合作开采石油、天然气的企业不是资源税的纳税义务人。

（2）征税范围。原油、天然气、煤炭、其他非金属矿原矿、黑色金属矿原矿、有色金属矿原矿、盐这 7 类。

（3）税率。资源税采取从价定率或者从量定额的办法计征，实施“级差调节”的原则。级差调节是指运用资源税对因资源贮存状况、开采条件、资源优劣、地理位置等客观存在的差别而产生的资源级差收入，通过实施差别税额标准进行调节。资源条件好的，税率、税额高一些；资源条件差的，税率、税额低一些。如表 6－3 所示。

表 6－3　资源税税目、税率表

税目		税率
一、原油		销售额的 5% ~10%
二、天然气		销售额的 5% ~10%
三、煤炭	焦煤	每吨 8 ~20 元
	其他煤炭	每吨 0.3 ~5 元
四、其他非金属矿原矿	普通非金属矿原矿	每吨或者每立方米 0.5 ~20 元
	贵重非金属矿原矿	每千克或者每克拉（0.2 克）0.5 ~20 元
五、黑色金属矿原矿		每吨 2 ~30 元
六、有色金属矿原矿	稀土矿	每吨 0.4 ~60 元
	其他有色金属矿原矿	每吨 0.4 ~30 元
七、盐	固体盐	每吨 10 ~60 元
	液体盐	每吨 2 ~10 元

（4）应纳税额的计算。资源税采取从价定率或者从量定额的办法计征，分别以应税产品的销售额乘以纳税人具体适用的比例税率或者以应税产品的销售数量乘以纳税人具体适用的定额税率计算。

1）实行从价定率征收的，计算公式为

应纳税额 = 销售额 × 适用税率

2）实行从量定额征收的，计算公式为

应纳税额 = 课税数量 × 单位税额

6. 印花税

印花税，是对经济活动和经济交往中书立、使用、领受应税凭证的行为征收的一种税。印花税是一种具有行为税性质的凭证税。

（1）纳税人。印花税的纳税义务人，是在中国境内书立、使用、领受印花税法所列举的凭证并应依法履行纳税义务的单位和个人。上述的单位和个人，按照书立、使用、领受应税凭证的不同，可以分别确定为立合同人、立据人、立账簿人、领受人、使用人、各类电子应税凭证的签订人。

（2）征税范围。现行印花税只对《印花税暂行条例》列举的凭证征收，没有列举的凭证不征税。正式列举的凭证分为五类，即经济合同，产权转移书据，营业账簿，权利、许可证照和经财政部门确认的其他凭证。

1）经济合同：印花税税目中的合同比照我国原《中华人民共和国经济合同法》对经济合同的分类，在税目税率表中列举了10大类合同，即购销合同、加工承揽合同、建设工程勘察设计合同、建筑安装工程承包合同、财产租赁合同、货物运输合同、仓储保管合同、借款合同、财产保险合同、技术合同。

2）产权转移书据：财产所有权和版权、商标专用权、专利权、专有技术使用权等转移书据和土地使用权出让合同、土地使用权转让合同、商品房销售合同等权利转移合同。

3）营业账簿：资金账簿、其他账簿。

4）权利、许可证照：政府部门发给的房屋产权证、工商营业执照、商标注册证、专利证、土地使用证等。

（3）税目、税率表。印花税的税率有两种形式，即比例税率和定额税率。在印花税的13个税目中，各类合同及具有合同性质的凭证（含以电子形式签订的各类应税凭证）、产权转移书据、营业账簿中记载资金的账簿，适用比例税率。“权利、许可证照”和“营业账簿”税目中的其他账簿，适用定额税率。如表6－4所示。

表6－4　印花税税目、税率表

税目	征税范围	税率
1. 购销合同	包括供应、预购、采购、购销结合及协作、调剂、补偿、易货等合同	按购销金额0.3‰贴花
2. 加工承揽合同	包括加工、定做、修缮、修理、印刷、广告、测绘、测试等合同	按加工或承揽收入0.5‰贴花
3. 建设工程勘察设计合同	包括勘察、设计合同	按收取费用0.5‰贴花
4. 建筑安装工程承包合同	包括建筑、安装工程承包合同	按承包金额0.3‰贴花

续表

税目	征税范围	税率
5. 财产租赁合同	包括租赁房屋、船舶、飞机、机动车辆、机械、器具、设备等合同	按租赁金额1‰贴花。税额不足1元按1元贴花
6. 货物运输合同	包括民用航空运输、铁路运输、海上运输、内河运输、公路运输和联运合同	按运输费用0.5‰贴花
7. 仓储保管合同	包括仓储、保管合同	按仓储保管费用1‰贴花
8. 借款合同	银行及其他金融组织和借款人（不包括银行同业拆借）所签订的借款合同	按借款金额0.05‰贴花
9. 财产保险合同	包括财产、责任、保证、信用等保险合同	按收取的保险费收入1‰贴花
10. 技术合同	包括技术开发、转让、咨询、服务等合同	按所记载金额0.3‰贴花
11. 产权转移书据	包括财产所有权和版权、商标专用权、专利权、专有技术使用权等转移书据、土地使用权出让合同、土地使用权转让合同、商品房销售合同	按所记载金额0.5‰贴花
12. 营业账簿	生产、经营用账册	记载资金的账簿，按实收资本和资本公积的合计金额0.5‰贴花。其他账簿按件贴花5元
13. 权利、许可证照	包括政府部门发给的房屋产权证、工商营业执照、商标注册证、专利证、土地使用证	按件贴花5元

（4）应纳税额的计算。纳税人的应纳税额，根据应纳税凭证的性质，分别按比例税率或者定额税率计算，其计算公式为

应纳税额＝应税凭证计税金额（或应税凭证件数）×适用税率（或适用税额）

7. 企业所得税

企业所得税是对中国境内企业和其他取得收入的组织生产经营所得和其他所得征收的一种税。

（1）纳税人。在中华人民共和国境内，企业和其他取得收入的组织（以下统称企业），为企业所得税的纳税人。但不包括依照中国法律、行政法规成立的个人独资企业、合伙企业。

企业可以分为居民企业和非居民企业。居民企业是指依法在中国境内成立，或者依照外国法律成立但实际管理机构在中国境内的企业；非居民企业是指依照外国（地区）法律成立且实际管理机构不在中国境内，但在中国境内设立机构、场所的，或者在中国境内未设立机构、场所，但有来源于中国境内所得的企业。

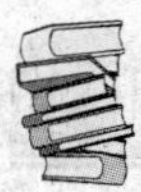

（2）征税对象。企业所得税的征税对象，包括销售货物所得、提供劳务所得、转让财产所得、股息红利等权益性投资所得、利息所得、租金所得、特许权使用费所得、接受捐赠所得和其他所得。

居民企业负有无限纳税义务，应当就其来源于中国境内、境外的所得缴纳企业所得税，非居民企业负有有限纳税义务。非居民企业在中国境内设立机构、场所的，应当就其所设机构、场所取得的来源于中国境内的所得，以及发生在中国境外但与其所设机构、场所有实际联系的所得，缴纳企业所得税；非居民企业在中国境内未设立机构、场所的，或者虽设立机构、场所但取得的所得与其所设机构、场所没有实际联系的，应当就其来源于中国境内的所得缴纳企业所得税。

（3）税率。企业所得税率是体现国家与企业分配关系的核心要素。企业所得税实行比例税率，简便易行，透明度高，不会因征税而改变企业间收入分配比例。

1）基本税率：基本税率为25%，适用于居民企业和在中国境内设有机构、场所且所得与机构、场所有关联的非居民企业。

2）低税率：适用于非居民企业在中国境内未设立机构、场所的，或者虽设立机构、场所但取得的所得与其所设机构、场所没有实际联系的，其来源于中国境内的所得，适用低税率20%，但实际征税时适用10%的税率征收企业所得税。

符合条件的小型微利企业，减按20%的税率征收企业所得税。国家需要重点扶持的高新技术企业，减按15%的税率征收企业所得税。

（4）应纳税额的计算。

应纳税额 = 当期应纳税所得额 × 适用税率 − 减免税额 − 抵免税额

应纳税所得额 = 收入总额 − 不征税收入 − 免税收入 − 各项扣除 − 以前年度亏损（直接计算法）

或

应纳税所得额 = 会计利润总额 ± 纳税调整项目金额（间接计算法）

8. 个人所得税

个人所得税是以个人取得的应税所得为征税对象所征收的一种税。

（1）纳税人。纳税义务人依据住所和居住时间两个标准，分为居民纳税人和非居民纳税人，分别承担不同的纳税义务。

居民纳税人负有无限纳税义务，是指在中国境内有住所，或者没有住所而在中国境内居住满1年的个人，为我国个人所得税的居民纳税人，其从中国境内和境外取得的所得均应在中国缴纳个人所得税；非居民纳税人负有有限纳税义务，指凡在中国境内没有住所又不居住，或者没有住所而在中国境内居住不满1年的个人，为我国个人所得税的非居民纳税人，只就其从中国境内取得的所得缴纳个人所得税。

（2）征税范围。个人所得税的征税对象主要包括以下11类：工资、薪金所得；个体工商户生产、经营所得；企事业单位的承包经营、承租经营所得；劳务报酬所得；稿酬所得；财产租赁所得；特许权使用费所得；财产转让所得；利息、股息、红利所得；偶然所得；经国务院财政部门确定征税的其他所得。

（3）应纳税所得额规定。

1）“每次”收入的确定：劳务报酬所得，只有一次性收入的，以取得该项收入为一次。属于同一事项连续取得收入的，以1个月内取得的收入为一次。

稿酬所得，以每次出版、发表取得的收入为一次。

特许权使用费所得，以某项使用权的一次转让所得的收入为一次。

财产租赁所得，以1个月内取得的收入为一次。

利息、股息、红利所得，以支付时取得的收入为一次。

偶然所得和其他所得，以每次收入为一次。

2）费用减除标准：自2011年9月1日起，工资、薪金所得，以每月收入额减除费用3 500元后的余额，为应纳税所得额。

个体工商户的生产、经营所得，以每一纳税年度的收入总额减除成本、费用以及损失后的余额，为应纳税所得额。

对企事业单位的承包经营、承租经营所得，以每一纳税年度的收入总额，减除必要费用后的余额，为应纳税所得额。

劳务报酬所得、稿酬所得、特许权使用费所得、财产租赁所得，每次收入不超过4 000元的，减除费用800元；4 000元以上的，减除20%的费用，其余额为应纳税所得额。

财产转让所得，以转让财产的收入额减除财产原值和合理费用后的余额，为应纳税所得额。

利息、股息、红利所得，偶然所得和其他所得，以每次收入额为应纳税所得额。

（4）税率。

1）工资、薪金所得，2011年9月1日起适用3% ~45%的七级超额累进税率，税率如表6-5所示。

表6-5　工资、薪金所得个人所得税税率表

级数	全月含税 应纳税所得额	全月不含税 应纳税所得额	税率（%）	速算 扣除数（元）
1	不超过1 500元的	不超过1 455元的	3	0
2	超过1 500 ~4 500元 的部分	超过1 455 ~4155元 的部分	10	105
3	超过4 500 ~9 000元 的部分	超过4 155 ~7 755元 的部分	20	555
4	超过9 000 ~35 000元 的部分	超过7 755 ~27 255元 的部分	25	1 005
5	超过35 000 ~55 000元 的部分	超过27 255 ~41 255元 的部分	30	2 755

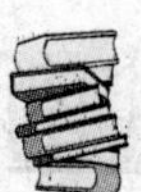

续表

级数	全月含税 应纳税所得额	全月不含税 应纳税所得额	税率（%）	速算 扣除数（元）
6	超过55 000～80 000元的部分	超过41 255～57 505元的部分	35	5 505
7	超过80 000元的部分	超过57 505元的部分	45	13 505

注：本表所称全月含税应纳税额所得额和全月不含税应纳税所得额，是指依照税法的规定，以每月收入额减除费用3 500元后的余额或者再减除附加减除费用后的余额。

2）个体工商户的生产、经营所得和对企事业单位的承包经营、承租经营所得，2011年9月1日适用5%～35%的五级超额累计税率。税率表如表6－6所示。

表6－6 个体工商户的生产、经营所得和对企事业单位的承包经营、承租经营所得个人所得税税率表

级数	全年含税 应纳税所得额	全年不含税 应纳税所得额	税率（%）	速算扣除数（元）
1	不超过15 000元的	不超过14 250元的	5	0
2	超过15 000～30 000元的部分	超过14 250～27 750元的部分	10	750
3	超过30 000～60 000元的部分	超过27 750～51 750元的部分	20	3 750
4	超过60 000～100 000元的部分	超过51 750～79 750元的部分	30	9 750
5	超过100 000元的部分	超过79 750元的部分	35	14 750

注：本表所称全年含税应纳税所得额和全年不含税应纳税所得额，对个体工商户的生产、经营所得来源，是指以每一纳税年度的收入总额，减除成本、相关税费及损失后的所得余额；对企事业单位的承包经营、承租经营所得来源是指以每一纳税年度的收入总额，减除必要费用后的余额。

3）劳务报酬所得，适用税率表如表6－7所示。

表6－7 劳务报酬所得个人所得税税率表

级数	每次应纳税所得额	税率（%）	速算扣除数（元）
1	不超过20 000元的	20	0
2	超过20 000～50 000元的部分	30	2 000
3	超过50 000元的部分	40	7 000

注：本表所称每次应纳税所得额，是指每次收入额减除费用（800元或20%）后的余额。

4）稿酬所得适用20%的比例税率并按应纳税额减征30%，故实际税率为14%。

5）特许权使用费所得、财产租赁所得、财产转让所得，适用20%的差额比例税率。

6）利息、股息、红利所得，偶然所得和其他所得，均适用20%的全额比例税率。

（5）应纳税额的计算。

应纳税额＝应纳税所得额×适用税率－速算扣除数（适用于使用税率表的纳税项目）

或应纳税额＝应纳税所得额×适用税率（适用于使用单一税率项目）

除上述几个重要的税种外，我国的税收体系还包括以下的税种：房产税、耕地占用税、城镇土地使用税、契税、土地增值税、城市维护建设税、车船购置税和车船税等。

知识链接

买卖和赠与哪种更省钱

市民张先生，今年准备结婚，本来想买一套精装修的房子作为婚房。但他父母名下有一套100平方米的新房，是2005年以50万元买进的，一直空着。于是，他和未婚妻商量决定，将父母的这套房子转到自己名下，作为新房。

可是这一“转”，问题便随之而来，无论是通过“赠与”，还是从父母手里“买入”，都会产生一笔不菲的税费。那么，究竟是“赠与”产生的税费高，还是“买卖”产生的税费高？

1. 买卖过户

涉及个税、契税、营业税等，首套房有优惠。

目前，张先生名下没有住房，张先生可享受“家庭首套住房”的契税优惠政策。目前国家的政策是，“家庭首套住房”，面积在90平方米至140平方米的，可享受“减半”的契税优惠政策，即征收1.5%契税；此外，卖方也要缴纳相应的税费。张先生父母名下还有其他住房，房子购入时间已经超过5年，这种情况下，他父母可以免缴营业税，但需要缴纳房屋总价1%的个人所得税。综上，按这套房子目前的市价100万元计算，即张先生要缴纳1.5万元左右的契税。张先生父母需要缴纳1%的个人所得税，即0.5万元的个税，张家共需交2万元。

2. 赠与过户

除房屋总价3%契税外，还须支付公证费。

相比二手房转让方式，宋律师说，通过房产赠与方式办过户需缴纳的契税是限定的，即为房屋总价的3%，也就是说3万元左右的契税是必须缴的。通过房产赠与的方式办过户，还必须办理公证，办理赠与公证手续时，按照100平方米的房屋面积，按30元/平方米来缴纳公证费，总的公证费用大概3 000元。张家共需交3.3万元。

看来在这种情况下，张先生还是按照买卖过户的方式“买房”更省钱。具体情况中，房产买卖和赠与哪种更省钱，其实是跟这套住房的所有权人和受让人的现实情况息息相关的，市民需根据自身情况仔细算账。

（资料来源：钱江晚报，http：//www. soufun. com.）

第四节　国际税收

一、国际税收的概念

国际税收是指两个或两个以上国家政府，因行使各自的征税权力，在对跨国纳税人进行分别课税而形成的征纳关系中所发生的国家之间的税收分配关系。

国际税收不是一种独立的税种，而是由于各相关的跨国经济活动而形成的一种税收分配关系；国际税收不能离开跨国纳税人这一因素。

二、税收管辖权

税收管辖权是指主权国家根据其法律所拥有和行使的征税权力，是国际法公认的国家基本权利。

税收管辖权力的确定原则可分为属人原则和属地原则。

1. 属人原则

属人原则，亦称属人主义，即按纳税人（包括自然人和法人）的国籍、登记注册所在地或者住所、居所和管理机构所在地为标准，确定其税收管辖权。凡属该国的公民和居民（包括自然人和法人），都受该国税收管辖权管辖，对该国负有无限纳税义务。

2. 属地原则

属地原则，亦称属地主义，即按照一国的领土疆域范围为标准，确定其税收管辖权。该国领土疆域内的一切人（包括自然人和法人），无论是本国人还是外国人，都受该国税收管辖权管辖，对该国负有无限纳税义务。

世界各国行使的税收管辖权，大体分为居民管辖权、公民管辖权和地域管辖权。实质上，前两者是基于属人原则所确立的税收管辖权，后者是基于属地原则所确立的税收管辖权。

一国采用何种税收管辖权，由该国根据其国家权益、国情、政策和在国际所处的经济地位等因素决定。目前，多数国家为维护本国权益，包括我国在内，都是同时实行属人和属地两类税收管辖权。

三、国际重复征税的产生与免除

1. 国际重复征税及其产生的原因

国际重复征税是指两个或两个以上国家对跨国纳税人的同一征税对象或税源进行分别课税所形成的交叉重叠征税。一般情况下，这种重叠征税是由两个国家产生的，所以，又被普遍称为国际双重征税。

之所以会产生国际重复征税问题，是由两个或两个以上国家税收管辖权的交叉重叠直接导致的。首先，跨国纳税人、跨国所得、各国对所得税的开征是产生国际重复征税的重要前提。其次，产生国际重复征税的根本原因是各国税收管辖权的交叉。

2. 国际重复征税的免除

如何处理国际重复征税问题，世界各国都相继采取了一些有效的方式和方法，具体来说主要有低税法、扣除法、免税法和抵免法。

（1）低税法，是指居住国政府对其居民国外来源的所得，单独制定较低的税率征税，以减轻重复征税。低税法只能在一定程度上降低重复征税的数额，但不能彻底解决重复征税，正因为如此，单独采用低税法的国家很少，它只是一些国家在采用其他方法的同时作为辅助的灵活处理方式。

（2）扣除法，即居住国政府对其居民取得的国内外所得汇总征税时，允许居民将其在国外已纳的所得税视为费用在应纳税所得中予以扣除，就扣除后的部分征税。这种方法也不能彻底解决重复征税，因为对于扣除国外纳税后的国外收益来说仍存在重复征税。

（3）免税法，亦称“豁免法”，是指居住国政府对其居民来源于非居住国的所得额，单方面放弃征税权，从而使国际重复征税得以彻底免除。这种方法是承认收入来源地管辖权的独占地位，因而会使居住国利益损失较大，所以，采用免税法的国家也很少。

（4）抵免法，是指居住国政府对其居民的国外所得在国外已纳的所得税，允许从其应汇总缴纳的本国所得税款中抵扣。税收抵免是承认收入来源地管辖权优先于居民管辖权，是目前解决国际重复征税最有效的方法，因此在国际上广为通行。在实际应用中，抵免法又分为直接抵免法和间接抵免法两种方法。

还有一个与税收抵免联系密切的问题就是税收饶让，是指居住国政府对其居民在国外得到的所得税减免优惠的部分，视同在国外已经实际缴纳的税款给予税收抵免，不再按居住国税法规定的税率进行补征。税收饶让是税收抵免的延伸，是以税收抵免的发生为前提的。

四、国际避税与反避税

1. 国际避税及其产生的原因

国际避税是跨国纳税人利用各国税法规定的差异和漏洞，以不违法的手段减轻或消除国际税负的行为。由于各国在征税范围、税率高低及征管水平上存在着差异，纳税人可通过人为的筹划，如改变居民身份、转移财产所得等，使纳税人的税收负担得到减轻甚至免除。很显然，这种避税行为是由于税制的差异和税法的不完善造成的，它与采用非法手段进行偷逃税的行为是不同性质的，探究国际避税产生的具体原因主要有两个方面：一是内在动机；二是外在条件。

（1）跨国纳税人对利润的追求是国际避税产生的内在动机。避税因其既可减轻税负，又不违反法律、风险较小而为许多纳税人所采用，成为一个十分普遍的经济现象。随着国际经济活动的日益频繁，各种先进、复杂的经济手段、工具不断产生，进行国际避税的方法也更多、更方便，跨国纳税人在利益的驱动下，更加积极地寻求国际避税的途径，因而使得国际避税活动在世界范围内迅猛地发展起来。

（2）各国税收制度的差别和税法的缺陷是产生国际避税的外部条件。首先，各国税收制度存在着多方面的差异，使得纳税人的同一笔所得在不同国家会产生不同的税收负担，比如纳税义务确定标准不同、税率高低不同、税基宽窄不同、避免重复征税的方法不同等。这样纳税人总希望采用一些合法手段使自己的居民身份或财产收入转入税收负担较轻的国家或地区，从而产生国际避税。其次，各国的税法及有关法律总存在一些不完善、不健全的地方，比如一些概念规定得模棱两可，一些监督措施的缺乏，使得纳税人进行国际避税有可乘之机而无约束之法，国际避税自然会愈演愈烈。

2. 国际反避税

虽然各国政府都在努力寻求解决国际重复征税的办法，以保护纳税人利益，鼓励纳税人的投资活动与国际经济技术的合作交流，促进本国经济发展，但与此同时，作

为国际重复征税问题的对立面，国际避税问题越来越广泛、复杂，影响着国家的利益，使许多税收收入不能实现，还会引起资本的不正常流动，成为一国经济发展的不利因素。

因此，各国政府都在积极应对，通过完善税法和加强征管等单方面措施及国际多边合作管理来防范国际避税活动，这称为国际反避税，措施如下：

（1）税法的完善。国际避税是利用各国税法的差异和漏洞来进行的，因此反避税的一个重要措施便是弥补税法的漏洞和缺陷，具体体现在：第一，税制的完善。税收制度中一些不规范、模糊的概念、规定等应加以明确，一些有助于国际避税的规定可以限定其适用范围或加入附加条件，比如外国子公司的国外利润若滞留在避税地的，可限制其滞留期限。第二，加强税收立法，制定专门的反避税条款。首先，对纳税人转移居民身份、从事某些交易行为等，应规定纳税人对税务部门负有报告义务，这样可为国际避税案件提供证明；其次，对于国际避税行为的有关税务处理应该形成专门、权威的法律规范，如对运用避税港的税务处理，对转让定价的税务处理等。第三，国际避税案件的裁定还应该形成相应的法规，作为法院或税务官员对国际避税有关事宜做出裁定的依据。比如美国就采用案例法的形式，在同一纳税年度内，法院或税务官员对某些特定纳税人或特定纳税事宜做出裁决后就具有法律效力，此后的同类情况可以援引使用。

（2）加强税务管理。如采用先进的征管手段，加强税务调查与审计，培养高素质、经验丰富的税务官员等。

（3）加强国际多边合作。包括各国政府间税收信息、资料的提供，以及政府间签订协议合作监督某些贸易行为的进行等。

从目前国际避税措施的实施来看，虽然以上各项措施均发挥着一定的作用，但国际避税问题并不能就此解决，国际避税的防范问题仍然是当今国际经济中迫切需要研究和解决的重要课题。

知识链接

全球在避税天堂资金超21万亿美元

可以说，全球没有一份能反映富人财富真实数额的榜单，即使是所谓的官方数据。据英国媒体报道，由麦肯锡管理咨询公司前首席经济学家詹姆斯·亨利和一位避税港研究专家进行的“离岸藏匿财富”的分析报告指出，在私人银行的帮助下，有21万亿~32万亿美元从各国流向卢森堡、瑞士、开曼群岛和百慕大群岛等地。问题是，他们是怎么做到的？“避税天堂”是答案。避税天堂其实就是指那些信息保密度高，没有外汇管制，更不用承担沉重的税务负担，避税方便的地区和金融机构。

这么一大笔没有缴税的资产难免让各国政府眼红。2008年，德国政府花了420万欧元向一位列支敦士登LGT银行的前数据保管员购买了1 250个客户的详细交易资料，并拿来同美国政府共享。事后，该数据保管员又把同一份客户数据在英国政府那里再卖了一次，作价10万英镑。

有了翔实的逃税名单，三国政府都开始大张旗鼓地调查和拘捕涉嫌偷逃税收的本国企业法人代表和高级管理人员。列支敦士登官方指控德国政府对其实施商业间谍行为，而三国则指责列支敦士登政府配合他国企业逃税洗钱，各方打起了热闹的口水仗。列支敦士登的银行名声臭了，但在瑞士等国金融机构的保密制度依然保护着客户的信息。

除了金融机构，很多国家和地区也成为海外企业的避税天堂。在英属维尔京群岛，"国际商业公司无需向当地政府缴纳税金，只需缴纳极少数量的年费，大概每年1 500美元，目前，面积仅有153平方千米的维尔京群岛，已注册有大约40万家公司。有人计算过，这个小岛平均每个居民拥有近20家企业，一个篮球场的面积上就有一家公司。

（资料来源：中国经济周刊，http：//money. 163. com/12/0814/01/88R39LPN00252C1E. html.）

本章小结

税收是我国财政收入的主要来源，是政府依据政治权力对社会收入进行再分配的一种形式，它具有强制性、无偿性和固定性的特征。税收按照不同的依据可以分为很多种类型，最典型的分类是按照征税对象不同可划分为流转税、所得税、财产税、行为税和资源税。在税收基础知识中关于税收负担、转嫁和归宿的介绍是必要的，税收的负担包括绝对税负指标和相对税负指标，它可以定量地衡量一个国家的税负轻重，衡量一个国家社会财富是怎样在政府与国民之间划分的。当然影响这个指标的因素是多样的，在此也分别列举和解释。税收的转嫁与归宿是一个税负转移的过程与结果，但并不是任何税都可转嫁，只有流转税才有可能，即使流转税也并不是一定都能转嫁，要有供求弹性和课税范围的配合才能实现转嫁。转嫁的形式包括前转、后转、混转、消转、税收资本化等。税收原则包括财政原则、效率原则、公平原则、适度原则、法治原则。税收制度是税收规范的法律文件的总称，它包括10项内容，在此做了详细的阐述。对我国税种的介绍中，主要包括四个流转税：增值税、消费税、营业税、关税；两个所得税：企业所得税和个人所得税；一个资源税。国际税收的内容主要包括了国际税收的概念、税收管辖权的确定原则和分类；国际重复征税的原因和免除；国际避税和反避税。

思考与练习

一、选择题

1. 增值税是对在我国境内销售货物或者提供（　　）、修理修配劳务，以及（　　）货物的单位和个人，就其取得的货物或应税劳务的销售额，以及进口货物的金额计算税款，并实行税款抵扣的一种流转税。

A. 包装　进出口　B. 加工　进口　C. 加工　出口　D. 装配　进出口

2. 纳税人兼营不同增值税率的货物或者增值税的应税劳务，未分别核算或不能准确核算销售额的，其增值税税率的确定方法是（　　）。

A. 从高适用税率　　B. 从低适用税率

C. 适用平均税率　　D. 适用6%的征收率

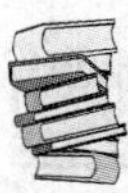

3. 2009 年 1 月 1 日，修订后的增值税条例对小规模纳税人不再设置工业和商业两档征收率，将征收率统一降低至（ ）。

A. 6% B. 3% C. 10% D. 13%

4. 下列货物，全部属于消费税征收范围的是（ ）。

A. 烟、糖、柴油 B. 烟、化妆品、彩电

C. 烟、酒、摩托车 D. 烟、彩电、冰箱

5. 下列各项，属于营业税征税范围的是（ ）。

A. 销售房屋 B. 销售机器设备

C. 提供修理修配劳务 D. 提供货物加工劳务

6. 下列各项，适用 3% 营业税税率的是（ ）。

A. 交通运输业 B. 金融保险业 C. 销售不动产 D. 服务业

7. 某公司职员王小姐于 2012 年 4 月领取工资 12 000 元，依据个税起征点 3 500 元的标准，则她当月应缴纳的个人所得税为（ ）元。

A. 1 705 B. 1 120 C. 1 405 D. 1 625

8. 某技术人员向公司转让某专利技术的特许权使用权，获得转让费 2 000 元，则他需缴纳（ ）元的个人所得税。

A. 240 B. 320 C. 360 D. 480

9. 购房人与开发商签订《商品房买卖合同》时，需要缴纳印花税，税率为（ ）。

A. 0. 3‰ B. 0. 4‰ C. 0. 5‰ D. 0. 1‰

10. 我国于 2008 年 1 月 1 日实施新的《中华人民共和国企业所得税法》，其中在中国境内未设立机构场所的，或者虽设立机构、场所但取得的所得与其所设立机构、场所没有实际联系的，应当就其来源于中国境内的所得缴纳企业所得税，实际征税时适用税率为（ ）。

A. 17% B. 10% C. 25% D. 33%

二、判断题

1. 税收与其他分配方式相比，具有强制性、无偿性和固定性的特点。（ ）

2. 超额累进税率是随着课税对象数量的增加、应税数额达到新的一级税率级距时，就其增加以后的征税对象的全部适用各该级距的新税率，所以，超额累进税率的累进程度比较急剧，税收负担较重。（ ）

3. 直接税是指纳税人本身承担税负，不发生税负转嫁关系的一类税，如所得税和财产税等。（ ）

4. 对从事运输业务的单位发生销售货物并负责运输所售货物的混合销售行为，应征收增值税。（ ）

5. 对应税消费品征收消费税后，不再征收增值税。（ ）

6. 纳税人进口应税消费品，按照组成计税价格和规定的消费税税率计算应纳消费税税额。其组成计税价格的计算公式：组成计税价格 = 关税完税价格 + 关税 + 增值税。（ ）

7. 凡从事商品批发、零售及从事加工、修理修配业务的纳税人都是营业税的纳税人。（ ）

8. 资源税是对在我国境内开采应税矿产品和生产盐的单位和个人，采取从量计税的办法。 （ ）

9. 税收抵免是承认收入来源地管辖权优先于居民管辖权，是目前解决国际重复征税最有效的方法，因此在国际上广为通行。 （ ）

10. 属地原则，亦称属地主义，即按照一国的领土疆域范围为标准，确定其税收管辖权。该国领土疆域内的一切人（包括自然人和法人），无论是本国人还是外国人，都受该国税收管辖权管辖，对该国负有有限纳税义务。 （ ）

三、名词解释

流转税　财产税　从量税　价内税　间接税　附加税　税负转嫁　税收资本化　拉弗曲线　累进税率

四、简答题

1. 简述我国现行的税收种类。
2. 税收制度的基本构成要素有哪些方面？
3. 税负转嫁的形式有哪几类？
4. 简述税收五大原则。
5. 何谓税收公平原则？衡量税收公平的标准有哪些？

五、案例分析

中国高收入者纳税额占税收总额只有30%左右

2013年最新一期《瞭望》周刊载文指出，据统计，在中国个人所得税中，中低收入的工薪阶层的纳税额占税收总额的65%以上，而高收入者的纳税额占税收总额只有30%左右。文章中指出，目前中国在再分配领域存在的突出问题包括对调节高收入阶层的税收机制不到位。

文章写到，当前居民收入方式日趋多元化，除了劳动收入，还有股份收入、资本收入、房屋出租收入等，政府却未能根据实际情况的变化建立有效的收入监督及控制体系。同时，由于个人所得税免征额偏低，使得本该成为纳税主力的高收入阶层却往往成为漏税逃税大户，而不该纳税甚至应该成为政府补贴对象的中低收入阶层却成为了纳税的主力。

据统计，在中国个人所得税中，中低收入的工薪阶层的纳税额占税收总额的65%以上，而高收入者的纳税额占税收总额只有30%左右，在美国10%的最高收入者缴纳个人所得税占全部个税比重的80%以上。中国这种税制安排在相当程度上弱化了税收本应起到的公平收入分配的作用。

简要分析：

1. 公平性是税收的灵魂。世界各国在税制设计时都十分重视税收的公平性。

2. 税收的公平包括横向公平和纵向公平。横向公平是指对具有同等负担能力的纳税人应同等纳税，纵向公平是指具有不同负担能力的纳税人应区别纳税，负担能力越强税负越高。

3. 免征额是指税法规定的对课税对象全部数额中免予征税的数额。目前，我国个人所得税工薪所得免征额为每月3 500元。

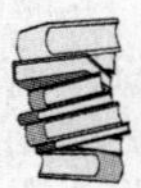

4. 为体现税收的纵向公平，我国个人所得税对工薪所得适用税率设计成累进税率，收入越高适用的税率越高，交的税也就越多，以通过税收来调节收入水平；但在税收行政中，因我国个人所得税免征额偏低，采取分项计征和代扣制，使得本该成为纳税主力的高收入阶层却往往成为漏税逃税大户，而不该纳税甚至应该成为政府补贴对象的中低收入阶层却成为了纳税的主力。

根据上述资料，讨论分析以下问题：

如何发挥我国个人所得税调节个人收入的功能？

第七章　国债

学习目标

知识目标

1. 了解国债的产生、发展和基本原理。
2. 理解国债的政策功能、国债的负担与限度、国债发行价格和国债利率的确定。
3. 掌握国债市场及其功能、国债的发行方式和偿还方法。

能力目标

1. 能区分国债的种类，分辨各种国债的差别。
2. 能对国债的负担和限度进行分析，优化国债结构。
3. 能对影响国债价格的因素进行分析。

引导案例

炒国债也有技巧

现在存款收益较低，股市风险又较大，国债的确是比较好的投资品种。但是，常听人说："炒国债没有什么投资技巧，买了放在那儿就是了。"很多人问：投资国债到底有没有技巧？

"国债没有什么投资技巧"的说法，严格来讲也不能说完全不对。国债的投资策略可以分为消极和积极两种：消极的投资策略，是指在合适的价位买入国债后，一直持有至到期，其间不做买卖操作。从某种意义上说，就是上述所谓"没有技巧"。积极的投资策略，是指根据市场利率及其他因素的变化，判断国债价格走势，低买高卖，赚取买卖差价。

采用什么投资策略，取决于自己的条件。对于以稳健保值为目的又不太熟悉国债交易的投资者来说，采取消极的投资策略较为稳妥。首先，应该结合自己的生活开支等情况，确定资金的可用期限，根据资金的可用期限，选择相应期限的国债品种。其次，在该国债价格下跌到一定程度时买入，持有至到期。对于那些熟悉市场、希望获取较大利益的人来说，可以采用积极的投资策略，关键是对市场利率走势的判断。

值得注意的是，有的人认为股市风险大，因此，平时在投资国债的时候，不大关心股市的情况。这是一种误区，很可能造成损失。经验证明，股市与债市存在一定的"跷跷板"效应。就是说，当股市下跌时，国债价格上扬；股市上涨时，国债价格下跌。所以，国债投资者不能对股市不闻不问，应该密切关注股市对国债行情的影响，

以决定投资国债的出入点。

（资料来源：世界经理人网站，http：//www. ceconline. com/mymoney/el/8800045874/01/.）

第一节　国债概述

一、国债的概念

国债是国家债券的简称，是一国政府为了筹措资金而向投资者出具的承诺在一定时期支付利息和到期还本的债务凭证。世界上许多国家的中央政府与地方政府都有权发行债券。中央政府发行的债券，称为国家债券，简称国债，它是中央政府借以筹措财政资金的重要方式，其收入列入中央政府预算，资金的使用调度权归中央政府。地方政府发行的债券，称为地方债券，简称地方债，它是地方政府为筹措财政收入而发行的，其收入列入地方政府预算，资金的使用调度权归属地方。对于国债的一般概念，我们可以从三个方面来理解。

1. 国债是国家信用的主要形式

国家财政参与国民收入的分配，一般采取无偿的形式，但不排除在一定情况下采取有借有还的信用方式，即政府以债务人或债权人的身份运用信用方式筹集财政收入和运用财政支出，这就是国家信用。国债是国家信用的主要形式和典型形式。在我国，国家信用主要采取以下几种形式：国家对内发行国债或其他政府债券；国家在国外发行或推销国债；国家财政向国家银行借款；国家向国外借款或对国外贷款；一部分财政支出以信用方式加以运用，如财政资金用于经济建设方面的贷款。

2. 国债是财政收入的一种特殊形式

国债首先是筹集财政收入的一种手段，因为不论是发行债券还是借款，都意味着财政收入的增加。但发行债券或借款必须遵守信用原则：有借有还，到期不仅要还本，还要支付利息。国债不仅具有偿还性，而且还具有自愿性的特点，除少数强制性公债之外，人们是否认购、认购多少，完全由认购人决定。以上两个特点决定了国债不同于具有无偿性、强制性特征的税收和罚款收入。因此，国债是一种特殊的财政收入形式。

3. 国债是一个重要的经济杠杆

当今世界各国，国债的作用不仅仅局限于平衡预算，弥补财政赤字，它还是政府调节经济、实现宏观调控、促进经济稳定和发展的一个重要经济杠杆。

二、国债的产生与发展

1. 国债的产生

国债作为一个特殊的财政范畴出现，在历史时序上比税收要晚。国债的产生和发展与国家职能的扩展密切相关，同时又以社会经济的发展及信用制度的发展为前提。随着国家职能的不断扩大，财政支出的日益增加，仅仅靠税收不能满足国家财政支出的需要，这时国家就不得不通过借贷的方式获得一部分收入，以解决财政上的困难。

国债的产生和发展也离不开商品经济和信用制度的发展，如果社会上没有较为充裕的闲置资金，国债就成为无源之水、无本之木。因此，国债产生的条件有两个：一是财政支出的需要；二是借贷资本的存在，即社会上存在比较充裕的闲置货币资本。

国债最早产生于5～7世纪的地中海沿岸一些国家。中世纪以后，地中海沿岸的意大利城市热那亚、威尼斯等地，由于地理位置优越，成为世界商业中心。与商业的发展相适应，信用制度也迅速发展起来。在中世纪以前的奴隶社会末期由高利贷者发展起来的银行，由于利率太高，无法满足商人低利率贷款的要求，威尼斯和热那亚的商人首创了信用组合。这种信用组合又逐步演变为后来的划拨银行，一种比高利贷先进的专门从事信用的行业便应运而生。与此同时，由于封建国家的职能有所扩大，加上财政管理不善，入不敷出，财政收支矛盾加剧，于是划拨银行便以高出一般的利率贷款给国家，这样，就产生了国债。16～17世纪，手工工场向机器大工厂过渡，社会劳动生产率大大提高，加上海上贸易和殖民地战争，商人和高利贷者从国内外获得了大批货币财富。这批积累起来的货币资本超过了工场手工业生产发展的需要，在大量多余资本找不到理想投资场所时，资本所有者便把闲置的货币资本投放到能保证获得高收入的国债上。同时，国家通过举债的实践，认为用发行国债的办法来解决财政困难要比增加税收容易得多，因此，国债很快在欧洲资本主义各国得到广泛的发展。

2. 国债的发展

国债的产生对资产阶级极为有利。正如马克思指出的："国债成了原始积累的最强有力的手段之一，它像挥动魔杖一样，使不生产的货币具有了生殖力。这样就使它转化为资本，而又用不着承担投资于工业甚至投资于高利贷时所不可避免的劳苦和风险。"资本主义商品经济的发展是国债强有力的经济基础，同时国债往往又是同国家财政困难相联系的。所以，国债虽然早在中世纪就已经产生，但是国债的急速增长却是在资本主义财政形成以后的两次世界大战期间。两次世界大战期间，各国军费迅速增长，税收已远远不能满足战争需要，于是国债成了筹集军费的重要途径，资本主义各国国债总额猛增。

20世纪70年代，资本主义世界各国奉行凯恩斯主义的赤字财政政策。根据凯恩斯的理论，增加政府开支，削减联邦税收，虽然会出现财政赤字，但整个社会的有效需求提高后，可以刺激、推动经济的发展。而弥补财政赤字的有效办法是发行国债。因此，国债增长的速度越来越快，资本主义国家国债的发行达到了空前的程度。

1949年新中国成立后，我国也多次发行国债。国债发行基本上分为两个阶段：20世纪50年代是第一阶段，20世纪80年代以来是第二阶段。第一阶段是新中国成立初期，为了医治战争创伤，恢复国民经济，1950年发行了"人民胜利折实公债"；1954—1958年又发行了"国家经济建设公债"。此后，随着国民经济形势的好转逐步停发了国债。第二阶段是改革开放以来，1979年、1980年我国连续发生财政赤字，为了平衡财政收支和解决建设资金的不足，从1981年开始，我国每年都发行一定数量的国债，为经济建设筹集了大量的建设资金。

三、国债的特征

1. 安全性高

政府债券由政府发行并承担还本付息的责任，是国家信用的体现，因此在各类债

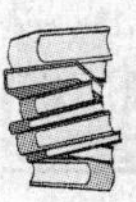

券中，政府债券的信用等级最高，尤其是中央政府债券被称为“金边债券”，在市场上广受欢迎。

2. 流通性强

政府债券的发行量大，安全性好，竞争力强，易于转让，所以许多国家政府债券的二级市场十分发达，一般不仅允许在证券交易所上市交易，还允许在场外市场进行买卖。发达的二级市场又为政府债券的转让提供了方便，使其流通性大大增强。

3. 收益稳定

因政府债券本息大多数固定且有保障，所以其交易价格一般不会出现大的波动，二级市场的交易双方均能得到相对稳定的收益。

4. 免税待遇

为了鼓励人们投资政府债券，大多数国家规定，对于购买政府债券所获得的收益，可以享受免税待遇。我国的个人所得税法规定，个人的利息、股息、红利所得，应缴纳个人所得税，但国债和国家发行的金融债券利息，可免缴个人所得税。因此，在政府债券与其他证券收益率相等的情况下，如果考虑税收因素，投资者可以获得更多的实际投资收益。

四、国债的功能

1. 弥补财政赤字

弥补财政赤字是国债产生的主要动因，也是现代国家的普遍做法。相比增税和向银行透支的方式来弥补赤字而言，发行国债产生的副作用最小，这是因为发行国债只是暂时占用部分社会闲置资金的使用权，国债的认购通常遵循自愿原则，一般不会对经济产生不利影响，也不会引起通货膨胀。但若是财政赤字过大，债台高筑，最终会导致财政收支的恶性循环，而过多地占据社会闲置资金则可能会降低社会的投资和消费水平。

2. 筹集建设资金

在我国财政支出中，经济建设资金占到50%左右，从1987年开始发行重点建设债券和重点企业建设债券，包括电力债券、钢铁债券、石油化工债券和有色金属债券。在日本，法律上将国债明确分为两种：一是建设公债，二是赤字公债。

3. 调控宏观经济运行

国债是国家调控经济的主要杠杆，是国家经济政策的一个重要组成部分。其调节功能主要表现在以下几个方面：

（1）调节积累与消费，促进两者比例关系合理化。积累基金与消费基金的比例关系是否合理，直接影响到国家经济建设和人民生活，因此它是国民经济中的一个关键性的比例关系。在现实生活中，由于国民收入分配中的消费基金与人们的实际消费额存在着数量上的不等和时间上的不一致，因而需要适当加以调节。又由于国家建设需要的主要资金来源是积累基金，但用无偿征收的方式增加积累，势必减少消费基金，从而影响积累与消费的合理比例。而运用国债方式增加积累，却可以在一定程度上不必压缩消费基金。因为国债采取信用的方式，只是获得了一定时期内资金的使用权，

而没有改变资金的所有权。国债调节的结果，在积累资金扩大的同时，只是人民群众手中一部分用于消费而一时又没有实现的消费基金的转移，并没有减少实际消费，因而没有影响积累与消费的比例关系，做到了建设和生活两不误。

（2）调节投资结构，促进产业结构合理化。我国从1992年起实行复式预算，国债成为建设预算的重要收入来源。国债大部分用于生产性投资，国家把国债资金投向哪个部门或产业，必然影响着整个社会的产业结构。国家发行债券不仅可以将一部分闲散资金集中起来，从而使这部分资金得到合理引导，减少投资的盲目性，而且可以使国家的重点建设、基础工业等瓶颈项目得到资金保证，从而使产业结构趋于合理。

（3）调节金融市场，维持经济稳定。国家发行国债可以减少流通中的现金，而国家在清偿债务的时候可以使流通中的货币量增加。目前我国的国债允许自由流通，这就使国债成为一种金融资产，一种有价证券，使国债市场成为间接调节金融市场的政策工具。国家可以通过变动国债发行规模及在金融市场上买卖国债等方式，调节市场货币流通量，保持货币供求平衡。

（4）调节社会总需求，促进社会总供给与总需求的平衡。国家通过国债对总需求的调节，主要表现在三个方面。①调节需求总量。当社会总需求大于社会总供给时，国家可以发行国债并配合增加税收、削减开支等措施，抑制总需求的膨胀；反之，当社会总需求小于社会总供给时，国家可以通过回收国债及减少税收、增加支出等措施，以扩大需求，适当抑制供给，从而调节社会总供给与总需求的均衡。②调节需求结构。发行国内公债可以改变需求结构，从而调节总供给与总需求的结构失衡。③国家发行外债，其作用有两种情况：如果将所得外汇用作外汇储备，则一方面有利于币值稳定和外汇平衡，另一方面银行可以相应地投放一定量的货币，从而使社会总需求相应增加。如果将发行外债所得的外汇用于购买物资，增加进口，则一方面可以引进现金、技术、设备，另一方面又能相应增加国内供给。由此可见，在社会主义市场经济条件下，国债是国家宏观调控的重要的经济杠杆。

五、国债的分类

1. 按偿还期限分类，可将国债分为短期国债、中期国债和长期国债

（1）短期国债是指偿还期限为1年或1年以内的债券，目的是应付国库资金临时的或季节性需求，一般包括行政国债和财政国债两种。在国际上，短期国债的常见形式是国库券。

（2）中期国债是指偿还期限在1年以上（不含1年）、10年以下的国债。

（3）长期国债是指偿还期限在10年以上（不含10年）的国债。

中长期国债主要用于弥补赤字或政府投资。在国债发展史上，还曾经出现过一种无期国债，这种国债在发行之时并未规定还本期限，债权人平时有权按期索取利息，而无权要求清偿，政府可以随时从市场上买入而将其注销。

2. 按资金用途分类，可将国债分为赤字国债、建设国债、战争国债和特种国债

（1）赤字国债是指用于弥补政府预算赤字的国债。政府收支不平衡是一种经常出现的现象，如果支出大于收入，便产生赤字。弥补赤字的手段有多种，除了举借国债

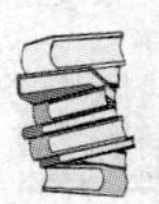

外，还有增加税收、向中央银行借款、动用历年结余等。增加税收会加重社会负担，易引起人们的反对，而且增税还必须通过一定的法律程序，不适合作为政府临时增加收入的主要手段。向中央银行借款有可能增加货币供应量，导致通货膨胀。动用历年结余需视政府过去的年度收支情况，若无结余，此手段也无法运用。因此，发行国债常被政府用作弥补赤字的主要方式。

（2）建设国债是指发债筹措的资金用于建设项目。政府在社会经济中承担的大型基础性项目投资大、周期长、回收慢，一般的商业银行不愿涉足，因此常由政府通过举借债务筹集专项资金来完成。

（3）战争国债专指用于弥补战争费用的国债。战争时期，军费开支庞大，在用其他方法已无法再筹集到资金的时候，政府就有可能以发行国债来弥补。

（4）特种国债是指政府为了实施某种特殊政策而发行的国债。

3. 按流通与否分类，可将国债分为流通国债和非流通国债

（1）流通国债是指可以在流通市场上交易的国债。这种国债的特征是投资者可以自由认购、自由转让，通常不记名，转让价格取决于对该国债的供给与需求。流通国债的转让一般在证券市场上进行，如通过证券交易所或柜台市场交易。在不少国家，流通国债占据了国债发行量中的大部分。

（2）非流通国债是指不允许在流通市场上交易的国债。这种国债不能自由转让，可以记名，也可以不记名。非流通国债的发行对象，有的是个人，有的是一些特殊的机构。以个人为发行对象的非流通国债，一般是吸收个人的小额储蓄资金，故有时称之为储蓄债券。

4. 按发行本位（国债面值的计量单位）分类，可将国债分为实物国债和货币国债

（1）实物国债是指以某种商品实物为本位而发行的国债。这里的实物国债与实物债券不是同一个含义，实物债券是专指具有实物票券的债券，它与记账式债券相对应。

（2）货币国债是指以某种货币为本位而发行的国债，包括本币国债和外币国债。本币国债以本国货币为面值发行，外币国债以外国货币为面值而发行。在现代社会，绝大多数的国债属于货币国债，实物国债已非常少见。

5. 按资金的来源分类，可将国债分为国内债券和国外债券

（1）国内债券是指一国政府以本国货币为币种在国内金融市场上发行的国债。其投资者一般为国内的机构、企业和个人。

（2）国外债券是指一国政府以外国货币为单位，在国际金融市场上发行的债券。政府在国外发行的外币债券与国外一般借款一起，共同构成一个国家的外债。

6. 按利率浮动与否分类，可将国债分为固定利率国债和浮动利率国债

固定利率国债是指国债利率在偿还期内不发生变化的国债。由于其利率水平不能变动，在偿还期内，通货膨胀率较高时，会有市场利率上升的风险。

浮动利率国债是指国债的息票利率会在某种预先规定基准上定期调整的国债。采取浮动利率形式，减少了持有者的利率风险，也有利于国债发行人按照短期利率筹集中长期的资金。

六、国债的负担和限度

1. 国债的负担

各个国家的经济实践已经充分证明，国债不仅存在一个负担问题，而且如何衡量处理负担也是财政理论与实践的重要内容。国债负担可以从三个方面来分析。

(1) 国债作为认购者收入使用权的让渡，这种让渡虽是暂时的，但对他的经济会产生一定的影响，所以国债发行必须考虑认购人的实际负担能力。

(2) 政府即债务人负担。政府借债是有偿的，到期要还本付息，尽管政府借债时获得了经济收益，但偿债却体现为一种支出，借债的过程也就是国债负担的形成过程，所以，政府借债要考虑偿还能力，只能量力而行。

(3) 纳税人负担。不论国债资金的使用方向如何，效益高低，还债的收入来源最终还是税收。马克思所说的国债是一种延期的税收，就是指国债与税收的这种关系。

国债不仅形成一种当前的社会负担，而且在一定条件下还会向后推移。就是说，由于有些国债的偿还期较长，使用效率又低，连年以新债还旧债并不断扩大债务规模，就会形成一代人借的债转化为下一代甚至几代人负担的问题。如果转移债务的同时为后代人创造了更多的财富或奠定了创造财富的基础，这种债务负担的转移在某种意义上被认为是正常的；如果留给后代人的只有净债务，而国债收入已经消费掉，那么，债务转移必将极大地影响后代人的生产和生活，这是一种愧对子孙的短期行为。

2. 国债的限度

国债的限度源于国债的负担。由于国债会形成一种社会负担，所以国债必须有一定的限度。国债的限度一般是指国家债务规模的最高额度或指国债适度规模问题。所谓债务规模包括三层意思：一是历年累积债务的总规模；二是当年发行的国债总额；三是当年到期需还本付息的债务总额。对国债总规模的控制是防止债务危机的重要环节，而控制当年发行额和到期需偿还额往往更具有实际意义。

(1) 国债规模受认购人负担能力的制约。国债的应债来源，从国民经济总体看就是 GDP，所以国债限度是用当年国债发行额或国债余额占 GDP 的比重来表示，称为国债负担率。从个别应债主体看，则以当年发行额占应债主体的收入水平的比重来表示。例如，居民个人的国债负担率可以当年国债发行额占居民收入扣除消费支出和其他投资后的居民储蓄的比例来表示。

(2) 国债规模还受政府偿债能力的制约。中央政府用于还本付息的经常性来源是中央政府的财政收入，所以表示政府偿债能力的指标是当年付息额占当年中央财政收入的比重，或采用当年国债发行数占中央财政支出的比重。前一指标是直接表示政府偿还能力的；而后一指标表示中央支出对债务的依赖程度，称为债务依存度，也可间接表示偿还能力。

(3) 国债的使用方向、结构和效益也是制约国债负担能力和限度的重要因素，甚至从某种意义上说是一个决定性的因素。显然，使用方向和结构合理，经济效益和社会效益提高，自然会提高认购者的应债能力，也会产生一种“内生”的偿还能力，事实上也就提高了国债的限度。

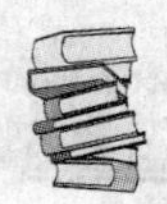

知识链接

我国最早的公债

据《东周列国志》记载，周赧王姬延“欲发兵攻秦，而不能给车马之费”，于是“访国中有钱富民，借贷以为军资，与之立券，约以班师之日，将所得卤获，出息偿还”。

故事发生在战国末期，周朝末代天子周赧王名义上还是天下的共主，但诸侯谁也不买他的账，真正受他管辖的土地不过几十个县。七雄中尤以秦国势力最强，野心也最大。秦国不断发动兼并战争，对天子之位虎视眈眈。

公元前256年，秦国出兵伐赵，直逼周天子居住的洛阳。这时楚王派使臣来献计，大敌当前，只有以周天子的名义召集六国，共同出兵伐秦。于是周赧王以天子的名义诏令六国共同出兵讨伐秦国，还拼凑了一支6 000人的部队。但周王朝地小、人少，国库里早已空空如也，怎么筹措军需呢？周赧王采纳大臣的意见，先向国内的商人、地主借了一笔钱，说取胜回来连本带利一并归还。

周赧王的军队在伊阙等了3个月，结果却只有楚、燕两国派来了军队，其他四国压根就不把他当回事。周赧王这次是货真价实的穷折腾，秦国的大军都懒得动手，秦昭襄王给他传了话：“你吃饱了撑的吧，没事找事。”

周赧王悻悻地回到了领地，没想到比秦国更麻烦的事情在等待着他。那些债权人拿着债券，天天到宫门外向周赧王要债。周赧王没钱还债，跑又没处跑，躲又躲不了，弄得他六神无主，只好在城内筑起一座高台，躲到上边，眼不见为净。后人称此台为“避债台”，后来才有了“债台高筑”的成语，形容欠债极多。

（资料来源：问问网，http：//wenwen. soso. com/z/q98651605. htm.）

第二节 国债的发行与偿还

一、国债的发行

1. 国债发行的原则

（1）需要原则。其包括财政收支状况对国债的需求和社会（企业、单位和居民）对国债的需求状况，依此来设计国债的种类、期限和规模。

（2）负担限额原则。即从法律上规定发行的金额，使国债的发行限制在国民经济能够承受的范围之内。

（3）低成本原则。即在国债的发行、偿还等过程中，尽可能使用费用较低的方式，使国债资金能够得到充分利用。

（4）稳定经济原则。由于国债的偿还期限不同，其流动性也不一样：短期债券的流动性大，长期债券的流动性小。在经济过热、存在通货膨胀威胁时，需要压缩社会需求，减少货币供应量，因此要发行长期国债，减少国债的流动性；反之，则发行短期国债。

2. 国债发行的方式

国债发行的方式主要有以下几种：公募法、包销法、公卖法和摊派法。

（1）公募法，是指国家向社会公开募集公债的方式，有直接公募法和间接公募法。①直接公募法是指由财政部门直接承担发行国债的责任，通过邮政系统和其他通讯系统，向全国人民公开招募，其发行费用和损失皆由国库承担。②间接公募法是将发行事项委托给银行机构，而规定一定的条件，由银行分摊认领一定的数额，然后转向公众募集，摊销余数由银行机构自行认购以凑足数额。

直接公募法和间接公募法各有优劣，视发行环境而定。在资金不充裕的国家，如因政府必须募足一定数额的国债，就非要依靠银行不可。但政府可尝试采用竞募法，由民众与银行共同竞争，凡能出高价的就将国债售给他。这样可防止银行垄断发行和挟持政府。至于社会资金充裕的国家，金融组织甚为健全和灵活，人们也认识到国债的利益，不管采用直接法还是间接法，国家都可以按有利的条件发行。

（2）包销法，又叫承受法，指国家将发行的债券统一售给银行，再由银行向社会销售，若银行不能把全部国债销售出去，其差额部分由银行承担。这种方法只需政府和银行之间议定条件就行，手续简单，国库收款较整齐。包销法与间接公募法的区别是：包销法是国债发行权的转让，政府不干涉银行的发行权和发行事务；间接公募法，银行只是代理发行权和发行事务，最终向政府负责，受政府的指导和监督。目前西方国家国债的发行大多采用包销法。

（3）公卖法，也叫出售法，指政府将国债委托证券市场代为销售的方法。采用这种发行方法，主要是政府担心如果向公众招募一时不易募足，又可能引起民间的骚乱与金融的动荡，倒不如在证券市场依市价出售更为公平。同时，政府还可以根据财政需要，随时决定国债出售的数额，相比事先发行国债可以减轻一部分利息负担。但这种方式下，国债的出售往往受到证券投资经营状况的影响，弊端较大，从总的方面看对于国家财政是不适宜的。公卖法类似公募法，区别在于公募发行的条件下，债券的价格由国家确定或选定后不再变动；而公卖发行的条件下，债券的价格由证券市场的供求行市决定并且不断波动。

（4）摊派法，是一种强制的发行方式，由政府根据情况向企业单位等分配购买国债的任务指标，企业必须保证完成。我国20世纪80年代发行的国债基本属于这种情况。这种办法对保证完成国债发行任务，有计划地调节资金具有一定意义，但会带来国债的信誉不高和人民的抵触情绪，导致发行困难等不良后果。

3. 国债的发行价格

国债的发行价格是指债券的出售价格或投资者的认购价格。政府债券的发行价格不一定就是票面值，可以低于票面值发行，少数情况下也可以高于票面值发行，所以就有一个发行的行市问题。按照国债发行价格与其票面值的关系，可以分为平价发行、折价发行和溢价发行三种发行价格。

（1）平价发行。所谓平价发行，是指政府债券按票面值出售。认购者按国债票面值支付购金，政府按票面值取得收入，到期亦按票面值还本。政府债券按照票面值出售，必须有两个前提条件，一是市场利率要与国债发行利率大体一致。市场利率高于

国债利率，按票面值出售便无法找到认购者或承购者；市场利率低于国债利率，按票面值出售，财政将遭受不应有的损失。二是政府的信用必须良好。唯有在政府信用良好的条件下，人们才会乐于按票面值认购，国债发行任务的完成才能有足够的保障。

（2）折价发行。所谓折价发行，是指政府债券以低于票面值的价格出售，即认购者按低于票面值的价格支付购金，政府按这一折价取得收入，到期仍按票面值还本。债券的发行价格低于票面值，其主要原因是市场利息率上升，投资者选择其他投资方式可以取得较高的收益，政府只有降低发行价格，债券才能找到认购者或承购者。除此之外，在发行任务较重的情况下，为了鼓励投资者踊跃认购而用减价的方式给予额外的利益，也是选择折价发行的一个重要原因。

（3）溢价发行。所谓溢价发行，是政府债券以超过票面值的价格出售，即认购者按高于票面值的价格支付购金，政府按这一增价取得收入，到期则按票面值还本。政府债券能按高于票面值的价格出售，只有在下述两种情况下才能办到。一是国债利息率高，高于市场利息率以至于认购者有利可图；二是国债利率原与市场利率大体相同，但当债券出售时，市场利率出现下降，以致政府有可能提高债券出售价格。

二、国债的偿还

1. 国债的还本方式

国债的还本方式一般有直接偿还法、市场购销法和以新替旧偿还法。其中，直接偿还法又可细分为按次偿还法、抽签偿还法和到期一次偿还法三种。

（1）按次偿还法，即对一种债券规定几个还本期，每期偿还一定比例，直到债券到期时，本金全部偿清。这种偿还方式可以分散国债还本对国库的压力，避免集中偿还给财政带来困难。但在这种偿还方式下须频繁地进行本金兑付，国债利息率也往往要有差别的规定。还本愈迟，利息愈高，以鼓励债券持有人推迟还本期，国债偿还的工作量和复杂程度会因此加大。在美国，各级地方政府发行的国债多数采用这种方法偿还。

（2）抽签偿还法，即政府预先确定每一期还本付息的比例，然后在国债偿还期内，通过定期按债券号码抽签对号以确定每期的还本付息额，对每次中签者，按债券面额还本并按规定付给利息。对于没有中签的国债仍然按期支付利息，直到全部国债券中签。我国 1981 年至 1984 年发行的国库券，就采用此种方法。这种偿还方式的利弊与分期逐步偿还法大致类似。

（3）到期一次偿还法，即实行在债券到期日按票面额一次全部偿清，也就是何时债券到期，何时一次偿还。这是一种传统的偿还方式，其优点是国债还本管理工作简单、易行，且不必为国债的还本而频繁地筹措资金。缺点则是集中一次偿还本金，有可能造成政府支出的急剧上升，给财政带来巨大的压力。1988 年我国政府所发行的国库券的偿还期定为三年，在发行后第四年度一次偿还本息。

（4）买销偿还法。买销偿还法是国家在债券期限内，通过定期或不定期地从证券市场上赎回一定比例债券，赎回后不再卖出，使这种债券期满时，已全部或绝大部分被政府所持有。这种方式的优点是给投资者提供了中途兑现的可能性，并会对政府债

券的价格起支持作用。其缺点是政府需为市场购销进行大量繁杂的工作，对从事此项业务的工作人员也有较高的素质要求，因而不宜全面推行。这种方式只适用短期的非上市国债的偿还。

（5）调换偿还法。调换偿还法是指政府通过发行新债券来兑换到期的旧债券，以实现偿还国债的目的。这种偿还方法，债券的持有者在债券到期时兑换相应数额的政府新发行债券，从而延长持有政府债券的时间；政府用新发行的债券来还债，从而使到期债务后延。这种偿还方式有着明显的优越性。从财政的角度看，国债既可用一般预算资金偿还，又可通过发行新债券偿还，增加了筹措还债基金的灵活性。从债券持有者角度看，拥有继续持有政府债券的优先权，这在其他投资方式收益较低的情况下对其是有利的。问题在于，如果经常使用这种偿还方式，实际上等于无限期推迟偿还，很可能会损害政府信誉。

2. 国债还本资金来源

一般来说，国债还本资金来源有以下几种：

（1）国家预算拨款，就是将每年的国债偿还数额作为财政支出的一个项目而列入当年的支出预算，由正常的财政收入保证国债的偿还。表面上看这似乎是确保国债按期偿还的稳妥办法，但实践中会遇到种种问题。这是因为，如果政府财政有能力每年拨出专款用作国债偿还支出，也就可能没有必要发行国债，或者不必每年发行那么多国债。

（2）预算收支盈余，就是政府在每年预算有盈余时，以当年的盈余资金作为偿还国债的资金。从各国的情况来看，这种靠财政节余作为偿债来源的办法只是理论上的假定，实践中难以操作。

（3）设立偿债基金，就是由政府预算设置专项基金用以偿还国债，即每年从财政收入中拨交一笔专款设立基金，由特定机关管理专门偿付国债，专款专用，不用作其他用途，从而在制度上保证偿还债务的所需资金，而且在国债未还清之前，每年的预算拨款不能减少，以期逐年减少债务，故称作偿债基金。

（4）举借新债，就是政府通过发行新债券，为到期债务筹措偿还资金。这既有实践上的必要性，也有理论上的合理性。从各国的财政实践来看，当今世界，政府国债的累计额十分庞大，每年的到期债务已远远超过财政收入的负担能力，偿还到期债务的资金来源不能不依赖于不断地举借新债。从理论上看，国债可以被看作储蓄的延长形式。在正常情况下，任何储蓄，从个别讲，有存有取；但从总体看，则只存不取。国债同样如此，从单项债务看，它有偿还期；但从债务总体讲，它实际上并不存在偿还期，而是可以采用借新债还旧债的办法，无限地长时间地延续下去。或许正因为如此，通过发新债还旧债，便成为各国政府偿还国债的基本手段。

3. 国债付息方式

国债的付息方式大体可分为以下两类。

（1）按期分次支付法，即将债券应付利息，在债券存续期间内分期支付，一般附有息票，债券持有者可按期剪下息票兑付息款。这种方法往往适用于期限较长或在持有期限内不准兑现的债券。这是因为，在较短的期限内，如能定期支付一定数额的利

息，不仅可激发持有人认购国债的积极性，也可避免政府债息费用的集中支付，使债息负担均匀分散化。

（2）到期一次支付法，即将债券应付利息连同本金在债券到期时一起支付。这种方法多适用于期限较短或超过一定期限后随时可以兑现的债券。这是因为，在较短的期限内，债息分次支付是不必要的。在债券到期时将息款连同本金一次支付，则可大大简化政府的国债付息工作，对债券持有者来说也是可以接受的。

由于付息方式上的不同，政府在每一年度应付的利息和实际支付的利息并不完全一样。通常情况下，应付额会大于实付额而形成一笔利息上的债务。因此，在国债的付息工作中，政府往往要通过选择恰当的付息方法，安排好应付额和实付额的关系，以期与财政状况和经济形势的需要保持一致。

知识链接

400 亿元电子式储蓄国债发行购买人气同比降温

2014 年第一、第二期储蓄国债（电子式）今起正式发行，最大发行额 400 亿元，其中，第一期期限为三年，最大发行额 240 亿元，票面利率为 5%；第二期期限为五年，最大发行额 160 亿元，票面利率 5.41%。然而，在大量网络理财和银行短期理财产品的比拼下，今年，“金边债券”的人气显然不如从前。

据悉，此次发行的两期国债均为固定利率、固定期限品种，年利率均与去年发行同期限的电子式国债利率持平。就目前来看，包括余额宝、微信理财通、百度百赚等在内的各类产品，7 天年化收益普遍仍维持在 5.1% 上方，而银行 30 天至一年的各期限理财产品中，收益可达到 5.2% 至 5.8% 的更在多数。“有鉴于此，此次 5% 和 5.41% 利率的国债对市民而言恐怕难以构成足够的吸引力，除了部分保守型投资者会一如既往选择国债外，一些偏好相对收益和风险较高投资的市民会毫不犹豫地选择灵活性更强的银行理财产品。”银行人士称。

来自人行宁波市中心支行的信息显示，2014 年 3 月率先发行的 2014 年首期凭证式储蓄国债中，该市工行、农行、中行、建行和交行五家银行累计发行金额不到 2.77 亿元，截至发行结束，全市仅完成发行任务的 76%。业内人士坦言，本期国债购买人气较去年同期有所降温。除了银行网点柜台代销外，今年，电子式储蓄国债的网上银行销售试点进一步扩大，除了五大银行外，广发银行、上海银行、招商银行等亦开通了网银代销。

（资料来源：宁波晚报，2014 年 4 月 11 日）

第三节　国债市场

一、国债市场及其功能

国债是一种财政收入形式，国债券是一种有价证券。证券市场是有价证券交易的场所，政府通过证券市场发行和偿还国债，意味着国债进入了交易过程，而进行国债发行和交易的市场就是国债市场。毫无疑义，国债市场是证券市场的构成部分，同时又对证券市场具有一定的制约作用。

国债市场按照国债交易的层次或阶段可分为两个部分：国债发行市场和国债流通市场。国债发行市场是指国债发行的市场，又称国债一级市场或初级市场，是国债交易的初始环节，一般是政府与证券承销机构，如银行、金融机构和证券经纪人之间的交易，通常由证券承销机构一次全部买下发行的国债。国债流通市场又称国债二级市场，是国债交易的第二阶段，一般是国债承销机构与认购者之间的交易，也包括国债持有者与政府或国债认购者之间的交易。它又分证券交易所交易和场外交易两类。证券交易所交易指在指定的交易所营业厅从事的交易；不在交易所营业厅从事的交易即为场外交易。

国债市场一般具有两个方面的功能：一是实现国债的发行和偿还。国家可以采取固定收益出售方式和公募拍卖方式在国债市场的交易中完成发行和偿还国债的任务。二是调节社会资金的运行。在国债市场中，国债承销机构和国债认购者及国债持有者与证券经纪人从事的直接交易，国债持有者与国债认购者从事的间接交易，都是社会资金的再分配过程，最终使资金需求者和国债需求者得到满足，使社会资金的配置趋向合理。若政府直接参与国债交易活动，以一定的价格售出或收回国债，就可以发挥引导资金流向和活跃证券交易市场的作用。

二、国债发行市场

我国1981年恢复发行国债之初，主要采取行政摊派方式，由财政部门直接向认购人（主要是企业和居民个人）出售国债，带有半摊派的性质。中国真正意义上的国债发行市场始于1991年。该年4月，财政部第一次组织了国债承销团，有70多家国债中介机构参加了国债承销。1993年建立了一级自营商制度，当时有19家金融机构参加，承销了1993年第三期记账式国债。

所谓一级自营商，是指具备一定条件并由财政部认定的银行、证券公司和其他非银行金融机构。它们可以直接向财政部承购和投标竞销国债，并通过开展分销、零售业务，促进国债发行，维护国债发行市场顺利运转。1994年，在以前改革的基础上，国债发行着重于品种多样化，推出了半年和一年期短期国债和不上市的储蓄国债。1996年开始采取招标发行方式，通过竞价确定国债价格，市场化程度大为提高。例如，对贴现国债采取价格招标，对贴息国债采取收益率招标，对已确定利率和发行条件的无记名国债采取划款期招标。同时，推出了3个月、6个月、1年、3年、7年和10年等6个不同期限的国债品种，其中3个月、7年和10年国债是新品种，3个月国债是目前最短期国债，7年和10年是当时最长期国债，又是附息国债，在国债品种与期限结构上开始同国际接轨。

我国国债发行市场经过几年的发展已基本形成。其基本结构是以差额招标方式向国债一级承销商出售可上市国债；以承销方式向承销商，如商业银行和财政部门所属国债经营机构，销售不上市的储蓄国债（凭证式国债）；以定向招募方式向社会保障机构和保险公司出售定向国债。这种发行市场结构，是一种多种发行方式搭配使用，适应我国当前实际的发行市场结构。

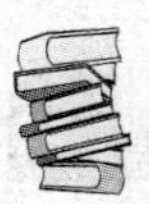

三、国债流通市场

我国从1981年恢复发行国债到1988年的7年期间，还没有国债二级市场。债券在一定期限终止了持券人的购买力，使持券人感到不方便。因此，解决居民手中债券的变现问题，就成为当务之急。1985年曾经搞过一个贴现办法，但是实行起来效果并不好，因而建立国债流通市场是既方便居民，又防止购买力膨胀的重要途径。

我国从1988年开始，首先允许7个城市随后又批准了54个城市进行国库券流通转让的试点工作。允许1985年和1986年的国库券上市，试点地区的财政部门和银行部门设立了证券公司参与流通转让工作。试点主要在证券中介机构进行，因而中国国债流通市场始于场外交易。1991年又进一步扩大了国债流通市场的开放范围，允许全国400个地区市一级以上的城市进行国债流通转让。同时，国债承销的成功，证券机构迅速增加，这些都促进了场外市场交易活跃起来。时至1993年，场外交易量累计达450亿元，大于当时的场内交易量。由于场外交易的先天弱点，如管理不规范，信誉差，拖欠现象严重，容易出现清算与交割危机；场外市场统一性差，地区牌价差价大，买卖差价大；不少场外市场有行无市，流动性差，等等，这些因素导致场外市场交易不断萎缩，至1996年，场外市场交易量的比重已不足10%。与此同时，场内交易市场虽然起步较晚，但由于自身优势却获得稳步发展。目前场内交易主要集中在四家场所：上海证券交易所、深圳证券交易所、武汉国债交易中心（1992年建立，专营国债转让）、全国证券交易自动报价系统。由于这些场所的管理相对规范，信誉良好，市场统一性强，因而保证了场内交易量的稳步增长，至1996年已占整个国债交易总量的90%以上。当前中国国债流通市场的结构已形成以场内交易为主，以证券经营网点的场外交易为辅的基本格局，基本上符合中国当前的实际。

我国自1991年兴起国债回购市场。所谓国债回购，是指国债持有人在卖出一笔国债的同时，与买方签订协议，承诺在约定期限后以约定价格购回同笔国债的交易活动。如果交易程序相反，则称国债逆回购。国债回购是在国债交易形式下的一种融券兼融资活动，具有金融衍生工具的性质。国债回购为国债持有者、投资者提供融资，是投资者获得短期资金的主要渠道，也为公开市场操作提供工具。因而，国债回购业务对国债市场的发展有重要的推动作用。但国债回购市场的不规范，也会产生副作用，如买空卖空现象严重、回购业务无实际债券作保证、回购资金来源混乱及资金使用不当等，都会冲击金融秩序。我国1995年曾对国债回购市场进行整顿，整顿后国债回购市场逐步走向正轨。为了有序地发展国债市场，要巩固和发展交易所内的回购市场，要建立规范的场内回购市场，建立统一的托管清算体系，杜绝买空卖空，打击市场分割。中央银行还要加大公开市场操作力度，使国债回购成为公开市场操作的有效工具。

四、影响国债价格的因素

国债市场价格是在其理论价格的基础上，随着国债市场的供需状况而上下波动的。当市场上国债供过于求时，国债价格必然下跌；反之，国债价格则上涨。由于国债价格是随着供求关系的变化而波动的，因此影响国债供求关系的各种因素也是影响国债价格变化的因素。影响国债供求关系的因素很多，包括政治因素、经济因素、投机因素等。

1. 政治因素

影响国债价格的政治因素主要是指一个国家的政治形势，国家的政治形势对国债价格有一定的影响。如果一个国家的政局稳定，社会秩序良好，政府团结有力，投资者的收益有保障，国债的价格就会上升；相反，如果一个国家的政局不稳定，社会秩序混乱，投资者的利益得不到保障，投资者为躲避风险就会抛售国债，从而引起国债价格下跌。因此，投资者在进行投资时，有必要对该国的政治形势做出判断。

2. 经济因素

（1）市场利率。市场利率的高低与国债价格的涨跌有密切的关系。如果市场利率变化了，国债的收益率也要相应地进行调整。当市场利率上升时，国债的收益率也要相应地上升，才能吸引投资者进行投资。由于国债的券面利率相对固定，因此要提高国债的收益率，只有使国债价格降低，才能使国债的收益提高。市场利率上升，国债价格则下降；反之，国债价格上升。

（2）物价水平。物价水平的涨跌会引起国债价格的变动。若经济运行中出现了预期之外的通货膨胀，国债的名义收益不变，实际收益会降低，国债的名义收益不能体现投资者对这部分通货膨胀所要求的风险补偿。换句话说，就是国债收益的货币购买力降低，投资者用获得的收益购买东西减少。若投资者的这部分损失得不到补偿，投资者就不会以高价购买国债，国债的价格就会降低。当经济运行中出现预期外的通货紧缩时，国债的名义收益不变，实际收益提高，投资者从通货紧缩中获得了额外的收益，投资者可以用获得的国债收益购买更多的商品，会愿意支付较高价格购买国债，国债交易价格相应提高。

（3）经济发展。经济发展状况的好坏，对国债市场行情有较大影响。当经济发展呈上升趋势时，生产企业对资金的需求量增加，于是市场利率上升，国债价格下跌；当经济发展不景气，生产过剩时，生产企业对资金的需求急剧下降，于是市场利率下降，资金纷纷转向国债市场，国债价格也随之上升。

（4）市场公开操作。中央银行进行公开市场操作会影响国债价格的涨跌。公开市场业务是中央银行执行货币政策的重要手段。当国内经济高涨，通货膨胀率过高时，中央银行为紧缩货币供应，在国债市场上抛出国债，收回货币，国债价格便会下跌；当国内经济萧条，中央银行扩张信用时，会在国债市场上收进国债，增加货币供应，国债价格便会上升。

（5）新债数量。新发行国债的数量也是影响国债价格的重要因素。当新发行国债的发行量超过一定限度时，会打破国债市场的供求平衡，使国债价格下跌。

（6）外汇汇率。外汇汇率的变动对国债市场行情的影响很大。当某种外汇升值时，就会吸引投资者购买以该种外汇标价的国债，使该国债价格上升；当某种外币贬值时，人们纷纷抛出以该种外币标价的债券，国债的价格就会下跌。

3. 投机因素

在国债交易中进行人为的投机操纵，会造成国债行情的较大变动。尤其是在国债

市场发展初期的国家，因其国债市场规模较小，人们对国债市场还不是很了解，加上法规不够健全，国债市场的投机行为比较盛行，因而造成国债市场价格剧烈变动，从而影响国债价格的涨跌。

投机者在国债市场买卖国债的目的不是进行长期投资，而是进行买空卖空的交易，谋求国债市场价格波动的价差收益。在市场经济条件下，投机的存在有利于活跃市场，但是，过度的投机不利于市场的健康发展。

知识链接

我国的国债期货交易

国债期货是一种金融期货，在我国期货市场发展史上具有重要的地位和作用，可谓是中国金融期货的先驱。1992 年 12 月，上海证券交易所最先开放了国债期货交易。上交所共推出 12 个品种的国债期货合约，只对机构投资者开放。但在国债期货交易开放的近一年里，交易并不活跃。

1993 年 10 月 25 日，上交所对国债期货合约进行了修订，并向个人投资者开放国债期货交易。1994 年第二季度开始，国债期货交易逐渐趋于活跃，交易金额逐月递增。1995 年以后，国债期货交易更加火爆。由于可供交割的国债现券数量远小于国债期货的交易规模，因此，市场上的投机气氛越来越浓厚，风险也越来越大。

1995 年 2 月，国债期货市场上发生了著名的“327”违规操作事件，对市场造成了沉重的打击。1995 年 2 月 25 日，为规范整顿国债期货市场，中国证监会和财政部联合颁发了《国债期货交易管理暂行办法》；2 月 25 日，中国证监会又向各个国债期货交易场所发出了《关于加强国债期货风险控制的紧急通知》，不仅提高了交易保证金比例，还将交易场所从原来的十几个收缩到沪、深、汉、京四大市场。一系列的清理整顿措施并未有效抑制市场投机气氛，透支、超仓、内幕交易、恶意操纵等现象仍然十分严重，国债期货价格仍继续狂涨，1995 年 5 月再次发生恶性违规事件——“319”事件。

1995 年 5 月 17 日下午，中国证监会发出通知，决定暂停国债期货交易，我国首次国债期货交易试点以失败而告终。

（资料来源：http：//www. cs. com. cn/qhsc/10/20120209/08/201202/t20120209_3235885. html.）

本章小结

国债是政府以债务人的身份取得的信用或以债权人的身份提供的信用。国债具有安全性高、流动性强、收益稳定、免税待遇等特征。国债的功能包括弥补财政赤字、筹集建设资金、调控宏观经济运行。国债发行的原则有需要原则、负担限额原则、低成本原则和稳定经济原则。国债发行的方式主要有公募法、包销法、公卖法和摊派法四种。国债的发行价格是指债券的出售价格或投资者的认购价格。按照国债发行价格与其票面值的关系，可以分为平价发行、折价发行和溢价发行三种发行价格。国债的还本方式一般有直接偿还法、市场购销法和以新替旧偿还法。其中，直接偿还法又可

细分为按次偿还法、抽签偿还法和到期一次偿还法三种。国债市场按照国债交易的层次或阶段可分为两个部分：国债发行市场和国债流通市场。国债市场一般具有两个方面的功能：一是实现国债的发行和偿还，二是调节社会资金的运行。国债市场价格是在其理论价格的基础上，随着国债市场的供需状况而上下波动的。影响国债供求关系的因素很多，包括政治因素、经济因素、投机因素等方面。

思考与练习

一、选择题

1. 由于国债风险较小，偿还有保障，所以通常被称为（　　）。

A. 金边债券　　B. 保值债券　　C. 保险债券　　D. 银边债券

2. 国债的基本功能是（　　）。

A. 筹集建设资金　　B. 弥补财政赤字

C. 调节经济发展　　D. 形成市场基准利率

3. 考察国债规模一般使用的是（　　）。

A. 债务依存度　　B. 国债偿债率　　C. 国债负担率　　D. 居民应债率

4. 国债是指（　　）以债务人的身份，采取信用方式，通过在国内外发行债券所形成的债务。

A. 政府　　B. 企业　　C. 团体　　D. 个人

5. 新中国成立后，国债发行分为两个阶段，包括（　　）。

A. 20 世纪 50 年代　　B. 20 世纪 60 年代以来

C. 20 世纪 70 年代以来　　D. 20 世纪 80 年代以来

6. 将国债分为赤字国债、建设国债、战争国债和特种国债是（　　）。

A. 按偿还期限划分的　　B. 按资金用途划分的

C. 按资金来源划分的　　D. 按发行本位划分的

7. 国债是国家调控经济的主要杠杆，其调节功能主要表现在（　　）。

A. 调节积累与消费，促进两者比例关系合理化

B. 调节投资结构，促进产业结构化

C. 调节金融市场，维持经济稳定

D. 调节社会总需求，促进社会总供给与总需求的平衡

8. 国债的特征有（　　）。

A. 收益稳定　　B. 流动性强　　C. 安全性高　　D. 免税待遇

9. 发行国债应坚持的原则有（　　）。

A. 稳定经济原则　　B. 负担限额原则　　C. 低成本原则　　D. 需要原则

10. 国债偿还的主要资金来源有（　　）。

A. 国家预算资金　　B. 举借新债　　C. 预算盈余　　D. 设立偿债基金

二、判断题

1. 非流通国债不能自由转让，可以记名，也可以不记名。（　　）

2. 投机者在国债市场买卖国债的目的是进行长期投资。（　　）

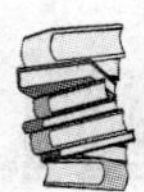

3. 政府举借的债务称为国债。（　）

4. 国债不存在社会负担问题。（　）

5. 折价发行就是指国债的发行价格高于国债的票面价值，但到期后仍按票面价值偿还本金。（　）

6. 从政府财政的角度加以审视，在三种发行价格中平价发行可以说是最为有利的。（　）

7. 国债的付息方式大体可分为两类：按期分次支付法和到期一次支付法。对投资者来说，到期一次支付法更为有利。（　）

8. 我国从1981年恢复发行国债到1988年的7年期间，还没有国债二级市场。（　）

9. 我国于1992年曾一度推出国债期货交易试点。后因“327”国债期货事件，国务院于1995年5月宣告国债期货的试点暂停。（　）

10. 市场利率的高低与国债价格的涨跌有密切的关系：市场利率上升，国债价格上涨。（　）

三、名词解释

国债　实物国债　平价发行　公募法　国债市场

四、简答题

1. 国债有哪些功能?
2. 简述国债的种类。
3. 简述国债发行的方法。
4. 国债市场有什么作用?
5. 简述影响国债价格的因素。

五、案例分析

“327”国债期货风波

“327”国债期货事件的主角，是1992年发行的三年期国库券，该券发行总量为240亿元，1995年6月到期兑付，利率是9.5%的票面利息加保值贴补率，但财政部是否对之实行保值贴补，并不确定。1995年2月后，其价格一直在147.80元和148.30元之间徘徊，但随着对财政部是否实行保值贴补的猜测和分歧，“327”国债期货价格发生大幅变动。以万国证券公司为代表的空方主力认为1995年1月起通货膨胀已见顶回落，不会贴息，坚决做空，而其对手方中经开（中国经济开发信托投资公司）则依据物价翘尾、周边市场“327”品种价格普遍高于上海及提前了解财政部决策动向等因素，坚决做多，不断推升价位。

1995年2月23日，一直在“327”品种上联合做空的辽宁国发（集团）有限公司抢先得知“327”贴息消息，立即由做空改为做多，使得“327”品种在1分钟内上涨2元，10分钟内上涨3.77元。做空主力万国证券公司立即陷入困境，按照其当时的持仓量和价位，一旦期货合约到期，履行交割义务，其亏损高达60多亿元。为维护自己的利益，“327”合约空方主力在148.50价位封盘失败后，在交易结束前最后8分钟，空方主力大量透支交易，以700万手、价值1 400亿元的巨量空单，将价格打压至

147.50元收盘，使“327”合约暴跌3.8元，并使当日开仓的多头全线爆仓，造成了传媒所称的“中国的巴林事件”。

“327”国债交易中的异常情况，震惊了证券市场。事发当日晚上，上交所召集有关各方紧急磋商，最终权衡利弊，确认空方主力恶意违规，宣布最后8分钟所有的“327”品种期货交易无效，各会员之间实行协议平仓。

（资料来源：人民网，http：//finance. people. com. cn/GB/67604/68359/5553973. html.）

根据上述资料，讨论分析以下问题：

1. 你对“327”国债期货事件有什么看法？

2. 中国监管层应当如何完善国债期货的风险管理？

第八章　政府预算与预算管理体制

学习目标

知识目标

1. 了解我国预算体制的演变。
2. 理解我国预算管理制度的改革和建设。
3. 掌握政府预算的概念、分类和功能，分税制的主要内容，政府预算的程序。

能力目标

1. 能够读懂各级政府的预决算报告。
2. 能够分析各级政府财政支出的重点和政府职能的变化。
3. 能够根据现实情况和政府预决算报告写出参政议政的报告。

引导案例

三公经费试比高

三公经费又称三公消费，是指政府部门人员在因公出国（境）经费、公务车购置及运行费、公务招待费产生的三大主要消费项目，三公消费已成为现今社会的毒瘤。

2012年6月，国务院公布《机关事务管理条例》，要求各级政府定期公布“三公经费”预算和决算情况，同时对违反条例的具体情形及所需承担的法律责任作了界定。

至7月20日，已公布的89个中央部门2011年部门决算和“三公经费”中，65个预算超2011年决算。发改委2012年预算涨幅达26.58%，公安部增幅达22.59%，工信部增幅为17.78%，国家计生委2012年出国费用增加额对总增加额的贡献率达到97%，预算新增主要用于出国考察。公布的出国经费人均差距较大，2011年国务院发展研究中心出国人均花费11.26万元，共青团中央为0.19万元。中国电监会2011年新车购置均价高达63.57万元。

“三公消费”是一种权力腐败，必须下决心遏制。控制三公经费规模，除了信息公开、预算监督外，还要从预算编制环节把好关。

（资料来源：http：//economy. caixin. com/2012－07－20/100413457. html.）

第一节　政府预算概述

每年3月，全国人大都要将所有代表召集到北京，共商国是。代表们除了审议政

府工作报告，还要审议国民经济和社会发展计划与政府预算报告。可见，政府预算属于国家大事。而在地方，省级政府在每年2月召开全省人代会，讨论政府工作报告和预算报告。在世界范围内，从欧洲、美洲到澳洲的代议制国家，议员们都在做着同一件事：审查政府预算报告。围绕这个报告，他们争论不休：政府预算是什么？它为何能如此吸引政治家、政府官员，甚至广大百姓的眼球呢？

一、政府预算的含义

政府预算，亦称“国家预算”“财政预算”，是具有法律效力的政府年度财政收支计划。

政府预算是相对于税收、公债产生较晚的一个财政范畴，它是封建社会末期，新兴资产阶级同封建统治阶级斗争的产物。新兴资产阶级为了维护自己的阶级利益，要求对封建贵族的大量奢侈消费和盲目的苛捐杂税进行限制，要求议会审议政府财政的收支计划，只有通过议会审议的政府财政收支计划才能执行，否则无效。英国于17世纪编制了第一个政府预算。到了20世纪，绝大多数国家已建立政府预算的制度。今天，政府预算已成为财政体系中不可缺少的组成部分，并成为财政学的重要范畴。

新中国成立后，为了加强财政管理，也开始编制政府预算，我国的政府预算由中央预算和地方预算组成。按照社会主义市场经济的要求，改革和完善我国的政府预算制度，是新时期财政制度改革和财政工作的中心内容之一。

从形式上看，政府预算按一定的标准将政府预算年度的财政收支分门别类地列入各种计划表格，通过这些表格可以反映一定时期政府财政收入的具体来源和支出方向，便于人们清楚地了解政府的财政活动，成为反映政府活动的一面镜子。政府预算指标背后反映的是政府在做什么和不做什么之间做出选择；反映了政府准备购买的具体公共物品和服务及其成本，同时也反映了政府支出上的优先权；反映了可供政府集中支配的财政资金的数量的多少。政府预算是政府理财的主导环节和基本环节。

从内容上看，政府预算的编制是政府对财政收支的计划安排，政府预算的执行是财政收支的筹措和使用过程，决算是政府预算的执行总结。所以，政府预算反映和规定了政府在预算年度内的工作或活动的范围、方向和重点。

从本质上看，政府预算作为我国各级人民代表大会审议的重要文件，是人大代表和全体人民监督政府收支运作的途径和窗口。政府预算需要经过国家权力机构的审查和批准才能生效，是一个重要的法律性文件（属于年度立法），是国家和政府意志的体现。政府预算批准后，必须做出的调整也要按照法律程序，经由立法机关审查批准；政府预算执行过程中，政府必须接受国家权力机构对其做出的授权和委托，整个活动过程要体现国家权力机构和全体公民对政府活动的制约与监督。

从政治性方面看，政府预算是国家重要的立法文件，体现国家权力机构和全体公民对政府活动的制约和监督。由于政府的全部收支项目都要纳入预算，预算必须经过国家立法机关的审批才能生效，这就使得政府的支出被置于立法机关和公众的监督和制约之下。由各级人民代表大会审议、批准的政府预算，实质是对政府支出规模的一种法定授权。只有在授权范围内的支出，才是合法和有效的。

从以上分析可以看出，政府预算是一个关于政府年度财政收支计划的计划性文件，其功能首先是反映政府活动范围和方向，其次就是监督政府部门收支运作情况，再次是控制政府支出的规模。

二、政府预算的类别

政府预算可以有多种形式，由于考察问题的角度不同，对于预算的分类也就有所不同，概括起来，大体上可以有以下几种划分方法：

1. 按预算收支管理范围分为总预算和部门（或单位）预算

政府预算按收支管理范围，分为总预算和部门（或单位）预算两类。中央总预算由中央所属的部门（或单位）预算和各省总预算组成；省总预算由本级各部门单位预算和所属县总预算组成；县总预算由本级各部门单位预算和乡镇总预算组成。没有下一级预算的，总预算即本级预算。

各部门预算由本部门所属各单位预算组成。单位预算是政府预算的基本组成部分，是各级政府的直属机关就其本身及所属行政事业单位的年度收支汇编的预算，另外还包括财务收支计划中与财政有关的部分，它是机关本身及其所属单位履行其职责或事业计划的财力保证，是构成各级预算的基本单位。根据经费领拨关系和行政隶属关系，单位预算可分为一级单位预算、二级单位预算和基层单位预算。

2. 按预算的形式分为单式预算和复式预算

单式预算是将政府财政收支计划通过一个统一的表格来反映，即“一本账”，而不按各类财政收支的性质分别编制预算。单式预算可以较为明确地反映财政活动的总体情况；财政赤字和盈余一目了然，便于社会公众了解和监督；编制和审批也比较容易。复式预算是将政府的收支计划通过两个以上的表格来反映，通常分为经常预算和建设预算。对预算安排和预算分析有一定的意义，但编制和实施比较复杂。我国曾一度编制复式预算，目前已不再编制复式预算。

3. 按预算分项支出的安排方式的差别分为增量预算和零基预算

增量预算是指计划财政年度的预算分项支出数是以上年度各项支出数作为基数，考虑新的预算年度的经济发展情况加以调整之后确定的。保留了上年度预算指标的不合理因素，形成了预算支出的刚性增长机制，不利于提高财政支出的效率。零基预算是指计划财政年度的预算分项支出数的确定只以对经济社会发展的预测和对当年各部门新增任务的审核为依据，不考虑以往基数和水平，即不受前期预算执行结果约束的一种预算方法。优点在于可不受既成事实中一些不合理因素的限制，有利于提高预算资金的使用效益。

世界各国的预算，无论是单式预算还是复式预算，主要仍采用增量预算法。零基预算事实上还未成为确定的编制预算的一般方法，通常只用于具体收支项目上。长期以来我国预算编制是采用分项增量法，近年来有些省市实行零基预算，并取得一定的成效和经验。

4. 按预算的级次分类分为中央预算和地方预算

中央预算即中央政府预算，是指经法定程序审查批准的反映中央政府活动的年度

财政收支计划。我国的中央预算由中央各部门的单位预算、企业财务收支计划和税收计划组成。中央预算主要承担国家的安全、外交和中央国家机关运转所需经费、调整国民经济结构、协调地区发展、实施宏观调控的支出，以及由中央直接管理的事业发展支出，因而在政府预算体系中占主导地位。

地方预算即地方政府预算，是指经法定程序审查批准的各级地方政府的财政收支计划的总称。它是政府预算体系中的有机组成部分，是组织、管理政府预算的基本环节，由省、市、县、乡预算组成。我国政府的预算收入绝大部分来自地方政府预算，政府预算支出中也有相当大的部分通过地方预算来实现。它担负着行政管理和经济建设、文化教育、卫生事业及抚恤等支出，特别是支援农村发展的重要任务。因此，它在政府预算中占有重要地位。

5. 按预算作用的时间分类分为年度预算和中长期预算

年度预算是指预算有效期为一年的财政收支预算。这里的年度是指预算年度，大体上有公历年制和跨历年制。所谓公历年制，即从公历1月1日起至12月31日止。目前采用公历制的国家主要有法国、德国等，我国预算法规定，我国的预算年度也采用公历年制。跨历年制，即从一个公历年某月某日起，到下一公历年某月某日止。实行跨历年制的国家各起止日期也不一样，如美国、泰国等国家从每年10月1日起到次年9月30日止为一预算年度，英国、日本、加拿大等国家从每年4月1日起至次年3月31日止为一预算年度。中长期预算，也称中长期财政计划，一般1年以上10年以下的计划称为中期计划，10年以上的计划称为长期计划。在市场经济下，经济周期性波动是客观存在的，而制订财政中长期计划是在市场经济条件下政府进行反经济周期波动，从而调节经济的重要手段，是实现经济增长的重要工具。随着我国市场经济体制的日益完善和政府职能的转变，中长期财政计划将日益发挥其重要作用。

三、政府预算体系、预算管理权限及法律责任

1. 预算的体系

政府预算的组成体系和国家政权结构相一致，实行一级政府一级预算。一般来讲，有一级政府就有一级政府收支活动主体，也就有一级政府预算。国家预算一般由中央预算和地方预算组成。一般来说，一级政府在一般性财政收支之外，往往还有一些特别项目的收支预算，如预算外收支、政府所属的企业的财务收支、特别工程的收支等。在有些国家，对这些收支与政府的一般财政收支是分别核算，但这种做法有异于预算的同一性和完整性，因而有的国家是合并在一起并统一列表核算，于是形成总预算。同时，一级政府的总预算不仅包括本级政府一般财政收支和特别预算，也包括下级政府的总预算，从而形成完整的政府预算体系。

我国的政府预算组成体系就是按照“一级政权设立一级预算”的原则建立的，以保证各级政权履行其职能。我国宪法规定，国家机构由全国人民代表大会、国务院、地方各级人民代表大会和各级人民政府组成。与政权结构相适应，首先是国家预算由中央预算和地方预算组成，预算管理实行分级分税体制；其次，结合我国行政区域的划分，《中华人民共和国预算法》规定设立五级预算：中央预算；省、自治区、直辖市

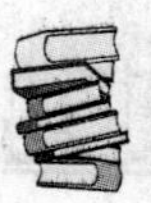

预算；设区的市、自治州预算；县、自治县、不设区的市、市辖区预算；民族乡、镇预算。

2. 预算管理权限

《中华人民共和国预算法》明确规定了国家各级权力机构、政府机关、各级财政部门及各预算具体执行部门和单位在预算管理中的职权，这是保证预算严格依法管理的前提条件，因而是预算法的核心内容。

各级人民代表大会的职责：预决算的审批权；预决算的监督权；对预决算方面不适当决定的撤销权（有权改变或撤销本级人大常委会关于预决算的不适当的决定）。

各级政府的职权主要是：预算管理体制具体办法的确定权；预决算草案的编制权；预备费动用的决定权，预算执行的组织和监督权；对不适当决定的撤销权（有权撤销本级各部门和下级政府关于预决算方面不适当的决定）。

各级财政部门的职责是：具体编制本级预算草案，具体组织本级预算或总预算的执行，提出本级预备费动用方案和预算调整方案，定期按预算法规定的程序报告预算执行情况。

监督与法律责任的规定：全国人大及其常委会对中央和地方预决算进行监督，县以上各级人大及其常委会对本级和下级预决算进行监督，乡、镇人大对本级预决算进行监督。各级审计部门对本级各部门、各单位和下级政府的预算执行和决算进行审计监督。

3. 法律责任

《中华人民共和国预算法》规定：如果各级政府未经批准擅自变更预算，使经批准的收支平衡的预算的总支出超过总收入，或者使经批准的预算中举借债务的数额增加的，对负有直接责任的主管人员和其他直接责任人员追究行政责任。违反法律、行政法规，擅自动用国库款或者以其他方式支配已入库的库款的，由财政部门责令退还或者追回库款，并由上级机关给予有直接责任的主管人员和其他直接责任人员行政处分。隐瞒预算收入或者将不应当在预算内支出的款项转为预算内的支出，由上一级政府或本级政府财政部门责令纠正，并由上级机关给予负有直接责任的主管人员和其他直接责任人员行政处分。

四、政府预算的原则

政府预算的原则是指政府选择预算形式和体系应遵循的指导思想，也就是制订政府财政收支计划的方针。目前在财政经济理论界影响较大并被大多数国家所接受的预算原则可归纳为如下五点：

1. 公开性

公开性是指政府预算及其执行情况必须经过立法机关审议，而且要采取一定形式向社会公布，让民众了解财政收支情况并置于民众的监督之下。

2. 可靠性

可靠性是指每一收支项目的数字指标必须运用科学的计算方法，依据充分，资料确实，不得假定、估算，更不能任意编造；各种收支的性质必须明确区分，不能掺杂混同。

3. 完整性

完整性要求政府的预算必须包括其全部财政收支，反映它的全部财政活动，不得打埋伏、造假账，不允许有在预算管辖之外的政府财政活动。国家允许的预算外收支也应在预算中有所反映。

4. 统一性

统一性要求中央预算和地方预算，特别是地方预算的编制，要有统一的预算科目、编制方法、计算口径、编制程序、预算表格和填列要求。保持预算的一致性、可比性和起码的规范性。这实际上是要求各级政府都只有一个预算，而不能以临时的预算或特种基金的名义另立预算。

5. 年度性

年度性要求财政预算按照年度编制，列出全年的公共收支，这样便于对各预算年度公共收支进行比较，不允许将不属于本年度财政收支的内容列入本年度的政府预算之中。

知识链接

政府预算的产生

政府预算产生于封建社会末期，是新兴资产阶级同封建统治阶级斗争的产物。在13世纪至17世纪之间，封建地主阶级日趋没落，封建统治阶级仍利用财权滥收滥支。资本主义生产方式出现后，新兴中产阶级逐渐成为社会财富的主宰，但他们并没有控制政府的财权。为争夺财权并最终打击封建势力，资产阶级提出政府财政收支必须编制计划，并经议会批准方能生效，经过长期斗争，这一要求才最终得以实现。这种必须通过议会审议的政府财政收支报告，就是早期的政府预算。英国于17世纪编制了第一个国家（政府）预算，其他西方国家也陆续接受并采用了这一做法。

（资料来源：张明．政府预算实务与案例［M］．成都：西南财经大学出版社，2009.）

第二节　政府预算程序

一、政府预算的编制

编制政府预算就是制订筹集和分配预算资金的年度计划。这项工作是整个预算工作的开始，也是一项复杂细致的工作。编制政府预算是由财政部门具体负责的。

1. 政府预算编制的准备工作

每年在正式编制政府预算之前，为了提高编制工作的质量，往往需要做一些准备工作。

（1）对本年度预算执行情况的预测和分析。

（2）拟定计划年度预算控制指标，这项工作也叫概算。

（3）颁发编制政府预算草案的指示和具体规定。国务院于每年11月1日前，向中央各部门和各省、自治区、直辖市下达编制下一年度预算草案的指示，提出编制预算

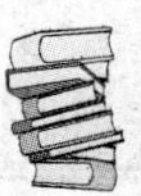

的原则和要求。财政部在国务院下达指示后，具体部署编制预算的具体规则。

（4）修订预算科目和预算表格。

2. 政府预算的编制程序

为了保证各级预算编制得准确、及时、完整、统一，政府预算的编制必须按一定的程序进行。严格来说，我国政府预算的编制程序可概括为自下而上与自上而下，上下结合，逐级汇总的程序。

（1）国务院于每年第四季度下达编制下一年度预算草案的指示，提出编制预算草案的原则和要求。财政部在国务院下达指示后，具体部署编制预算草案的工作。

（2）各部门、各地区遵照指示和规定，结合本部门、本地区新年度的工作任务和业务计划提出部门和地区的预算收支建议数，上报财政部。

（3）财政部根据上报的建议数，并通盘考虑全国预算资金的需要与可能，拟出各部门、各地区在新的预算年度中应达到的收入控制指标和不能突破的支出控制指标，下达到各部门和各地区。

（4）各部门、各地区根据财政部下达的收支控制指标编制本部门和本地区的预算收支方案，逐级汇总上报到财政部；财政部对中央各部门的单位预算案、财务收支计划和各地区的总预算草案进行审核，并汇总编制政府预算草案，呈报国务院审查。

3. 部门预算

部门预算是一个涵盖部门所有收支的完整预算，包括：行政单位预算及其下属的事业单位预算；一般预算收支计划和政府基金预算收支计划；经常预算和专项支出预算；财政预算内拨款收支计划和财政预算外核拨资金收支计划和部门其他收支计划。总体来说主要包括一般预算和基金预算。

一般预算由一般预算收入和一般预算支出组成。一般预算收入主要是指部门及所属事业单位取得的财政拨款、行政单位预算外资金、事业收入、事业单位经营收入、其他收入等。一般预算支出主要是指部门及其所属事业单位的基本建设支出、挖潜改造和科技三项费、各项事业费、社会保障支出及其他支出等。

基金预算由基金预算收入和基金预算支出组成。基金预算收入包括部门按国家规定取得的基金收入，如电力基金、水利建设基金和铁路建设基金等。基金预算支出是部门按规定从基金中开支的各项支出。

各部门要根据历年收支情况和下一年度增减变动因素测算部门预算收入。预算收入要按收入类别逐步核定。行政事业费、预算外收入及部门其他收入要具体到单位和项目。

各部门要根据国家现有的经费开支政策和规定测算部门预算支出。个人工资性支出要按编制的实有人数核定；公用经费要按部门分类分档、按定额和项目编制预算；基本建设、企业挖潜改造、科技三项费、支援农村生产性支出等建设性专款和教育、科学、卫生、文体广播及其他部门的事业型专项支出，要进行项目论证，测定支出概算，对专项支出进行分类排队，制订滚动项目计划，年度预算要编制到具体项目。

二、预算的审批

财政部汇总全国预算草案后，将《政府预算收支表》和文字说明书呈报国务院，经国务院审查通过后，提请全国人民代表大会审查批准。根据《中华人民共和国预算法》的规定，全国人民代表大会审批中央预算，地方各级人民代表大会审批同级政府预算。

审批的一般程序是：首先由财政部门代表本级政府向人民代表大会作预算报告并提交预算草案，然后由人大财经委员会进行具体审查并提出审查报告，提请大会表决。

各级政府预算经本级人民代表大会批准后，本级财政部门要及时向所属单位批复预算。

地方各级人民政府将本级人民代表大会批准的预算，报上一级人民政府备案，并将下一级政府报送备案的预算汇总后，报本级人民代表大会常务委员会备案。

三、预算的执行

预算执行是指经法定程序批准的预算进入具体实施阶段，包括组织预算收入、拨付预算资金和预算调整等内容，是预算工作程序中最重要的环节。

1. 政府预算的执行

各级预算由本级政府组织执行，各级政府是预算执行的组织领导机关。各级政府财政部门在本级政府的领导下，具体负责预算的组织实施。各级预算收入征收部门负责预算收入的征收管理，国家金库是具体经办预算收入的收纳及库款支拨的机关，一般由本国中央银行代理，有关各部门、各单位是部门预算和单位预算的执行主体。

预算征收部门必须依照法律、行政法规的规定，及时、正确、足额征收应征的预算收入，不得违反法律、行政法规规定擅自减征、缓征或者免征应征的预算收入；有预算收入上缴任务的部门和单位必须依照法律、行政法规和国务院财政部门规定，将应当上缴的预算资金及时、足额地上缴国家金库，不得截留、占用、挪用或者拖欠。

财政部门在拨付资金和主管部门转拨资金时，要做到按预算拨款、按预算级次拨款、按规定的程序拨款和按进度拨款。在保证资金供应的同时，财政部门和参与预算执行的各部门、各单位要加强预算支出的控制管理。一是要控制支出用途，确保预算资金按预算规定的用途使用；二是要控制支出范围，不得任意扩大预算资金的开支范围；三是要控制支出标准，严格执行国家规定的开支标准；四是要建立健全控制管理体系，建立健全会计核算和财务管理制度，确定支出效果的考核标准，以有效发挥资金的使用效益。

2. 政府预算的调整

预算调整是预算执行中的一项重要工作。所谓预算调整，是指经过批准的各级预算，在预算执行过程中，由于临时发生某些重大的事件，以及国家政策和财政制度的变动等特殊情况，需要增加支出或者减少收入，使原批准的收支平衡的预算的总支出超过总收入，或者使原批准的预算中举债数额增加的部分变更。预算调整是预算执行中一项必不可少的内容。各国预算调整权限的规定大致有两种情况：一是国家预算调整权集中在议会，政府如果需要追加预算和增加临时拨款，必须提出预算调整方案，经议会审议批准，如法国、英国、日本、印度、泰国等。二是除了议会有预算调整权，政府也有部分预算调整权，如美国、德国、西班牙等。《中华人民共和国预算法》规

定：调整预算时应由本级政府编制预算调整方案并提经本级人民代表大会常务委员会的审查和批准，未经批准，不得调整预算。

政府预算的调整分为局部调整和全面调整。全面调整并不经常发生，只有在某种特殊情况下，才调整政府收支的总额。全面调整必须重新履行审批程序，由财政部门提出调整计划，经本级政府审核通过，经本级人大常委会批准下达各地区、各部门执行。

四、政府决算

政府决算，是经法定程序批准的年度预算执行结果的会计报告。决算是预算管理过程中必不可少的阶段，是整个预算的工作程序的总结和终结。

与政府预算相对应，政府决算包括中央决算和地方决算。中央决算由中央各部门（含直属单位）决算组成，并包括地方向中央上解的收入数额和中央对地方返还或者给予补助的数额。地方决算由各省、自治区、直辖市总决算组成。地方各级政府决算由本级各部门（含直属单位）的决算组成。地方各级政府决算包括下级政府向上级政府上解的收入数额和上级政府对下级政府返还或者给予补助的数额，各部门决算由本部门所属各单位组成。各单位的决算叫单位决算，各级财政部门编制的决算叫总决算。每一个预算年度终了，各级人民政府、各部门、各单位都要编制决算草案。

通过决算的编制，可以全面了解预算收支任务的完成情况及预算编制和执行工作的质量。在编制决算的过程中，通过对预算收支情况进行全面整理和分析，从而监督各级政府和各部门预算收支任务的完成，使预算管理工作提高到一个新水平。编制决算也是财政部门的一项重要任务。

政府决算反映政府在本年度的各项政治、经济活动的总体效果。通过编制和分析政府决算，掌握国家各项职能的执行效果，并从中总结经验教训，为今后政府各项工作的顺利完成提供保证。因此，各级政府要认真编制政府决算。

政府决算是从基层单位开始，自下而上地编制和汇总而成。编制决算草案的具体事项由财政部部署，编制决算草案必须符合法律、行政法规的有关规定，做到收支数额准确、内容完整、报送及时。

决算草案的审批程序与政府预算的审批程序基本相同。政府决算经过逐级审核汇总后，由财政部连同说明书报送国务院审查，经国务院全体会议讨论通过后，提请全国人民代表大会审批。国务院财政部门编制中央决算草案，报国务院审定后，由国务院提请全国人民代表大会常务委员会审查和批准。县级以上地方各级政府财政部门编制本级决算草案，报本级政府审定后，由本级政府提请本级人大常委会审查和批准。乡、民族乡、镇政府编制本级决算草案，提请本级人民代表大会审查和批准。

各级政府决算经批准后，财政部门应当向本级各部门批复决算。地方各级政府还要将批准的决算，报上一级政府备案。县级以上各级政府对下一级政府报送的决算草案，认为有同法律、行政法规相抵触或者有其他不适当之处，需要撤销批准该项决算的决议的，应当提请本级人民代表大会常务委员会审议决定。经审议决定撤销的，该下一级人民代表大会常务委员会责成本级政府依照规定重新编制决算草案，提请本级人民代表大会常务委员会审查和批准。

知识链接

政府预算的局部调整的种类

政府预算的局部调整主要有以下四种：

1. 动用预备费

预备费是各级总预算中不规定具体用途的当年后备基金，主要用于解决在预算执行中发生的某些临时急需和事前难以预料的特殊开支。在预算执行过程中，如果发生较大的自然灾害或其他难以预见的特殊开支时，方可动用预备费。《中华人民共和国预算法》规定：各级政府预算应当按照本级预算支出额的1%～3%设置预备费。预备费的动用应控制在下半年，并需经过一定的法定审批程序。中央预备费的动用方案，由财政部提出，经国务院批准；地方预备费的动用方案，由本级政府财政部门提出，要经本级政府批准。

2. 预算的追加和追减

在原定的预算总额之外增加预算收入或支出数额的，称为追加预算；减少收入或支出数额的，称为追减预算。在预算执行过程中，由于经济建设与社会发展计划的调整等原因而需追加或追减预算时，可向上级人民政府提出申请，编制预算调整方案，经审核批准后办理。

3. 经费流用

经费流用是指预算支出科目之间经费的互相调剂，是在不改变支出总额的前提下，局部地改变资金的用途。在预算执行过程中，各预算支出科目之间经常会发生有的资金不足、有的资金有余的情况。为了充分发挥预算资金的使用效益，在保证完成国民经济与社会发展计划，又不超过原来核定的预算支出总额的前提下，可在预算科目之间进行必要的调整，但必须经过一定的审批程序。

4. 预算划转

由于行政区划或者企业、事业单位的隶属关系改变，需要同时改变其预算的隶属关系。隶属关系改变后，各单位应上缴的预算收入与各项拨款和经费一律按照预算年度的全年预算数进行划转，年度预算已执行的部分，由划出、划入双方进行资金结算。

（资料来源：张明．政府预算实务与案例［M］．成都：西南财经大学出版社，2009.）

第三节　预算管理制度的改革

改革开放以来，为了加强预算管理，提高支出效率，中央和地方各级财政部门及其他预算支出部门进行过不少的探索，采取过多种办法，也取得了一定的成效，但都没有从根本上解决问题。为适应社会主义市场经济发展和建立公共财政体制的要求，我国政府从1998年开始，进行了以实行部门预算、收支两条线、国库集中收付制度和政府采购制度等为主要内容的预算管理制度改革。

一、政府预算制度改革的必要性和重要性

在市场经济体制下，政府的主要职责是向社会提供满足公共需要的物品和服务。

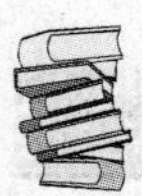

市场在资源配置中发挥基础性作用，政府更多的是执行社会管理者的职能。我国财政改革的目标是构建与社会主义市场经济体制相适应的公共财政。现代政府预算制度是公共财政存在的具体表现形式和载体。进行以建立部门预算制度、实行国库集中收付制度、实行政府采购制度等为主要内容的政府预算制度改革，是我国构建公共财政框架的关键性和基础性环节。政府预算制度改革，是发展社会主义市场经济的必然选择，是建设社会主义政治文明的本质要求，是构建公共财政体制的基础。

二、建立科学规范的部门预算制度

部门预算就是按部门编制预算，改变过去长期以来按支出功能和收入类别编制预算的做法。实行部门预算制度，需要将部门的各种财政性资金、部门所属单位收支全部纳入一本预算中编制。部门预算收支包括：

（1）行政单位预算和事业单位预算。

（2）一般收支预算和政府基金收支预算。

（3）基本支出预算和项目支出预算：其中基本支出预算实行定员管理；项目预算要进行科学论证和合理排序，纳入项目库，编制中长期项目安排计划，结合财力状况，在预算中优先安排急需可行的项目。

（4）财政部门直接安排的预算、预算分配权部门安排的预算和预算外资金安排的预算。

收入预算要按收入类别逐项核定，对本部门组织的行政性收费和其他预算收入，以及部门其他收入要具体到单位和项目。支出预算编制采用零基预算法，支出预算包括基本支出预算和项目支出预算，基本支出预算实行定员定额管理，年度预算要编制到具体项目。

三、实行国库集中收付制度

1. 我国过去国库支付制度及其存在的问题

过去的国库支付制度是一种分散支付制度，也就是将预算确定的各部门和各单位年度支出总额按期拨付到各部门和各单位在商业银行开设的账户，由各部门和各单位分散支付使用。分散支付制度的缺陷如下：

（1）缺乏严格的预算约束和预算监督机制，容易滋生腐败和寻租等违法违纪行为。

（2）财政资金周转过程中的沉淀资金分散于各部门和各单位，不利于充分发挥财政资金的使用效益。

（3）不利于预算管理制度的全面改革，和实行政府采购制度相配套。

2. 国库集中支付制度的含义

国库集中支付制度，就是对预算资金分配、使用、银行清算及资金到达商品和劳务供应者账户的全过程进行全面的监控制度。它的要点是：

（1）财政部门在国库或国库指定的代理银行开设统一的账户，各单位在统一账户下设立分类账户，实行集中管理，预算资金不再拨付给各单位分设账户保存。

（2）各单位根据自身履行职能的需要，可以在批准的预算项目和额度内自行决定所要购买的商品和劳务，但要由财政部门直接向供货商支付货款，不再分散支付。

(3) 除某些特殊用途外，购买的商品和劳务的资金都要通过国库直接拨付给商品和劳务供货商。

集中支付制度并不根本改变各部门各单位对预算资金的支配权和使用权，但由财政部门集中掌握预算资金的支付权，从而可以考核资金的使用是否符合规定而决定是否给予支付，防止滥收滥支的违纪现象，提高资金使用效益。将采购资金直接由国库拨付给商品和劳务供货商，不再通过任何中间环节，财政部门可以掌握资金的最终流向，杜绝在预算执行中克扣、截留、挪用等现象，有利于防腐倡廉。

四、"收支两条线"管理

"收支两条线"管理是针对预算外资金管理的一项改革，其核心内容是将财政性收支（预算外收支属于财政性收支）纳入预算管理范围，形成完整、统一的各级预算，提高法制化管理和监督水平。

从收入方面看，主要是收缴分离，对合理合法的预算外收入，不再自收自缴，实行收缴分离，纳入预算或实行财政专户管理。取消现行各执收单位开设和管理的各类预算外资金过渡收入账户，改由财政部门委托的代理银行开设预算外资金财政汇缴专户，该账户只用于预算外收入的收缴，不得用于执收单位的支出。

从支出方面看，主要是收支脱钩，即执收单位的收费和罚没收入不再与其支出安排挂钩，单独编制支出预算，交由财政部门审批。

"收支两条线"改革的目标，就是全面掌握预算外收支的全面情况，真实反映部门和单位的财务收支全貌，编制完整可靠的部门预算和政府采购计划，为编制综合预算提供基础条件，从而逐步淡化以致取消预算外资金，实行预算内外统一核算和统一管理。

"收支两条线"改革与编制部门预算和国库集中支付制度改革紧密联系起来，推动预算管理制度的改革和建设向纵深发展。

五、实行政府采购制度

政府采购制度是以公开招标、投标为主要方式选择供应商（厂商），从国内外市场上为政府部门或所属团体购买商品或服务的一种制度。它具有公开性、公正性、竞争性，其中公开竞争是政府采购制度的基石。政府采购制度有利于财政支出效益的提高。这在前面相关章节已做了详细的介绍，在此不再赘述。

知识链接

我国全面取消预算外资金

2011年，我国预算管理制度改革取得重大成果：全面取消预算外资金，将所有政府性收入全部纳入预算管理。据初步统计，2011年中央约60亿元、地方约2 500亿元按预算外资金管理的收入，已全部纳入预算管理。

2010年6月，财政部制发《关于将按预算外资金管理的收入纳入预算管理的通知》，规定自2011年1月1日起，中央各部门各单位的全部预算外收入纳入预算管理，收入全额上缴国库，支出通过公共财政预算或政府性基金预算安排。地方各级财政部

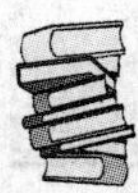

门要按照国务院规定，自2011年1月1日起将全部预算外收支纳入预算管理。相应修订《政府收支分类科目》，取消全部预算外收支科目。

（资料来源：http：//kuaixun. stcn. com/content/2012 - 02/10/content_ 4738622. htm.）

第四节 政府预算管理体制

一、政府预算管理体制的内涵

预算管理体制也称财政体制，是确定中央政府与地方政府及地方各级政府之间的分配关系，划分各级政府的预算收支范围，规定预算管理权限与责任的一项根本性制度。狭义的预算管理体制就是预算体制本身。

预算管理体制的主要内容包括：确定预算管理主体和级次；预算收支的划分原则和方法；预算管理权限的划分；预算调节制度和方法。

预算管理体制的实质问题是通过职责和权限的划分，正确处理中央与地方政府之间的权责关系和利益分配关系，也就是正确处理中央与地方的财权、财力的划分问题。

预算体制是政府预算的编制、执行和决算，以及实施预算监督的制度依据和法律依据，是财政管理体制的主导环节。预算管理体制的实质是处理预算管理和资金分配上的集权与分权、集中与分散的关系问题。政府预算管理体制中集权与分权的问题，主要是通过中央政府和地方政府之间的收支划分来解决的。因此，在各级政府之间的收支划分就成为预算管理体制的核心问题。

二、政府预算管理体制的类型

一般而言，一个国家预算管理体制的类型与该国经济资源的配置方式和文化传统有关。决定一个国家在一定时期采取的管理体制类型的主要因素有：国家的政权机构、国家的性质、政府对经济生活的干预程度，以及国家的经济体制等。

预算管理体制有两种基本类型，即集权型的预算管理体制和分权型的预算管理体制。所谓集权型的预算管理体制，是指中央政府有较大的预算权限，分权型的预算管理体制是指中央与地方政府之间各有一定的收支范围和职责权限的一种预算管理体制。

一个国家究竟是采取集权型的预算管理体制还是分权型的预算管理体制，以及哪一种预算管理体制更符合本国情况，必须结合特定历史环境，同时考虑本国特定时期的具体情况。可以说，每一种预算管理体制都是特定政治经济条件的产物。政府预算管理体制的类型划分，其主要标志是各级预算主体的独立自主程度，核心问题是地方预算是否构成一级独立的预算主体。按照这个标准，我国先后实行过四种类型的预算管理体制。

1. 新中国成立初期国民经济恢复时期实行的统收统支体制

这是一种高度集中的预算管理体制，国家的收入和支出的支配权都集中在中央，由中央统一制定收支项目、收支办法、收支范围和收支标准；全部收支都纳入预算管理；预算管理权限集中在中央。新中国成立初期国家财政面临严重的困难，由于长期战争的影响，一方面是残败不堪的经济局面、国民经济亟待恢复；另一方面是财政经济工作分散管理、收入来源少、支出需要多，导致国家预算失衡。在这种情况下，只有实行高度集中的预算管理体制，把有限的财力集中起来使用。

这一预算管理体制从1950年3月开始，延续到1952年。在高度集中的统收统支体制下，避免了财力的分散，保证了政治经济需要，促进了国民经济的恢复，很快制止了通货膨胀，稳定了金融秩序，并且实现了财政收支平衡。

2. 统一领导、分级管理体制

我国在1953—1979年20多年的时间里，基本上是实行统一领导、分级管理的预算管理体制，虽然在做法上屡经调整，但体制类型总体上没变。这种体制的总体特征是：

（1）在中央统一政策、统一计划和统一制度的前提下，按国家行政区划划分预算级次，实行分级管理，原则上是一级政权，一级预算；在分级管理体制下，地方预算的收支支配权和管理权相对较小。

（2）按中央政府和地方政府的职责分工和企事业单位的隶属关系确定各级预算的支出范围。

（3）主要税种的立法权、税率调整权和减免权集中于中央，并由中央核定地方的收支指标；全部收入划分为固定收入和分成收入，由地方统一组织征收，分别入库。为调动地方的积极性，有时对地方超收部分另定分成比例，地方多收多留。

（4）由中央统一进行地区间调剂，凡收大于支的地方向中央上解收入，支大于收的地方，由中央予以补助。

（5）地方预算的收支平衡，从总量上说，基本上是以收定支，结余可以留用。从结构上来看，基本上是中央“条条”下达指标，地方无权调剂。

（6）体制的有效期一般是“一年一变”或“一定几年不变”，不是长期相对稳定。

这一时期的财政体制改变了统收统支的高度集中做法，适当下放了一些财权，但总体上来看，地方的独立财权还是太少，不利于发挥地方理财的积极性和主动性。

3. 划分收支、分级包干体制

划分收支、分级包干体制，简称财政包干体制。随着经济体制改革的启动和深化，我国于1980年对预算管理体制进行改革，开始实行划分收支、分级包干的预算管理体制，并于1985年和1988年进行两次调整。这一体制对原来的体制有重大的突破，是我国预算管理体制的一次重大改革。其主要内容是：

（1）明确划分中央和地方财政的收支范围。地方预算初步成为责、权、利相结合的分配主体，构成相对独立的一级预算；在明确划分中央和地方财政的收支范围的前提下，地方预算的收支范围有所扩大，多收可以多支，自主支配，自求平衡。

（2）在收入划分上引入分税制。改变了过去完全按行政隶属关系划分收入的做法，部分地方按税种划分收入，并与企业体制相配合，逐步朝着摆脱隶属关系的方向迈进。

（3）延长了体制的有效时间。过去基本上是一年一变，现在是几年不变。有效时间的稳定，是扩大自主权的前提，也是发挥体制效应的前提。

（4）扩大了地方预算的职能。过去地方预算的目标就是为国家集中财政收入，实

行分级包干后，地方预算除了担负为国家集中财政收入这一职能之外，还有通过财力分配发挥中观层次经济调控的职能，实现本地区内的资源优化配置、收入公平分配、产业结构调整，促进地区经济在国家统一计划指导下持续、稳定、协调地发展。

分级包干的预算管理体制，其运行机制主要体现在包干办法上。我国从1988年开始曾对37个省、自治区、直辖市和计划单列市，分别实行6种不同的包干办法：收入递增包干、总额分成、总额分成加增长分成、上解额递增包干、定额上解、定额补助等。国家对不同地区实行不同的财政包干办法，有利于调动地方增收的积极性，对保证财政收入的增长有一定的积极意义，还从一定程度上解决了不同地区发展不平衡的问题。但这种体制也存在一定的弊端：①中央从财政收入增量中仅得到较小的部分，中央收入占地方收入的比重日趋下降，1990年为33.8%，1993年为22%，削弱了中央财政的宏观调控能力。②各地收入多了，都热衷于那些利润大、见效快的加工工业的投资，形成了“多收、多留、多投资—多收、多留、多投资”的运行机制，加剧了当时的经济过热现象。③助长了地区经济封锁和重复建设。④地区间富的越富，穷的越穷，贫富差距加大。⑤各地区的包干方法多种多样，缺乏规范性。

因此包干体制的改革势在必行。改革的方向是，从我国的实际出发，借鉴西方国家的有益经验，实行分级分税预算管理体制，这就是我国于1994年实行的分税制改革。

4. 分税制

(1) 分税制的含义：分税制是指在各级政府之间明确划分事权及支出范围的基础上，按照事权、财权相统一的原则，按税种划分中央与地方政府的财政预算收入，并辅以补助制的一种预算管理体制模式。《中华人民共和国预算法》第一章第八条规定“国家实行中央和地方分税制”。

分税制的实质是根据中央政府和地方政府的事权确定其相应的财权，通过税种的划分形成中央与地方的收入体系。分税制包括以下内容：

1) 实行分税制是以政府的事权为基础，确定各级政府的支出责任和支出范围。实行分税制首先应确定各级政府各自的职能范围，在此基础上确定各自的支出责任和支出范围。

2) 划分各级政府财政收入和税收管理权限。税收是财政收入的重要组成部分，财政收入的划分主要是税收划分。各国在税收的划分上，一般分为中央税、地方税、中央与地方共享税；各级政府都拥有自己稳定的税源。中央和地方分别成立税收管理体系，分征分管。

分税，是指税种将全部税收划分为中央税、地方税、中央与地方共享税，以划定中央和地方的收入来源。

分权，是指划分各级政府在税收方面的立法权、征管权和减免权。

分征，是指分别设置两套税务机构，分别征税。中央政府设置中央税务局负责征收中央税、中央与地方共享税，地方政府设置地方税务局，负责征管地方税。

分管，是指中央政府和地方政府分别管理和使用各自的税款，不得混淆或平调、挤占。

3) 实行规范的财政转移支付制度。中央政府通过转移支付将集中的一部分财政收

入以规范的形式补助给地方，满足地方财政支出的需要，实现对地方财政的宏观调控。以此来调节不同地区预算财力的差距，实现公平分配的原则要求和财权与事权的最后统一。

4）实行分级财政预算体制。实行分级财政预算体制，就是一级政权，一级事权，一级财政，一级预算。在法律规定的事权、税权税源、财政补助等范围内，各司其职，各负其责，分别编制和执行自己的预算，各自向同级权利机关负责，自收自支，自求平衡。

（2）我国现行分税制的主要内容：

1）中央与地方事权和支出的划分：中央与地方的财力分配，主要是以行使政府职能所需支出的多少为依据，即财权与事权的统一。根据现行中央政府与地方政府事权的划分，中央预算主要承担国家安全、外交和中央国家机关运转所需经费，调整国民经济结构、协调地区发展、实施宏观调控所必需的政策支出，以及中央直接管理的事业发展支出。中央主要承担国防、武警、重点建设、中央单位事业经费和中央单位职工工资五大类支出。具体包括：国防费、武警经费、外交和援外支出，中央级行政管理费，中央统管的基本建设支出，中央企业的技术改造和新产品研制费，地质勘探费，由中央财政安排的支农支出，由中央财政负担的国内外债务还本付息支出，以及中央本级负担的公检法支出和文化、教育、卫生、科学等各项事业费支出。

地方财政主要承担本地区政权机关运转所需支出及本地区经济、事业发展所需支出，包括：地方行政管理费，公检法支出，部分武警经费，民兵事业费，地方统筹的基本建设支出，地方企业的技术改造和新产品研制费，支农支出，城市维护和建设费，地方文化、教育、卫生、科学等各项事业费，价格补贴支出及其他支出等。

2）中央与地方收入的划分：根据财权与事权相结合的原则，按税种划分中央与地方收入。将维护国家权益、实施宏观调控所必需的税种划为中央税；将与经济发展直接相关的主要税种作为中央与地方共享税；将适合地方征管的税种划为地方税，并充实地方税税种，增加地方税收入。1994 年分税制改革时对中央和地方收入进行了划分，之后在实施的过程中又进行了局部调整。当时的划分和随后的调整情况如下。

中央固定收入。1994 年原方案包括：关税及海关代征的消费税和增值税；消费税；中央企业所得税；地方银行和外资银行及非银行金融机构所得税、铁道部门、各银行总行、各保险公司等集中缴纳的收入（包括营业税、所得税、利润和城市维护建设税）；中央企业上缴利润等。

关于外贸企业出口退税，原规定除 1993 年地方已经负担的 20% 部分列入地方上缴中央基数外，以后发生的出口退税全部由中央财政负担。2003 年 10 月对出口退税机制进行改革，改革后从2004年开始出口退税将由中央和地方共同负担，办法是以2003 年出口退税实退指标为基数，对超基数部分的应退税额，由中央和地方按 75%∶25% 的比例分别承担。

地方固定收入。1994 年原方案包括：营业税（不包括铁道部门、各银行总行、各保险公司等集中缴纳的营业税）；地方企业所得税（不包括上述地方银行和外资银行及非银行金融机构所得税）和地方企业上缴利润；个人所得税（除 1999 年 11 月 1 日新

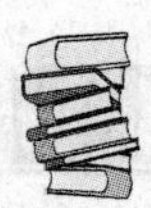

开征的利息税)；城镇土地使用税；固定资产投资方向调节税；城市维护建设税(不含铁道部门、各银行总行、各保险公司等集中缴纳的部分)；房产税；车船使用税；印花税；屠宰税；农牧业税；农业特产税；耕地占用税；契税；遗产和赠与税；土地增值税；国有土地有偿使用收入等。

从2002年开始，改革原来按企业的行政隶属关系划分所得税的办法，对企业所得税和个人所得税收入实行中央和地方按比例分享。除铁道部门、各银行总行及海洋、石油、天然气企业缴纳的所得税归中央政府外，其他企业所得税和个人所得税收入由中央和地方按比例分享。分享比例是2002年中央分享50%，地方分享50%；2003年中央分享60%，地方分享40%。

中央与地方共享收入。1994年方案原定的共享税种和比例是：增值税中央分享75%，地方分享25%；资源税，按不同的资源品种划分，大部分资源税作为地方收入，海洋、石油资源作为中央收入；证券交易税，中央与地方(上海和深圳两市)各分享50%。

1997年以后，对证券交易印花税的分享比例曾进行了几次调整，逐步提高了中央的分享比例，2002年的分享比例为：中央分享97%，地方分享3%。如上所述，从2002年起，所得税也改为中央和地方的分享税种。

上述税种的划分不是一成不变的，随着中央与地方事权发生变化，税种的划分会相应地有所变动。如上述对所得税、证券交易税的调整，对农牧业税和农业特产税的取消。

3) 中央对地方税收返还数额的确定：为了保证既得利益格局，逐步达到改革的目的，中央财政对地方财政税收返还数额以1993年为基期年核定。按照1993年地方实际收入及税制改革和中央与地方收入划分情况，核定1993年中央从地方净上划的收入数(消费税+75%的增值税－中央下划收入)。1993年中央净上划的收入全部返还地方，保证现有地方既得财力，并以此作为中央对地方税收返还的基数。同时，为了确保地方的既得利益，不仅税收返还基数全部返还给地方，而且决定1994年以后税收返还数还要有一定的递增。递增率先是按全国增值税和消费税的平均增长率以1∶0.3的系数确定，即上述两税全国平均增长率每增长1%，中央对地方的税收返还就增长0.3%，后为了调动地方的积极性、促进各地方关注“两税”的增长，改为按各地区增值税和消费税的平均增长率以1∶0.3的系数确定。

此外，还规定如果1994年以后中央从地方净上划的“两税”收入达不到1993年的基数，则相应扣减税收返还额。

4) 建立转移支付制度：我国的政府间转移支付制度是中央政府通过转移支付将集中的一部分财政收入以规范的形式补助给地方，满足地方财政支出的需要，实现对地方财政的宏观调控。以此来调节不同地区预算财力的差距，实现公平分配的原则要求和财权与事权的最后统一。

为调节实施分税制后各地财政中的不平衡状况，解决困难地区的财政困难，1995年起建立转移支付制度，由中央财政每年安排一部分资金用于转移支付。这一制度的原则：一是保留地方的既得利益；二是在兼顾公平与效率的基础上，转移支付有所侧重，重点是缓解地方的突出问题，并向少数民族地区适当倾斜；三是中央财政对地方转移支付的财力主要来自财政收入的增量。转移支付的具体方式分为一般均衡拨款和专项拨款，一般均衡拨款是指中央政府不规定用途，由地方政府自主决定使用，主要解决地区间财政不平衡问题的拨款；专项拨款是指由中央政府指定用途，针对具体项目进行拨款。

转移支付的形式有中央对地方的定额补助、专项补助和地方上解补、中央对地方的税收返还。

1995 年起施行过渡期转移支付办法，中央从新增收入中拿出一部分用于对边远少数民族和贫困地区的转移支付，调节这些地区的最低公共服务水平。

1999 年中央实施提高低收入者收入水平的一系列措施，2001 年出台两次调整工资政策，北京、上海、广州、江苏、浙江、福建和山东发达地区自行解决，对困难地区适当补助。

2000 年起，配合西部大开发，加大对民族地区的转移支付力度。

2002 年起，对民族省区和非民族省区的民族自治州实施民族地区转移支付。

知识链接

政府间税收收入划分的方式

税收收入划分方式是中央与地方财政关系协调的重要组成部分。从理论和实践的结合上看，大致有五种类型。

（1）分割税额（收入分享）：先统一征税，然后再将税收收入的总额按照一定比例在中央与地方政府之间加以分割。

（2）分割税率：按税源实行分率计征的方式，即由各级财政对同一课税对象按照不同的税率征收。

（3）分割税种：把不同税种的收入分割给各个级别的政府财政，按照税种划分收入范围。将某些税种的收入固定地划归中央或地方，同时对某些税种的收入可以实行共享，但地方政府并不享有等同于中央的税收立法权。

（4）分割税制：分别设立中央税和地方税两个相互独立的税收制度和税收管理体系。中央和地方均享有相应的税收立法权、税种的开征停征权，税目的增减和调整权，并且有权管理和运用本级财政收入。

（5）混合型：在税收划分中综合地运用以上两种或两种以上做法而形成的一种各级政府间税收划分方式。

（资料来源：寇铁军．财政学［M］．北京：中国人民大学出版社，2004.）

本章小结

政府预算是具有法律效力的政府年度基本财政收支计划，它具有反映政府部门活动、监督政府部门收支运作状况、控制政府部门支出的功能。政府预算可分为总预算和部门（或单位）预算两类；单式预算和复式预算；增量预算和零基预算。政府预算的编制应遵循公开性、可靠性、完整性、统一性、年度性五项原则。政府预算实行一

级政府一级预算。为适应社会主义市场经济发展和建立公共财政体制的要求，我国进行了以实行部门预算、收支两条线、国库集中收付制度和政府采购制度等为主要内容的预算管理制度改革。政府预算管理体制的实质是处理预算管理和资金分配上的集权与分权、集中与分散的关系问题。我国曾实行过多种预算管理体制类型。现行的分税制是根据中央政府和地方政府的事权确定其相应的财权，通过税种的划分形成中央与地方的收入体系，并辅以补助制的一种预算管理体制模式。

思考与练习

一、选择题

1. 政府理财的主导和基本环节是（　　）。

A. 信贷计划　　B. 政府预算

C. 国民经济发展计划　　D. 年度投资计划

2. 从本质上看，政府预算是（　　）。

A. 政府财政收支计划　　B. 财政部门按法定程序管理财政资金的活动

C. 政府理财的基本环节　　D. 国家和政府意志的体现

3. 政府预算必须包括政府所有的财政收入和支出内容，以便全面反映国家的财政活动。这是（　　）政府预算原则。

A. 统一性　　B. 年度性　　C. 完整性　　D. 真实性

4. 根据《中华人民共和国预算法》的规定，编制预算的具体部门是（　　）。

A. 各级政府隶属部门、隶属单位　　B. 各级政府

C. 财政部门　　D. 各级人大

5. 狭义的财政管理体制是指（　　）。

A. 税收管理体制　　B. 预算管理体制

C. 公共部门财务管理体制　　D. 国家国库管理体制

6. 计划财政年度的预算分项支出数是以上年度各项支出数作为基数的预算是（　　）。

A. 增量预算　　B. 复式预算　　C. 单式预算　　D. 零基预算

7. 将政府财政收支计划通过统一的一个计划表格来反映的预算是（　　）。

A. 增量预算　　B. 复式预算　　C. 单式预算　　D. 零基预算

8. 按照中央与地方事权的划分，应由地方政府负责提供的公共产品是（　　）。

A. 国防　　B. 消防　　C. 外交　　D. 航空

9. 中央政府须承担的支出责任是（　　）。

A. 国防　　B. 市政建设　　C. 公共绿地　　D. 地方性公共交通

10. 1994 年实行的分税制改革，为了确保地方的既得利益，不仅税收返还基数全部返还给地方，而且决定 1994 年以后税收返还数还要有一定的递增。现今返还数的递增率的确定为（　　）。

A. 全国增值税和消费税的平均增长率以 1∶0.3 的系数确定

B. 按各地区增值税和消费税的平均增长率以 1∶0.3 的系数确定

C. 全国税收收入的平均增长率以1∶0.3的系数确定

D. 按各地区上交的中央税的平均增长率以1∶0.3的系数确定

11. 目前为世界大多数国家所接受的政府预算原则包括（　　）。

A. 公开性　　B. 可靠性　　C. 完整性　　D. 统一性

12. 我国政府从1998年开始进行的政府预算管理体制改革的主要内容包括（　　）。

A. 实施分税制　　B. 编制部门预算

C. 实施国库集中收付制度　　D. 实施政府采购

13. 政府预算制度改革是（　　）。

A. 建设社会主义政治文明的本质要求

B. 发展社会主义市场经济的必然选择

C. 构建公共财政体制的基础

D. 构建生产建设性财政体制的基础

14. 分税制主要包括哪几个方面的内容?（　　）

A. 分税　　B. 分权　　C. 分事　　D. 分管

15. 政府间转移支付的主要形式有（　　）。

A. 中央对地方的定额补助　　B. 专项补助

C. 地方上解补　　D. 中央对地方的税收返还

16. 以预算分项支出安排方式的差别为依据，国家预算可分为（　　）。

A. 增量预算　　B. 复式预算　　C. 单式预算　　D. 零基预算

17.《中华人民共和国预算法》规定各级人民代表大会在预算管理中的职权主要是（　　）。

A. 预算、决算的审批权　　B. 预算、决算的监督权

C. 预备费动用的决定权　　D. 对预算、决算方面不适当决定的撤销权

18. 预算体制的主要内容包括（　　）。

A. 确定预算管理主体及其级次　　B. 预算收支的划分原则和方法

C. 预算管理权限的划分　　D. 预算调节制度和方法

19. 中央对地方财政实行财政转移支付的理由是（　　）。

A. 加强中央政府对地方财政的宏观调控

B. 调节不同地区预算财力的差距

C. 实现公平分配的原则要求和财权与事权的最后统一

D. 稳定宏观经济

20. 政府预算调整的方式主要有（　　）。

A. 动用预备费　　B. 预算的追加和追减

C. 经费流用　　D. 预算划转

二、判断题

1. 我国目前采用的预算编制方法是复式预算法，即分为经常预算和建设预算分别核算。（　　）

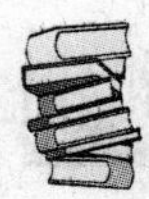

2. 预算年度是指预算收支起讫的有效期限，大体有公历年制和跨历年制。（ ）

3. 2002年分税制改革调整的重大内容是将增值税设为了共享税，地方分享25%。（ ）

4. 我国国家预算级次是按照一级政权设立一级预算的原则建立的，共有五级预算。（ ）

5. 国库集中支付制度，就是对预算资金分配、资金使用、银行清算及资金到达商品和劳务供应者账户的全过程集中进行的全面的监控制度。（ ）

6. 目前世界各国普遍采用的预算年度有两种：一是公历年制，二是跨历年制。（ ）

7. 政府预算，亦称“国家预算”，是具有法律效力的政府年度财政收支计划。（ ）

8. 政府预算是人大代表和全体人民监督政府收支运作的途径和窗口。（ ）

9. 调整预算应由本级政府财政部门编制预算调整方案并提经本级政府审查和批准，未经批准，不得调整预算。（ ）

10. 当前证券交易印花税、企业所得税、个人所得税、增值税都是中央与地方的共享税。（ ）

三、名词解释

政府预算　中央预算　地方预算　单式预算　复式预算　预算管理体制

四、简答题

1. 试述政府预算的含义与功能。
2. 复式预算与单式预算比较有哪些利弊?
3. 试述我国财政管理体制的类型。
4. 简述我国现行分税制的主要内容。
5. 简述我国预算管理体制的内容。

五、案例分析

谁来帮公众看好政府钱袋子?

预算法修正案草案二审稿征集意见昨日截止。草案征集到的意见超过30万条，超过了去年个人所得税法修正案征求意见时收到的23万多条，足以窥见公众对被喻为“经济宪法”的预算法之关切。有人说，连乞丐都关心预算法，因为他用乞讨来的钱买东西时也在纳税，看来还真是这么回事。

政府预算，不仅是一个经济、技术问题，而且是一个法律、政治议题，甚至涉及权力授予与归属。它体现着公众的授权与限权过程，它的逻辑起点是：政府的每一分钱都来自公众，因此要受到公众约束。而在一个缺乏这种约束的现实中，政府官员与民众都会出现“财政幻觉”——官员以为财政资金是“自己的”，爱怎么花就怎么花，别人管不着；民众也认为反正这钱不是我的，他们想咋用就咋用，轮不到自己说话。经过多年的觉醒，“双重幻觉”的平衡已被打破，而呈现单边性，且这种单边性随着公共财政“蛋糕”的迅速做大而进一步固化。

由于不同的政府机构可能有不同需求，从而可能诱导预算决策偏离公众意愿。为解决这个问题，需要制定某些制度，给预算决策者一定的压力，使其做出的预算决策尽量与公众愿望保持一致。“瓶颈”恰恰就在这里，公众在政府预算中的参与不足，没有足够的机会、渠道来参与预算过程，难以对决策者形成压力，约束与监督几近虚无。虽然相关的制度制定中，这项职能形式并未虚置，由各级人大承担着，然而刚性不足，绩效欠奉。至于原因，一言难尽。其中，大多数业余代表的专业素养不足，预算报告尚看不懂，审批监督从何说起？

进一步提高预算透明度与公众参与度，或许是提升政府预算科学性、民主性、合理性的可行之道。一方面，社会卧虎藏龙，公众中汇集着各行各业的专家、学者和精英，他们也不乏参与公共事务的热情，代表看不懂的预算报告总会有人看得懂；另一方面，“打酱油”也是生产力，公众围观必然对决策者形成巨大的心理压力，从而减少决策失误，提高政府预算透明度的意义正在此。中央部门近年定时向社会公开财政预算、决算，有效地遏止了各部门三公经费的增长势头。

（资料来源：广州日报，2012 年 8 月 6 日）

根据上述资料，讨论分析以下问题：

1. 公众如何才能看住政府的钱袋子？
2. 结合实际，谈谈我国预算存在的问题及对策。

第九章 金融概论

学习目标

知识目标

1. 了解信用的产生和发展、利息的作用、利率市场化改革的过程。
2. 理解金融的含义和构成要素、信用的本质特征、利息的本质、利率的种类。
3. 掌握信用形式、信用工具、利息的计算方法、利率变动影响因素。

能力目标

1. 能熟练说出日常生活中的信用形式和信用工具。
2. 能熟练分析金融产品的收益情况。
3. 能根据宏观经济因素预测市场利率的趋势。

引导案例

互联网金融

2013 年以来，“互联网金融”成为热度最高的金融话题，支付宝、P2P 网贷、众筹和余额宝等名目繁多的互联网金融模式或产品，令人目不暇接。2013 年 6 月 13 日，支付宝与天弘基金合作推出余额宝以后，截至 2014 年 2 月底规模已达约 5 000 亿元，更是令人震撼。有别于银行主导的间接金融模式和证券市场主导的直接金融模式，互联网金融是互联网与金融的结合，是借助于互联网技术和移动通信技术实现资金融通、支付和信息中介功能的新兴金融模式。目前全球互联网金融呈现三大发展趋势：一是以第三方支付、移动支付替代传统支付业务，二是以人人贷替代传统存贷款业务，三是以众筹融资替代传统证券业务。众所周知的业态包括互联网支付、P2P 网络借贷、众筹融资、金融机构创新型互联网平台等。

近期人们热议的互联网金融，主要指的是由网商通过互联网进行商品交易所延伸的金融活动。互联网商品交易催生第三方支付方式，第三方支付方式派生出新的理财产品，在借鉴海外运作模式的基础上，近年来，P2P 网贷、众筹等金融交易在中国境内应运而生。P2P 网贷，是指个人和机构通过互联网平台相互借贷的金融交易现象。众筹，是大众筹资或群众筹资的简称，一般会有特定的项目发展作为支撑，相当于为项目发展向大众筹资。P2P 网贷、众筹实际上是个人之间及个人与机构之间的资金借贷通过网商平台和公开机制得以集中实现的一种表现方式。

第一节　金融的构成

在日常生活中，人们几乎每天都要与货币打交道。家庭和个人要考虑到消费、投资、储蓄；企业要考虑到厂房的建设、机器设备的购置、原材料的购买、工人工资的发放等；政府要考虑到财政资金的筹集、财政资金的使用等。一些金融专业术语，诸如银行、股票、基金、期货、次级债券、汇率、利率等，已经成为人们交往中常用的词汇，股市行情、人民币升值、金融危机、外汇储备、国际收支等也成为媒体和百姓津津乐道的热点话题。总之，金融已经成为现代经济的核心，金融活动无处不在，它广泛渗透到社会经济和人们生活的各个领域。

一、金融的含义及构成

简单来说，金融就是资金的融通。作为经济范畴，金融是指社会经济生活中的货币流通和信用活动，以及与之相联系的经济活动的总和，包括金融机构、金融工具、金融市场、金融关系等。具体来讲，完整的金融概念应包括以下几个方面的内容：

1. 金融主体

金融活动的具体组织和参与者，分为两类：一类是以银行为代表的各类专业金融机构，他们是货币资金融通的中介或管理者，发挥枢纽作用；另一类是政府、非金融企业、个人等，政府和企业是资金的短缺部门，个人是资金的盈余部门，他们之间互相融通资金。

2. 金融对象

金融的对象是货币和货币资金。资金的借贷、收付等金额活动都需要借助货币作为交易媒介来进行。

3. 金融方式

在现代经济体系中，货币资金融通的基本方式是有偿的信用方式。由于货币流通本身也是建立在信用关系上的，所以金融活动可以简单地理解为信用活动。

4. 金融工具

金融活动的正常开展一般需要借助一定的金融工具。常见的金融工具主要是各种票据和有价证券，它们的流通和转让，构成了我们日常的金融活动。

5. 金融市场

资金融通的场所，它的建立一方面满足了交易双方融通资金的需要，另一方面也日益成为国家实施宏观调控措施的场所。

二、金融系统

1. 金融系统的概念

金融系统是有关资金的流动、集中和分配的体系。它是由连接资金盈余者、资金短缺者的一系列金融中介机构和金融市场共同构成的一个有机体，其中也包含了政府的监管体系。

在这里，资金通过银行等金融机构从资金盈余者流向资金短缺者称为间接金融。

在间接金融中，银行这类金融机构发挥了媒介作用，它们既是货币资金所有者的债务人，又是货币资金需求者的债权人，货币资金的所有者和货币资金的需求者并不发生直接的债权债务关系。如果资金直接通过金融市场从资金盈余者流向资金短缺者称为直接金融。在直接金融中，资金需求者通过发行股票、债券等取得货币资金，而不是“借入”货币资金；资金所有者，买进股票债券，以“投资”的形式付出货币资金，而非“贷出”，在这个过程中并没有既扮演债务人角色又扮演债权人的中介处于其间。国家金融监管机关根据宏观经济走势，采用各种调控措施，适时调控金融系统的运行，维护金融秩序，促进经济健康发展。金融系统中的资金流动，如图 9－1 所示。

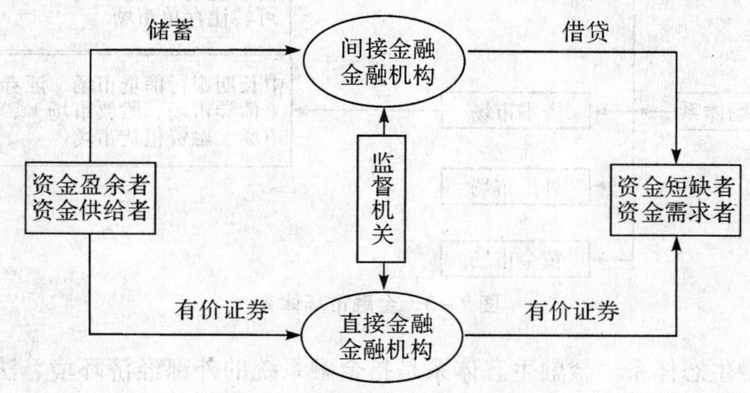

图 9－1 金融系统中的资金流动

2. 金融系统的内容

（1）金融调控体系。金融调控体系是国家宏观调控体系的重要组成部分，通过货币政策与财政政策的配合使用，利用货币政策的传导机制，保持一国货币币值的稳定和货币总量的平衡。

（2）金融机构体系。一个国家的金融机构主要包括以商业银行为代表的银行金融机构，以及证券公司、保险公司、信托投资公司等非银行金融机构。我国金融机构体系，如图 9－2 所示。

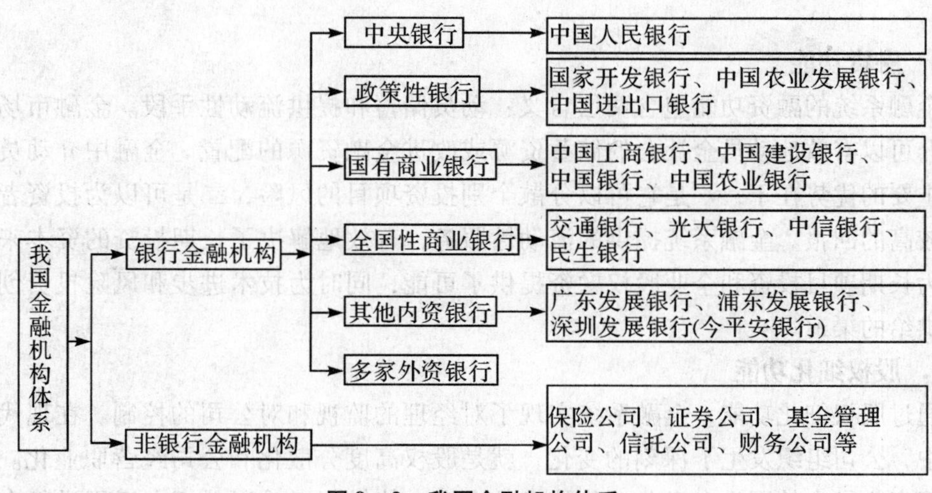

图 9－2 我国金融机构体系

（3）金融监管体系。金融监管体系包括监管主体及其监管协调机制，金融风险监控、预警和处置机制，市场主体推出制度等。

（4）金融市场体系。金融市场一般包括货币市场、股票市场、债券市场、衍生工具市场、外汇市场、黄金市场等。完善的金融市场体系应该是市场体系多层次、市场主体多元化、市场产品多样化，如图9－3所示。

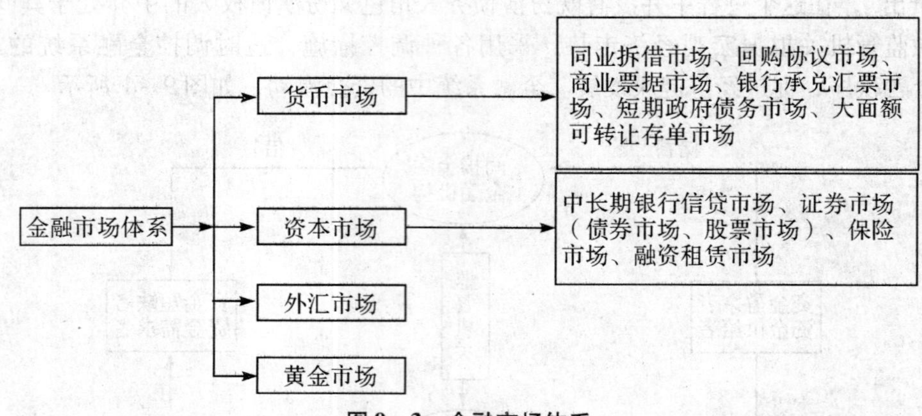

图9－3　金融市场体系

（5）金融生态体系。金融生态体系是指金融系统的外部经济环境、法制环境、信用环境、市场环境和制度环境等问题。

三、金融系统的功能

金融系统的功能包括以下方面：

1. 清算和支付功能

在经济货币化日益加深的情况下，建立一个有效的、适应性强的交易和支付系统乃基本需要。可靠的交易和支付系统应是金融系统的基础设施，缺乏这一系统，高昂的交易成本必然与经济低效率相伴。一个有效的支付系统对于社会交易是一种必要的条件。

2. 融资功能

金融系统的融资功能包含两层含义：动员储蓄和提供流动性手段。金融市场和银行中介可以有效地动员全社会的储蓄资源或改进金融资源的配置。金融中介动员储蓄的最主要的优势在于，一是它可以分散个别投资项目的风险，二是可以为投资者提供相对较高的回报。金融系统提供的流动性服务，有效地解决了长期投资的资本来源问题，为长期项目投资和企业股权融资提供了可能，同时为技术进步和风险投资创造出资金供给的渠道。

3. 股权细化功能

通过股权细化功能，金融系统实现了对经理的监视和对公司的控制。在现代市场经济中，公司组织发生了深刻的变化，就是股权高度分散化和公司经营职业化。这样的组织安排最大的困难在于非对称信息的存在，使投资者难以对资本运用进行有效的

监督。金融系统的功能在于提供一种新的机制，就是通过外部放款人的作用对公司进行严格的监督，从而使内部投资人的利益得以保护。

4. 资源配置功能

在现代不确定的社会，单个的投资者很难对公司、对经理、对市场条件进行评估。金融系统的优势在于为投资者提供中介服务，并且提供一种与投资者共担风险的机制，使社会资本的投资配置更有效率。中介性金融机构提供的投资服务可以表现在：一是分散风险；二是流动性风险管理；三是进行项目评估。

5. 风险管理功能

金融系统的风险管理功能要求金融系统为中长期资本投资的不确定性即风险进行交易和定价，形成风险共担的机制。由于存在信息不对称和交易成本，金融系统和金融机构的作用就是对风险进行交易、分散和转移。

6. 激励功能

金融系统所提供的解决激励问题的方法是股票或者股票期权。通过让企业的管理者及员工持有股票或者股票期权，企业的效益也会影响管理者及员工的利益，从而使管理者和员工尽力提高企业的绩效，他们的行为不再与所有者的利益相悖，这样就解决了委托代理问题。

7. 信息提供功能

金融系统的信息提供功能意味着在金融市场上，不仅投资者可以获取各种投资品种的价格及影响这些价格的因素的信息，而且筹资者也能获取不同的融资方式的成本信息，管理部门能够获取金融交易是否在正常进行、各种规则是否得到遵守的信息，从而使金融系统的不同参与者都能做出各自的决策。

知识链接

2014 年金融领域重点工作

深化金融体制改革。继续推进利率市场化，扩大金融机构利率自主定价权。保持人民币汇率在合理均衡水平上的基本稳定，扩大汇率双向浮动区间，推进人民币资本项目可兑换。稳步推进由民间资本发起设立中小型银行等金融机构，引导民间资本参股、投资金融机构及融资中介服务机构。

建立存款保险制度，健全金融机构风险处置机制。实施政策性金融机构改革。加快发展多层次资本市场，推进股票发行注册制改革，规范发展债券市场。积极发展农业保险，探索建立巨灾保险制度。

促进互联网金融健康发展，完善金融监管协调机制，密切监测跨境资本流动，守住不发生系统性和区域性金融风险的底线。让金融成为一池活水，更好地浇灌小微企业、“三农”等实体经济之树。

（资料来源：2014 年政府工作报告）

第二节 信用形式与信用工具

从不同的角度来看，“信用”一词有着不同的解释。从伦理学角度讲，汉语的“信用”原意解释为能够履行诺言而取得的信任，是指人们的道德规范、行为规范；从经济学角度讲，“信用”一词的内涵指的是“借贷”“借款”等内容。因此，汉语中的“信用”主要有社会学和经济学的两种解释。我们主要学习的是经济范畴的“信用”。

一、信用的含义及本质特征

信用的含义及本质特征如下所述。

1. 信用的含义

信用这个范畴是指借贷行为。所谓借贷，就是商品或货币的所有者将商品赊销或将货币贷放出去，借者按约定时间偿付货款或归还借贷本金并支付一定利息的行为。在借贷活动中，贷方是债权人，借方是债务人，借贷双方构成的债权债务关系就是一种信用关系。

2. 信用的本质特征

(1) 信用是以偿还和付息为条件的借贷行为。信用是一种有条件的借贷行为。对于信用，马克思说：“这个运动——以偿还为条件的付出——一般地说是贷和借的运动，即货币或商品的只是有条件的让渡的这种独特形式的运动。”贷者之所以贷出，是因为有权取得利息，借者之所以可能借入，是因为承担了支付利息的义务。

(2) 信用是价值运动的特殊形式。一般的商品买卖遵循的是等价交换的原则。卖者售出商品，获得货币；买者付出货币，得到商品，商品的价值与支付的货币价值是相等的。在这里，商品和货币的所有权通过交换同时相向转移，价值以商品形态和货币形态同时相向运动。但是在信用活动中，贷者把一部分货币或商品给予借者，借者并没有同时对贷者进行任何形式的价值补偿。此时，贷者让渡的是商品或货币的使用权而不是所有权。所以，信用是价值单方面的转移。

(3) 信用是一种债权债务关系。借贷行为发生后，借方是债务人，有到期付款并支付利息的义务；贷方是债权人，有要求归还本息的权利。所以借款关系反映了债权债务关系，信用关系是债权债务关系的统一。从本质上说，信用行为就是放债和承债行为。

二、信用的产生和发展

商品经济的产生和发展是信用产生的基础。最初原始形态的信用产生于原始社会的末期和奴隶社会初期，生产力的发展及商品生产和商品交换的发展使原始公社解体，产生了私有制家庭和阶级，出现了贫富的差别。贫困的家庭，为了维持生产和生活，向富裕家庭借债，便产生了信用。原始形态的信用大多是实物的借贷，随着商品货币关系的发展，出现了货币借贷。高利贷是古老的生息资本，它盘剥的对象主要是广大的小生产者。高利贷对社会生产力起破坏作用，它使生产者陷于贫困，无力进行扩大

再生产，甚至难以维持简单再生产。

封建制度被资本主义制度代替之后，货币借贷关系有了新的发展变化。资本主义的借贷资本取代高利贷资本。随着借贷资本关系的发展，直接货币借贷又逐渐被以银行为中介的借贷关系所代替。随着资本主义社会化大生产的发展，企业生产规模不断扩大，经营的必要资本限额增大，需要集中大量资本才能经营生产。货币借贷关系适应这种要求进一步发展，出现了通过发行股票的方式进行资金筹集的活动。

三、信用形式

信用形式是指信用关系的具体表现形式。随着市场经济的发展，信用形式也不断发展和完善。按照不同的标准信用形式有不同的分类（图9－4）。这里主要以产生信用的主体为分类标准来说明信用形式。

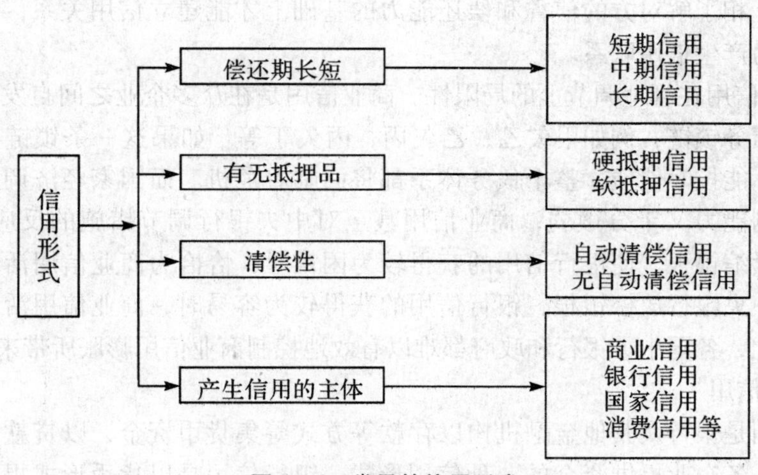

图9－4　常见的信用形式

1. 商业信用

商业信用是指工商企业之间相互提供的，与商品交易直接相联系的信用形式。包括企业之间以赊销、分期付款等形式提供的信用，以及在商品交易的基础上以预付定金等形式提供的信用。常见的商业信用形式有：赊购商品、预收货款、预付定金、分期付款等。

（1）商业信用的特点：商业信用的主体是工商企业。商业信用是以商品交易为基础的，因此，不仅债务人是从事生产或流通活动的企业，而且债权人也必然是商品经营者。

商业信用的客体是商品资本。商业信用是一个企业以商品的形式提供给另一个企业的，借贷对象是待实现价值的商品。其资金来源是处于再生产过程中的商品资金，是企业生产经营资金的一部分。

商业信用规模与经济景气状态一致。在经济繁荣时期，商业信用会随着生产和流通的增长及产业资本的扩大而扩大；在经济衰退时期，商业信用会随着生产和流通的消减及产业资本的收缩而缩小。

（2）商业信用的局限性：商业信用受自身特点的影响，其存在和发展具有一定的局限性，具体表现在：

1）商业信用授信规模的局限性。因为商业信用是企业之间提供的商品形式的信用，所以单个企业的授信规模只能局限于该企业的资本总额之内；若是从全社会看，商业信用的规模也不能超过所有企业的资本总额。因此，我们说商业信用在量上是有限的。

2）商业信用授信方向的局限性。由于商业信用是以商品形式提供的，因此商业信用只能向需要该种商品的企业提供。一般来说，原材料企业向加工企业、工业企业向商业企业、批发企业向零售企业、上游企业向下游企业提供商业信用。例如，纺织行业内部提供商业信用的方向是棉花生产商、纺纱厂、织布厂、印染厂、服装厂。

3）商业信用授信期限的局限性。企业在由对方提供商业信用时，期限一般受企业生产周转时间的限制，期限较短，所以商业信用只能解决短期资金融资的需要。

4）商业信用授信范围的局限性。商业信用是企业供需双方直接达成的协议，借贷双方只有在互相了解对方的信誉和偿还能力的基础上才能建立信用关系，互相不了解的企业不容易产生信用联系。

5）商业信用在管理调节上的局限性。商业信用是在众多企业之间自发发生的，经常形成一条债务锁链，例如甲欠乙，乙欠丙，丙欠丁等。如果这一条锁链的任何一环出现问题，不能按时偿债，整个债务体系都将面临着危机。而国家经济调节机制对商业信用的控制能力又十分微弱，商业信用甚至对中央银行调节措施的反应完全相反。如中央银行紧缩银根，使银行信用的获得较为困难时，恰恰为商业信用活动提供了条件。只有当中央银行放松银根，银行信用的获得较为容易时，商业信用活动才可能相对减少。因此，各国中央银行和政府都难以有效地控制商业信用膨胀所带来的危机。

2．银行信用

银行信用是银行及其他金融机构以存款等方式筹集货币资金，以贷款方式对国民经济各部门、各企业提供资金的一种信用形式。银行信用是以货币形式提供的，在一定程度上克服了商业信用的局限性，具有以下特点：

（1）银行信用的主体与商业信用不同。银行信用活动的主体一方是企业、家庭、政府和其他机构，另一方则是银行及其他金融机构。它不是一般工商企业之间相互提供的信用。

（2）银行信用的客体是货币资本。银行信用以吸收存款的方式，集中社会各方面的闲置资金，形成了巨额的借贷资金，克服了商业信用在数量规模上的局限性；另一方面，货币具有一般购买力，不受商品流转方向的限制，能向任何需要的部门、企业及个人提供信用，克服了商业信用授信方向和授信范围的局限性。

（3）银行信用是一种中介信用。银行信用活动的主体是银行及其他金融机构，它们在信用活动中充当信用中介。一方面，银行向借款人提供的资金绝大部分并非银行所有，而是银行通过吸收存款、储蓄或借贷方式从社会各方面取得的；另一方面，银行将手中持有的资金通过贷款等方式运用到社会再生产需要的方面。所以说，银行只是货币资本所有者和使用者的一个中介，起联系、沟通或桥梁的作用。

银行信用在信用规模、信用方向、信用范围等方面都优于商业信用，更适应现代商品经济发展的需要，从而处于信用体系的主导地位。

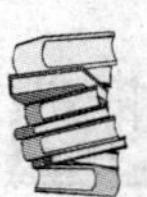

3. 国家信用

国家信用是以国家为主体进行的一种借贷行为，是政府以债权人或债务人的身份所从事的信用活动。国家信用包括国内信用和国外信用两种。国内信用是国家以债务人身份向国内居民、企业、团体取得的信用，它形成国家的内债。常见的内债形式主要有发行国家公债、发行国库券、发行各种专项债券和向银行透支或借款。国外信用是国家以债务人身份向国外居民、企业、团体和政府取得的信用，它形成国家的外债。常见的外债形式有在国际金融市场上发行国际债券、向外国政府的借款等。国家信用的特点如下：

（1）国家信用的运用是以政府信誉为担保。通常情况下，国家信用评级要高于其他信用形式的评级，因此，政府债券风险小、流动性高。

（2）国家信用与银行信用在数量上此消彼长。根据分析我们知道，国家信用的资金来源也是社会各阶层的闲散货币资金。如果企业和个人用于购买公债的资金增多，存入银行的存款就会减少，反之亦然。

国家信用与银行信用都是在商品经济基础上发展起来的一种借贷活动，它们都是以偿还为条件，到期还本付息。但两者也有很大的区别，见表9－1。

表9－1　国家信用与银行信用的区别

	国家信用	银行信用
资金分配主体	国家	银行
筹集资金目标	宏观调控，社会利益	银行生存发展，银行利益
资金分配渠道	政府预算收入和支出	银行存贷业务
资金分配重点	长期战略性的经济项目	短期周转盈利性项目
资金分配形式	债券、借款等	存、贷款

4. 消费信用

消费信用是企业、银行和其他金融机构向消费者个人提供的、直接用于生活消费的信用。例如，现在常见的住房消费信贷、汽车消费信贷、信用卡贷款、助学贷款、家用电器贷款、房屋修缮贷款、小额消费贷款等都属于消费信用。消费信用的形式主要有赊销、分期付款和消费贷款。其中，赊销和分期付款主要是企业提供的消费信用；消费贷款一般是银行等金融机构提供的消费信用。

（1）商品赊销。赊销主要是对那些没有现款或现款不足的消费者采取的一种信用出售的方式。它是零售商以延期付款的方式向消费者销售商品，属于短期信用。

（2）分期付款。在消费者购买某些价值较高的耐用消费品时，与商家签订分期付款合同，先支付一部分货款，然后由商店先交货物，再按合同分期偿付余额。在货款付清之前，消费品的所有权属于卖方，属于中长期信用。

（3）消费贷款。消费贷款是指银行或其他金融机构向消费者个人发放的用于生活消费的贷款，包括信用贷款和抵押贷款。常见的抵押贷款，如居民住宅抵押贷款，以借款人所购置的住房产权为抵押的担保抵押贷款，住宅贷款期限较长，通常在10～30

年，以住房本身作抵押，采取分期付款的方式；汽车消费贷款以消费者购买的汽车为担保而发放的贷款。常见的信用贷款为信用卡贷款，持卡人因各自资信状况不同而获得不同资信级别的授信额度。在此授信额度内，持卡人可以通过信用卡所代表的账户在任何接受此卡的零售商处购买商品或劳务及进行转账支付等。如果持卡人在规定的期限内一次付清账单，就可以免费获得融资服务；如果不能在规定的期限内一次性付清账单，就要为借款支付高额利息。

5. 国际信用

国际信用是不同国家和地区之间发生的借贷行为。随着世界经济一体化和贸易全球化的不断推进，国际信用日益成为国际结算，扩大进出口贸易，加强国际交往的重要工具。国际信用种类繁多，归纳起来可分为以下几种类型：

（1）补偿贸易。补偿贸易是指买方以赊销方式进口设备和技术等，并以该项目建成投产后的产品或其他指定的商品还本付息的一种信用方式。

（2）出口信贷。在进出口贸易中，为了鼓励本国出口商扩大出口，出口方银行向本国出口商或外国进口商提供的贷款。出口信贷分为买方信贷和卖方信贷。买方信贷是指由出口商所在地的银行向进口商或进口商国家的银行提供的信贷，用于支付进口货款的一种贷款形式。卖方信贷是指出口商所在地银行向本国出口商提供的贷款。

（3）政府间信贷。这是一国政府向另一国政府提供的优惠性贷款。

（4）国际间银行信贷。这是指一国银行或银团向另一国银行、大企业或政府提供的货币贷款。

（5）国际金融机构贷款。这是指世界性或区域性国际金融机构向其成员国提供的贷款。

四、信用工具

信用工具是指以书面形式发行和流通、借以保证债权人或投资人权利的凭证，是资金供应者和需求者之间进行资金融通时，用来证明债权的各种合法凭证。信用工具也叫金融工具，是重要的金融资产，也是金融市场上重要的交易对象。一般来说，信用工具由面值、到期日、期限、利率和利息支付方式五大要素构成。

1. 信用工具的特征

信用工具的特征有以下几点：

（1）收益性。信用工具能定期或不定期带来收益，这是信用的目的。信用工具的收益有三种：一种为固定收益，是投资者按事先规定好的利息率获得的收益，如债券和存单在到期时，投资者即可领取约定利息。固定收益在一定程度上就是名义收益，是信用工具票面收益与本金的比例。另一种是即期收益，又叫当期收益，就是按市场价格出卖时所获得的收益，如股票买卖价格之差即为一种即期收益。还有一种是实际收益，指名义收益或当期收益扣除因物价变动而引起的货币购买力下降后的真实收益。在现实生活中，实际收益并不真实存在，而必须通过再计算。投资者所能接触到的是名义收益和当期收益。

（2）风险性。为了获得收益提供信用，同时必须承担风险。风险是相对于安全而

言的，所以风险性从另一个角度讲就是安全性。信用工具的风险是指投入的本金和利息收入遭到损失的可能性。任何信用工具都有风险，只是风险的程度不同而已。其风险主要有违约风险、市场风险、政治风险及流动性风险。违约风险一般称为信用风险，是指发行者不按合同履约或是公司破产等因素造成信用凭证持有者遭受损失的可能性。市场风险是指由于市场各种经济因素发生变化，例如市场利率变动、汇率变动、物价波动等各种情况造成信用凭证价格下跌遭受损失的可能性。政治风险是指由于政策变化、战争、社会环境变化等各种政治情况直接或间接引起的信用凭证遭受损失的可能性。

（3）流动性。信用工具可以买卖和交易，可以换得货币，即具有变现力或流通性。短期内，在不遭受损失的情况下，能够迅速出售并换回货币，称为流动性强；反之，则称为流动性差。

（4）偿还性。各种信用工具按其不同的性质都有不同的偿还期。这里有两种极端的情况：一种是银行活期存款随时可以提取，其偿还期限为零；另一种是股票，永不还本，其偿还期为无限。

2. 信用工具的种类

根据不同的分类标准，信用工具有不同的种类，如图 9－5 所示。这里主要介绍长短期信用工具的形式。

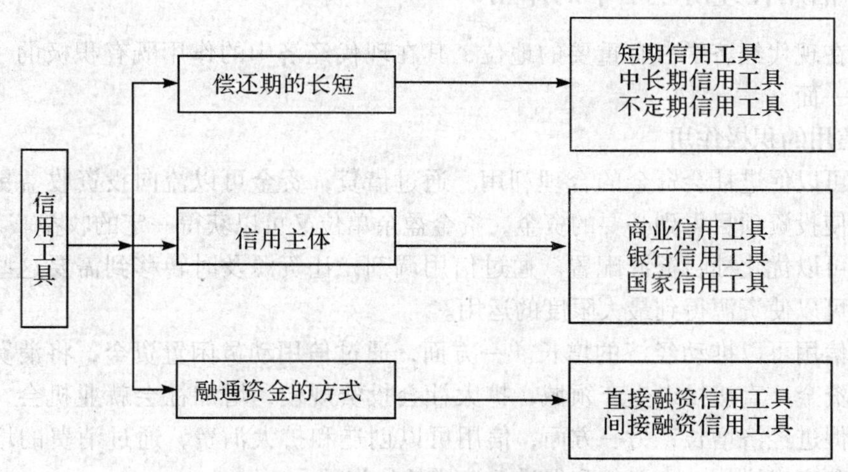

图 9－5　信用工具的种类

（1）短期信用工具。短期信用工具也称货币市场金融工具，通常指期限在一年以下的信用凭证。常见的形式有商业票据、银行票据、银行存单、信用卡、信用证、国库券等。

1）商业票据。商业票据是指大公司、大企业为了在货币市场上筹借短期资金，解决企业短期的商业性资金需要而发行的短期借款票据。它是证明交易双方债权债务关系的书面凭证。商业票据分为商业汇票和商业本票两种形式。

2）银行票据。银行票据是指由银行签发或由银行承担付款义务的信用凭证。银行票据主要包括银行本票、银行汇票、银行支票等。

（2）长期信用工具。长期信用工具通常指期限在一年以上的信用凭证，也有人称之为有价证券。有价证券是指标有票面金额，证明持有人有权按期取得一定收入并可自由转让和买卖的所有权或债权凭证。有价证券是虚拟资本的形式，它本身没有价值，但是由于它能为持有者带来一定的收入，因而能够在证券市场上买卖，具有价格。常用的长期信用工具包括股票和各种债券。

1）股票。股票是股份证书的简称，是股份公司为筹集资金而发行给股东作为持股凭证并借以取得股息和红利的一种有价证券，是资本市场的主要长期信用工具。股票可以转让、买卖或作价抵押，但不能要求公司返还其出资。股东与公司之间的关系不是债权债务关系，股东是公司的所有者，以其出资份额为限对公司负有限责任，承担风险，分享收益。股票具有不可偿还性、参与性、收益性、流通性、价格波动性和风险性等基本特征。

2）债券。债券是政府、金融机构、工商企业等机构直接向社会借债筹措资金时，向投资者发行，承诺按一定利率支付利息并按约定条件偿还本金的债权债务凭证。债券的本质是债的证明书，具有法律效力。债券购买者与发行者之间是一种债权债务关系，债券发行人即债务人，投资者（或债券持有人）即债权人。债券具有期限性、流动性、收益性、安全性、自主性等特征。

五、信用在经济生活中的作用

信用在现代经济中占有重要的地位，其在现代经济中的作用既有积极的一面，也有消极的一面。

1. 信用的积极作用

信用可以促进社会资金的合理利用。通过借贷，资金可以流向投资收益更高的项目，可以使投资项目得到必要的资金，资金盈余单位又可以获得一定的收益。

信用可以优化社会资源配置。通过信用调剂，让资源及时转移到需要这些资源的地方，就可以使资源得到最大限度的运用。

现代信用可以推动经济的增长。一方面，通过信用动员闲置资金，将消费资金转化为生产资金，直接投入生产领域，扩大社会投资规模，增加社会就业机会，增加社会产出，促进经济增长；另一方面，信用可以创造和扩大消费，通过消费的增长刺激生产扩大和产出增加，也能起到促进经济增长的作用。

2. 信用的消极作用

信用的消极作用主要表现在信用风险和经济泡沫的出现。

（1）信用风险：信用风险是指债务人无法按照承诺偿还债权人本息的风险。在现代社会，信用关系已经成为最普遍、最基本的经济关系，社会各个主体之间债权债务交错，形成了错综复杂的债权债务链条，这个链条上有一个环节断裂，就会引发连锁反应，对整个社会的信用联系造成很大的危害。

（2）经济泡沫：经济泡沫是指某种资产或商品的价格大大地偏离其基本价值，经济泡沫的开始是资产或商品的价格暴涨，价格暴涨是供求不均衡的结果，即这些资产或商品的需求急剧膨胀，极大地超出了供给，而信用对膨胀的需求给予了现实的购买

和支付能力的支撑，使经济泡沫的出现成为可能。

知识链接

中国的汽车消费信贷模式

汽车信贷消费在中国是从1998年亚洲金融危机后国家采取拉动内需的政策才大力开展业务的。据统计，在汽车消费中只有10%是通过分期付款形式销售的。目前，中国汽车信贷消费的模式主要有三种。

1. 以银行为主体的直接模式

该模式的特点是：由银行直接面对客户，在对客户信用评定后，银行与客户签订信贷协议，客户拿贷款额度到汽车市场上选购自己满意的产品。在直接模式中，银行是中心，银行指定律师行出具客户的资信报告，由银行指定保险公司要求客户购买其保证保险，银行指定经销商销售车辆。在这一模式中，风险由银行与保险公司承担。

2. 以经销商为主体的间接模式

该模式的特点是：由经销商负责为购车者办理贷款手续，以经销商自身资产为客户承担连带责任保证，并代银行收缴贷款本息，而购车者可享受到经销商提供的一站式服务。在此过程中经销商通常要收取2%～4%的管理费。在这一模式中，经销商是主体，它与银行和保险公司达成协议，负责与消费信贷有关的一切事务，客户只需与一家经销商打交道。这时，风险由经销商与保险公司共同承担。

3. 以非银行金融机构为主体的间接模式

该模式的特点是：由非银行金融机构组织对购买者的资信进行调查、担保、审批工作，向购买者提供分期付款。这些非银行金融机构通常为汽车生产企业的财务公司。上海大众汽车工业（集团）总公司、中国第一汽车集团公司、天津汽车集团等都有自己的财务公司。

（资料来源：http：//www. sne. snnu. edu. cn/ziyuanku/sourse/2010 －7 －9%2017280714. doc）

第三节　利息与利息率

一、利息的本质

利息，从其形态上看，是货币所有者因为发出货币资金而从借款者手中获得的报酬；从另一方面看，它是借贷者使用货币资金必须支付的代价。

马克思主义认为利息实质是利润的一部分，是剩余价值的转化形式。货币本身并不能创造货币，不会自行增值，只有当职能资本家用货币购买到生产资料和劳动力，才能在生产过程中通过雇佣工人的劳动，创造出剩余价值。而货币资本家凭借对资本的所有权，与职能资本家共同瓜分剩余价值。因此，资本所有权与资本使用权的分离是利息产生的内在前提。而由于再生产过程的特点，导致资金盈余和资金短缺者的共同存在，是利息产生的外在条件。当货币被资本家占有，用来充当剥削雇佣工人的剩余价值的手段时，它就成为资本。货币执行资本的职能，获得一种追加的使用价值，即生产平均利润的能力。所有资本家追求剩余价值的利益驱使，利润又转化为平均利润。平均利润分割成利息和企业主收入，分别由不同的资本家所占有。因此，利息在本质上与利润一样，是剩余价值的转化形式，反映借贷资本家和职能资本家共同剥削工人的关系。

利息参与国民收入的分配，影响着借贷双方的经济利益，在现代经济中已经成为国家进行宏观调控的重要杠杆。

二、利率及其种类

利率又称利息率，是指一定时期内利息额同借贷资本总额的比率，即利率 = 利息额 ÷ 本金。利率的种类很多，不同的分类方法表明了不同种类利率的特征。常见的类型主要有以下几种：

1. 市场利率、官方利率和公定利率

市场利率是随市场供求规律而自由变动的利率。市场利率是借贷资金供求变化的指示器，能够灵敏地反映借贷资金的供求变化，也是国家制定官方利率的重要依据。市场利率是理论概念而不是指哪种具体的数量概念。官方利率是由政府金融管理部门或者中央银行确定的利率。官方利率是国家进行宏观调节的重要政策措施之一。公定利率是会员银行的自律性利率。

官方利率和公定利率都不同程度地反映了非市场的强制力量对利率形成的干预。官方利率的变化代表了政府货币政策的意向，对市场利率有重要影响。市场利率随官方利率的变化而变化，但不一定完全同步。反过来，由于市场利率能及时、灵敏地反映借贷资金的供求状况，因此，市场利率又是政府制定官方利率的依据。

2. 基准利率、一般利率和优惠利率

基准利率是金融市场上具有普遍参照作用的利率，其他利率水平或金融资产价格均可根据这一基准利率水平来确定。基准利率发生变动，其他利率也会相应变动。例如，英国的基准利率是伦敦同业拆放利率（LIBOR）；美国的基准利率是美国联邦基准利率；在中国，以中国人民银行对国家专业银行和其他金融机构规定的存贷款利率为基准利率（表9－2）。具体而言，一般普通民众把银行一年定期存款利率作为市场基准利率指标，银行则是把隔夜拆借利率作为市场基准利率。一般利率是市场普遍使用的利率；优惠利率低于一般利率，如出口信贷利率低于同期的其他贷款利率。

表9－2　人民币现行利率表（单位：年利率%）

项 目	利率水平	调整日期
人民银行对金融机构存款利率		2008. 11. 27
法定准备金	1. 62	

续表

项 目	利率水平	调整日期
超额准备金	0.72	
人民银行对金融机构贷款利率		2010.12.26
二十天	3.25	
三个月	3.55	
六个月	3.75	
一 年	3.85	
再贴现	2.25	
金融机构人民币存款基准利率		2012.07.06
活期存款	0.35	
三个月	2.60	
半 年	2.80	
一 年	3.00	
二 年	3.75	
三 年	4.25	
五 年	4.75	
金融机构人民币贷款基准利率		2012.07.06
六个月以内（含六个月）	5.60	
六个月至一年（含一年）	6.00	
一至三年（含三年）	6.15	
三至五年（含五年）	6.40	
五年以上	6.55	

（资料来源：中国人民银行网站）

3. 固定利率和浮动利率

固定利率指在整个借贷期内不作调整的利率。实行固定利率可以使借贷双方准确计算成本与收益，是传统的计息方式。浮动利率是一种在借贷期内可定期调整的利率，调整的依据就是同期的基准利率。例如，欧洲货币市场上的浮动利率一般以伦敦同业拆放利率为基础，半年调整一次。

4. 存款利率和贷款利率

存款利率是客户在银行存款收取的利率，它是存款利息额与存款本金的比率。存款利率的高低，直接影响存款者的收益和银行及其他金融机构的融资成本，对银行所能集中的资金数量有重要影响。贷款利率是银行发放贷款收取的利率，它是贷款利息额与贷款本金的比率。贷款利率的高低决定着产业利润在企业和银行之间的分配，影响着借贷双方的利益。

存、贷款利率差决定金融部门的利润，也反映了金融部门与其他部门对社会纯收入的分配关系。银行存、贷款利息率是资本转移的基本尺度。如果实际投资者的利润率低于银行存款的利息率，则人们根本不需要从事实际投资；如果借款者扣除利息之后的利润与投资总额之比很低，则说明其经营的效益差。

5. 名义利率和实际利率

名义利率，是央行或者其他提供资金借贷的机构所公布的未调整通货膨胀因素的利率，它是利息的货币额与本金的货币额的比率，包括了补偿通货膨胀（含通货紧缩）风险的利率。例如，张某在银行存入100元的一年期存款，一年到期时获得5元利息，利率则为5%，这个利率就是名义利率。名义利率并不是投资者能够获得的真实收益，还与货币的购买力有关。如果发生通货膨胀，投资者所得的货币购买力会贬值，因此投资者所获得的真实收益必须剔出通货膨胀的影响，这就是实际利率。实际利率是指物价水平不变，从而货币购买力不变条件下的利息率。市场的各种利率都是名义利率。实际利率是名义利率扣除同期通货膨胀之后的利率。它们之间的关系可以用下面的公式表示：

$$I=\left(\frac{1+i}{1+P}-1\right)\times 100\%$$

式中：I——实际利率；i——名义利率；P——借贷期物价上涨率。

例如，某存款人存入银行10 000元，名义利率为10%，期限一年。到期的利息为1 000元。而同期物价上涨了7%，实际利息率应当是：

$$I=\left(\frac{1+0.1}{1+0.07}-1\right)\times 100\%=2.8\%$$

如果通货膨胀率较低，分母中P的影响可以忽略不计，则上式可以简写为：$I=i-P$，即实际利率是名义利率与通货膨胀率之差。上例中的实际利率约为10% -7% =3%。

6. 年利率、月利率和日利率

利率按年计算则称为年利率，又称为年息。国外一般习惯用年利率，通常以百分比表示。利率按月计算称为月利率，又称为月息。我国一般习惯用月利率，通常以千分比表示。利率按日计算的称为日利率，又称为日息，通常用万分比表示。年、月、日利率可以互相换算，通常方法：年利率与月利率互相换算，每年按12个月计算；月利率与日利率互相换算，每月按30天计算；年利率与日利率互相换算，每年按360天计算。在我国，常用的利率基本单位是“厘”，十厘为“一分”，十分之一厘为“一毫”，百分之一厘为“一丝”。

例如，某项投资的收益率为月息六厘，表示6‰的利息率，换算为年利率则为：6‰×12 =7.2%，换算为日利率则为：6‰÷30 =0.2‰。

三、利息的计算方法

1. 单利法

单利法是指仅按本金计算利息，而计算出来的利息不再加入本金重复计算利息的一种方法。计算公式为：利息 = 本金 × 利率 × 期限，本利和 = 本金 × （1 + 利率 × 期限）。用字母表示：

$$I = c \times i \times n$$

$$F = c \times (1 + i \times n)$$

式中：F——本利和；I——利息；i——利率；c——本金；n——期限。

2. 复利法

复利法是指将所得利息并入本金再计算利息的一种方法。不仅本金要计算利息，前期利息也要作为计算后期利息的依据，也就是我们俗称的“利滚利”。计算公式为：本利和 = 本金 ×（1 + 利率）^{期限}；利息 = 本金 ×［（1 + 利率）^{期限} − 1］。用字母表示：

$$F = c \times (1 + i)^n$$

$$I = c \times [(1 + i)^n - 1]$$

式中：F——本利和；I——利息；i——利率；c——本金；n——期限。

例如，李某将闲置资金10 000元存为定期存款，年利率为5%，期限为三年。请计算三年利息总额。

（1）单利计息下：三年利息总额 = 10 000 × 5% × 3 = 1 500（元）

三年本利和 = 10 000 + 1 500 = 11 500（元）

（2）复利计息下：三年本利和 = 10 000 ×（1 + 5%）^{3} = 11 576.3（元）

三年利息总额 = 11 576.3 − 10 000 = 1 576.3（元）

单利法和复利法都是计算利息常用的方法。由上例可见，用单利法计算利息，手续简便，易于计算借款成本，有利于减轻借款者的利息负担；用复利法计算利息，有利于提高资金的时间价值，有利于发挥利息杠杆的调节作用和提高社会资金的使用效益。

3. 贴现法

贴现法是指银行发放贷款时先从贷款额中扣除利息。例如，贷款10 000元，年利率9%，则银行实际贷给企业的资金为：10 000 − 10 000 × 9% = 9 100（元），实际利率高于9%。

4. 本利分期偿还法

本利分期偿还法就是把贷款利息加到本金上去，一并由借款人分期偿还。例如，假定10 000元的本金，利率10%，利息1 000元，约定本息10次偿还，则每次偿还资金为11 000 ÷ 10 = 1 100（元），其实际利率也高于10%。

四、利息在市场经济运行中的作用

利息作为资金的使用价格在市场经济运行中起着十分重要的作用，主要表现为以下几个方面：

1. 影响企业行为的功能

利息作为企业的资金占用成本已直接影响企业经济效益水平的高低。企业为降低成本、增进效益，就要千方百计减少资金占压量，同时在筹资过程中对各种资金筹集方式进行成本比较。全社会的企业若将利息支出的节约作为一种普遍的行为模式，那么，经济成长的效率也肯定会提高。

2. 影响居民资产选择行为的功能

随着居民实际收入水平的不断提高、储蓄比率的日益加大，普通居民也出现了资产选择行为。金融工具的增多为居民的资产选择行为提供了客观基础，而利息收入则是居民资产选择行为的主要诱因。居民重视利息收入并自发地产生资产选择行为，无论对宏观经济调控还是对微观基础的重新构造都产生了不容忽视的影响。例如，高储蓄率已成为中国经济的一大特征，这为经济高速增长提供了坚实的资金基础，而居民在利息收入诱因下做出的种种资产选择行为又为实现各项宏观调控做出了贡献。

3. 影响政府行为的功能

由于利息收入与全社会的赤字部门和盈余部门的经济利益息息相关，因此，政府也能将其作为重要的经济杠杆对经济运行实施调节。例如：中央银行若采取降低利率的措施，货币就会更多地流向资本市场；提高利率时，货币就会从资本市场流出。如果政府用信用手段筹集资金，可以用高于银行同期限存款利率来发行国债，将民间的货币资金吸收到政府手中，用于各项财政支出。

五、利率的影响因素

利率作为资金的价格，决定和影响的因素很多、很复杂，利率水平最终是由各种因素的综合影响所决定的。首先，利率分别受到产业的平均利润水平、货币的供给与需求状况、经济发展的状况等决定因素的影响；其次，又受到物价水平、利率管制、国际经济状况和货币政策的影响。

1. 利率受平均利润率的制约

根据马克思的利率理论，利息是利润的一部分，是剩余价值的转换形态，所以利息首先要受平均利润的制约。一般来说，平均利润率是利息的最高限。如果利率等于或高于平均利润率，将使大部分使用贷款的企业无利可图，从而不愿意借款；而过低的利息率将会使贷出货币资金的企业觉得无利可图，而宁可将资金投入其他方向。在其他条件不变的情况下，市场平均利润率越高，利率一般也越高；反之，则越低。

2. 利率受资金供求状况的影响

利率是借贷资金使用权的“价格”。借贷资金作为一种特殊的商品，同普通商品一样受价值规律的支配，其价格一样受供求关系的影响。当借贷资金供过于求时，利率下跌；当借贷资金供不应求时，利率上升。总之，资金供求状况影响着某一个时期利率的高低。

3. 利率受物价水平变化的影响

在现代信用货币流通的条件下，利率的变动与物价的变动有着非常密切的联系。由于种种原因导致一国发生通货膨胀时，货币购买力下降，货币贬值。货币资金的所有者贷出货币时必须考虑将来收回贷款时，借贷的本金是否会因为通胀而贬值。若是在通胀率较高的情况下，贷者就得考虑提高利率来弥补纸币贬值的损失。在通货紧缩时，因为物价的持续与普遍下跌将使实际利率升高，这将有利于债权人而损害债务人的利益。而社会上的债务人大多是生产者和投资者，债务负担加重，无疑会使他们的生产与投资活动受到影响，从而对经济增长带来负面影响。政府针对这种情况会采取降息的措施。

4. 国家经济政策的影响

自20世纪30年代资本主义世界经济大危机后，资本主义国家普遍推行国家干预经

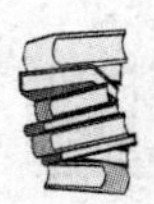

济的政策，其中利率成为国家对经济活动实行宏观调节的重要工具。现代市场经济国家的中央银行都把调节利率作为调节信用，从而调节经济的一个重要手段。通过规定差别利率与优惠利率实现对重点产业、部门或项目的扶持，进而实现产业结构的调整，保证国民经济的协调发展，完成国家预期的经济目标；通过规定和调整官方利率以影响整个市场利率的变动。因此，国家经济政策对利率有重要的影响。

5. 国际市场利率的影响

现代经济的一个重要特征就是世界经济日益国际化、一体化。在开放经济体系中，国际间的经济联系使国内市场利率受到国际市场利率的深刻影响。这种影响是通过资金在国际间的流动来实现的。当国际市场利率高于国内利率时，国内货币资本流向国外。反之，当国际市场利率低于国内利率时，国外货币资本流进国内。不论国内利率水平是高于还是低于国际利率，在资本自由流动的条件下，都会引起国内货币市场中资金供求状况的变动，从而引起国内利率变动。

6. 利率管制的影响

在一国经济的非常时期或在经济不发达的阶段，利率管制也是影响利率的一个重要因素。政府有关部门实行利率管制，直接制定利率或利率变动的界限。由于利率管制具有高度行政干预和法律约束力量，排斥各类经济因素对利率的直接影响，因此，实行利率管制的范围是有限的，而且，一旦非常时期结束或经济已走出不发达的阶段，应及时解除管制。

除以上诸因素外，习惯和法律传统等因素对利率水平同样起着重要的作用。

六、利率市场化

利率市场化是指金融机构在货币市场经营融资的利率水平。它是由市场供求来决定的，包括利率决定、利率传导、利率结构和利率管理的市场化。实际上，它就是将利率的决策权交给金融机构，由金融机构自已根据资金状况和对金融市场动向的判断来自主调节利率水平，最终形成以中央银行基准利率为基础，以货币市场利率为中介，由市场供求决定金融结构存贷款利率的市场利率体系和利率形成机制。

利率市场化是建设社会主义市场经济体制、发挥市场配置资源作用的重要内容，是加强我国金融间接调控的关键，是完善金融机构自主经营机制、提高竞争力的必要条件。1993 年，中国共产党十四届三中全会《关于建立社会主义市场经济体制若干问题的决定》和《国务院关于金融体制改革的决定》提出了利率市场化改革的基本设想。我国利率改革的长远目标是：建立以市场资金供求为基础，以中央银行基准利率为调控核心，由市场资金供求决定各种利率水平的市场利率体系的市场利率管理体系。

2002 年，党的十六大报告重申“稳步推进利率市场化改革，优化金融资源配置”。2003 年，党的十六届三中全会《关于完善社会主义市场经济体制若干问题的决定》进一步指出“稳步推进利率市场化，建立健全由市场供求决定的利率形成机制，中央银行通过运用货币政策工具引导市场利率”。党中央、国务院的一系列重要决定为利率市场化改革指明了方向。利率市场化改革的总体思路确定为：先放开货币市场利率和债券市场利率，再逐步推进存、贷款利率的市场化。存、贷款利率市场化按照“先外币、后本币；先贷款、后存款；先长期、大额，后短期、小额”的顺序进行。

近年来，我国利率市场化改革稳步推进。1996 年以后，先后放开了银行间拆借市场利率、债券市场利率和银行间市场国债和政策性金融债的发行利率；放开了境内外币贷款和大额外币存款利率；试办人民币长期大额协议存款；逐步扩大人民币贷款利率的浮动区间。2004 年，利率市场化迈出了重要步伐：1 月 1 日再次扩大了金融机构贷款利率浮动区间；3 月 25 日实行再贷款浮息制度；10 月 29 日放开了商业银行贷款利率上限，城乡信用社贷款利率浮动上限扩大到基准利率的 2.3 倍，实行人民币存款利率下浮制度。这些都标志着我国利率市场化顺利实现了“贷款利率管下限，存款利率管上限”的阶段性目标。2013 年 7 月 20 日我国全面放开金融机构贷款利率管制：取消了金融机构贷款利率 0.7 倍的下限，由金融机构根据商业原则自主确定贷款利率水平；取消票据贴现利率管制，改变贴现利率在再贴现利率基础上加点确定的方式，由金融机构自主确定；对农村信用社贷款利率不再设立上限。放开金融机构的贷款利率管制，意味利率市场化改革有了实质性的进展，是利率市场化改革的重大步骤，意义十分深远。2013 年 12 月 9 日《同业存单管理暂行办法》开始施行，同业存单业务的推出意味着利率市场化再进一步。同业存单利率是目前唯一具有存款性质的市场化利率，能为未来存款利率市场化提供参照，为存款利率市场化作铺垫。

在利率市场化改革进程中，中央银行利率体系建设逐步深化。一方面改革了再贴现利率的形成机制，建立了再贷款浮息制度，优化了金融机构存款准备金利率结构；另一方面，根据宏观调控需要，灵活调整金融机构存、贷款利率，努力协调本、外币利率政策，中央银行利率调控机制不断完善，调控能力不断增强。今后，要继续稳步推进利率市场化改革，促进金融机构提高自我积累、自我发展的能力，提高资产负债管理和贷款风险定价的能力。为此，要加强金融机构的利率定价机制建设，按照风险与收益对称原则，建立完善的科学定价制度。同时，要加强中央银行利率管理制度建设，逐步建立健全利率调控体系。

知识链接

怎样存钱最划算：N 单定存法滚动存款

不管账户里钱多钱少，只要是闲钱，都要被充分利用起来。充分利用好每一天、每一分钱，让钱通过时间的复利赚钱，尽可能不要让钱闲置着。

如果你是一个工薪族，每月在固定的日子发薪水，那你千万不要直接把钱留在工资账户里。因为工资账户一般都是活期存款，利率很低，如果大量的工资留在里面，无形中就损失了一笔利息收入。你可以每月提取工资收入的 10% ~15%，做一个 1 年期定期存款单。每月都这么做，一年下来，你就会有 12 张一年期的定期存款单。从第二年起，每个月都会有一张存单到期，如果有急用，就可以使用，也不会损失存款利息；如果没有急用的话，这些存单可以自动续存，而且从第二年起，可以把每月要存的钱添加到当月到期的存单中，重新做一张存款单，继续滚动存款。12 存单法的好处就在于，从第二年起，每个月都会有一张存款单到期，供你备用。如果不用，则加上

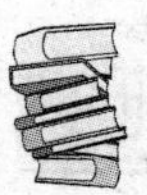

新存的钱，继续做定期，既能比较灵活地使用存款，又能得到定期的存款利息，是一个两全其美的做法。假如你这样坚持下去，日积月累，就会攒下一笔不小的存款。当然，如果你有更好耐性的话，还可以尝试“24 存单法”“36 存单法”“60 存单法”，其原理与“12 存单法”完全相同，不过是每张存单的周期变成了2年、3年、5年。这样做的好处是，你可以获得较多的利息。但也可能在没完成一个存款周期时，出现资金周转困难，这需要根据自己的资金状况调整。另外，在实行N存单法时，每张存单最好都设定到期自动续存，这样就可以免去多跑银行之苦了。也可以用网上银行操作，那就更方便了。

（资料来源：http：//bbs. cntv. cn/thread－25810148－1－1－2. html#threadtop.）

本章小结

金融是指社会经济生活中的货币流通和信用活动及与之相联系的经济活动的总和，包含金融主体、金融对象、金融工具、金融方式和金融市场等几个方面的内容。一个完整的金融系统应该包括金融调控体系、金融机构体系、金融监管体系、金融市场体系和金融生态体系等五个方面的内容。金融系统有清算和支付功能、融资功能、股权细化功能、资源配置功能、风险管理功能、激励功能和信息提供功能等七大功能。信用是有条件的借贷行为，是价值运动的特殊形式，体现了一种债权债务关系。信用工具是重要的金融资产，也是金融市场上重要的交易对象。常用的信用工具有商业票据、银行票据、债券和股票等。利息虽然产生于借贷关系，但实质上来源于利润，是利润的一部分，是剩余价值的转化形式。利息具有集聚资金、调控经济、促进企业加强管理、提高资金使用效益的作用。常用的利息计算方法有单利法和复利法两种。利率是指一定时期内利息额同借贷资本总额的比率。利率有很多种类，常见的有固定利率与浮动利率、名义利率与实际利率、贷款利率与存款利率、市场利率与官方利率等。利率的高低取决于市场平均利润率、物价水平、国际利率等多种因素。

思考与练习

一、选择题

1. 我国商业银行定期储蓄存款利率是（　　）。

A. 单利率　　B. 复利率　　C. 固定利率　　D. 浮动利率

2. 商业票据包括（　　）。

A. 商业本票　　B. 商业期票　　C. 支票　　D. 大额定期存单

3. 以下不是信用形式的有（　　）。

A. 国家信用　　B. 民间信用　　C. 银行信用　　D. 转移支付

4. 国家信用的主要形式是（　　）。

A. 发行专项债券　　B. 发行金融债券

C. 发行公债、国库券　　D. 财政透支

5. 出口商品以延期付款的方式向进口商提供的信用是（　　）。

A. 合作信用　　B. 股份信用

C. 国际商业信用　　D. 国际金融机构信用

6. 在现代市场经济中，在整个利率体系上处于主导作用的利率是（　　）。

A. 市场利率　　B. 官方利率　　C. 固定利率　　D. 浮动利率

7. 将利率分为名义利率和实际利率的划分依据是（　　）。

A. 按利率与通货膨胀的关系　　B. 按借贷期内利率是否调整

C. 按借贷期限的长短　　D. 按利率管理体制

8. 现代消费信用的主要表现形式是（　　）。

A. 民间提供的消费品互借

B. 企业对个人提供的商品赊销

C. 金融机构向消费者提供的住房抵押贷款

D. 银行向消费者提供的耐用消费品贷款

9. 根据名义利率与实际利率的比较，实际利率出现的三种情况是（　　）。

A. 名义利率高于通货膨胀，实际利率为正利率

B. 名义利率高于通货膨胀，实际利率为负利率

C. 名义利率低于通货膨胀，实际利率为负利率

D. 名义利率等于通货膨胀，实际利率为零利率

10. 信用的基本特征是（　　）。

A. 平等的价值交换　　B. 无条件的价值单方面让渡

C. 以偿还为条件的价值单方面转移　　D. 无偿的赠与或援助

二、判断题

1. 商业信用最典型的形式是贷款。（　　）

2. 银行信用在信用体系中处于主导地位。（　　）

3. 从理论上讲，股票投资体现的是一种债权债务关系。（　　）

4. 从利息来源上看，利息是剩余价值的转化形式。（　　）

5. 当通货膨胀率等于零时，实际利率等于名义利率。（　　）

6. 在现代经济中，利率作为国家调节经济的重要杠杆，市场利率在整个利率体系中处于主导作用。（　　）

7. 以复利计息，考虑了资金的时间价值因素，对贷出者有利。（　　）

8. 利率管制严重制约了利率作为经济杠杆的作用，因此要有限制地使用这一政策。（　　）

9. 商业信用与银行信用一样，其规模都可以突破债务人的资本限制。（　　）

10. 1999 年发行的 10 年期债券，到 2003 年时该债券的偿还期限是 6 年。（　　）

三、名词解释

金融　信用货币　信用　商业信用　银行信用　国际信用　消费信用　直接融资　间接融资　利率

四、简答题

1. 完整的金融概念包括哪些内容？

2. 信用的特征有哪些？

3. 信用有哪些形式？它们各自的特点是什么？

4. 信用工具有什么特征？信用工具有哪些种类？

5. 决定和影响利率变化的因素有哪些？

五、案例分析

实际利率在经济活动中的重要性

在经济活动中，区别名义利率和实际利率至关重要。是赔是赚不能看名义利率，而要看实际利率。当通货膨胀率很高时，实际利率将远远低于名义利率。由于人们往往关心的是实际利率，因此若名义利率不能随通货膨胀率进行相应的调整，人们储蓄的积极性就会受到很大的打击。

比如在1988年，中国的通货膨胀率高达18.5%，而当时银行存款的利率远远低于物价上涨率，所以在1988年的前三个季度，居民在银行的储蓄不仅没给存款者带来收入，就连本金的实际购买力也在日益下降。老百姓的反应就是到银行排队取款，然后抢购，以保护自己的财产，因此就发生了1988年夏天银行挤兑和抢购之风，银行存款急剧减少。

针对这一现象，中国的银行系统于1988年第四季度推出了保值存款，将名义利率大幅度提高，并对通货膨胀所带来的损失进行补偿。以1989年第四季度到期的三年定期存款为例，从1988年9月10日（开始实行保值贴补政策的时间）到存款人取款这段时间内的总名义利率为20.50%，而这段时间内的通货膨胀率，如果按照1989年的全国商品零售物价上涨率来计算的话，仅为17.8%，因此实际利率为3.7%。实际利率的上升使存款的利益得到了保护，他们又开始把钱存入银行，存款下滑的局面很快得到了扭转。

表9－3　中国的银行系统对三年定期存款的保值率（%）

季度	通胀率	通胀补贴率	总名义利率
1988.4	9.71	7.28	16.99
1989.1	13.14	12.71	25.85
1989.2	13.14	12.59	25.73
1989.3	13.14	13.64	26.78
1989.4	12.14	8.36	20.50

注：其中总名义利率等于年利率和通货膨胀补贴之和。

（资料来源：http：//www3. nwnu. edu. cn/dept/jgxy/jpkc/hbyhx/jxal3. asp.）

根据上述资料，讨论分析以下问题：

1. 分析目前我国的利率和通货膨胀水平。

2. 结合上述经济数据，挑选一些金融产品分析其收益情况。

第十章　货币与货币流通

学习目标

知识目标

1. 了解货币的产生、货币流通形式和货币流通渠道。
2. 理解货币流通的概念及特点、货币流通和商品流通的关系。
3. 掌握货币制度的内容、货币的本质及职能、货币流通的层次及货币流通规律。

能力目标

1. 能分析日常生活中信用货币的形态。
2. 能对我国的人民币制度进行评价。
3. 能根据货币层次分析货币流通状况。

引导案例

货币的材料

17 世纪，在印度的许多地方，贝壳与一种名为“巴达姆”的波斯硬果被民众广泛使用，与铜币争夺地盘。在印度和中国的许多地方，由于开采铜和铸造铜币的成本比开采白银和铸造银币，甚至比开采黄金和铸造金币的成本还要昂贵，因此当铜短缺时或铸币成本太高时，在最偏远的市场上，贝壳就取代了铜币。直到 18 世纪，贝壳作为货币在非洲的奴隶贸易中仍有很大的需求。同时，枪支、巴西烟草、亚麻布、法国白兰地和火药也被用于黑人奴隶交易。当时，购买一个奴隶的价格分别是 100 磅贝壳、12 支枪、5 包巴西烟草、25 匹亚麻布、40 升法国白兰地或 15 磅火药。与贝壳同时使用的还有盐币。在中国明代，楚雄府就曾用人工加工好的盐块作为货币，一个盐块重 2 两。1936 年，云南大学历史学教授方国瑜在倮黑山还见到以盐币交易的情况，这些盐币每块长、宽 1.5 寸，厚 4 分，30 块重 1 市斤。现在，南太平洋的雅普岛上人们仍然把石头作为货币，第二次世界大战中的集中营和战后的德国及 20 世纪 80 年代的俄罗斯都曾把万宝路香烟作为货币。

（资料来源：http：//www. doc88. com/p－98037784564. html. ）

第一节　货币的起源与发展

在现代经济生活中，人们离不开货币，货币在经济生活中发挥着不可替代的独特作用。但是什么是货币？货币是怎么产生的？这是一个看似简单，实际很难回答的问

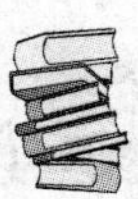

题，自货币产生后人们就不断就这个问题进行研究，形成了不同的学说。

一、货币的产生

货币自问世以来，已有几千年的历史。从历史资料的记载可以看出，货币的出现是和交换联系在一起的，货币是商品经济的产物。商品是为交换而生产的劳动产品，是价值和使用价值的统一。随着商品交换的发展，价值形式经历了四个阶段的演进，从简单的（或偶然的）价值形式发展到扩大的价值形式，又发展到一般的价值形式，再发展到货币形式，于是出现了货币。

1. 货币起源学说

（1）中国古代货币起源的学说：

1）先王制币说。这种观点认为货币是圣王先贤为解决民间交换困难而创造出来的。对货币起源的认识在于《管子》的“先王制币”说，这一观点产生以后影响至巨，几成定论，成为货币起源说上的主流认识。先王制币说在先秦时代十分盛行，以后的许多思想家大都继承了这一观点。

2）司马迁的货币起源观点。西汉司马迁认为“农工商交易之路通，而龟贝金钱刀布之币兴焉”，他认为货币是自然出现的。司马迁虽未认识到货币本身即是一种特殊商品，但他把货币的产生与商品生产和商品交换联系在一起，认为“龟贝金钱刀布之币”是“农工商交易”发展的结果，提出了关于货币起源的正确的和客观的观点。

（2）西方经济论著的货币起源学说。在马克思之前，西方关于货币起源的学说大致有以下几种：

1）创造发明说。这种观点认为货币起源是由国家或先哲创造出来的。如早期的古罗马法学家J. 鲍鲁斯（2—3世纪）认为：买卖渊源于物物交换，货币是国家创造的解决物物交换困难的公共形式。18世纪，英国经济学家巴贲（1640—1698）就提出货币是国家创造的，铸币因国家的权威而具有价值。

2）便于交换说。这种观点认为货币是为解决直接物物交换的困难而产生的。如英国经济学家亚当·斯密（1723—1790）认为：货币是随着商品交换发展逐渐从许多货物中分离出来的，是为解决相对价值太多而不易记忆、直接物物交换不便而产生的。

3）保存财富说。这种学说从货币与财富的关系中说明货币产生的必要性，认为货币是为保存财富而产生的。如法国经济学家J. 西斯蒙第（1773—1842）认为：货币本身不是财富，但随着财富的增加，人们要保存财富，交换财富，计算财富的量，便产生了对货币的需要，货币因此而成为保存财富的一种工具。

在马克思之前，种种货币起源均未科学完整地解释货币的起源，只有马克思的货币起源说才科学完整地阐述了货币起源之谜。

2. 马克思的货币起源说

马克思在批判和继承资产阶级古典政治经济学有关货币理论的基础上，运用历史的和逻辑的方法，以科学的劳动价值理论阐明了货币产生的客观必然性。马克思是从以下四个阶段来分析货币的产生的：

（1）简单的或偶然的价值形式。原始社会阶段，在公社之间出现了偶然的交换。

当时生产力水平低，可用来交换的剩余产品还不多，随着一些偶然的交换的出现，价值也就偶然地表现出来，马克思把这个阶段称为简单的或偶然的价值形式。

（2）扩大的价值形式。随着社会分工和私有制的产生，用于交换的物品越来越多，一种物品不再偶然地同另一种物品交换，而是经常地同许多物品交换；这时，一种物品的价值就不再是偶然地被另一种物品表现出来，而是经常地表现在许多与之交换的物品上，有多少种物品与之相交换，就会相应地有多少价值表现形式，马克思称之为扩大的价值形式。在扩大的价值形式阶段，交换已经成为一种经常发生的行为。交换物品的种类也越来越多，这时，直接的物物交换就产生了困难。因为直接的物物交换要求交换双方不仅同时需要对方的物品，而且在量上也要取得一致，否则交换就无法完成。实际上，由于交换物品种类繁多，物品的所有者要想在市场上找到一个既能满足自己的要求同时又需要自己物品的人是很困难的，这就迫使参加交换的人们不得不采取迂回的方式来达到自己的目的。

（3）一般价值形式。在众多参与交换的物品中，人们逐渐会发现有某种物品较多地参与交换，并且为多数人所需要。于是人们就先把自己的物品换成这种物品，再用它去换回自己想要的物品，从而这种物品也就成为交换的媒介。这样，直接的物物交换就发展为由某种物品充当媒介的间接交换了。与此相适应，价值表现形式发生本质的变化，不再是一种物品的价值经常地表现在其他许多物品上，而是许多物品的价值经常地由一种物品来表现，价值的同质性通过一种物品更准确地表现出来。这个表现所有物品价值的媒介就是一般等价物，这种价值形式马克思称之为一般价值形式。

（4）货币形式。随着商品交换的发展，在一般价值形式下，交替地起一般等价物作用的几种商品必然会分离出一种商品经常地起一般等价物的作用。这种比较固定地充当一般等价物的商品就是货币。当所有商品的价值都有由货币表现时，这种价值就成为货币形式。从马克思对货币起源的理论分析中，我们可以看出货币是在商品交换中自发产生的，是价值形式，是商品生产和商品交换发展的必然产物。

二、货币形态的演变

货币产生以后，货币的形态经历了由低级向高级的不断演变过程。在这个过程中，不同的民族，不同的国家及地区，不同的时期，由于受到各自不同的经济状况和文化环境的影响，出现过不同的货币。纵观货币发展史，货币大致经历了金属货币、代用货币、信用货币三个阶段，这个过程也是货币价值不断符号化的过程。

1. 商品货币

商品货币是货币演变的最初形态。商品货币从形态上来讲是指用商品充当货币，作为一般等价物存在。在人类经济史上，各种商品曾在不同时期不同国家扮演过货币的角色，如古希腊以牛、羊，非洲和印度等地以象牙，美洲土著人和墨西哥人以可可豆，以及后来的金、银、铜等金属商品都曾充当过商品货币的具体形态。从实质上来讲，商品货币是足值货币——它作为一种商品提供非货币用途的价值，与其作为货币的价值相等。早期的货币大都是由足值的商品货币构成的，这种足值的商品货币不作为货币使用的可能性，能有效地保护货币持有人免受货币购买力大幅度下跌引起的损

失。这种保护机制有效增强了商品货币的普遍适用性。

一般来说，作为货币的商品应具有四个特性。价值比较高，这样可用较少的货币完成较大量的交易；易于分割且分割后单位价值不变，为不同规模和数量的交易提供方便；易于保存，在保存过程中不会损失价值，无需支付费用等；便于携带，以利于在广大地区之间进行交易。

2. 金属货币

随着交换的发展，对以上四个方面的要求越来越高，商品货币均有不适合作为货币的缺点，而金、银、铜等金属比其他任何商品都更有效地发挥货币的性能，商品货币也就逐渐被金属货币替代，因而金属日益成为货币商品。金属充当货币的优点非常突出。尤其是金属可以多次分割，可按不同比例任意分割，分割后还可冶炼还原。金属易于保存，特别是铜、金、银都不易被腐蚀。这些特性使得金属，特别是贵金属成为最理想的作为货币的商品。在一些古文明较发达的国家，白银是主要的货币商品。中国自宋代以来直至20世纪30年代白银一直是主要的商品货币。西欧从13世纪以来，金币逐渐增多，到18、19世纪日益占据主要地位。20世纪初，在世界主要的工业化国家中，黄金已成为垄断性的商品货币。正如马克思概括的那样："金银天然不是货币，但货币天然是金银。"

金属货币最初没有固定形状和均等的重量，交易时须检验成色，权衡重量以确定其价值的大小，又称为"称量货币"。称量货币使用时要现称重量、验成色，很不方便。后来，一些大商人在金属条块上加盖印记，以其信誉保证货币的重量和成色。然而，私人信誉毕竟是有限的，当商品交换突破了地方市场的范围，"铸币"应运而生了。铸币是国家统一铸造，具有一定重量和成色，铸成一定形状并标明面值的金属货币。金属铸币的出现，大大便利了流通。但是，不管金银的特性多么适合作货币，它们在流通过程中也有不可避免的缺陷：一是称量和鉴定成色麻烦；二是流通过程中易磨损，携带不安全，流通费用高；三是货币供应量受到金银等贵金属产量的限制。人们逐渐发现金属铸币在流通中发生磨损和减重，但仍按面值流通使用，于是渐渐出现了作为代用货币的纸币。

3. 代用货币

代用货币是可兑换的信用货币，是代表一定量贵金属的货币符号，并能够与其代表的贵金属自由兑换。代用货币一般是纸质的货币。如我国北宋时期的"交子"，早期资本主义国家发行的"银行券"。代用货币的出现可以解决金银等贵金属作为货币的问题。最初，发行代用货币的钱庄、商号保证按票面上写的数字按质按量地兑换贵金属。人们在商品交换中接受代用货币，实际是接受了这些钱庄、商号的信誉。如果发行代用货币的钱庄、商号不能按质按量地向纸币的持有者兑换贵金属，纸币就会丧失信誉，人们也就不会接受它。

后来，代表金属货币使用的纸币或银行券，一般由政府和银行发行，其本身价值低于货币价值，是一种不足值货币。纸币在市面流通，为交易媒介，但都有十足金银为保证。持币人有权随时向政府或银行将纸币兑换为金银货币或金银条块。

印刷代用货币的纸币比铸造金属货币的成本大大降低，比金属货币更易携带和运

输。但代用货币的发行数量仍取决于金属准备量，不能满足增加货币量的需求，况且，大量闲置的金属准备只存放在仓库里，造成巨大的浪费。随着金本位制的崩溃，代用货币便由信用货币替代。

4. 信用货币

信用货币本身价值低于其货币价值，而且不再代表任何贵金属，不能与金属货币兑换，实际上信用货币已经成为一种货币价值符号。

信用货币是代用货币进一步发展的产物，而且也是目前世界上几乎所有国家采用的货币形态。1929—1933 年的世界性经济危机和金融危机，各国被迫相继放弃金本位制，实行不兑现的纸币流通制度，所发行的纸币不能再兑换金属货币，信用货币便应运而生。除了上述直接的历史因素外，信用货币的演进也有其经济发展内在的根源。根据经验，政府和货币当局发现，只要纸币发行量控制适宜，即使法定纸币没有十足的金银准备，社会大众对纸币仍会保持信心。事实上，当今世界大多数采用信用货币制的国家，均具有相当数量的黄金、外汇、有价证券等资产作为发行信用货币的准备。但是各国政府或货币当局不再受十足准备的约束，根据政策需要决定纸币的发行量，这已是公众接受的事实。信用货币的主要形态有以下几种：

（1）纸币。现代社会中用的纸币一般是法币。法币是由政府用行政命令发行，在商品交换中必须接受，并且不能换成贵金属的纸币。法币有很多优点，法币既然是政府靠行政命令以法律的形式发行的，在一个国家或地区一般只允许一种法币流通，因此法币具有统一性。法币又便于携带，根据经济需要可发行不同票面值的钞票，使用方便。公民对法币的信任，实际上是对发行法币的政府的信任。法币也有缺点，因为它不可兑换，所以一个政府如果大量发行货币就会造成恶性通货膨胀。这类事例在历史上已多次出现，如在 1923 年的德国，1947 年至 1949 年的中国，以及 20 世纪 70 ~ 80 年代的部分拉美国家。

（2）存款货币。辅币和纸币在日常生活中通常被称为现金，它们构成信用货币的重要形式。银行存款的形式有很多，作为支付手段，最重要的存款形式是可用于转账结算的活期存款。在信用发达、银行业务广泛开展的条件下，活期存款的存户可借助于支票将其存款支付给收款人，而不必经过兑取现金的过程，这种可签发支票的存款因此被称为“存款通货”。目前，存款货币成为市场交易中最重要的支付工具。

（3）电子货币。电子货币是信用货币的表现形式之一，是以金融电子化网络为基础，以商用电子化机具和各类交易卡为媒介，以电子计算机技术和通信技术为手段，以电子数据形式存储在银行的计算机系统中，并通过计算机网络系统以电子信息传递形式实现流通和支付功能的货币。电子货币的流通不借助任何有形实体，而是通过电、光波传递，比借助支票存款更具优越性。

电子货币的出现方便了人们外出购物和消费，成为家庭和个人广泛使用的支付工具。目前，我国流行的电子货币主要有四种类型：①储值卡型电子货币：一般以磁卡或 IC 卡形式出现，由商业银行、电信部门、IC 卡企业、商业零售企业、学校等发行。②信用卡应用型电子货币：指商业银行、信用卡公司等发行主体发行的贷记卡或准贷记卡。③存款利用型电子货币：主要有借记卡、电子支票等，用于对银行存款以电子

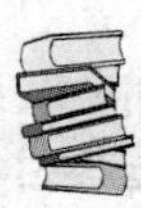

化的方式支取现金、转账结算、划拨资金。④现金模拟型电子货币：一种是基于Internet网络环境使用的且将代表货币价值的二进制数据保管在微机终端硬盘内的电子现金，另一种是将货币价值保存在IC卡内并可脱离银行支付系统的电子钱包。

三、货币的本质

货币的本质是什么？西方理论界存在着激烈的争论。我们认为马克思对此解释得最为深刻和最为科学。他认为：货币是从商品界分离出来的固定地充当一般等价物的特殊商品。

首先，货币是商品，与普通商品有共性，是价值和使用价值的统一体。这是货币与其他商品相交换的基础。

其次，货币是特殊商品。这种特殊性表现为两点：一是货币可以表现一切商品的价值。在商品界，普通商品直接以使用价值的资格出现，而货币则以价值的直接体现物的资格出现，是表现一切商品的交换价值的特殊商品。二是货币具有与其他一切商品直接交换的能力。货币与普通商品一样，具有特定的使用价值，但更重要的是具有一般使用价值，作为一般的交换手段，可以用来购买任何商品，具有和其他一切商品直接交换的能力。

四、货币的职能

货币的本质决定货币的职能，货币的职能是货币本质的具体体现。它是在商品经济的发展中逐渐形成的。马克思按照货币职能产生、形成的历史顺序，先后阐述了货币的价值尺度职能、流通手段职能、储藏手段职能和世界货币职能。

1. 价值尺度

价值尺度是货币衡量和表现商品价值大小的职能。因为货币本身是商品，它与其他所有商品一样都是人类劳动的结晶，具有相同的质即价值，因此，它可以作为衡量、表现一切商品价值的材料。

货币在执行价值尺度职能时，只是观念上的货币，不一定是现实的货币。但要求执行价值尺度职能的货币本身须有价值。例如，1头羊值1两白银，只要贴上个标签就可以了。当人们在做这种价值估量的时候，只要在他的头脑中有白银的观念就行了。

货币在发挥价值尺度职能时，又产生了两个派生职能：一是价格，二是价格标准。价格是商品价值的货币表现。货币作为价值尺度的职能，就是根据各种商品的价值大小，把它表现为各种各样的价格。价格标准是指每一货币单位所内含的、用于测定一切商品价值的含金量。如过去中国的“两”，现在的“元”“角”“分”。价值尺度职能是通过价格标准来实现的。由于存在着价格标准，价值的体现就有了统一的计量尺度，不同种类和不同数量的商品的价值就能很容易地进行衡量和比较。价值尺度与“价格标准”相互依存。价值尺度依赖“价格标准”发挥职能，“价格标准”是货币发挥价值尺度的技术规定。

2. 流通手段

流通手段职能是指货币在商品流通过程中起媒介作用时所发挥的职能。货币执行

流通手段职能时，必须是现实的货币，而不能是观念上的货币。但可以用足值的货币或没有价值的符号代替，因为在这里货币仅仅是交换手段，而不是交换的目的，其本身有无十足价值并不重要。

货币在执行流通手段职能时发挥了重要的作用，使交换分为买和卖两个独立进行的过程，解决了物物直接交换的局限性的矛盾，克服了交易双方在需求上不一致、在空间上不一致及在时间上不一致的矛盾，促进了商品经济的发展。但是，买和卖在时空上的分离，就有可能出现只卖不买或只买不卖的情形，当出现严重的买卖脱节时，便存在危机发生的可能。

3. 储藏手段

商品生产者在出售商品取得货币后，如果不随即购买，不把货币当作流通手段，而是把它当作财富来保存或当作价值来积累时，货币便执行储藏手段的职能。

发挥储藏手段职能的货币必须是足值的、实在的或在比较长的时间内稳定地代表一定的价值量。由此看来，货币能否作为价值的储藏，取决于两个因素：一是在储藏期内不损失其价值；二是在需要购买时能顺利地购买到所需商品。

在金属货币流通的条件下，充当储藏手段的货币是具有内在价值的金或银。金银的储藏具有自发地调节货币流通量的作用：当流通中的货币量过多时，多余的金属货币会退出流通，进入储藏；当流通中的货币量不足时，储藏的货币会进入流通。所以，在金属货币流通的条件下，货币流通基本上能够保持正常和稳定，不会产生货币过多或过少的现象。

现代经济中的信用货币是价值符号，本身没有内在的价值，也不能兑换金银，因此，它不具有典型意义上的储藏手段职能。在纸币币值稳定的前提下，货币所有者无论是手持沉淀货币，还是把它存入银行变成存款，都发挥了积累和储藏手段的作用。但这并不意味着有对应数量的真实价值退出流通领域。相反，这些货币可能通过种种渠道被运用于生产和流通等过程之中，这一点与金银货币不同。

需要说明的是，货币并不是唯一的财富储藏形式，从收益上讲，它也不是最好的财富储藏形式。在现代经济生活中，土地、房屋、股票、债券等有价证券都是财富的资产形式，其收益往往高于货币。

4. 支付手段

当货币作为价值运动的独立形式进行单方面转移时，就执行支付手段的职能。我们常见的如商品赊销、预付货款、清偿债务、银行信贷、消费信用、缴纳税赋等。发挥支付手段职能的货币必须是处于流通过程中的现实货币，但是可用价值符号来代替。它的一个重要特点就是要求货币让渡与商品让渡在时间上相分离。

作为支付手段的货币与作为流通手段的货币的区别有很多，如作为支付手段的货币，与等价的商品不同时出现在交换过程的两极上，而是作为价值的独立形态，单方面发生转移；作为支付手段的货币也不是商品交换的媒介物，而只是补充交换的一个独立环节；作为支付手段的货币，不但反映了交换双方之间的买卖关系，而且也反映了它们之间的债权债务关系，即信用关系。

由于货币的支付手段可使它利用赊购的方式先得到原材料进行生产，待自己的商品出售后再支付欠款。货币的支付手段克服了货币作为流通手段时要求一手交钱、一

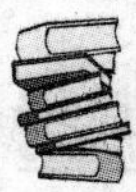

手交货的局限性，推动了商品流通的进一步发展。另一方面，货币作为支付手段，也扩大了商品经济的内部矛盾。因为众多的赊欠交易发生后，商品生产者之间债权债务的联系，就形成了一条债务关系的铰链。一旦某个商品生产者不能按期清偿债务，就要影响一系列企业资金的正常周转，容易发生支付危机，使危机的影响范围扩大。

5. 世界货币

当货币超出国界，在世界市场上发挥价值尺度、流通手段、支付手段职能时就发挥世界货币的职能。货币的世界职能，主要有以下几个方面：一是在国际贸易上作为一般购买手段，如商品的进出口；二是在国际收支上执行一般支付手段职能，如偿付国际债务，支付贷款利息；三是作为国际间财富的一般转移，如战争赔款、对外援助。

由于金银货币本身的内在价值，世界货币曾经长时间由金银充当。在金属货币流通条件下，典型的世界货币必须是原始的金银条块，而不能是铸币和货币符号等。

当前，世界各国普遍实行纸币流通制度。美元、欧元、日元等一些发达国家的货币，由于可自由兑换、经济实力强、币值较稳定，在国际贸易中被广泛地使用，因而也发挥着世界货币的职能。随着网络的全球化，国际支付有可能转变为电子信息储存的方式，即由电子货币进行，但有着真实内在价值的黄金依然是国际的最后结算和支付手段。

货币的五种职能排序不是任意的，而是反映了商品生产和商品流通的历史发展进程，体现了历史和逻辑的统一。

知识链接

电子货币：比特币（Bit Coin）

2008 年爆发全球金融危机，当时有人用“中本聪”的化名发表了一篇论文，描述了比特币的模式。和法定货币相比，比特币没有一个集中的发行方，而是由网络节点的计算生成，谁都有可能参与制造比特币，而且可以全世界流通，可以在任意一台接入互联网的电脑上买卖，不管身处何方，任何人都可以挖掘、购买、出售或收取比特币，并且在交易过程中外人无法辨认用户身份信息。2009 年，不受央行和任何金融机构控制的比特币诞生。比特币是一种“电子货币”，由计算机生成的一串串复杂代码组成，新比特币通过预设的程序制造，随着比特币总量的增加，新币制造的速度减慢，直到2014 年达到2 100 万个的总量上限，被挖出的比特币总量已经超过1 200 万个。你可以使用比特币购买一些虚拟的物品，比如网络游戏当中的衣服、帽子、装备等，只要有人接受，你也可以使用比特币购买现实生活中的物品。

比特币在中国曾受到投资者的热烈追捧，一年间疯涨 80 倍。但随着世界最大规模的比特币交易所运营商 Mt. Gox 的关闭，投资者的热情大减。2013 年 12 月 5 日，中国央行等五部委联合发出防范比特币风险的通知，要求各金融机构和支付机构不得以比特币为产品或服务定价。消息发布后一小时内，比特币价格跌幅达 35%。目前，随着人民银行监管的加强，国内多个比特币交易平台关闭第三方支付通道，比特币在中国的未来扑朔迷离。

（资料来源：http：//baike. baidu. com/subview/5784548/12216829. htm? fr = aladdin.）

第二节　货币制度

货币制度简称币制，是国家以法律形式规定的货币体系和货币流通的组织形式，使货币流通的各个要素结合成为一个有机整体。完善的货币制度能够保证货币和货币流通的稳定，保障货币正常发挥各项职能。

一、货币制度的基本内容

货币制度主要包括货币材料、货币单位、主币与辅币的铸造、发行和流通程序及准备金制度等要素。

1. 确定货币材料

规定货币材料就是规定币材的性质。确定不同的货币材料就形成不同的货币制度，例如规定银为货币材料，就称为银本位制；规定金为货币材料，则称为金本位制。确定货币金属是金属货币流通条件下整个货币制度的基础。但是哪种物品可以作为货币材料不是国家随心所欲指定的，而是对已经形成的客观现实在法律上加以肯定。目前，各国都实行不兑现的信用货币制度，币材的确定已经不是一个重要因素了。

2. 规定货币单位

货币单位是货币本身的计量单位，规定货币单位包括两方面：一是规定货币单位的名称，二是规定货币单位的值。在金属货币制度条件下，货币单位的值是每个货币单位包含的货币金属重量和成色。例如，美国的货币单位名称为美元，根据1934年的法令，1美元的含金量规定为0.888 671克黄金。英国的货币单位名称为英镑，按照1870年铸币条例，其含金量为7.97克黄金。旧中国在1914年的《国币条例》中规定，货币单位名称为“圆”，每圆含纯银库平为6钱4分8厘，合23.977克。在信用货币尚未脱离金属货币制度的条件下，货币单位的值是每个货币单位的含金量；在现代纸币本位制度中，货币单位不再规定含金量，货币单位与价格标准逐渐融为一体，货币的价格标准即货币的单位及其划分的等份，如元、角、分。

3. 主币与辅币的铸造、发行和流通程序

流通中的货币我们称为通货，包括金属货币、纸币、银行券，以及可用于流通转让的支付凭证。在多种货币并存的情况下，充当计算单位或基本单位的货币，被称为本位货币，又叫做主币。一个国家需要通过法律形式对本位货币的名称（如我国的元、英国的英镑、美国的美元）、种类、法偿性、价值或等价关系做出规定。辅币是主币以下的小额通货，供日常零星交易与找零之用。

本位货币具有两个特点。一是具有无限的法偿性。所谓无限的法偿性，是法律赋予本位货币的一种属性，是法律赋予的强制流通的能力，无论支付额的大小，任何人都不得拒绝接受。其他货币，如辅币或支票作为支付手段，接受者可以拒绝。二是一切交易行为最后的支付工具。市场上的交易，以本位货币作为最后的支付工具，任何人不得要求以其他货币支付。在一些情况下，虽然其他货币可以在市场上流通，但接受者可以要求以本位货币支付。概括来讲，一国的本位货币，是指国家以法律形式确

定其本位货币的价值，赋予其在市场上强制流通的能力，并将本位货币作为商品、劳务交换、债务债权清偿及会计核算的计量单位的一种货币制度安排。

例如，在金属货币制度下，主币是指用法定货币金属材料按国家规定的货币单位所铸造成的货币。它的面值与实际金属价值是一致的，是足值货币，具有无限法偿能力，可以自由铸造和熔化，对于流通中磨损超过重量公差的本位币，可以向政府指定的机构兑换新币。辅币一般用贱金属铸造，其所包含的实际价值低于名义价值，但国家以法令形式规定在一定限额内辅币仅具有限法偿性，可以与主币自由兑换，但不能自由铸造，只准国家铸造，其铸币收入是国家财政收入的重要来源。

4. 准备金制度

准备金制度分别有两种情况：一种是在金属货币与银行券同时流通的条件下，为了避免银行券过多发行、保证银行券信誉，发行机构按照银行券的实际规模保持一定数量的黄金；另一种情况是纸币流通条件下，发行纸币的金融机构（中央银行或者商业银行）维持一定规模的黄金。发行货币机构按照一定要求与规则持有黄金就是黄金储备制度，是货币制度的一项重要内容，也是一国货币稳定的基础。多数国家的黄金储备都集中由中央银行或国家财政部管理。

在金属货币流通的条件下，黄金储备主要有三项用途：第一，作为世界货币的准备金；第二，作为国内货币流通的准备金；第三，作为支付存款和兑换银行券的准备金。在当代世界各国已无金属货币流通的情况下，纸币不再兑换黄金，黄金准备的后两项用途已经消失，但黄金作为国际支付的准备金这一作用仍继续存在，各国也都储备一定量的黄金作为准备。各国中央银行为了保证有充足的国际支付手段，除了持有黄金之外，还可以选择储备外汇资产。

二、货币制度的演变

人类历史上的货币制度经历了由金属货币制度到纸币制度的演变。金属货币制度规定货币单位受等量金属或其他国货币等价的约束，称为规范本位制。纸币制度以纸为币材，其价值由法律所赋予，不与一定金属保持等价关系，则称为自由本位制度。货币制度的演变脉络，如图 10－1 所示。

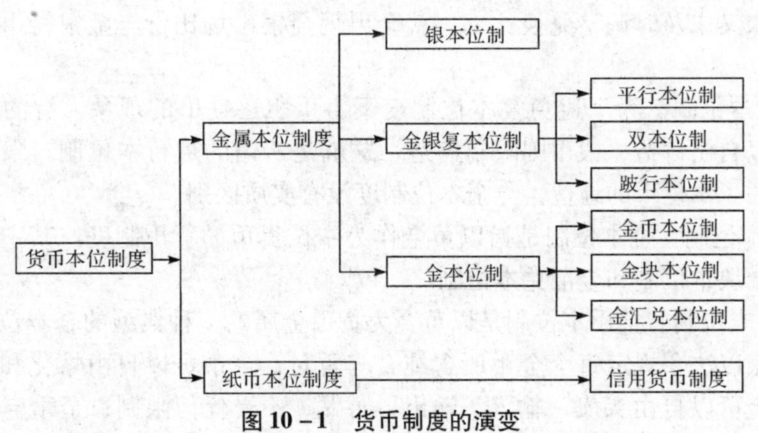

图 10－1　货币制度的演变

1. 金属货币制度

金属货币制度先后经历了银本位制、金银复本位制、金本位制。典型的金属货币制度有几个共同的特点：一是以贵金属为本位币材，本位币无限法偿。二是本位币的名义价值与实际价值相当，是足值货币，可自由铸造和熔化。三是银行券可自由兑换等量金属货币。四是金属和金属货币可以自由输出输入。

（1）银本位制。银本位制是以白银作为本位币的货币制度，是最早的货币制度之一。其内容包括以白银作为本位币材，银币为无限法偿货币，并有强制流通能力；本位币的名义价值和实际价值相符，银币可以自由铸造，自由熔化；银行券可以自由兑换银币或等量白银；白银和银币可以自由输出输入。

银本位制从16世纪以后开始盛行，这主要是由于在墨西哥和秘鲁发现了丰富的银矿，白银产量大增所致，墨西哥、日本、中国、印度等先后实行过。但是，这种货币制度在世界各国推行时间较短，一般在19世纪末渐渐较少使用，主要原因如下：白银价格不稳定，仅从1870年到1935年期间，白银价格就有四次大的波动。银价贬值幅度大，使实行银本位制国家的货币对外贬值，影响该国的国际收支平衡和国内经济发展。与黄金相比，白银密度小，在大宗交易和价值较大的交易中使用白银，给计量和运送带来诸多不便。17世纪在巴西出现了丰富的金沙，大量黄金从美洲流入欧洲，也促使银本位制向金银复本位制过渡。

（2）金银复本位制。金银复本位制是以金币和银币同时作为本位币的货币制度，即金币与银币同时具有无限法偿性，均可以自由铸造和熔化，并按法定比率相互兑换，在市面上平行流通的制度。实行复本位制的国家，往往是黄金产量不足以满足货币供应，而以白银作为补充的国家。

按国家是否规定金银之间的比价来划分，金银复本位制可分为平行本位制、双本位制和跛行本位制三种类型。

1）平行本位制。指两种货币按各自所含金属的实际价值流通的本位制。国家对两种货币的交换比率不加规定，市场上金银的比价自由确定金币银币的比价。

2）双本位制。指国家用法律形式规定金银之间的比价，金银按法定比价流通的本位制。国家依据市场金银比价为金银铸币规定国家的兑换比率，如果市场金银比价大幅波动，国家又未及时调整兑换比率，就会出现金银市场比价与金银铸币兑换比率的背离。

3）跛行本位制。为了避免复本位制度下劣币驱逐良币的现象，有的国家政府规定：金币可以自由铸造，银币则限制铸造，这就是所谓的跛行本位制。限制铸造使银币事实上丧失了本位币的地位，与金本位制度没有实质区别。

（3）金本位制。金本位制是指以黄金作为本位货币的货币制度。其主要形式有金币本位制、金块本位制和金汇兑本位制。

1）金币本位制。金币本位制是以黄金为货币金属的一种典型的金本位制。其主要特点有：国家以法令规定每个金币所含纯金与重量；金币可以自由熔化和铸制，即自由铸币；黄金可以自由买卖、输入、输出、窖藏，不受任何限制；金币与其他形式的货币，按等价相互兑换；金币为无限法偿货币。在实行金本位制的国家之间，根据两

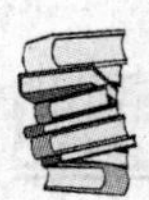

国货币的黄金含量计算汇率，称为金平价。

第一次世界大战前，世界主要国家均采用金币本位制。例如，英国大约在1816年采用金币本位制后，欧、美、日各国纷纷效仿，1816—1914年这段时期，由于世界主要国家都采用金币本位制，可谓金本位制的全盛时期。

2）金块本位制。金块本位制是指由中央银行发行、以金块为准备的纸币流通的货币制度。它与金币本位制的区别在于：其一，金块本位制以纸币或银行券作为流通货币，不再铸造、流通金币，但规定纸币或银行券的含金量，纸币或银行券可以兑换为黄金；其二，规定政府集中黄金储备，允许居民在持有本位币的含金量达到一定数额后兑换金块。如1925年英国规定银行券与金块兑换的起点为1 700英镑，含金量400盎司，只有少数富人才有实力兑换金块或金条，因而又称之为"富人本位制"。

第一次世界大战后，除美国外，所有的国家都放弃了金币本位，而实行金块本位。1925年，英国恢复金本位制，但随着1929—1933年世界经济大危机和金融危机爆发，英国被迫于1931年脱离金本位制。美国也于1933年放弃金本位制，并于1934—1971年这段时期采用一种有限度的金块本位制。其他国家从1914年开始，多采用某种形式的金汇兑本位制或不兑现的纸币本位制。1933年后，世界各国进一步限制了黄金的使用，规定除工业用途外，人民不能向政府购买黄金；不能自由输出黄金，进口黄金必须卖给政府；黄金国有化，对内作为中央银行的准备金，对外作为国际支付工具。

3）金汇兑本位制。金汇兑本位制是指以银行券为流通货币，通过外汇间接兑换黄金的货币制度。金汇兑本位制与金块本位制的相同之处在于规定货币单位的含金量，国内流通银行券，没有铸币流通。但规定银行券可以换取外汇，不能兑换黄金。本国中央银行将黄金与外汇存于另一个实行金本位制的国家，允许以外汇间接兑换黄金，并规定本国货币与该国货币的法定比率，从而稳定本币币值。1893年印度的卢比与英国的英镑，1903年的菲律宾比索与美元就是这样的关系，第一次世界大战后德国、智利、意大利也实行过。

金本位制对物价和货币供应量具有自发调节机制，并有利于汇率和国际收支的稳定和均衡。但是随着经济的发展，世界各国流通中货币需求急剧增加，而黄金、白银等贵金属作为币材产量受到限制，且各国黄金、白银矿藏分布不均，工业消耗也大量增加，贵金属产量无法满足货币需求量的增加。各国也不再能保证黄金的自由铸造、自由兑换和自由输出输入。这是金属本位最终退出历史舞台的根本原因。因此，金本位制崩溃，各国纷纷实行不兑现的纸币本位制度是历史的必然选择。

2. 不兑现的纸币货币制度

不兑现的纸币货币制度是当今世界各国普遍实行的一种货币制度，有以下几个特征：

（1）各国的本位币是由国家授权中央银行发行的纸币，具有无限法偿资格，根据政府法令强制流通。

（2）黄金退出流通，纸币不与任何金属保持等价关系，不规定含金量。货币发行一般不以金银为保证，也不受金银的数量限制。

（3）纸币通过信用程序投入流通。中央银行贷款给商业银行或其他金融机构，银行再贷给企业，企业支付税金形成政府收入，企业支付工资形成居民收入。

（4）纸币本位制度是一种管理通货制度。纸币流通的情况下，经济生活中不存在自发调节机制。纸币过多或过少，就有可能发生通货膨胀或通货紧缩的现象，对经济产生负面的影响。因此，国家对货币流通的调节或管理非常重要，如利用公开市场业务、存款准备金率、贴现率等变量来调节货币供给量，通过设立外汇基金干预外汇市场来稳定汇率，因而纸币本位制又称为“管理本位制”。

三、我国的货币制度

我国使用货币已有几千年的历史。原始货币主要是海贝、布帛和农具，商周时期已开始使用金属货币，铜、金、银等也都曾是主要流通货币。同时，我国还是使用纸币和信用货币最早的国家，例如，周朝时就有了叫作“里布”的商业票据，北宋初年在四川出现的“交子”等。但是，我国古代货币制度是不健全的，多种货币平行流通，没有主币与辅币之分，政府很少硬性规定它们之间的比价，铸造货币和发行纸币比较分散。

近代以来，我国的货币制度处于混乱、落后和不独立的局面。首先，外国银元和本国货币同时并存；其次，在流通中使用银元、银行券和铜元，而大宗交易和支付用“银两”计价，由于主要商埠的“银两”轻重不一，这就造成了计价与流通标准不统一。1933 年 4 月，国民政府进行“废两改元”的币制改革，我国开始统一的银铸币本位制。由于银价暴涨，国内银根短缺，银本位制很难维持下去，国民党政府于 1935 年 11 月实行“法币改革”，采取了一系列措施。但随着战争的爆发，国民党政府实行通货膨胀政策，恶性的通货膨胀严重扰乱了货币流通秩序，货币制度没有起到应有的作用。

我国现行的货币制度是人民币制度，它的建立是以 1948 年 12 月 1 日的人民币发行为标志的，采取的是不兑现的银行券形式。1955 年 3 月 1 日，我国又发行了新版人民币，同时建立了辅币制度。这种主辅币流通制度一直保持到现在。我国人民币制度的基本内容如下：

1. 人民币是我国的法定货币

人民币是中国人民银行发行的信用货币，是无限法偿货币，没有法定含金量，也不能兑换黄金。人民币的本位币的单位为“元”，辅币为“角”“分”。它们之间的兑换比例为：1 元等于 10 角，1 角等于 10 分。

2. 人民币是我国唯一的合法通货

人民币在全国范围内行使，不准在规定限额以上携带出入境。金银和外汇不得在我国境内计价和流通。

3. 人民币的发行

人民币的发行权属于国家，中国人民银行是全国唯一的货币发行机关，它由国家授权掌管货币发行工作，并集中管理货币发行基金。人民币发行坚持高度集中统一和经济发行（也称信用发行）的原则。由中国人民银行按照商品流通规模扩大和经济增长的客观合理需要发行货币。

4. 人民币的发行保证

人民币是信用货币，其发行保证是国家拥有的商品物资、大量的信用保证，如政

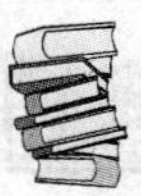

府债券、商业票据等。黄金外汇储备也是人民币的一种发行准备，主要用于保持国际收支平衡。黄金外汇储备由中国人民银行集中掌管，统一调度，并定期公布。

5. 人民币是一种管理通货

中国人民银行对人民币发行与流通的管理，主要体现在发行基金计划的编制、发行基金的运送管理、反假币及票样管理和人民币出入境管理等方面。人民币的汇率制度实行有管理的浮动汇率制度，又在经常项目下实现人民币自由兑换，为最终实现人民币自由兑换创造了条件。

知识链接

香港的货币制度

由于英国的殖民统治者和中国历史传统的共同影响，香港的货币制度具有独特之处。在香港，没有垄断货币发行权的中央银行，港币的发行与货币供应量的控制由三家商业银行和香港政府共同承担。1983 年 10 月 17 日，香港政府宣布港元与美元直接挂钩，联系汇率制正式生成。但直到 1987 年，联汇制的内容才逐步完善。联汇制最重要的特点是：联系汇率与市场汇率、固定汇率与浮动汇率并存。一方面，外汇基金通过对发钞银行的汇率控制，维持官方预定的 1∶7.8 的汇率水平。在联汇制下，港元发行须由发钞行按照规定的7.8 港元兑1 美元的汇价，以百分之百的美元向外汇基金换取发钞负债证明书，挂牌银行向发钞行取得现钞也要以百分之百的美元进行兑换；回笼货币时，同样要分别以负债证明书和港元换回美元，这样便形成了一个固定汇率的银行同业港元买卖市场。另一方面，在外汇公开市场上，港元却是由市场供求来决定，没有任何人为的干预。

（资料来源：http：//www. sne. snnu. edu. cn/ziyuanku/sourse/2010 – 7 – 9% 2017280713. doc. ）

第三节 货币的流通管理

一、货币流通的概念及特点

货币流通是指货币作为流通手段和支付手段在经济活动中所形成的连续不断的收支运动。正如马克思所精辟阐述的："商品流通直接赋予货币的运动形式，就是货币不断地离开起点，就是货币从一个商品所有者手里转到另一个商品所有者手里，或者说，就是货币流通。"在商品流通过程中，货币不断在卖主和买主之间转手，这种连续不断的货币转手，便形成一个与商品流通 W—G—W 相伴随的货币流通 G—W—G。货币流通有以下几个特点。

1. 货币流通是商品流通的表现

在商品流通中，商品从卖者手中转移到买者手中，在这一运动过程的同时，发生货币从买者手中又转移到卖者手中的运动过程。如果没有商品交换的需要，就不会发生作为交换媒介的货币的转移运动。

2. 货币流通会超越商品流通的范围

随着商品货币关系的进一步发展，产生了货币作为债权债务中的支付手段，如银行存款与贷款、工资的支付等，在这些货币收支过程中，没有发生商品与货币的交换，只是货币作为支付手段的不断运动。货币流通已经超越了商品流通的范围。

3. 货币流通是不断离开出发点的连续运动

商品经过一定流通过程以后，必然要离开流通领域进入消费领域。但货币作为流通手段，却始终留在流通领域中，在多次反复的商品买卖中，总是取代商品的位置，不断地从购买者转移到出卖者手中，从而形成一个货币不断地离开出发点的连续运动。

二、货币流通与商品流通的关系

1. 货币流通与商品流通的联系

货币流通实质上是商品流通的实现形式和表现形式，商品流通是货币流通的基础和实质内容。在商品流通和货币流通的关系上，商品流通始终是第一位的，它不但决定货币流通的规模，也决定其流通的范围和速度。

（1）商品流通的规模决定着货币流通的规模。商品流通的规模由商品的数量和商品的价格决定。在货币流通速度不变的情况下，当流通过程中商品的数量增多或价格上涨时，流通中所需要的货币量便增加；反之，便减少。

（2）商品流通的范围决定着货币流通的范围。在自然经济中，商品经济不发达，货币流通的范围狭小。随着商品生产和商品交换的高度发展，货币流通的范围也随之更广泛。

（3）商品流通的速度决定着货币流通的速度。商品适销对路，货畅其流，货币流通速度加快；相反，商品滞销积压，流通受阻，货币流通速度就慢。

2. 货币流通和商品流通的区别

现实中商品流通和货币流通具有相对独立性，货币流通还能够反作用于商品流通，两者之间存在着差异性，主要表现在以下几个方面：一是商品与货币的转换不具有强制性，商品流通决定货币流通是有条件的；二是商品流通与货币流通在时间上有不一致性，商品转化为货币和货币再转化为商品是两个不同的过程；三是商品流通与货币流通的范围并不完全一致，货币流通还为各种非商品性经济往来服务；四是商品流通与货币流通的决定因素也不相同，商品流通量的最终决定因素是社会再生产的物质技术构成和社会的需要；货币流通量的最终决定是社会经济生活对货币的需要及货币流通速度。

综上所述，商品流通决定了货币流通，但货币流通不是完全被动地适应商品流通，而是对商品流通有着明显的反作用。正常的货币流通，能够为商品流通提供稳定的价值尺度和流通手段，促进商品流通的顺利实现；反之，则会对商品生产和商品流通产生不利影响。

三、货币流通的层次

目前，世界各国普遍以金融资产流动性的强弱作为划分货币层次的主要依据。所谓“流动性”，是指金融资产能及时转变为现实购买力且不蒙受损失的能力。流动性程度不同的金融资产在流通中周转的便利程度不同，从而对商品流通和各种经济活动的

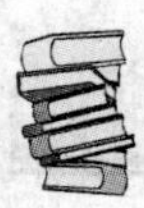

影响程度也就不同。因此，按流动性强弱对不同形式、不同特性的货币划分不同的层次，对科学地分析货币流通状况，正确地制定和实施货币政策，及时有效地进行宏观调控，具有非常重要的意义。

由于各国信用化程度不同，金融资产的种类也不尽相同。按照国际货币基金组织的口径，货币层次一般可以做如下划分：

1. M_0（现钞）

M_0 指流通于银行体系以外的现钞，包括居民手中的现金和企业单位的备用金。这部分货币可随时作为流通手段和支付手段，因而具有最强的购买力。

2. M_1（狭义货币）

M_1 是由 M_0 加上商业银行的活期存款构成的。由于活期存款随时可以签发支票或进行转账结算而成为直接的支付手段，因此，它同现金一样是最具有流动性的货币。M_1 作为现实的购买力，对社会经济有着最广泛而直接的影响，因而是各国货币政策调控的主要对象。

3. M_2（广义货币）

M_2 由 M_1 加上准货币构成。准货币一般由定期存款、储蓄存款、外币存款及各种短期信用工具，如银行承兑汇票、短期国库券等构成。准货币本身是潜在的货币而非现实的货币，但由于经过一定的手续后，能够较容易地转化为现实的货币，进而增加流通中的货币量。

在国际货币基金组织的口径下，各国对货币层次的具体划分各不相同，而且还随着本国经济和金融市场的变化进行相应的调整。现阶段我国货币计量分为以下四个层次：

M_0 = 流通中的现金

M_1 = M_0 + 企业、机关团体、部队的活期存款 + 农村的活期存款 + 个人持有的信用卡类存款

M_2 = M_1 + 城乡居民储蓄存款 + 企业、机关团体、部队的定期存款 + 外币存款 + 信托类存款

M_3 = M_2 + 金融债券 + 商业票据 + 大额可转让定期存单

其中，流通中的现金（M_0）指的是企业和城乡居民的手持现金，M_1 是通常所说的狭义货币供应量，M_2 是广义货币供应量，M_2 与 M_1 之差是准货币，M_3 是考虑到金融不断创新的现状而增设的，目前还没有公布有关的数字。

四、货币流通形式及流通渠道

货币流通的形式包括现金与非现金流通。现金流通是直接以现金为流通手段和支付手段的货币的运动，主要是同消费资料零售市场的商品流通、居民个人的小额支付相联系的货币流通。非现金流通，又称为存款转账结算，是指通过银行账号划转存款完成的货币收付活动，主要是同生产资料市场和消费资料批发市场的商品流通、企事业单位的大额支付及与金融交易相联系的货币流通。与货币流通形式相对应，货币流通渠道分为现金流通渠道和非现金流通渠道。

1. 现金流通渠道

现金流通渠道是以银行为中心进行的货币流通（图 10－2），它包括现金投放渠道和现金回笼渠道，在我国又称为货币投放和货币回笼。

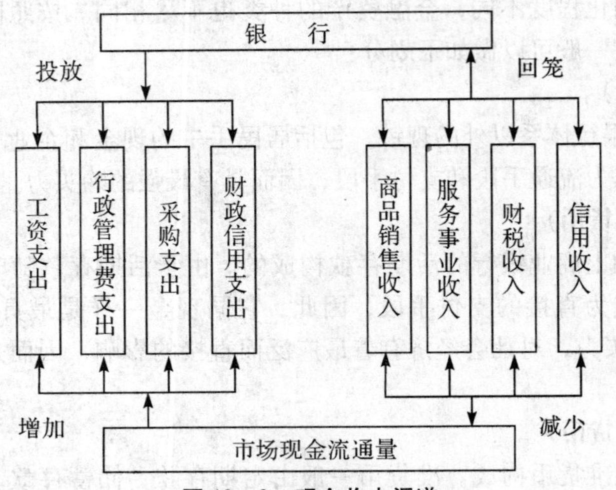

图 10－2　现金收支渠道

（1）现金投放渠道：

1）工资及对个人其他支出。它是指机关、企业、单位、团体等对职工的工资支付，以及对个人其他支出，如奖金、抚恤金、救济金、稿费等。这是银行向城市投入现金的主要渠道，它对市场商品供求和货币流通有着重大影响。

2）行政管理费支出。包括企业、事业、机关、团体、部队、学校等从银行提取现金支付行政管理费用。

3）采购支出。主要是指向城乡集体或个体经济单位采购农副产品、工矿产品、手工业产品、废旧物资等支付现金。农副产品采购支出是银行向农村投放现金的主要渠道，它的大部分由农民用于购买消费资料，也有一部分用于购买生产资料。

4）财政信用支出。财政支出主要包括国家对农村的财政支援，以及抗灾、救济拨款和国家债券的还本付息等，其中相当部分要支付现金。信用支出主要包括储户提取储蓄存款、金融债券的还本付息、证券的买入，以及银行和信用社对乡镇集体企业、农民个人的贷款和商业部门支付预购定金的现金支出。

（2）现金回笼渠道：

1）商品销售收入。又称为商品回笼，是指各种企事业单位销售商品的现金收入。这是当前现金回笼的主要渠道。销售的商品大部分是消费资料，也包括部分生产资料。

2）服务事业收入。又称“服务回笼”，是指依靠服务事业单位提供的劳务回笼现金，包括医疗卫生、文化娱乐、饮食服务、房租水电、交通运输等现金收入。

3）财税收入。也称“财政回笼”，是指各企业单位或个人向国家财政金库解交税款、罚没款项等回笼现金。

4）信用收入。又称“信用回笼”，是指银行、信用社及其他金融机构由于吸收存款、证券兑换、储蓄和收回贷款而收入的现金等。近年来，随着人民群众收入的不断

增加，储蓄额不断上升，它已成为现金回笼的一条重要渠道。

2. 非现金流通渠道

非现金流通是各银行之间，通过在不同单位账户上的资金划转进行结算，它始终只在银行体系内部进行，银行在划转时，从付款方存款账户上划出一定金额，如数转到收款方的存款账户上，一收一付对于银行来说是平衡的。根据不同经济内容，非现金流通渠道可分为商品交易结算、劳务费用结算、财政收支结算和银行存贷结算四个方面，如图 10－3 所示。

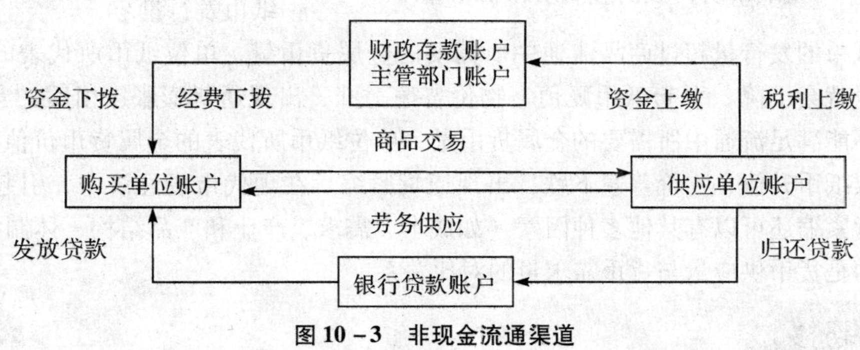

图 10－3　非现金流通渠道

五、货币流通规律

货币流通规律也叫货币需要量规律，它是指一定时期内一个国家的商品流通过程中客观需要的货币量的规律。

1. 金属货币流通规律

金属货币作为流通手段时的货币流通规律的内容为：一定时期内商品流通中所需货币量与商品价格总额成正比，与同一单位货币的流通速度成反比。一个国家在一定时期内需要多少货币，主要取决于以下因素。

（1）商品交换规模。也就是一个时期内进行交换的商品价格总额，它是由两个因素决定的：商品的数量和各种商品价格的乘积。假如价格已定，流通的商品量愈大，需要的货币量也愈大。如果投入流通的商品量已定，那么流通中所需要的货币量就取决于商品的价格水平。价格愈高，所需要的货币量也就愈多。所以，流通中所需要的货币量总是与商品的价格总额成正比，也就是同商品数量和商品价格这两个因素的变化成正比。

（2）货币流通速度，也就是同一货币在一定时期内转手的次数。流通中所需要的货币量与货币的流通速度成反比：货币的流通次数增加，流通中所需要的货币量就会减少；货币的流通次数减少，货币量就会增加。正是由于货币流通速度这一因素的作用，流通中实际所需要的货币量总是小于商品的价格总额。

因此，商品流通中的货币量与商品价格总额、货币流通速度之间的关系，可用公式表示如下：

$$\text{商品流通中的货币必要量} = \frac{\text{商品总量} \times \text{商品价格水平}}{\text{同一单位货币中平均流通次数}}$$

可以看出，根据马克思的货币流通规律，物价水平和社会商品的提供量同流通中的货币必要量成正比；而货币流通速度同流通中的货币必要量成反比。

2. 纸币流通规律

纸币流通规律是在金属货币流通规律的基础上产生的，并受金属货币流通的制约。纸币的发行量以流通中所需要的金属货币量为限。

$$\text{单位纸币所代表的金属货币价值量} = \frac{\text{商品流通中的金属货币必要量}}{\text{纸币发行量}}$$

当纸币的发行量超过商品流通中所需要的金属货币量，单位纸币所代表的金属货币价值量就会下降，引起纸币贬值、物价普遍上涨，出现通货膨胀；相反，当纸币的发行量不能满足流通中所需要的金属货币量，单位纸币所代表的金属货币价值量增加，则会导致纸币升值、物价普遍下跌，出现通货紧缩。在现代市场经济中，引起通货膨胀或通货紧缩还可以有其他多种因素（如成本、需求、产业和产品结构、体制等），但最基本的是货币供应量与货币需求量的对比关系。

知识链接

津巴布韦恶性通货膨胀，每一张钞票印有“截止日”

津巴布韦人又阔了：日前津巴布韦中央银行宣布，他们将发行面值 1 000 亿津元的大钞，以“方便消费者”，这已是这个非洲内陆国 8 个月内第四次发行新钞，上一次是在 2008 年 5 月 15 日，面值 5 亿津元，再上一次是 2008 年 5 月 5 日，面值 2.5 亿津元。

可是如此巨大的财富能换什么？一袋最普通的切片面包要 1 250 亿津元，一个普通哈拉雷工薪阶层的一天公交车费差不多要 2 500 亿津元，而在两年前，14 块切片面包只要 100 万津元。官方宣布的最新年通涨率是 2 200 000%，但几乎所有人都相信实际数字要大得多：此次的 1 000 亿津元钞票面值是 2008 年 5 月 15 日的 5 亿津元的 200 倍，而后者又是 2008 年 5 月 5 日 2.5 亿的 2 倍，任何人都能轻易算出，在这个动荡的国家里，钱变得不值钱的真正速度究竟是多少。除此之外，像中国的购物券一样，每一张津元钞票上还都印着一个“截止日”。2008 年年初发行的面值 5 000 万津元的新币上标明：至 6 月 30 日作废。

首都哈拉雷在 2006 年被人力资源咨询机构 ECA 国际评为全球生活费用最昂贵的城市。每一个来到这里的外国人一出机场，都摇身变为“亿万富豪”。刚刚从津巴布韦来到南非的布库托对本报记者说，2000 年 1 400 万津元可以购置一栋豪宅。而到了 2014 年年初，同样的金额只是一听可乐的标价。到了 2014 年 4 月 14 日这天，同样一听可乐已经涨价到 5 600 万津元。哈拉雷街上经常可以见到扛着山一样成捆的钞票购物的人。在餐馆结账，点钞需要耗费半个多小时。小公共汽车的收费是 1 500 万津元，只有使用 1 000 万津元面值的纸币才可以使售票员点钞的工作量减少。

（资料来源：http：//jrx．jlbtc．edu．cn/jpkc/anli8．HTM．）

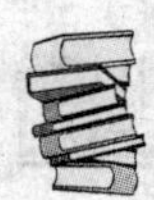

本章小结

货币产生于商品交换，是价值形式长期演变的结果。货币的形态大致经历了实物货币和金属货币、代用货币、信用货币三个阶段，这个过程也是货币价值不断符号化的过程。货币是起着一般等价物作用的特殊商品，同时也体现着一定的社会生产关系。货币在交换发展中，逐渐形成了价值尺度、流通手段、储藏手段、支付手段和世界货币等五种职能。货币制度是国家以法律形式规定的货币体系和货币流通的组织形式，使货币流通的各个要素结合成为一个有机整体，主要包括货币材料、货币单位、主币与辅币的铸造、发行和流通程序及准备制度等要素。货币制度形成以来，共经历了银本位制、金银复本位制、金本位制和不兑现的纸币本位制度四种类型。货币流通是商品流通的反映但又超越了商品流通的范围。货币流通表现为现金流通和非现金流通两种形式，从而有现金流通和非现金流通两种渠道。根据金融资产流动性的强弱可将货币划分为现钞、狭义货币和广义货币三个层次。在金属货币制度下，一定时期内商品流通中所需货币量与商品价格总额成正比，与同一单位货币的流通速度成反比。在纸币制度下，纸币的发行量仍然以流通中所需要的金属货币量为限。当纸币的发行量超过商品流通中所需要的金属货币量，就会出现通货膨胀；相反，则会出现通货紧缩。

思考与练习

一、选择题

1．金属本位货币制度可分为（　　）。

A．银本位制　B．铜本位制　C．金本位制　D．金银本位制

2．人民币（　　）。

A．是信用货币　B．起一般等价物的作用

C．是我国唯一合法流通的货币　D．由中国人民银行统一发行

3．流动性最强的金融资产是（　　）。

A．银行活期存款　B．居民储蓄存款

C．银行定期存款　D．现金

4．货币在执行（　　）职能时，可以是观念上的货币。

A．交易媒介　B．价值储藏　C．支付手段　D．价值尺度

5．实物货币形态中被人们选择作为货币的商品必须具有的特征是（　　）。

A．价值含量较大　B．易于保存

C．易于分割　D．人们乐于接受

6．信用货币包括（　　）。

A．政府债券　B．现钞　C．存款货币　D．商业票据

7．下列属于准货币的为（　　）。

A．储蓄存款　B．企业定期存款　C．通货　D．M_2

8. 在我国的货币供应量中，通常狭义货币是指（　　）。

A. M_0　　B. M_1　　C. M_2　　D. M_3

9. 派生存款是由（　　）创造的。

A. 商业银行　　B. 中央银行　　C. 财政部门　　D. 计划部门

10. 在下列经济行为中，货币执行支付职能的是（　　）。

A. 发放工资　　B. 缴纳税款　　C. 银行借贷　　D. 分期付款

二、判断题

1. 在市场经济条件下，支票和信用卡都是货币。（　　）
2. 商品的价格与商品的价值量成反比关系，与单位货币量成正比例关系。（　　）
3. 货币在执行价值尺度职能时是现实的货币。（　　）
4. 财政收支、信贷收支、房租、水电费等支付都是借助于货币的媒介职能实现的。（　　）
5. 纸币储藏手段职能的发挥和金银货币不同。（　　）
6. 国家货币制度由一国政府或司法机构独立制定实施，是该国货币主权的体现。（　　）
7. 任何信用活动同时都是货币的运动。（　　）
8. 我们常说的货币回笼是指从市场上流回到银行的现金。（　　）
9. 货币作为流通手段必须是现实的、足值的货币。（　　）
10. 纸币的发行量超过商品流通所需的金属货币量，会引发通货膨胀。（　　）

三、名词解释

价值形式　货币　货币流通　现金流通　转账结算　货币流通规律　货币必要量　通货膨胀　纸币流通规律

四、简答题

1. 货币在经济生活中扮演哪些重要职能？
2. 货币有哪些形态？推动货币形态演进的动力是什么？
3. 货币是如何度量的？狭义货币与广义货币有什么区别？
4. 什么是货币制度？货币制度的构成要素有哪些？
5. 什么是本位货币？本位货币有什么特点？
6. 为什么在金银复本位制的条件下会出现劣币驱逐良币？
7. 金本位制三种类型的区别是什么？
8. 简述货币流通规律。

五、案例分析

集中营里的货币

在第二次世界大战期间纳粹集中营中发展出一种特殊形式的商品货币。红十字会向战俘提供各种物品——食物、衣服、香烟，等等。但分发这些配给品时并没有考虑个人偏好，自然这种配给就往往是无效率的。一个战俘可能偏爱巧克力，另外的战俘

可能偏爱奶酪，而第三个战俘可能想要件新衬衣。战俘不同的嗜好与资源秉赋使他们相互交易。

但是，物物交换被证明是配置这些资源的一种不方便的方法，因为它要求欲望的双向一致性。换言之，物物交换制度不是确保每个战俘得到自己评价最高物品的一种最方便的方法。即使在战俘营这个狭小的范围内也需要某种方便交易的货币形式。

最终是香烟确定为用以表示价格和进行交易的“通货”。例如，一件衬衣值 80 支香烟。劳务也可以用香烟来标价：一些战俘为另一些战俘洗一件衣服值 2 支香烟。甚至不吸烟的人在交换中也乐意接受香烟，因为他们知道可以在未来用香烟来交换某种自己需要的物品。在战俘营内香烟成为价值储藏、计价单位和交换媒介。

（资料来源：http：//wenku. baidu. com/view/a3f53043336c1eb91a375d8d. html.）

根据上述资料，讨论分析以下问题：

1. 货币出现的原因是什么？

2. 货币形态选择的因素有哪些？

第十一章　金融机构体系

学习目标

知识目标

1. 了解金融机构的一般情况。
2. 理解我国金融机构体系的发展及变革情况、金融机构组成及相互关系。
3. 掌握各金融机构的性质及业务内容等，特别是现行金融体系的构建及其特点。

能力目标

1. 能够用所学知识分析我国金融体系对实体经济的影响。
2. 能够分析我国现行金融机构体系的不足。
3. 能够判断未来金融机构体系的发展趋势。

引导案例

金融体系对实体经济的支持力度明显加大

统计数据显示，我国社会融资总量快速扩张，金融对经济的支持力度明显加大。2002 年到 2010 年，我国社会融资总量由 2 万亿元扩大到 14.27 万亿元，年均增长 27.8%，比同期人民币各项贷款年均增速高 9.4 个百分点。2010 年社会融资总量与 GDP 之比为 35.9%，比 2002 年提高 19.2 个百分点。金融体系对实体经济的支持力度明显加大。社会融资总量快速增长的同时，金融结构也多元化发展，金融对资源配置的积极作用不断提高。一是 2010 年企业债融资、非金融企业股票融资和保险公司赔偿分别占同期社会融资总量的 8.4%、4.1% 和 1.3%，其中企业债融资比 2002 年上升 6.8 个百分点。二是商业银行表外业务融资功能显著增强。2010 年银行承兑汇票、委托贷款和信托贷款分别占同期社会融资总量 16.3%、7.9% 和 2.7%，分别比 2002 年高 19.8 个、7 个和 2.7 个百分点。

（资料来源：http：//money. 163. com/11/0217/18/6T45IH7G00253B0H. html.）

第一节　金融机构的概念、分类和职能

一、金融机构体系概念

金融机构体系是指由各种金融机构组成并且相互之间存在一定联系的统一整体。在市场经济条件下，各国金融机构体系大多数是以中央银行为核心来进行组织管理的，因而形成了以中央银行为核心、商业银行为主体、各类银行和非银行金融机构并存的金融机构体系。

金融机构是金融体系的重要组成部分，是专门从事各种金融活动的金融组织。金融机构的存在，一方面创造了便利交易的金融工具；另一方面在金融交易活动的参与者之间推进资金流转，从而大大提高了金融体系的运行效率。

二、金融机构的分类

1. 银行金融机构和非银行金融机构

以业务为标准，金融机构可以划分为银行金融机构和非银行金融机构。

（1）银行金融机构：银行是以吸收存款、发放贷款、转账结算为核心业务的金融机构。主要包括：

1）中央银行，是一国最高的金融管理机构，是金融机构体系中的中心环节。它垄断一国的货币发行权，代理国库，制定和执行货币政策，进行金融监管。

2）商业银行，是各国金融机构体系中最重要的组成部分，是通过吸收单位和个人的存款，向工商企业发放贷款或者投资而获取利润的企业。商业银行是企业，但区别于一般的工商企业；商业银行是银行，但又区别于中央银行、专业银行。

3）专业银行，是指具有特定业务范围，提供专门性金融服务的银行。它们的业务活动方式有别于或部分有别于一般商业银行的存、放、汇兑业务活动方式，只从事其中的一项或几项专门业务，一般都有特定的客户，其服务与职能是随着社会分工发展的需要而出现的，经营活动具有不可替代的特性。常见的专业银行有投资银行、储蓄银行、农业银行、进出口银行、抵押银行、开发银行等。

（2）非银行金融机构：非银行金融机构，是指经营各种金融业务但又不称为银行的金融机构。非银行金融机构较为庞杂，它们的出现使融资机构、渠道、形式多样化，金融服务多样化，有利于满足中小企业发展的需要。常见的机构有保险公司、信用合作社、投资公司、养老基金组织、金融公司、邮政储蓄等。

2. 中央银行和一般金融机构

以职能为标准，金融机构可以划分为中央银行和一般金融机构。

中央银行是指承担金融宏观调控、金融监管的重任，并且不以盈利为目的的金融机构。一般金融机构是指以盈利为目的，通过向社会公众提供金融产品和金融服务而获取利润的金融企业。

3. 直接金融机构和间接金融机构

以活动领域为标准，金融机构可以划分为直接金融机构和间接金融机构。

直接金融机构是指为筹资者和投资者双方牵线搭桥，提供中介服务的金融机构，如证券公司、证券经纪人及证券交易所等。间接金融机构是指一方面以债务人的身份从资金盈余者手中吸收资金，另一方面又以债权人的身份向资金短缺者提供资金的金融机构，最典型的就是商业银行。

三、金融机构的职能

1. 间接金融机构的职能

在当前的经济活动中，资金的融通绝大部分是通过间接金融机构来完成的。调查表明，间接金融机构的融资量远远超过直接金融机构。银行等间接融资中介机构发挥着吸收资金和分配资金的职能。具体内容有以下几项：

（1）降低交易成本。金融机构是信用活动的中间环节与媒介，它是资金所有者的债务人，又是资金需求者的债权人，通过它进行资金的融通，资金所有者和资金需求者之间并不发生直接的债权债务关系。资金所有者不必花费时间、精力、费用去寻找合适的资金需求者，可以直接把资金交给金融机构；资金需求者也可以直接从金融机构获得资金，从而降低了资金融通过程中所耗费的成本。

（2）化短期资金为长期资金。单个的资金盈余单位，它的经营活动随时会发生变化，可能也会缺乏资金，因此很难对资金短缺的单位进行长期的资金融通。但是通过金融机构把不同单位、不同时期的短期资金集中起来就可以形成长期资金。银行的存款时存时取，流动性很强，但在存取交替之中总会在银行里形成一个相对稳定的余额，它就成为银行的长期资金来源，用来发放长期贷款。

（3）信用创造。间接金融机构利用吸收的存款发放贷款，在支票流通和转账结算的基础上，贷款又转化为派生存款，在这种存款不完全提取的情况下，就会形成数倍于原始存款的派生存款。当然，间接金融机构也不能无限制地创造信用，它会受到一些条件的制约，如基础货币的数量、法定存款准备金率、资金需求等。

2. 直接金融机构的职能

直接金融机构，如证券经纪人、投资银行及证券交易所，虽然无须通过自身的资产负债业务实现资金从盈余单位向短缺单位的转移，但它们居于证券的发行者和投资者之间，在自身承担一定风险和获得一定收益的同时，使双方更有效地进行直接的投融资。因此，它们对于证券市场的顺利运行起着重要的作用。

知识链接

非法集资的特征、表现形式

一、非法集资的特征

（一）未经有关部门依法批准或者借用合法经营的形式吸收资金。

（二）通过媒体、推介会、传单、手机短信等途径向社会公开宣传。

（三）承诺在一定期限内以货币、实物、股权等方式还本付息或者给付回报。

（四）向社会公众即社会不特定对象吸收资金。

二、非法集资的主要表现形式

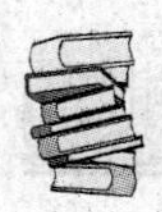

非法集资活动涉及内容广，表现形式多样，从目前案发情况看，主要包括债权、股权、商品营销、生产经营等四大类。主要表现有以下几种形式：

（一）借种植、养殖、项目开发、庄园开发、生态环保投资等名义非法集资。

（二）以发行或变相发行股票、债券、彩票、投资基金等权利凭证或者以期货交易、典当为名进行非法集资。

（三）通过认领股份、入股分红进行非法集资。

（四）通过会员卡、会员证、席位证、优惠卡、消费卡等方式进行非法集资。

（五）以商品销售与返租、回购与转让、发展会员、商家联盟与“快速积分法”等方式进行非法集资。

（六）利用民间“会”“社”等组织或者地下钱庄进行非法集资。

（资料来源：国家开发银行网站）

第二节　现代金融机构体系

在现代工业化国家中，金融体系主要由中央银行、商业银行、专业银行和其他金融机构组成，其中中央银行是金融体系的核心，商业银行是主体。整个体系呈现出两极化趋势，中央银行居于领导地位，而商业银行和其他金融机构则为多元化发展。

一、中央银行

中央银行是随着银行发展，从商业银行中独立出来的特殊银行，是一国金融机构体系的中心环节，处于特殊的地位，经营专门的业务，具有对全国金融活动进行宏观调控的特殊职能，多数国家将中央银行实行国有化。世界上公认的第一家中央银行是英格兰银行，它由商业银行演变成中央银行。一个世纪以前，全世界只有18家中央银行，现在已有中央银行170多家，几乎所有的国家或地区都有中央银行或类似中央银行的机构。

1. 中央银行的性质

（1）发行的银行。中央银行垄断货币发行权，是全国唯一的货币发行机构，所以被称为货币发行的银行。中央银行因独占货币发行权，从而可以通过掌握货币的发行，直接影响整个社会的信贷规模和货币供应量，进而影响经济，实现中央银行对国民经济的控制和调节。

（2）银行的银行。中央银行不直接与工商企业和个人发生业务往来，只同商业银行及其他金融机构有业务关系。中央银行集中吸收商业银行的准备金，并对商业银行提供信贷，办理商业银行之间的清算，所以说中央银行是银行的银行。

（3）政府的银行。中央银行通过金融业务为政府服务，如代理国家金库、向政府提供信用、代理政府债券、为政府管理宏观金融机构、调节宏观经济等，所以中央银行是政府的银行。

2. 中央银行的职能

（1）调控职能。中央银行作为国家最高的金融管理机关，其首要的职能就是金融

调控职能。这一职能的意义是指中央银行运用特有的金融政策工具，对全社会的货币信用活动进行调节和控制，进而影响国民经济的整体运行，实现既定的国家宏观经济目标。

（2）服务职能。这一职能是指中央银行以特殊银行的身份向政府、银行及其他金融机构提供的各种金融服务。

中央银行除上述调控和服务两项职能以外，有些国家中央银行还兼有金融监管职能。监管职能主要是中央银行对银行、非银行金融机构的设置、业务活动及经营情况进行监督检查，对金融市场实施管理控制，从而防止金融业紊乱给社会经济发展造成困难，维护金融体系的健全和稳定。

3. 中央银行的类型

（1）单一式的中央银行制。单一式的中央银行是指国家建立单独的中央银行机构，全面行使中央银行的职能。单一式的中央银行又分为两种类型：一是一元式中央银行制，这是指全国只设一家统一的中央银行机构，由该机构全面行使中央银行职能并兼有金融监管的一种制度。这种制度一般采取总分行制，通常总行设在首都，按照行政或经济区划设立分支机构。目前，世界上大多数国家实行这种制度，如英国、法国、日本、中国等。二是二元式中央银行制，这是指中央银行体系由中央和地方两级相对独立的中央银行机构共同组成。中央级中央银行和地方级中央银行在货币政策方面是统一的，中央级的中央银行是最高权力管理机构和金融决策机构，地方级的中央银行虽然也有其独立的权力，但其权力低于中央级的中央银行，并接受中央级中央银行的监督和指导。实行这种二元式中央银行制的主要是一些联邦政治体制的国家，如美国、德国等。

（2）复合式的中央银行制。复合式的中央银行制是指一个国家（或地区）没有专门设立行使中央银行职能的机构，而是由一家大银行既行使中央银行的职能，同时又经营商业银行的业务。这种制度往往与中央银行初级发展阶段和国家实行计划经济体制相适应，主要存在于苏联和东欧国家及1984年以前的中国。

（3）跨国式的中央银行制。跨国式的中央银行制是指由某一货币联盟的所有成员国联合组成的中央银行机构，在联盟各国内部统一行使中央银行职能的中央银行制度。这种中央银行在货币联盟成员国内发行共同的货币，制定统一的金融政策，以推进联盟内各成员国的经济发展和货币稳定。采用跨国式的中央银行制的宗旨是为了适应联盟内部经济一体化的进程，主要是一些疆域相邻、文化与民俗相近、国力相当的国家。

（4）准中央银行制。准中央银行制是指有些国家或地区不设中央银行机构，只由政府设置类似中央银行的货币管理机构或授权某个或某几个商业银行来行使部分中央银行职能的制度。采用这种中央银行制度的国家和地区很少，如新加坡、利比里亚及我国的香港特别行政区等。

二、商业银行

商业银行是以盈利为目的、以吸收社会公众的存款和发放贷款为主要业务活动、综合性多功能的金融企业。在当代资本主义金融体系中，商业银行以其业务量大、范围广

而居于其他金融机构不能取代的重要地位。即使在直接融资工具十分发达的美国，在20世纪90年代初的全部资金流量分配中，由商业银行分配的社会资金仍占50%以上。

1. 商业银行的性质

商业银行的基本性质，也就是商业银行经营的商业性，可从两个层次理解：

（1）商业银行是企业。商业银行具有现代企业的基本特征，其经营目标和经营原则与一般企业相同，所以商业银行同样要追求经营利润的最大化，要实行自主经营、自负盈亏、自担风险、自求发展的原则。

（2）商业银行是经营货币商品的特殊企业。一般企业经营的是普通商品，而商业银行经营的是金融资产和金融负债，是特殊商品，即货币和货币资金。

2. 商业银行的职能

商业银行的职能是由其性质决定的，具体有以下几个方面：

（1）信用中介职能。信用中介职能是商业银行最基本的、最能反映银行经营活动特征的职能。信用中介的实质，是通过银行的负债业务，把社会上的各种闲散资金集中到银行里来，再通过银行的资产业务，把它投向社会经济各部门，以此来实现资本的融通，并且在融通过程中从吸收资金的成本与发放贷款的利息收入、投资收益差额中获取利差收入，形成银行利润。

（2）支付中介职能。商业银行执行支付中介职能，通过存款在账户上的转移，为客户办理货币收付及其他与货币收支有关的技术性业务，如货币的兑换、货币收付、转账结算等，成为工商企业、团体和个人的货币保管者、出纳者和支付代理人。以商业银行为中心，形成了在经济过程中的无始无终的支付链条和债权债务关系。支付中介职能的发挥，大大减少了现金的使用，节约了社会流通费用，加速了结算过程和货币资本的周转。

（3）信用创造功能。商业银行在信用中介职能和支付中介职能的基础上，产生了信用创造职能。商业银行是能够吸收各种存款的银行，利用其所吸收的存款发放贷款，在支票流通和转账结算的基础上，贷款又转化为存款，在这种存款不提取现金或不完全提取现金的情况下，就增加了商业银行的资金来源，最后在整个银行体系，形成数倍于原始存款的派生存款，进而扩大社会信用规模。

（4）把货币转化为资本。即通过对社会的金融服务，把个人储蓄和政府储蓄这些不是资本的货币转化为货币资本，从而降低了社会总资本的闲置份额，扩大了社会资本总额的可用量，促进和推动扩大再生产。

3. 商业银行的组织形式

各国商业银行的组织形式大体上可分为如下几类：

（1）分支行制，又称总分行制，是指在大城市设立总行，在各地根据需要设立分支机构的制度。这是目前各国（包括我国）普遍采用的一种银行制度。分支行制机构多，有利于采用现代化设备，提供多层次服务，分散风险，获取规模效益，增强竞争力。但也易形成垄断，不利于同业间的公平竞争，同时也因层次多而给内部管理带来困难。目前，世界各国一般都采用这一银行制度，尤以英国、德国、日本为典型，我国的商业银行绝大部分采取分支行制。

（2）单元制，又称单一银行制，是指银行业务由各自独立的商业银行经营，不设立分支机构的制度。这在美国最为典型，这是由美国的特殊历史背景和政治制度所决定的。

（3）持股公司制，是指由某一集团成立股权公司，再由该公司控制或收购若干银行的组织形式。在法律形式上，被控股银行仍保持各自独立的地位，但业务经营都由同一家股权公司控制。

（4）连锁银行制，是指由某个人或某集团通过购买两家以上银行的多数股票或以其他法律允许的方式，获得银行的控制权而又不以股份公司的形式出现的一种银行组织形式。

（5）跨国联合制，又称国际财团制，是指由不同国家的商业银行联合成立银行投资财团的银行组织形式。从事大规模国际资本投资活动的跨国联合制商业银行正随着各国经济往来的日益加强而逐渐增加。

三、专业银行

专业银行是指具有特定业务范围，提供专门性金融服务的银行。它们的业务活动方式有别于或部分有别于一般商业银行的存、放、汇兑业务活动方式，只从事其中的一项或几项专门业务，一般都有特定的客户，其服务与职能是随着社会分工发展的需要而出现的，经营活动具有不可替代的特性。

常见的专业银行有以下几种：

1. 投资银行

投资银行是专门从事对工商企业进行证券投资、对证券进行包销代理和为企业提供长期信贷业务的银行，也称为证券公司、投资公司。投资银行最初主要从事长期信贷业务及证券投资业务，20 世纪 30 年代大危机后，其业务范围与经营方式受到较多的限制与严格的管理。目前主要业务有：为工商企业代办发行与包销证券；参与企业的创建和改组活动；办理中长期贷款；从事证券业务，代理客户买卖证券；从事证券的自营买卖。在存款方面，投资银行不接受储蓄和活期存款，这是它与商业银行的区别之一，其资金来源主要依靠发行股票与债券从金融市场及欧洲美元市场上筹集。

2. 储蓄银行

储蓄银行是以设立存折储蓄账户吸收居民储蓄为主要资金来源并用于发放各种抵押贷款的专业银行。储蓄银行的资金来源除自有资本外，主要来源于吸收小规模的居民储蓄存款与定期存款。储蓄存款具有比较稳定的性质，银行主要用来从事长期信贷。储蓄银行不可从事支票账户存款和一般工商企业贷款业务，但近年来开始涉足商业贷款与消费信贷、融资租赁等业务。

3. 农业银行

农业银行是专门向农业部门或农场主提供优惠信贷的银行，其资金来源主要依靠政府拨款。农业本身积累资金的速度较慢，经营农业信贷具有风险大、期限长、收益低等特点，商业银行和其他金融机构都不愿承办这一方面的业务，但农业是国民经济的基础，为此便由国家专设以支持农业发展为主要职责的农业银行。农业银行的资金来源，主要依靠政府拨款，也可以靠发行金融债券来筹集；其资金的使用几乎全部面

向农业生产，具有一定的政策性倾向。近年来，一些农业银行的业务范围已超出单纯农业信贷的界限，开始办理商业银行的业务。

4. 进出口银行

进出口银行是为支持本国对外贸易而提供金额大、期限较长、风险较大的优惠信贷的专业银行，具有官方或半官方性质，有些还是非盈利的。其资金来源主要依靠官方的投资或向政府借款，也可以以发行债券的方式筹集。通过进出口银行的信贷业务可解决国内生产所必需的进口设备资金问题；为鼓励出口，其业务主要是提供优惠的出口信贷，包括买方信贷和卖方信贷：买方信贷是向进口国提供的，可以扩大本国的出口；卖方信贷是为本国企业提供的，可增强本国产品的出口竞争能力。

5. 抵押银行

抵押银行也称不动产抵押银行，是专门从事以土地、房屋及其他不动产作为抵押办理长期贷款业务的专业银行。其资金来源主要靠发行不动产证券来筹集。贷款业务大体可分为两类：一类是以土地为抵押的长期贷款，贷款对象为土地的所有者和购买者；另一类是以城市房屋为抵押的长期贷款，贷款对象是房屋的所有者和购买者，以及建筑商。

6. 开发银行

开发银行是专门为经济开发提供中长期投资性贷款的银行；可以配合政府相关产业政策的实施，加快重点项目的建设。它具有扶助性质，有利于解决不发达地区资金困难的问题，扶持不发达地区经济的发展；支持企业技术改造、科技项目开发。其资金来源主要靠政府拨款和发行债券，其业务主要是提供中长期信贷资金。

四、非银行金融机构

非银行金融机构，是指经营各种金融业务但又不称为银行的金融机构。非银行金融机构较为庞杂，它们的出现使融资机构、渠道、形式多样化，金融服务多样化，有利于满足中小企业发展的需要。常见的机构有：

1. 保险公司

保险公司是西方发达国家中最重要的非银行金融机构。保险公司以集中起来的保险费建立保险基金，用于赔偿因自然灾害或意外事故所造成的经济损失。其保险基金的积累可用于投资与贷款。

2. 信用合作社

这是一种互助合作型的金融组织。西方国家银行业务主要面向大中型工商企业，小商品生产者只能通过信用合作组织解决生产中资金周转的困难。信用合作社的资金来源主要是社员交纳的股金及吸收的存款。其规模有限，往往在特定的行业或范围内发展。起初，信用合作社主要发放短期的生产和消费贷款，随着自身的不断发展，一些资金充裕的信用合作社也可以以抵押贷款方式为更新生产设备、改进技术等提供中长期贷款。

3. 投资公司

投资公司又称基金公司，通过发行股票聚集小投资者的资金，用于购买其他金融资产而获利。它不从事工商业贷款，是商业银行吸收存款的强劲竞争对手。为适应各种不同的投资需要，投资公司通常广设基金种类，包括本国股票、外国股票、固定利息证券、不动产证券等。一些发达国家，如美、日、英等国的投资公司还直接投资于国外，成为资本输出的重要形式之一。

4. 养老基金组织

养老基金组织是一种面向参加养老金计划的人以年金形式提供退休收入的金融机构。其资金一方面来源于雇员工资的一定比例扣除及雇主的相应比例缴款；另一方面来源于积聚资金的投资收益。由于缴款远远超出对退休人员的支出，大量的多余资金便用于投资政府国债、不动产抵押贷款等以获取稳定的收入，增强基金组织的保障能力。

5. 金融公司

金融公司又称财务公司，是指通过发行商业票据、债券、股票获得资金，并将资金主要用于特定消费者贷款和工商企业贷款（一般为贴现贷款）的金融企业。金融公司一般不吸收存款，贷款额度较小，主要用于汽车、电冰箱、电脑等耐用消费品分期付款的贷款；对于工商企业，一般提供贴现贷款，也提供设备的融资租赁。

6. 邮政储蓄

邮政储蓄是指与人民生活有紧密关系的邮政机构，在办理各种邮件投递的同时，办理以个人为主要对象的储蓄存款业务。其资金来源为人们的小额汇款储蓄，其业务主要是向个人和公司提供支付和转账服务。

知识链接

财务公司背景

财务公司是20世纪初兴起的，主要有美国模式和英国模式两种类型。

美国模式财务公司是以搞活商品流通、促进商品销售为特色的非银行金融机构。它依附于制造厂商，是一些大型耐用消费品制造商为了推销其产品而设立的受控子公司，这类财务公司主要是为零售商提供融资服务的，主要分布在美国、加拿大和德国。目前，美国财务公司产业的总资产规模超过8 000亿美元，财务公司在流通领域的金融服务几乎涉及从汽车、家电、住房到各种工业设备的所有商品，对促进商品流通起到了非常重要的作用。

英国模式财务公司基本上都依附于商业银行，其组建的目的在于规避政府对商业银行的监管。因为政府明文规定，商业银行不得从事证券投资业务，而财务公司不属于银行，所以不受此限制，这种类型的财务公司主要分布在英国、日本和中国香港。

（资料来源：百度百科）

第三节　我国的金融机构体系

一、新中国金融体系的建立

新中国金融体系的建立是通过组建中国人民银行、合并解放区银行、没收官僚资

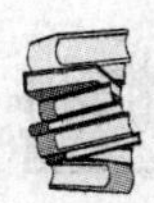

本银行、改造私人银行与钱庄，以及建立农村信用合作社等途径实现的。

1948 年，全国将要解放，客观上要求尽快统一全国的货币，1948 年 12 月 1 日在原华北银行、北海银行和西北农民银行的基础上，建立了中国人民银行，并于当天开始发行人民币。中国人民银行的诞生，标志着新中国金融体系的开始。1949 年新中国建立后，中国人民银行接管了旧中国的官僚资本及其他金融机构，设立新中国金融机构：1949 年成立了中国人民保险公司，专门经营国内、国际保险和再保险业务；1951 年恢复了中国农业银行，专门办理农村全民、集体所有制单位的各项金融业务；1953 年确定中国银行为外汇指定银行，专营国家的外汇买卖和国际结算业务；1954 年 10 月，改组交通银行为中国人民建设银行，专门办理基本建设拨款、结算和对国营施工企业发放短期贷款业务；针对当时的经济状况，在农村建立和发展信用合作组织，改造或取代旧的信用关系，支持农业生产，解决农民生产和生活的困难。

1953 年，新中国金融体系初步形成。它是以中国人民银行为领导和骨干的、多种金融机构并存的社会主义金融体系。这种格局与当时特定的政治、经济环境相适应，对建国伊始的新中国经济恢复和发展起了积极的促进作用，极大地巩固了新建立的无产阶级政权。

二、“大一统”的人民银行体系

“大一统”的金融体系，从 20 世纪 50 年代中期开始形成，一直持续至 20 世纪 70 年代末，改革开放开始前。

1953 年以后，我国进入大规模有计划地发展国民经济的时期。仿照苏联，我国实行的是高度集中的计划经济管理体制。根据列宁关于“银行是万能垄断者”的思想，社会主义国家必须实行银行国有化，为国营经济服务。于是，按照当时苏联的模式，与我国高度集中的经济体制相适应，建立了高度集中的财政信贷管理体制，将多种金融机构合并为“大一统”的中国人民银行，形成了高度统一的、以行政办法管理为主的金融体系。

三、多元化金融体系的形成

1979—1993 年，我国经济体制进行了全面的改革，与此相应，金融体系也进行了一系列改革，形成了以中国人民银行为领导，以国家专业银行为主体，多种金融机构并存和分工协作的社会主义金融体系。

1. 专业银行

我国的国有专业银行包括 1979 年 2 月成立的中国农业银行、1979 年 3 月从中国人民银行分离出来的中国银行、1979 年从财政部分设出来的中国人民建设银行（后改为中国建设银行）、1984 年 1 月成立的中国工商银行。专业银行是经营存款货币银行业务的金融中介，业务活动内容基本类似于世界各国称为“商业银行”或“存款银行”的金融机构。由于这些银行各有其专门划定的开展金融活动的经济领域，所以称为专业银行。其金融活动基本上按照城市、农村、外汇、固定资产投资进行分工。这四大国有专业银行直属国务院，接受中国人民银行领导，总行均设在北京，分支机构的设置

与我国行政区划基本一致，除中国银行可设海外机构外，中国建设银行也可在建设任务比较集中的地方和重点项目所在地设置分支机构，所设的国内分支行，接受总行和省、市、自治区政府双重领导，业务工作以总行领导为主。

2. 股份制银行

我国股份制银行包括交通银行、中信实业银行、光大实业银行、华夏银行、广东发展银行、深圳发展银行（今平安银行）、招商银行、福建兴业银行、中国民生银行等一批股份制银行。它们是我国金融体制改革的产物，在管理运作上，实行董事会领导下的行长负责制；经营上具有较大的灵活性与自主权；实行自求平衡、自我发展的资产负债管理。这些新的管理模式，新的经营方式，使得股份制银行在改革开放中不断发展、壮大，为我国商业银行的发展提供了成功的经验。

3. 其他金融机构

（1）投资信托类的金融机构：各类信托投资公司的建立，是我国非银行金融机构的一个重要组成部分。1979 年 10 月，中国国际信托投资公司成立，这是我国对外开放的一个重要窗口。1981 年，我国成立了专司国际金融机构转贷款业务的中国投资银行，之后，各省市相继成立了地方性的投资信托公司、国际信托投资公司及各种类型的信托投资金融机构，租赁公司、金融公司也有所发展。这些金融机构的出现，开拓了新的金融活动领域，对广泛筹集社会资金、调整信贷结构、促进金融业的深入发展和金融企业之间展开合理竞争，起到了积极的作用。

（2）信用合作组织：信用合作社是我国城乡群众性的合作金融组织，是国家专业银行的补充。它主要指农村信用合作社和城市信用合作社。农村信用合作社是以向社员发行股份基金的方式组成的，实行独立核算、民主管理的农村互助合作性质的信用组织，主要办理农村的存贷款与结算业务。农村信用合作社一般按乡、镇设社，县设立信用联社，在农业银行的领导下工作。从 20 世纪 50 年代末到 20 世纪 70 年代末，农村信用合作社逐渐演变成了银行的农村金融机构，这束缚了它的发展。自 1979 年以来，随着农村联产承包责任制的实行，农村的商品经济得到迅速发展，农村信用社的改革成为搞活农村金融市场的重要环节，农村信用社成为自主经营、起民间借贷作用的群众合作金融组织，一些地区还发展了农民互助保险合作社、扶贫储金会、农民互助基金会等一些新的合作金融组织形式。

城市信用合作社是在中国人民银行领导下的城市合作金融组织，是集体所有的经济实体，主要业务是办理城市集体企业与个体工商户的存款、贷款、结算，办理城市个人储蓄存款，代办保险及代收付业务。1979 年，在河南省办起了第一家城市信用社，随后，各大中城市也纷纷成立城市信用社。城市信用合作社对弥补银行网点不足，缓解集体、个体工商企业开户、贷款、结算的困难，适应多种经济成分发展，起到了积极的作用。

信用合作组织的广泛发展，极大地促进了集体经济和个体经济的发展，同时也扩展了非国有的金融体系。

（3）保险公司：中国人民保险公司于 1980 年恢复，经营从中国人民银行分离出来的全部保险业务，成为中国第一家专业性保险公司。这些年来，保险公司充分发挥了

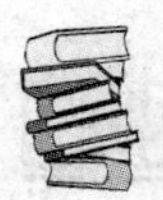

经济补偿职能，在恢复生产、发展国际经济联合、对外经济交往、为国家积累资金等方面发挥了重要作用。

此外，还有太平保险公司、太平洋保险公司、中国平安保险公司、中国人寿保险公司等。

（4）财务公司：财务公司一般为产业集团内部各分公司集资而成，主要为集团内部各企业筹集和融通资金，促进技术改造和技术进步。财务公司行政上隶属于各企业集团，业务上接受中国人民银行的领导。

（5）证券公司：证券公司主要从事各种证券的代理发行、承购包销和代理客户买卖证券或直接交易业务。上海、深圳、北京等地先建立了较大的证券公司，各省、市也随后纷纷建立证券公司。

（6）小额贷款公司：小额贷款公司是指由自然人、企业法人与其他社会组织投资设立，不吸收公众存款，经营小额贷款业务，自主经营、自负盈亏、自我约束、自担风险的有限责任公司或股份有限公司。小额贷款公司是企业法人，有独立的法人财产，享有法人财产权，以全部财产对其债务承担民事责任。小额贷款公司股东依法享有资产收益、参与重大决策和选择管理者等权利，以其认缴的出资额或认购的股份为限对公司承担责任。

（7）典当行：典当行亦称当铺，是专门发放质押贷款的非正规边缘性金融机构，是以货币借贷为主和商品销售为辅的市场中介组织。

（8）民营银行：民营银行就是由民间资本控制与经营的，权、责、利统一的现代金融企业，或者说民营银行是由民有、民治、民责、民益构成的统一体。所谓民有就是指银行的产权属于民间投资者；所谓民治就是由民间投资者决定公司的治理；所谓民责就是指民间投资者对银行的经营成败负全责；所谓民益就是指银行经营的利益按谁投资谁受益的原则分配。

（9）村镇银行：村镇银行是2005年后在中国建立起来的一种金融组织形式，旨在促进中国农村经济发展。《村镇银行管理暂行规定》第三十九条规定：村镇银行在缴足存款准备金后，其可用资金应全部用于当地农村经济建设。根据中国银行业监督管理局的统计，截至2008年10月31日，全国共有77家新型农村金融机构开业，其中村镇银行62家。

4. 外资银行和办事处

我国的改革开放，使经济与金融业的国际往来日益增多，为了扩大经济合作和推进经济的国际化发展，我国的金融业也对外开放。1979年日本银行首先在北京设立代表处，随后，海外30多个国家与地区的金融机构纷纷在我国的大中城市先后设立分支机构与代表处，主要分布在北京、上海、深圳、广州等地，包括外资独立、合作在中国投资建立外资与国内资本合作开办的银行和非银行金融机构。侨资、中外合资、外资金融机构的建立，成为中国改革开放、引进先进技术的窗口，扩大了我国与国际间金融的相互交流和影响。

5. 中央银行

1979—1983年，专业银行的分设，投资信托金融机构的出现并迅速发展，信用合

作社恢复其群众组织的独立性并向城市发展，外国金融机构在华金融活动的兴起，等等。这一切都显示着“大一统”的金融体系正在向多类型、多层次的格局演变，迫切需要协调、疏导，这使得金融管理的任务加重。1983 年 9 月国务院决定：中国人民银行专门行使中央银行职能；新设中国工商银行办理其原有的全部工商信贷和城镇储蓄业务。中国工商银行的正式成立，使中国人民银行终于完全脱离了具体的银行业务，标志着中央银行体制的正式建立，初步形成了市场经济体制下的两级银行体系结构。中国人民银行在省、自治区、直辖市设立一级分行，在省、区辖市和地区设二级分行，在县设支行。总行对分、支行在业务和干部管理方面实行垂直领导。

各专业银行的分设，使中国人民银行的一般性银行业务也随之逐渐减少，一般银行的性质逐渐淡化，中央银行的性质逐渐强化。中国工商银行的成立，是我国金融系统建设中有决定意义的一步，使中国人民银行有可能真正发挥中央银行的作用，使我国形成了一个有核心、有主体、有补充，比较完整的金融体系。

四、我国现行的金融体系

1. 现行金融体系的建立

1986 年，股份制商业银行——交通银行的恢复打破了国有专业银行垄断全国金融业的模式，金融体系有了进一步的发展。伴随着社会主义市场经济体制改革的深入，各经济主体活动的市场化程度不断提高，金融体系的改革也在不断进行。

在中国人民银行作为执行中央银行职能机构的初期，对其他金融机构的管理不够规范，经验也不够充足，调控手段仍是以行政调节为主；职责界限不清，货币政策缺乏独立性，业务实施上有较大的地方化倾向；还没有形成一个超脱的、权威的、拥有强有力经济调控手段的管理机关。20 世纪 80 年代后期至 90 年代初，经济飞速发展，银行和非银行经营机构也蓬勃发展，迫切需要强化中央银行的金融宏观调控力度。

国有专业银行的业务分工虽然独立于人民银行，但在资金上与人民银行并没有完全脱钩，业务上具有政策性和商业性的双重职能。1993 年年底《国务院关于金融体制改革的决定》指出，我国金融体制改革的目标之一，就是“建立政策性金融与商业性金融相分离，以国有商业银行为主体，多种金融机构并存、相互竞争的金融组织体系”。围绕这一目标，从 1994 年起，我国金融体系进行了系统的改革，取得了明显的成效：1995 年 3 月 1 日，《中华人民共和国中国人民银行法》开始正式实施，它首次以法律形式确立了人民银行的性质、地位、组织机构、职能等，确定中国人民银行为国家的中央银行，在国务院领导下依法独立开展业务，逐步运用经济手段进行金融调节；三家政策性银行已经建立，基本实现了政策性金融与商业性金融的分离，为国有专业银行向国有商业银行的转化创造了条件；四家国有专业银行加快向商业银行改革的步伐，逐渐成为自主经营、自负盈亏、自求平衡的国有商业银行；其他股份制商业银行有了新的发展；为了适应新需要，城市信用合作社转化为城市合作银行；保险机构增加，实现了寿险和财险的分离；以农村信用合作社为主的农村金融机构得到进一步的改革；信托、财务、证券等非银行金融机构迅速发展；金融对外开放继续进行；非国有的民间金融机构也得到发展，逐步建立起适应社会主义市场经济要求和我国金融业

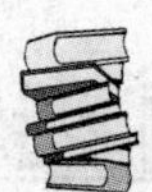

实际情况的新的金融组织体系。

2．现行金融体系的构成

随着金融体制改革的深化，我国金融体系日趋完善，目前已形成了以中央银行为领导，政策金融与商业银行金融分离，以国有商业银行为主体，多种金融机构并存和竞争，具有中国特色的社会主义金融体系。

（1）中央银行：中国人民银行是我国的中央银行，是国务院领导和管理金融事业的机关，是我国金融体系的核心。作为管理机关，它具有中央银行的一般职能：服务职能、政策职能和监管职能。

中国人民银行实行总分行制，总部设在北京，其分支机构原来按行政区划设置。为了进一步加强中央银行的宏观调控职能，从1999年开始，中国人民银行跨行政区划设置一级分行。

中国人民银行的分支机构作为总行的派出机构，接受总行的集中统一领导和管理，根据总行的授权，负责各自辖区的金融监督管理，承办有关业务。

（2）商业银行：商业银行是特殊的金融企业，它以盈利为目的、以吸收社会公众的存款和发放贷款为主要业务活动。目前商业银行已经成为我国金融体系的主体部分，它主要由两个部分组成：一是原国有专业银行转化的国有商业银行；二是在改革开放过程中创立的一般商业银行。

1）国家控股商业银行。四大国家控股商业银行，即中国工商银行、中国农业银行、中国银行和中国建设银行，都是以货币信贷为基本经营对象的企业组织，其业务受中央银行的领导和管理。总行均设在北京，各省、直辖市、自治区设分行，在地、市和县区设立分行、支行或办事处、分理处、储蓄所等各级机构网点。其分支机构，分别受各商业银行总行的垂直领导，分级管理，同时接受同级中国人民银行的领导。目前，国有商业银行的业务范围已不受专业限制，可经营商业银行的一切业务，业务范围涉及吸收存款、发放贷款、办理结算、代理发行债券、代理买卖外汇等国际商业银行从事的全部领域，并可拓展海外业务，提供综合性金融服务，均为国家指定的外汇专业银行，业务重点仍以原专业银行的专业业务为主。

2）股份制商业银行。股份制商业银行是随着我国经济改革的发展建立的，其股权结构往往非国家独有，多数以股份形式组成，国有资本占多数，其余由地方政府、企业和个人认购；业务领域没有专业限制，是经营多种金融业务、提供全面金融服务的综合性银行，可分为全国性和区域性两种。

股份制银行的普遍发展，意味着四大国有商业银行过分垄断银行业务的局面被打破，金融业朝着多元化与竞争性的方向发展。

（3）政策性银行。这是由政府创立、参股或保证，按照政府意图，专门在某一领域从事政策性金融活动的金融机构。1994年开始，为分离国有专业银行的政策性业务与商业性业务，解决国有专业银行身兼两任的问题，充分保证国家重点投资建设、农业生产和重要物资及设备进出口等方面的资金供应，以及割断政策性贷款与基础货币的直接联系，确保人民银行调控基础货币的主动性，我国建立了政策性银行。作为执行特殊职能的专业银行，政策性银行直属于国务院领导。现已成立的政策性银行有国家开发银行、中国进出口银行和中国农业发展银行。

政策性银行的经营原则是政策性银行必须在严格界定的政策性业务范围内开展经营活动，并接受中国人民银行监督，其信贷资金实行计划管理、定向筹集和使用、自求平衡、保本经营的原则，坚持自担风险、不与商业性金融机构竞争的原则。

1）国家开发银行。国家开发银行由国务院批准，于1994年3月正式成立。其注册资本为500亿元人民币，由财政部核拨，是我国第一家成立的，也是规模最大的政策性银行，直属于国务院。国家开发银行总部设在北京，在国内项目比较集中的地区或重大项目驻地设置办理机构，在国外设立必要的办事机构。

国家开发银行的业务主要是办理政策性国家重点建设（包括基建和技改）贷款及贴息业务，这些业务委托中国建设银行代理。其主要任务是建立稳定的资金来源，筹集和引导社会资金用于国家支持的基础设施、基础产业的政策性基本建设和技术改造项目，以及达不到社会平均利润的其他政策性项目和国务院决策的重大建设项目。

2）中国农业发展银行。中国农业发展银行是直属于国务院的政策性金融机构。其注册资本为人民币200亿元，其中一部分从中国农业银行、中国工商银行现有信贷基金中划转，其余部分由财政部拨款。中国农业发展银行总部设在北京，经中国人民银行批准，可设立若干分支机构。

中国农业发展银行承担中国农业银行原来的政策性业务，主要是对农业基本建设、重点工程项目及农产品生产流通提供政策性支持。

3）中国进出口银行。中国进出口银行是直属于国务院领导的政策性金融机构，成立于1994年4月26日。其注册资本为33.8亿元人民币，由财政部拨付。

中国进出口银行的业务是为大型成套设备进出口提供买方信贷和卖方信贷，为中国银行的成套机电产品出口信贷贴息及出口信用担保，不办理商业银行业务。中国进出口银行的资金来源主要是财政专项资金和金融债券。

中国进出口银行本部设在北京，不设营业性分支机构，信贷业务由中国银行或其他商业银行代理。中国进出口银行可在个别大城市设派出机构（办事处或代表处），负责调查统计、监督代理业务等事宜。

政策性银行要设立监事会，监事会由财政部、中国人民银行、政府有关部门代表和其他人员组成。监事会受国务院委托，对政策性银行的经营性方针及国有资产的保值增值情况进行监督检查；对政策性银行行长的经营业绩进行监督、评价和记录，提出任免、奖惩的建议。

目前，我国的财政资金有限，政策性银行只能面向金融市场融资。其市场融资均以政府担保，在取得借款和发行债券上有明显的优势，但也容易导致政策性银行在资金运用上出现“趋利”动机，由此可能抛弃一些应有的政策性投资项目或进行一些非政策性融资活动。

（4）非银行金融机构：在银行业发展的同时，非银行金融机构也在发展。目前我国的非银行金融机构主要包括保险公司、信托投资公司、财务公司、证券公司、租赁公司、金融公司、邮政储蓄机构等。在中国人民银行、中国证监会、中国保监会的领导和监督下，这些非银行金融机构在内部管理体制上更加完善，在运作机制上更加灵

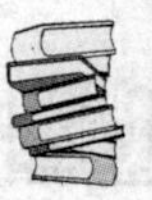

活，在业务行为上更加规范。它们是我国金融体系不可缺少的重要组成部分。

1999 年，根据国务院精神，设立保监会。原中国人民保险一分为三：一部分专门经营财产险，仍称为中国人民保险公司；一部分专门经营寿险，称为中国人寿保险公司；一部分为中国再保险公司。此外，还设立了中国保险有限公司（香港）。

中国平安保险公司、中国太平洋保险公司等公司业务也进一步扩大，现已成为全国性的商业保险公司。

3. 我国现行金融体系的特点

（1）拥有多层次、多形式的机构组织形式。中国人民银行处于领导地位；国有商业银行和其他金融机构处于从属地位；多层次结构便于管理，行使各自的职能；多形式的金融组织不断得到发展，进一步适应了我国多种经济形式的不同信贷要求，尤其是政策性银行的建立，促进了我国社会主义市场经济的全面发展。

（2）中央银行的宏观调控得到进一步加强。一方面，金融市场的进一步完善为中国人民银行实施新的间接调控方式，如公开市场操作等提供了便利；另一方面，中国人民银行按经济区域设置分支机构，避免了各级政府为发展本地经济对中央银行货币政策独立性的干扰。银监会于 2003 年 4 月 28 日设立银行业监管从中国人民银行分离出去是加强金融监管的改革措施，分离之后的银行监管能够得到进一步的加强，而且能够更加专业化，为中国金融市场的稳定、进一步降低银行不良贷款比例发挥积极作用。中国人民银行虽然不再负责具体银行存贷款类金融机构的监管任务，但中国人民银行对金融市场运行的稳定有着不可推卸的责任，中国人民银行将进一步加强其维护中国金融市场稳定、宏观经济的持续、快速、稳定发展的作用。

（3）银行业进一步市场化。银行业进一步市场化主要表现为国有银行的商业化经营机制的确立、机构行政化局面的打破、灵活高效的资金调度机制的建立、有效的风险定价机制的形成、相关的金融法律制度的完善等。银监会所采取的许多改革措施，都表现为银行改革向市场化方向迈进，如国内银行股权的多元化、要求企业客户运行效率的提高、建立与国际惯例通用的会计标准、需求企业和银行的各种信息必须公开透明等。

（4）各金融机构间（除中央银行外）相互竞争，共同发展。它们既有各自的业务重点，又有相互交错的业务范围，为扩大市场占有率，展开了激烈的竞争，纷纷通过各种新服务争取更多的客户，为其资金的来源、运用拓展新的领域。

（5）金融体系国际化发展。一方面，各金融机构都在大力发展海外业务，广泛设立国外分支机构或办事处，建立各种代理关系，努力开拓各自的经营范围，同时也允许外国资本进入中国的金融业；另一方面，为争取更多、更优惠的信贷资金支持国内的经济建设，我国还积极地参加国际金融组织，如国际货币基金组织、世界银行、亚洲开发银行、非洲开发银行等。这些都表明，中国金融体系正朝着适应世界经济一体化的国际化方向发展。

（6）混合经营日趋红火。近几年来，各种形式的银保合作、银证合作显得分外红火，特别是国内银行与国际银行的合作，2000 年上半年，中国建设银行就率先与汇丰银行签订了人民币支付协议，中国工商银行、中国进出口银行、招商银行、交通银行也纷纷与美国、英国、日本、法国的银行、非银行金融机构签署了合作协议。这是国内金融业迎接“入世”挑战的一种积极战略，合作的最终目的是双方的共同利益。这些合作，有利于国内金融业学习、引进国外同行的先进经验，提高服务层次，在较短的时期内缩短与竞争对手的差距，增强国内金融业，特别是银行业的整体竞争实力。

知识链接

国务院批准5家民营银行进行试点

据《人民日报》消息，银监会主席尚福林日前接受采访时透露，经过反复论证和筛选，并报国务院批准，目前已确定5个民营银行作为试点的方案。记者了解到，正泰、华峰等温州民营资本均在入选行列中。

据悉，民营资本进入银行并不少见，但是真正由民营资本发起设立并自担剩余风险的并不多。此次筛选的标准主要有5条：一是有自担剩余风险的制度安排；二是有办好银行的股东资质条件和抗风险能力；三是有股东接受监管的具体条款；四是有差异化的市场定位和特定战略；五是有合法可行的风险处置和恢复计划，即“生前遗嘱”。同时，试点采取共同发起人制度，每个试点银行至少有2个发起人，同时遵守单一股东股比规定，分别由参与设计试点方案的阿里巴巴、万向、腾讯、百业源、均瑶、复星、商汇、华北、正泰、华峰等民营资本参与试点工作。下一步银监会将依法对发起人资格进行审查，资格审查合格的，再正式提交筹建申请。尚福林还表示，试点自担风险的民营银行，是银行业改革一项很重要的内容。在银行业，更多地引进竞争机制，可以提高银行的服务水平，让银行自觉提高服务质量。

（资料来源：人民网，2014年3月11日）

本章小结

金融机构体系是指由各种金融机构组成并且相互之间存在一定联系的统一整体。银行等间接融资中介机构发挥着吸收资金和分配资金的职能。在现代工业化国家中，金融体系主要由中央银行、商业银行、专业银行和其他金融机构组成，其中中央银行是金融体系的核心，商业银行是主体。随着金融体制改革的深化，我国金融体系日趋完善，目前已形成了以中央银行为领导，政策金融与商业银行金融分离，以国有商业银行为主体，多种金融机构并存和竞争，具有中国特色的社会主义金融体系。

思考与练习

一、选择题

1. 我国的中央银行是（　）。

A. 中国人民银行　B. 中国农业银行　C. 中国银行　D. 中国建设银行

2. 为国家农业发展提供资金支持的是（　）。

A. 国家开发银行　B. 中国进出口银行

C. 中国农业发展银行　D. 中国开发银行

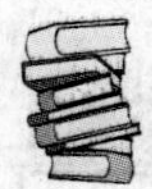

3. 组织全国商业银行之间的清算体现了中央银行（　　）的职能。

A. 发行的银行　B. 银行的银行　C. 国家的银行　D. 管理的银行

4. 下列属于非银行金融机构的是（　　）。

A. 专业银行　B. 信托公司　C. 商业银行　D. 政策性银行

5. 下列不属于国有商业银行的是（　　）。

A. 中国工商银行　B. 中国银行　C. 中国建设银行　D. 交通银行

6. 下列能够体现中央银行是“国家的银行”这一职能的有（　　）。

A. 代理国库　B. 保管外汇　C. 最后贷款人

D. 组织全国商业银行之间的清算　E. 集中商业银行的存款准备

7. 中央银行制度可分为哪些类型？（　　）

A. 单一型　B. 复合型　C. 跨国型　D. 准中央银行型

8. 政策性银行的负债业务主要包括（　　）。

A. 政府供给　B. 金融市场融资　C. 向社会保障体借款

D. 吸收存款　E. 发行债券

9. 以活动领域为标准，金融机构可以划分为（　　）。

A. 直接金融机构　B. 一般的金融机构　C. 银行金融机构

D. 非银行金融机构　E. 间接金融机构

10. 间接融资机构发挥着吸收资金和分配资金的职能。具体内容有（　　）。

A. 信用创造　B. 降低交易成本　C. 证券承销

D. 证券交易中介　E. 化短期资金为长期资金

二、判断题

1. 我国曾使用过复合的中央银行制度。（　　）

2. 我国政策性银行成立时的注册资本金全部由政府财政拨付。（　　）

3. 国家开发银行是以吸收存款、发放贷款、转账结算为核心业务的金融机构。（　　）

4. 商业银行经营的是金融资产和金融负债，是特殊商品，即货币和货币资金。（　　）

5. 我国金融体系目前已形成了以中央银行为领导，政策金融与商业银行金融分离，以政策性银行为主体，多种金融机构并存和竞争，具有中国特色的社会主义金融体系。（　　）

6. 我国的政策性银行要设立监事会，监事会由财政部、中国人民银行、政府有关部门代表和其他人员组成。（　　）

7. 我国的农业发展银行成立于1994年。（　　）

8. 在我国现行金融体系中，中国人民银行处于领导地位。（　　）

9. 商业银行是以盈利为目的、以吸收社会公众的存款和发放贷款为主要业务活动、综合性多功能的金融企业。（　　）

10. 交通银行是我国最早的股份制商业银行。（　　）

三、名词解释

金融机构　金融机构体系　非银行金融机构　商业银行　中央银行

四、简答题

1. 简述现代金融机构体系的构成。

2. 什么是政策性银行？简要介绍我国的政策性银行。

3. 简述商业银行的职能和组织形式。

4. 中央银行货币政策的目标有哪些？

5. 简述我国当前的金融机构体系的特点。

五、案例分析

雷曼兄弟公司倒闭

雷曼兄弟公司是为全球公司、机构、政府和投资者的金融需求提供服务的一家全方位、多元化投资银行。雷曼兄弟公司是全球最具实力的股票和债券承销与交易商之一。同时，公司还担任全球多家跨国公司和政府的重要财务顾问，并拥有多名业界公认的国际最佳分析师。

由于雷曼公司的业务能力受到广泛认可，公司因此拥有包括众多世界知名公司的客户群，如阿尔卡特、美国在线时代华纳、戴尔、富士、IBM、英特尔、美国强生、乐金电子、默沙东医药、摩托罗拉、NEC、百事、菲利普莫里斯、壳牌石油、住友银行及沃尔玛等。该企业品牌在世界品牌实验室（World Brand Lab）编制的2006年度《世界品牌500强》排行榜中名列第三百七十六。该企业在2007年度《财富》全球最大五百家公司排名中名列第一百三十二。

北京时间2008年9月15日，在次级抵押贷款市场危机（次贷危机）加剧的形势下，美国第四大投行雷曼兄弟最终丢盔弃甲，宣布申请破产保护。雷曼兄弟经过三年半的破产保护期，最终完成了变卖大部分资产，以及和债权人商谈赔偿顺序的破产重组工作，将从2012年4月17日开始向债权人陆续偿还预计高达650亿美元的债务。第一轮的偿付规模至少达100亿美元。雷曼将在结业前维持运作出售公司的剩余资产。

由于雷曼已摆脱破产保护，公司在出售资产前已经不需要得到法院同意。不过雷曼因各种索赔与诉讼引发的法律程序将持续数年，截至2012年3月法院已受理的雷曼案件超过26 000宗，截至1月，雷曼向律师与顾问等专业人士支付的费用超过了15.8亿美元。

（资料来源：360百科）

根据上述资料，讨论分析以下问题：

1. 你认为雷曼兄弟倒闭的最根本原因是什么？

2. 金融机构的内部控制制度对于风险防范的重要意义是什么？

第十二章　商业银行

学习目标

知识目标

1. 了解商业银行的经营管理理论和发展趋势。
2. 理解商业银行的业务种类及特点。
3. 掌握商业银行的经营管理原则及风险管理。

能力目标

1. 能分析宏观经济政策对商业银行经营的影响。
2. 能处理商业银行的资产业务、负债业务及中间业务。
3. 能利用所学知识进行商业银行风险管理。

引导案例

次贷危机

次贷危机又称次级房贷危机，指2007—2008年发生在美国，因次级抵押贷款机构破产、投资基金被迫关闭、股市剧烈震荡引起的风暴。危机致使全球主要金融市场出现资金流动性严重不足，大量金融机构破产。

次级贷款是指那些银行放贷给信用品质较差和收入较低的借款人的贷款。由于信用和收入不足，这些人往往没有资格获得要求借款人有优良信用记录的优惠贷款。商业银行之所以愿意为这些人发放贷款，是因为次贷利率通常远高于优惠贷款利率，回报较高。这种贷款通常不需要首付，只是利息会不断提高。次级市场的贷款利率通常比优惠级抵押贷款高2%~3%。

放出这些贷款的商业银行，为了资金尽早回笼，于是就把这些贷款打包，发行债券，类似地，次贷的债券利率当然也肯定比优贷的债券利率要高。因为回报高，这些债券就得到了很多投资机构，包括投资银行、对冲基金的青睐。

2006年开始，美国楼市开始萎靡，房价下跌，购房者难以将房屋出售或通过抵押获得融资。由于贷款不能按期收回，商业银行及购买次贷债券的投行和对冲基金等开始出现大额亏损，美国信贷市场呈现20年来最差状态。以2008年9月15日雷曼兄弟破产为标志，欧美股市全线暴跌开始，次贷危机全面爆发，并迅速席卷美国、欧洲和日本等世界主要金融市场。

（资料来源：雷曜．次贷危机［M］．北京：机械工业出版社，2009.）

第一节 商业银行业务

一、负债业务

商业银行负债业务是指商业银行筹集资金以形成其资金来源的业务。包括资本金、存款和对外借款。负债业务是银行最基本、最重要的业务。

1. 资本金业务

(1) 商业银行资本金构成：商业银行资本金是指投资者为实现一定经济目的而投入商业银行的货币资金和保留在商业银行中的收益。资本金代表投资者对商业银行的所有权。商业银行的资本金由核心资本和附属资本两部分构成。

1) 核心资本包括四部分：①实收资本。商业银行设立时按股票面值筹措的资金即为实收资本。如商业银行发行股票1 000万股，每股面值1元，实收资本即为1 000万元。②资本公积金。它是指商业银行在筹措和运用资本金过程中所产生的收益，包括资本溢价差额、接受捐赠财产和法定资产重估增值等。③盈余公积金。它是指商业银行按照规定从税后利润中提取的积累资金。盈余公积金包括法定盈余公积金、任意盈余公积金、法定公益金。盈余公积金属于商业银行全体股东共同利益。④未分配利润。商业银行按规定分配利润后的余额即为未分配利润，其可以留待下一年分配给投资者，也可以留待亏损年度补亏。

2) 附属资本：附属资本包括债务资本、未公开储备、资产重估储备和提取的准备金。

债务资本是指商业银行通过发行票据或债券而筹集的资本。可计入资本项目的债务是长期附属债务，包括资本票据、资本债券和次级债券。这些债务性资本工具可供银行长期使用，并可以为存款人提供一定的资金保障，具有资本的部分功能。银行的各种储备金和提取的准备金在提取时并没有导致资金的外流，在未使用前可以被看作资本金或股东权益。

(2) 商业银行资本金的职能：

1) 经营职能：自有资本是银行经营的最初资金来源，银行自有资本为其购置房屋、设备及其他营业所需设施提供资金必要的物质条件。在银行资金短缺、负债经营困难的情况下为正常开展业务提供银行资本可以缓解资金压力，稳定经营成本。

2) 保护职能：由于商业银行的资金绝大部分来源于存款，由于各种因素的影响，银行的资金运用不可避免地存在着风险。当银行资产遭受损失时，自有资本可以及时补充，起到缓冲器的作用，存款户对银行的信心就不会受挫，就不会出现挤兑现象，银行仍可稳健经营。

3) 管理职能：金融管理当局通过对商业银行资本做出一些规定或调整，限制了银行资产规模的随意扩张，对银行业务活动起到约束作用，实现对商业银行的监督和管理。

2. 存款业务

存款业务是商业银行最重要的负债业务。存款是商业银行最重要的资金来源，也

是开展贷款业务和其他业务的基础。传统的分类方法将存款概括为活期存款、定期存款和储蓄存款三大类。

（1）活期存款：活期存款是一种不需要事先通知，凭支票便可随时提取或支付的存款。这种存款主要用于交易和正常支付，开立这种存款账户的目的是为了通过银行进行各种支付结算。活期存款的特点是存款人可以随时存取、流动性强。由于活期存款支付手段复杂、频繁，银行提供服务要付出较高的费用，所以一般不对存户支付利息或支付很低的利息。

（2）定期存款：定期存款是一种由存户事先约定期限，到期才能提取的存款。客户存入定期存款时，银行一般是向存户出具存单，也有采用存折形式的。由于定期存款期限较长，一般不能提前支取，所以利息较高，利率随期限长短而高低不等，期限越长，利率越高。因而是存款人获取利息收入的重要金融资产。定期存单不能像支票一样流通，但存款人可以用作抵押物向银行贷款。在存款到期前，若存款人要求提前支取，则按活期存款支付利息。

（3）储蓄存款：储蓄存款是商业银行为满足居民个人积累货币和获取利息收入的要求而开办的一种存款业务。储蓄存款又分为活期和定期储蓄存款两类。这种存款通常由银行发给存户存折，作为存取款的凭证。不能据此签发支票。

3. 借入负债业务

借入负债，是指商业银行主动通过金融市场或直接向中央银行融通资金。借入负债作为商业银行的主动性负债，比存款负债更具主动性、灵活性和稳定性。

（1）银行同业借款：

1）银行同业拆借是指银行之间利用资金融通过程中的时间差、空间差和行际差来调剂资金头寸大小的短期借贷，主要为应付银行临时性资金不足和短期的资金需要。同业拆借的资金来源通常是商业银行在中央银行的存款中超出法定准备金的部分，因此其实质是超额准备金的调剂，期限一般在1~7个营业日内，多为隔夜拆借。拆借利率通常由双方协商而定，大部分随行就市。绝大多数是无担保的信用放款，借出者并不收取抵押品以抵消放款的风险。

2）转贴现：是指商业银行对商业汇票承兑贴现后，若发生临时性资金准备不足，可将已贴现但仍未到期的票据交给其他商业银行或贴现机构，要求给予转贴现，以取得资金的融通。转贴现利率可由双方协商而定。

3）转抵押：是银行将自己客户的抵押品，转抵押给其他银行以取得资金。当商业银行在准备金头寸不足时，可将发放抵押贷款而获得的借款客户提供的抵押品再次向其他银行申请抵押贷款，以取得资金。

（2）中央银行借款：中央银行是商业银行的最后贷款者，商业银行一旦出现头寸短缺，可以向中央银行申请借款。其途径有以下三种：

1）再贴现：是指商业银行在资金紧张、周转发生困难时，可将贴现所得到的未到期商业票据，如商业票据、国库券等，向中央银行申请再次贴现，以获取现款。这是商业银行从中央银行取得的最重要、最普遍的融资方式。

2）再抵押：指商业银行需要补充资金时，以企业向其借款时提交的抵押品作为再抵押贷款的抵押品向中央银行借款。商业银行向中央银行借款，采用再抵押与再贴现方式，在贷款期限和数量方面都更显灵活，手续也比较简便。

3）直接借款：是央行对商业银行的信用贷款，多为解决商业银行季节性、临时性资金需要，具有临时融通、短期周转的性质。中央银行的信用对商业银行是一种优惠，但它并不能无限扩张，中央银行对贷款用途审查严格，只能用于补充储备不足和资产的临时调整，不能用于放款和证券投资。

4．发行金融债券

金融债券是商业银行为筹集资金而发行的债务凭证。金融债券具有不记名、可转让、期限固定、收益高的特点。对银行来说，发行金融债券有利于筹集稳定的长期资金，提高负债的稳定性，从而提高银行资金使用效率和收益能力。为推动金融资产多样化，筹集社会资金，我国在 1985 年由中国工商银行、中国农业银行发行金融债券，开办特种贷款。这是我国经济体制改革以后国内发行金融债券的开端。

1999 年以后，我国金融债券的发行主体集中于政策性银行，其中，以国家开发银行为主，金融债券已成为其筹措资金的主要方式。同时，金融债券的发行也进行了一些探索性改革：一是探索市场化发行方式，二是力求金融债券品种多样化。2004 年开始，我国商业银行开始发行次级债券，以筹集资本金，提高资本充足率。

二、资产业务

商业银行的资产业务，是指商业银行将自己通过不同渠道筹集起来的资金加以运用并取得收益的各项经营活动。主要包括现金资产业务、贷款业务和证券投资业务三项。

1．现金资产

现金资产是商业银行持有的，可以随时无风险加以利用的那部分资金，是商业银行最具有流动性的资产，也是盈利性最差的资产。现金资产包括库存现金、央行存款、同业存款、在途资金。

（1）库存现金。库存现金是指银行存放在金库中的现钞和硬币。这部分资金主要是为了应付客户提款要求，维持银行日常经营需要而存放的。对于银行来说，库存现金不会带来任何收益，保管成本很高，是一项非盈利性资产。因此，银行对该项资产业务管理的原则是：在保证流动性需求的基础上，尽量压缩库存现金的占用量。

（2）央行存款。央行存款指的是商业银行在中央银行存款准备金账户上存放的那部分资金。它包括法定存款准备金和超额存款准备金两部分。法定存款准备金是商业银行按法定存款准备金率，从吸收的存款中提取的缴存在中央银行的那部分资金。法定存款准备的缴存目的最初是为了保护储户的利益和维护整个银行体系的稳定，现在法定存款准备金率的调整已经成为央行调控宏观经济的一个货币政策工具。商业银行存款准备金账户上超过法定准备金余额的部分资金称为超额存款准备金。这部分资金商业银行主要用于日常结算，同时也用于应付不可预料的现金提取和等待有利的贷款和投资机会。

（3）同业存款。商业银行为了便于同业之间收付有关款项，如委托收付款项，往

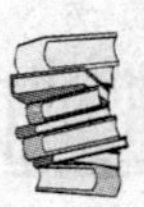

往在其他商业银行开立活期存款账户。由于同业间所开立的存款户都属于活期性质，随时可以支用，因而存放同业款项被视为现金资产。

（4）在途资金。在途资金，也称托收未达款，是指本行通过对方银行向外地付款单位或个人收取的票据款项。它在托收未达之前是一笔被占用的资金，收妥后成为存放同业款项。这部分款项只是在途占用，时间比较短，因而也被视为现金资产。

以上各种现金资产是为保持必要的流动性而保留的。随着货币市场、资本市场的发展，现金作为保持流动性的唯一办法被打破。目前商业银行一般采用只保留少量现金资产、较多地持有国库券和其他短期证券的办法。

2. 贷款

商业银行的贷款业务是指商业银行作为贷款人按照一定的贷款原则和政策，以还本付息为条件，将一定的货币资金提供给借款人使用的一种信用行为。贷款业务是商业银行最主要的资产业务，是商业银行取得利润的主要途径。在贷款中商业银行要遵循“三性原则”，即安全性、流动性和效益性。要按贷款程序严格审核，遵守贷款政策，保证贷款的安全。商业银行贷款种类很多，主要有以下几种分类：

（1）贷款按期限不同可分为通知贷款、透支贷款、定期贷款。

1）通知贷款是未规定固定偿还期的贷款，银行可以随时通知客户归还贷款，客户也可以随时偿还贷款，但贷款收回时需提前通知，使客户有所准备，因此称通知贷款。

2）透支贷款是客户按与银行约定的额度随时开出支票向银行借用的款项，并以客户未来的存款作为偿还保证的贷款。

3）定期贷款是指有固定偿还期的贷款，按偿还期限长短可分为短期贷款、中期贷款和长期贷款。

（2）贷款按保障程度不同可分为信用贷款、担保贷款、票据贴现等。

信用贷款是指银行完全凭借客户信誉、无需提供抵押物或第三者保证而发放的贷款。担保贷款是指具有一定的财产或信用作为还款保证的贷款。由于有财产或第三者承诺作为还款的保证，担保贷款的贷款风险相对较小。票据贴现是贷款的一种特殊方式。它是指银行应客户的要求，以买进客户持有的未到期的商业票据的方式发放的贷款。票据贴现实行预扣利息，票据到期后，银行可向票据载明的付款人收取票款。

（3）贷款按发放的自主程度的不同可分为自营贷款、委托贷款、特定贷款。

自营贷款是指贷款人以合法方式筹集的资金自主发放的贷款，其风险由贷款人承担，并由贷款人收回本金和利息。委托贷款是指由政府部门、企事业单位及个人等委托人提供资金，由贷款人（受托人）根据委托人确定的贷款对象、用途、金额、期限、利率等代为发放、监督使用并协助收回的贷款。这种业务中贷款人（受托人）只收取手续费，不承担贷款风险。特定贷款是指经国务院批准并对贷款可能造成的损失采取相应补救措施后责成国有独资商业银行发放的贷款。

（4）贷款按风险程度与质量不同可以分为正常贷款、关注贷款、次级贷款、可疑贷款、损失贷款。其中次级贷款、可疑贷款、损失贷款合称为不良贷款。这是我国在贷款制度改革中借鉴西方国家经验推行的一种贷款分类方法，它主要是从防范风险的角度，通过对借款人的财务状况及信用情况来判断借款人的还款能力及还款的可能性，

并就此分类。1998 年 5 月中国人民银行颁布了《贷款风险分类指导原则》（试行），宣布在我国开始试行贷款的五级分类标准。

3．证券投资

商业银行证券投资是指为了获取一定收益而承担一定风险，对有一定期限规定的有价证券的买卖行为。它是商业银行一项重要的盈利性资产业务。商业银行投资作为购买有价证券的经济行为，同贷款一样也是一种受信行为，即银行将资金投放给证券发行人，证券发行人再付给银行债权凭证的同时获得资金并投资于生产流通领域或其他事业，银行则通过资金运用获得收益。

商业银行进行证券投资的主要目的：一是获取收益。通过运用闲置资金，获取投资收益。证券投资的收益包括利息和资本利得两个方面。二是分散风险。通过多样化的投资组合，商业银行可以有效地分散经营风险。三是保持资产的流动性。证券投资作为二级准备，不但可以为商业银行获利，而且当银行遇到大量客户提现或有大量放款需求时，如果现金储备不足以应付，就可以通过变卖短期证券来满足要求。

商业银行证券投资的对象主要是政府债券、公司债券、股票。在世界各国，商业银行的投资行为要受到各国有关法律的规定。有的国家法律规定可以从事所有证券的投资，有的规定只能从事无风险或较少风险证券的投资，如只能投资国债而不能从事高风险的股票投资，其目的在于保障银行业的安全运行。由于工商企业的股票风险较大，因而大多数国家在法律上都禁止商业银行投资股票，只有德国、澳大利亚、瑞士等少数国家允许。根据《中华人民共和国商业银行法》规定，目前我国商业银行在国内不得从事信托投资和证券经营业务。因此我国商业银行证券投资的对象主要是政府债券、政策性银行和中央银行发行的金融债券与央行票据。

三、中间业务

商业银行的中间业务是指不构成商业银行表内资产、表内负债，形成银行非利息收入的业务。在激烈的市场竞争中，商业银行利用自己的资金、网点、技术、信息、信誉等方面的优势开展中间业务，既增加了商业银行的利润，满足了社会经济发展对金融服务的需要，又扩大了社会影响力，推动了表内业务的发展。近年来，我国商业银行中间业务的发展呈上升趋势，大型银行的非利息收入占比已经达到 20% 以上。据统计，西方发达国家混业经营的商业银行中间业务收入占其总收入比重平均达到 50% 以上，花旗银行更高达 70% 以上。

根据我国 2002 年《商业银行中间业务暂行条例》规定，我国商业银行的中间业务分为九大类。

1．支付结算类中间业务

支付结算类业务是指由商业银行为客户办理因债权债务关系引起的与货币支付、资金划拨有关的收费业务。结算业务借助的主要结算工具包括银行汇票、商业汇票、银行本票和支票。结算方式主要包括同城结算和异地结算方式。

（1）结算工具：银行汇票，是出票银行签发的、由其在见票时按照实际结算金额无条件支付给收款人或者持票人的票据。

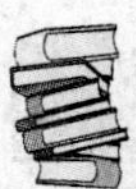

商业汇票，是出票人签发的、委托付款人在指定日期无条件支付确定的金额给收款人或持票人的票据。商业汇票分银行承兑汇票和商业承兑汇票。

银行本票，是银行签发的、承诺自己在见票时无条件支付确定的金额给收款人或者持票人的票据。

支票，是出票人签发的、委托办理支票存款业务的银行在见票时无条件支付确定的金额给收款人或持票人的票据。

（2）结算方式：同城结算主要采用支票结算。支票分为现金支票和转账支票。现金支票只能去付款行从付款单位的账户上支取现金，转账支票只能通过银行间的清算系统在收付款单位的账户上进行资金的划转，不能支取现金。

异地结算的方式有汇款、托收和信用证。

1）汇款业务，是银行受汇款人委托将款项通过异地的联行或代理行付给外地收款人的一种结算方式。汇出行受理汇款签发的汇款申请书，审查无误后，按汇款申请书的规定及时向汇入行办理汇款，并向汇款人签发汇款单，作为汇出银行受理汇款的依据，但不作为该款项已转入收款人账户的证明。汇入银行接到汇出银行的汇款凭证或通知后，经审查无误，即可将汇款转入收款人账户，或向其发出收款通知。按通知方式的不同可分为信汇、电汇和票汇三种方式。

2）托收业务，是指债权人或售货人为向外地债务人或购货人收取款项而向其开出汇票，并委托银行代为收取的一种结算方式。国际托收结算业务分为光票托收和跟单托收。跟单托收较光票托收的区别和优越之处在于附有货运单据并以其作为保障。

3）信用证业务，是由银行根据申请人的要求和指示，向受益人开立的载有一定金额，在一定期限内凭规定的单据在指定地点付款的书面保证文件。信用证结算方式主要用于国际结算中，是指进出口双方签订买卖合同后，进口商主动请求进口地银行向出口商开立信用证，对自己的付款责任做出保证，当出口商按照信用证的条款履行了自己的责任后，进口商将货款通过银行交付给出口商。根据信用证效力的大小、开出汇票的技术性差别、信用证利用者的立场等，信用证可分为可撤销与不可撤销信用证、保兑信用证与不保兑信用证、光票信用证与跟单信用证、即期信用证与远期信用证、一般信用证与特定信用证等。

（3）其他支付结算业务：包括利用现代支付系统实现的资金划拨、清算，利用银行内外部网络实现的转账等业务。

2. 银行卡业务

银行卡是由经授权的金融机构（主要指商业银行）向社会发行的具有消费信用、转账结算、存取现金等全部或部分功能的信用支付工具。银行卡按信用性质可分为贷记卡和借记卡。贷记卡是先消费后还款。

3. 代理类中间业务

代理类中间业务指商业银行接受客户委托，代为办理客户指定的经济事务、提供金融服务并收取一定费用的业务，包括代理政策性银行业务、代理中国人民银行业务、代理商业银行业务、代收代付业务、代理证券业务、代理保险业务、代理其他银行银行卡收单业务等。

4．担保类中间业务

担保类中间业务指商业银行为客户债务清偿能力提供担保，承担客户违约风险的业务。主要包括银行承兑汇票、备用信用证、各类保函等。

（1）银行承兑汇票是由收款人或付款人（或承兑申请人）签发，并由承兑申请人向开户银行申请，经银行审查同意承兑的商业汇票。

（2）备用信用证是银行保证书性质的凭证，是开证行应借款人要求，以放款人作为信用证的受益人而开具的一种特殊信用证，以保证开证申请人履行自己的职责，否则银行负责清偿所欠受益人的款项。

（3）银行保证书又称保函，是银行应委托人的请求，向受益人开出的担保被保证人履行职责的一种文件。各类保函包括投标保函、承包保函、还款担保函、借款保函等。

5．承诺类中间业务

承诺类中间业务是指商业银行在未来某一日期按照事前约定的条件向客户提供约定信用的业务，主要指贷款承诺，包括可撤销承诺和不可撤销承诺两种。

（1）可撤销承诺附有客户在取得贷款前必须履行的特定条款，在银行承诺期内，客户如没有履行条款，则银行可撤销该项承诺。可撤销承诺包括透支额度等。

（2）不可撤销承诺是银行不经客户允许不得随意取消的贷款承诺，具有法律约束力，包括备用信用额度、回购协议、票据发行便利等。

6．交易类中间业务

交易类中间业务指商业银行为满足客户保值或自身风险管理等方面的需要，利用各种金融工具进行的资金交易活动，主要包括金融衍生业务，有以下几种：

（1）远期合约，是指交易双方约定在未来某个特定时间以约定价格买卖约定数量的资产，包括远期利率合约和远期外汇合约。

（2）金融期货，是指以金融工具或金融指标为标的的期货合约。

（3）互换，是指交易双方基于自己的比较利益，对各自的现金流量进行交换，一般分为利率互换和货币互换。

（4）期权，是指期权的买方支付给卖方一笔权利金，获得一种权利，可于期权的存续期内或到期日当天，以执行价格与期权卖方进行约定数量的特定标的的交易。

7．基金托管业务

基金托管业务是指有托管资格的商业银行接受基金管理公司委托，安全保管所托管的基金的全部资产，为所托管的基金办理基金资金清算款项划拨、会计核算、基金估值、监督管理人投资运作。包括封闭式证券投资基金托管业务、开放式证券投资基金托管业务和其他基金的托管业务。

8．咨询顾问类业务

咨询顾问类业务指商业银行依靠自身在信息、人才、信誉等方面的优势，收集和整理有关信息，并通过对这些信息及银行、客户资金运动的记录和分析，并形成系统的资料和方案，提供给客户，以满足其业务经营管理或发展的需要的服务活动。

9. 其他类中间业务

其他类中间业务包括保管业务、信托业务、租赁业务及其他不能归入以上八类的业务。

（1）保管业务，指商业银行利用自己的保管设施，代委托人保管重要财物或资金的业务。其主要形式有仓储保管和出租保管箱。

（2）信托是指委托人为自己或第三者的利益，将自己的财产（有形财产有货币、存款、有价证券、不动产等，无形财产有保险单、专利权、商标、商誉等）委托受托人代为管理、营运或处理托管财产的一种行为，受托人依法取得信托报酬。

（3）租赁业务是在财产所有权不改变的情况下，租用使用权的经济行为。由财产所有者（出租人）按照契约规定，将财产租给承租人使用，承租人按契约规定缴纳规定的租金。对银行来讲，租赁是一种资金运用业务，是融资性租赁。融资性租赁又称金融租赁，是由商业银行出资购买承租人选定的设备，并按协议将设备出租给承租人使用。现代租赁业务是将信贷与商品交易相结合，即融资和融物相结合的一项新兴业务。在租赁过程中，承租人不仅可以通过租赁获得设备的使用权，而且可以把租赁信用作为一种融资手段。正因为租赁的特殊功能，它越来越引起众多国家的重视。

四、其他业务

1. 网络银行业务

所谓网络银行，指一种依托信息技术和互联网的发展，主要基于互联网平台开展和提供各种金融服务的新型银行机构与服务形式，为用户提供全方位、全天候、便捷、实时的快捷金融服务系统。

网络银行一般包括三个因素：互联网或其他电子通讯网络；基于电子通讯网络的金融服务的提供者；基于电子通讯网络的金融服务的消费者。

网络银行通常分为纯网络银行和分支型网络银行两类。纯网络银行也可称为“只有一个站点的银行”。这类银行一般只有一个办公地址，无分支机构、无营业网点，几乎所有业务都通过互联网进行，是一种虚拟银行。我国纯网络银行的代表是“支付宝”和“财付通”。分支型网络银行是指原有的传统银行利用互联网作为新的服务手段，建立银行站点，提供在线服务。网络站点相当于它们的一个分支行或营业部，为其他非网上分支机构提供辅助服务，是实体银行采用网络手段扩展业务、增强竞争力的一种方式，国内现在的网络银行很多都属于第二种模式。

与传统银行和传统电子银行相比，网络银行在运行机制和服务功能方面都具有不同的特点。

（1）网络银行方便、快捷、超越时空。网络银行借助网络优势，利用网络技术将客户与自身联系起来，打破了传统银行业务的地域、时间限制，可以将金融业务和市场延伸到全球每个角落。这既有利于吸引和保留优质客户，又能主动扩大客户群，开辟新的利润来源。打破了传统业务地域范围局限的网络银行，不仅可吸纳本地区和本国的客户，也可直接吸纳国外客户，为其提供服务。也就是说，网络银行能够提供全球24小时的“AAA”式服务，即可在任何时间（anytime）、任何地点（anywhere）、以

任何方式（anyhow）为客户提供实时服务，大大提高了服务效率。

（2）网络银行经营成本低。网络银行可以少设甚至不设分支机构，而且其雇员要比传统银行少得多。网络银行甚至可以借助他人的网络及设备开展各种业务，使交易成为一种空间交易，减少了银行投资，降低了服务成本。

（3）网络银行拓宽了金融服务领域。网络银行不仅提供大部分传统银行业务，还提供一些全新的业务。如公共信息服务、详细而低成本的投资理财服务、投资咨询服务和综合经营服务等。此外，随着电子商务如火如荼的发展，网络银行提供的网上支付服务为电子商务作了配套。

（4）网络银行对客户吸引力强。网络银行摒弃了传统银行以产品为导向的营销方式，采取以客户为导向的营销方式，按照客户的需求为其提供极具个性化的服务。网络银行可通过统计客户对不同网上金融产品的浏览次数和点击率，以及各种在线调查方式了解客户的喜好与不同需求，设计出有针对性的金融产品以满足其需求，这不仅方便了客户，银行也因此增强了与客户的亲和性，提高了竞争力。

但是，网络银行在日常运营中面临着比柜台业务更多的来自网络的风险。因此网络银行的风险管理是其运营中的管理重点。

2. 个人理财业务

个人理财业务是指商业银行为个人客户提供的财务分析、财务规划、投资顾问、资产管理等专业化服务活动。个人理财业务是目前发达国家商业银行利润的重要来源之一。个人理财业务是建立在委托—代理关系基础之上的银行业务，是一种个性化、综合化服务。

（1）商业银行个人理财按是否接受客户委托和授权对客户进行投资与管理理财业务可分为理财顾问服务和综合理财服务。

1）理财顾问服务是指银行向客户提供的财务分析与规划、投资建议、个人投资产品推介等专业化服务。它是一种针对个人客户的专业化服务。客户接受商业银行和理财人员提供的理财顾问服务后，自行管理和运用资金，并获取和承担由此产生的收益和风险。

2）综合理财服务是指商业银行在向客户提供理财顾问服务的基础上，接受客户的委托和授权，按照与客户事先约定的投资计划和方式进行投资与资产管理的业务活动。在综合理财服务活动中，客户授权银行代表客户按照合同约定的投资方向和方式，进行投资与资产管理，投资收益与风险由客户或客户与银行按照约定方式承担。我们一般所说的“银行理财产品”，其实是指其中的综合理财服务。

（2）商业银行个人理财业务根据客户类型进行业务分类，可分为大众理财、贵宾理财和私人银行。

1）大众理财的服务对象主要为银行存款平均数额不高，收入中等以下的客户。银行为这类客户准备的多为普及性的大众化个人理财业务，很少提供个性化的服务。

2）贵宾理财通常面向的对象是该金融机构的 VIP 客户。其可获得较高的信用额度，同时享有特约商户的优惠消费折扣、热销商品的购买权、理财专柜、理财窗口或贵宾室可优先办理业务、享受贷款等业务的优先办理和审批等。

3）私人银行是一项高端金融服务，其业务基础是高净值财富，服务对象是拥有高

净值财富的个人，目的是以客户需求为核心提供个性化金融服务。私人银行业务在产品和服务方面设置了较高的门槛，市场营销也主要集中在高层次的目标客户。

知识链接

银行理财产品有了“身份证”

2014 年 4 月银监会出台了《中国银监会办公厅关于 2014 年银行理财业务监管工作的指导意见》（以下简称《意见》），要求银行发售普通个人客户理财产品时，需在宣传销售文本中公布所售产品在“全国银行业理财产品登记系统”的登记编码，客户可依据该编码在中国理财网（www. china－wealth. cn）查询产品信息，未在理财系统登记的银行理财产品一律不得销售。理财产品登记编码是全国银行业理财信息登记系统赋予银行理财产品的标识码，具有唯一性，是判断产品是否合法合规的重要依据。

目前中国理财网已经收录了两万多款银行理财产品的信息，每款产品都由登记编码、产品名称、发行机构、收益类型、起始终止日、期限等信息构成。其中登记编码是以字母“C”开头的 14 位编码，投资者可在网站查询界面输入银行理财产品的名称或者编码进行查询，以验证真假。银行理财产品有了“身份证”，大大增加了市民投资时的保险系数，也使以后的理财产品更加透明。

（资料来源：温州商报，2014. 04）

第二节 商业银行经营管理

一、商业银行的经营管理原则

商业银行在业务经营过程中必须遵循的三个基本原则，即“三性原则”。《中华人民共和国商业银行法》第四条规定：“商业银行以盈利性、安全性、流动性为经营原则，实行自主经营，自担风险，自负盈亏，自我约束。”

1. 盈利性原则

商业银行作为独立的经济实体，必须进行经济核算和讲求经济效益。效益是商业银行生存发展的物质基础与内在动力。获利程度越高，竞争力越强。由于我国现行的存贷利率是由中央银行规定的，利率确定后，商业银行盈利能力就取决于信贷规模和质量。商业银行盈利多少影响到股东权益、银行的信誉和实力。此外，其他资产的收益、手续费、服务费等中间业务也是商业银行效益的组成部分。

2. 流动性原则

流动性原则，是指银行能够随时满足客户提取存款及申请贷款要求的能力或清偿力。坚持流动性原则是商业银行的生命线。

为了保持流动性即资金变现能力，商业银行必须同时保持资产和负债的流动性。

在资产方面，现金是流动性最强的资产，被称为第一级准备。但现金属非盈利资产，银行一般都尽可能保持法定最低限度。因此商业银行还必须掌握一定数量的其他流动性较强的金融资产，即第二级准备。第二级准备是短期有价证券、短期票据和短期贷款等。

商业银行除建立分层次准备金外，还应合理安排资产结构。

在负债方面，主要靠增加主动型负债，保持其流动性。如向中央银行借款，同业拆借，发行可转让大额定期存款等，调整负债结构，保持有较多的金融渠道和融资能力。

3. 安全性原则

安全性是指商业银行资产免除损失的可靠程度。商业银行随时都有可能面对拖欠风险、利率风险、挤兑风险等各种风险；同时商业银行经营的是货币，货币又是国民经济综合变量，与居民生活息息相关。坚持安全性原则，也是货币稳定，减少或避免金融风险的一个重要因素。

盈利性、流动性、安全性这三个原则既有统一的一面，又有矛盾的一面。商业银行应该三者兼顾，统一协调，寻求最佳组合。

二、商业银行的经营管理理论

西方商业银行经营管理理论经历了一个管理重心由资产转向负债，又由负债转向全面综合管理的变化过程。20世纪80年代后期以来，出现了一些新的发展，主要有资产负债外管理理论和全方位满意管理理论。

1. 资产管理理论

资产管理理论是最早产生的一种银行经营管理理论，它是商业银行的传统管理办法，它强调重视对银行资产流动性的管理。随着经济环境的变化，银行经营业务的发展，其理论历经了如下三个不同发展阶段：

第一阶段：商业贷款理论，又称真实票据论。这一理论认为：为了保持资金的高度流动性，贷款应是短期和商业性的；银行办理短期贷款一定要以借款人的真实交易为基础，要有真实的商业票据作为抵押或贴现。这种理论的不足在于：未考虑到经济发展对信贷多样化的需要、银行存款的相对稳定性和贷款清偿的外部条件，限制了商业银行的业务发展。

第二阶段：可转换理论。该理论认为，商业银行可以将一部分资金投资于可转让证券上。由于这些盈利资产能够随时出售，转换为现金，所以贷款不一定非要局限于短期和自偿性投放范围。可转换理论的产生，使商业银行资产范围扩大，业务经营更加灵活多样。但该理论的不足在于：不能从根本上解决银行的流动性问题。

第三阶段：预期收入理论。该理论认为，银行回收贷款的资金来源应该是依靠借款人将来的预期收入。预期收入理论对贷款偿还能力来源具有更加深刻的认识，促使商业银行不仅在发放贷款前注重审查企业信誉和投资项目的预期收入，而且在贷款发放后关注企业的经营状况，甚至参与企业的经营决策。这种理论的提出，还推动商业银行业务向经营中长期设备贷款、分期付款的消费贷款和房屋抵押贷款等方面扩展。但它显然也有缺陷，银行的部分贷款由于期限长、预期收入难以把握，因此加大了银行信贷经营上的风险。

2. 负债管理理论

负债管理理论是在金融创新中产生的一种银行管理理论，产生于20世纪60年代，它认为银行可以通过主动负债以增强其流动性。这一理论的核心思想是将商业银行管

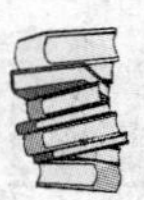

理的重点由资产转向负债，主张以借入资金的办法来保持银行流动性，从而增加资产业务，增加银行收益。负债管理开创了保持银行流动性的新途径。这一理论的不足是：容易导致银行负债结构中的短期资金来源比重过大，增加了经营风险，提高了银行的融资成本。

资产管理理论强调的是使资产保持流动性，在负债一定的情况下，通过调整资产结构来满足流动性要求。而负债管理理论强调的是通过扩大负债去获得银行的流动性，银行在经营中就没有必要经常保持大量高流动性资产，而应将它们投入高盈利的贷款或投资中，必要时，银行扩大贷款规模也可以用借款来支持。资产管理和负债管理均有失偏颇，资产管理过于偏重安全和流动性，不利于实现盈利性目标；负债管理过于偏重资产扩张和追求盈利，将流动性过高地依赖于外部环境，具有较大风险。20 世纪 70 年代后，金融市场利率大幅度上升，波动加剧，银行倒闭现象增加，促使人们重新审视以往的经营管理策略，向资产负债综合管理转变。

3. 资产负债综合管理理论

资产负债综合管理理论认为，单纯的资产管理或负债管理，都难以在经营上达到安全性、流动性、收益性三者之间的均衡，只有对资产和负债同时进行协调管理，才能达到银行经营的总目标。经过整个 20 世纪 80 年代延及今日，它一直都是多数商业银行主流的经营管理思想。资产负债综合管理理论兼顾了银行的资产与负债结构，强调资产与负债两者之间的规模与期限搭配协调，在利率波动的情况下实现利润最大化。

目前，各国在资产负债综合管理理论付诸实践的基础上建立起一系列模型，主要包括线性规划模型、财务规划模型、利率敏感性缺口管理与存续期间缺口管理模型等。

从 1998 年 1 月 1 日起，中国人民银行取消了对国有商业银行的贷款限额控制，决定实行资产负债比例管理。这标志着我国全面开始对商业银行实行资产负债比例管理。资产负债比例管理在我国银行业的实行，对于我国商业银行转变经营观念、明确经营方针，优化资产负债结构并逐步增强风险意识起到了一定的推动作用。

4. 商业银行经营理论的新发展

20 世纪 80 年代后期以来，由于商业银行作为信用中介的地位受到削弱，银行发展的重心和银行竞争的焦点已逐渐转向金融服务领域，以服务为重点的经营管理理论应运而生，主要有资产负债外管理理论和全方位满意管理理论。资产负债外管理理论提倡从正统的银行资产、负债业务以外去寻找新的经营领域，开辟新的盈利源泉。全方位满意管理理论是在全面质量管理的基础上发展起来的。它强调企业全体与顾客满意的管理概念。顾客的绝对满意是这一理论的主要关心点和立足点，在追求“顾客绝对满意”的目标下，变革银行文化和组织制度。

三、风险管理

商业银行的经营以追求利润为目标，但在追求利润的同时也随时会蕴含风险，商业银行经营的风险主要有信用风险和利率风险。商业银行的经营管理的精髓就是要使利润最大化，使风险最小化。

1. 商业银行的信用风险管理

为了防范信用风险，商业银行必须解决那些可能导致的贷款违约的因素，解决的方法有：

(1) 筛选和监控。银行要从众多的申请贷款者中筛选出偿还风险较小的客户，因此银行必须从每一位借款人那里收集可靠的信息，银行运用这些信息，再进行调查和判断，对客户所从事的活动进行监控。

(2) 与可信任的客户建立长期的联系。银行得到借款人信息的一条重要途径是与可信任的客户建立长期的联系。如果借款者在一家银行长期保有支票账户或存款账户，该银行就能了解他的资金流动状况和资金需求规律；如果他曾在银行借过款，就能了解他的偿还贷款信誉的记录，并已建立过对该客户的监控程序。银行对长期客户收集信息和进行监控的成本要比新客户低得多，使甄别信用风险更容易。与可信任的客户建立长期的联系，可以使银行和借款人双方受益，银行可为借款人提供一些市场信息，做企业的理财顾问等。

(3) 贷款承诺。贷款承诺就是银行同意在未来某一时期中以某种与市场利率相关联的利率向客户提供一定额度贷款的承诺。贷款承诺对借款人的好处是：在需要的时候能及时获得贷款。对银行的好处是：可以通过向客户提供贷款承诺来创造长期联系和收集信息的途径，降低银行筛选和收集信息成本。

(4) 抵押和补偿余额要求。抵押贷款是贷款人与借款人约定，由借款人允诺一旦发生贷款偿还的违约，将抵押物赔偿给银行的一种贷款方式。

(5) 信用配给。信用配给有两种情况：一种是银行拒绝发放任何数额的贷款，哪怕借款人愿意支付较高的利率；另一种是银行愿意发放贷款，但数额低于借款人的要求。为什么以后会拒绝发放高利率收益的贷款呢？因为银行发现，那些愿意以高利率借款的人，大多是投资于高风险项目，银行不愿意发放此类贷款是因为投资风险太大，如果投资失败，贷款就难以偿还，银行宁愿不发放任何高利率贷款而进行信用配给。银行从事第二种信用配给是为了防范道德风险，因为贷款规模越大，借款人从事那些难以归还贷款活动的动力就越大，而小额借款者大都能偿还贷款，因而银行会在客户的借款要求上用砍一刀的方式来信用配给。

2. 商业银行的利率风险管理

20 世纪 80 年代以来，利率波动频繁，银行对利率的风险问题开始越来越关注。利率风险管理的方法有缺口分析和存续期分析。

(1) 缺口分析。缺口指的是利率敏感型资产与利率敏感型负债之差，通过将缺口与利率的变化相乘，就可知道利润所受的影响有多大。

(2) 存续期分析。存续期分析衡量的是银行总资产和总负债的市场价值对利率变化的敏感度。存续期分析的基础是麦考利的存续期概念，它度量的是一个证券的支付流的平均存续期，为估计证券的市场价值对利率变化的敏感度提供了一种很好的近似值。

利率风险管理的战略是运用利率套期，使其资产和负债的利率敏感度相匹配，如利率敏感型资产多于利率敏感型负债的金融机构的支付流与利率敏感型负债多于利率敏感型资产的金融机构的支付流互相“套换”，从而降低双方的利率风险。银行还可以

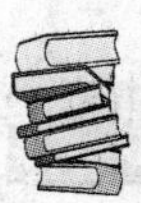

利用金融期货市场和债务工具的期权市场进行套期保值来减少利率风险。

四、商业银行的发展趋势

20世纪70~80年代，国际金融业发生了重大变化，各国银行的经营范围、对象、方式，以及管理理论与方法都在发展和更新，银行资本的集中和银行垄断统治的进一步加强，电子计算机及现代通讯手段在银行业务中的广泛应用，使银行的业务经营正在发生一场深刻的技术革命，使西方商业银行出现了新的发展趋势，主要包括以下几方面：

1. 银行业务全能化

20世纪70年代中期以前，主要西方国家由于深受1929—1933年世界性大危机的影响，普遍推行严格的管理银行业务的金融政策，商业银行与其他银行机构有着严格的界限。但是近20年来，由于金融业日益激烈的竞争，商业银行利润率不断降低，迫使它们不得不突破传统的业务分工界限，逐步实现业务全能化，有的利用金融创新绕开管制，向客户提供原来所不能经营的业务；有的通过收购、合并或成立附属机构的形式渗入对方业务领域；有的通过直接开办其他金融机构所经营的业务实现综合经营。金融管理当局为了增强本国商业银行的竞争力，也逐步放宽了对其业务分工的限制。

银行业务全能化发展，可以分散银行经营风险，增强其抗风险能力；使得收入来源渠道也多元化，且各种业务之间可以做到交叉互补，因而可以从整体上增强银行的盈利能力；银行向综合化、全能化方向发展，可以为客户、为社会提供全方位、多功能的金融服务，这样既节省客户同银行打交道的成本，又提高了金融业的服务效率。

2. 银行业务经营证券化

20世纪80年代以来，商业银行业务经营出现了证券化趋势。主要表现在：第一，国际金融市场融资方式向证券化转变。90年代以来，在国际金融市场上，商业银行通过发行国际债券直接融资的金额，占国际融资总额的比重平均在60%以上。第二，商业银行将部分资产业务转换为证券，也就是资产证券化。商业银行将有些贷款集中起来，作为抵押发行证券，在市场上流通转让。第三，商业银行投资于证券。商业银行以其资金在金融市场上购买有价证券，既可以取得收益，又可以在金融市场上迅速变现，有利于银行灵活调度资金。随着“证券化”的发展，西方商业银行日益成为证券的主要发行者与购买者。

3. 银行资本日趋集中

商业银行的资产规模不断扩大，且这种趋势还在日益加强。大银行与其他中小商业银行相比较，具有很强的优势，且这种优势非常明显，主要体现在五个方面：其一，大银行拥有巨额资产和雄厚的资本实力，能够给社会公众以信心。其二，大银行的抗风险能力往往较强，应付突发事件的能力也较强，从而其稳定性也就更强。其三，大银行的市场影响力比小银行要大，能够更容易地吸引客户，更方便地去抢占市场。其四，大银行往往能够得到市场的高度关注和政府的特别保护。这是因为大银行掌握大量的金融资产，对社会有着举足轻重的影响，如果倒闭，影响的不仅是银行和员工，还可能波及全社会，影响社会的稳定，因而政府在银行出现问题时总会出面挽救它。其五，大银行的单位运行成本可以更低，特别是通过兼并而扩大规模时，节省成本的优势就更加明显。

在大小银行的划分标准上，就各行的总资产规模指标而言，只有总资产在3 500亿美元以上的银行才可以称为“大银行”，总资产规模在400亿~3 500亿美元之间的银行只能被称为“中等规模的银行”，而总资产在400亿美元以下的为“小银行”。

4. 金融工具不断创新

金融创新贯穿于全球金融业发展的全过程，可以说，一部全球金融发展史，就是一部金融创新史。人类社会之所以有金融创新，银行之所以需要进行金融创新，其原因包括：社会的进步；对新的金融产品和服务的新需求；回避金融管制；银行受环境所迫，不得不通过创新去求得生存和发展。

今天，随着商品经济的迅猛发展，使人们从不同角度、不同层次对于为之服务的金融业提出新的要求，传统的金融工具不足以满足投资者的需要，商业银行纷纷进行各种金融工具的创新，推出具有更高的流动性且大小金额均有的金融工具，以规避行政管理和利率风险，并适应技术创新和信息化的需要。

从国外商业银行的发展来看，其金融创新具有四个显著特点：其一，金融创新是一个连续不断的过程；其二，金融创新都是以技术进步为前提的；其三，金融创新的“新”与“旧”之间并不存在非常严格的分界线，它的继承性很强；其四，金融创新的成本不低，但却极易被模仿，且被超越的周期很短。

5. 银行业务经营日趋科技化

最近30多年来，科学技术突飞猛进，出现了一批新的技术和新的产业。新技术的高速发展和广泛应用，带来生产力的飞跃和产业结构的变化。自从1958年第一台电子计算机进入美国银行以后，西方商业银行以惊人的速度先后实现了银行经营管理和业务的电子化。目前，商业银行正在利用电子计算机及网络系统进行各种复杂的内部清算和同业资金划拨，为客户提供各种服务，银行业已经融入了信息技术发展的潮流，世界各大商业银行强化了信息技术的投入，普及自动机系统，开拓家居电子银行服务，发展电子货币，构思电子货币联网系统等，使金融服务走向无纸化。商业银行业务运行的速度加快、效率提高、成本降低。

知识链接

影子银行

“影子银行”是美国次贷危机爆发之后所出现的一个重要金融学概念。2011年4月金融稳定理事会（FSB）对“影子银行”做了严格的界定，即银行监管体系之外，可能引发系统性风险和监管套利等问题的信用中介体系。简单理解，影子银行就是那些可以提供信贷，但是不属于银行的金融机构。因为难以监管，那它对货币造成的影响，包括流通速度和规模，就没办法准确估算，所以在2008年的全球金融危机后，很受人们的重视。

美国的“影子银行”包括投资银行、对冲基金、货币市场基金、债券保险公司、结构性投资工具（SIV）等非银行金融机构。中国的影子银行一般分为三个层面：以银行理财产品为代表的银行表外业务系统；以信托公司、财务公司为代表的非银行金融

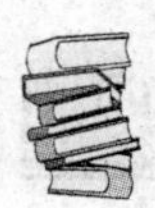

系统；民间金融系统。2012年年末中国影子银行的规模已经占到了GDP的35%左右。由于它的“影子”性，使得影子银行游离于监管之外，庞大的规模导致这种风险是系统性风险，一旦爆发，将会对整个金融体系产生巨大的冲击。因此，加强对“影子银行”的监管成为金融监管当局的重要工作。

（资料来源：银行家，2014.03）

本章小结

商业银行业务由资产业务、负债业务和中间业务构成。资产业务给银行创造利润提供了主要来源。资产构成的种类一般有三类：现金资产、信贷资产、投资。贷款按风险程度与质量不同可以分为正常贷款、关注贷款、次级贷款、可疑贷款和损失贷款五类，这也是我国目前商业银行贷款采用的分类方法。商业银行的负债业务，就是指商业银行组织资金来源的业务，它是商业银行经营的基础。广义负债除了包括商业银行对他人的债务以外，还包括商业银行的自有资本金和在途资金占用等。中间业务是指商业银行所从事的不列入资产负债表而且不影响资产负债总额的经营活动。目前中间业务已成为银行业的主要利润来源。随着商业银行业务内容和经营形式的拓展，网络银行和个人理财业务发展迅速。商业银行经营的“三性原则”是指盈利性、流动性、安全性，商业银行经营管理理论经历了资产管理、负债管理和资产负债综合管理的发展历程。商业银行的风险管理主要集中在利率风险和信用风险中。

思考与练习

一、选择题

1.（　　）是商业银行最重要的资金来源，也是开展贷款业务和其他业务的基础。

A. 存款　B. 再贴现　C. 同业往来　D. 发行债券

2. 现金资产是商业银行持有的，可以随时无风险加以利用的那部分资金。现金资产包括（　　）。

A. 库存现金　B. 央行存款　C. 同业存款　D. 在途资金

3. 商业银行资本金的职能有（　　）。

A. 经营职能　B. 监督职能　C. 保护职能　D. 管理职能

4. 商业银行的资产业务主要包括（　　）。

A. 现金资产业务　B. 贷款业务　C. 证券投资业务　D. 理财业务

5. 贷款按保障程度不同可分为（　　）。

A. 委托贷款　B. 信用贷款　C. 担保贷款　D. 票据贴现

6. 以下属于商业银行不良贷款的是（　　）。

A. 正常贷款　B. 关注贷款　C. 次级贷款　D. 可疑贷款

7. 商业银行进行证券投资的主要目的是（　　）。

A. 增加资产　B. 获取收益

C. 分散风险　D. 保持资产的流动性

8. 主要结算工具包括（　　）。

A. 银行汇票　　B. 商业汇票　　C. 银行本票　　D. 支票

9. 商业银行的经营原则包括（　　）。

A. 盈利性原则　　B. 成本性原则　　C. 流动性原则　　D. 安全性原则

10. 资产管理理论经历了如下（　　）不同发展阶段。

A. 预期收入理论　　B. 可持续发展理论

C. 可转换理论　　D. 商业贷款理论

二、判断题

1. 商业银行的资本金由核心资本和附属资本两部分构成。（　　）
2. 商业银行不可能无限制地创造信用，它要受到各种因素的制约。（　　）
3. 资产业务是商业银行最基本、最重要的业务。（　　）
4. 存款负债比借入负债更具主动性、灵活性和稳定性。（　　）
5. 再贴现是商业银行从中央银行取得的最重要、最普遍的融资方式。（　　）
6. 世界上大多数国家在法律上都允许商业银行投资股票。（　　）
7. 商业银行同城结算主要采用支票结算。（　　）
8. 银行卡按信用性质可分为贷记卡和借记卡。（　　）
9. 利率风险管理的方法有缺口分析和存续期分析。（　　）
10. 负债管理理论开创了保持银行流动性的新途径。（　　）

三、名词解释

资本金　银行汇票　转贴现　再贴现　贷款　网络银行　个人理财

四、简答题

1. 简述商业银行的资产业务。
2. 商业银行的负债业务有哪些？
3. 商业银行如何进行信用风险管理？
4. 试述商业银行的发展趋势。
5. 试述商业银行的经营管理理论的发展历程。

五、案例分析

齐鲁银行骗贷案

2010 年 12 月 6 日，齐鲁银行在受理业务咨询过程中发现一存款单位所持“存款证实书”系伪造，马上报案。济南市公安局迅速采取行动将嫌疑人刘济源及其他犯罪嫌疑人抓获归案，一起特大骗贷案由此浮出水面。

在齐鲁银行骗贷案中，刘济源采取“一笔存款，两份存单”骗取模式，他以高息为诱饵，引诱大型企业到银行开户存入大额资金，银行开具真实存单，然后刘某某再伪造一份假的存单给企业，自己用这个真的存单去骗取银行贷款。在此案中，刘某某的角色是一个资金掮客，为商业银行引来存款大户，同时，他也是通过存单质押获得贷款的资金使用大户。

起初借助这些大型国企的闲置资金，刘济源的投资得心应手，从银行套取的贷款往往都能如期归还，涉案企业获得 10% ~15% 的补偿金，企业领导则获得约 1% 的好处

费，同期银行得以做大存贷款规模，三方相得益彰。但一旦其资金链陷入紧张，最后不免成为拆东墙补西墙的资本游戏，甚至直接伪造一份假的存单在银行质押贷款。

“按理说，这么大金额的存单质押贷款，银行的审贷部门最起码也该给企业打个电话核实一下。”上述接近该案的司法界人士介绍。熟悉国企资金监管的人士也颇感奇怪，“第三方用存款企业的存单办理质押贷款，企业的定额存单需要质押在银行，在此过程中，企业印鉴可以作假，但银行存单造假的可能性很低——银行自己的存单，银行怎么会不认识？”

（资料来源：凤凰财经，http：//finance. ifeng. com/bank/special/qiluyinhangpiandaian/）

根据上述资料，讨论分析以下问题：

1. 在齐鲁银行骗贷案中，银行主要有哪些责任？

2. 齐鲁银行骗贷案中的资金损失应该由谁来承担？

第十三章　金融市场

学习目标

知识目标

1. 了解金融市场的产生与发展、外汇市场。
2. 理解金融市场的概念、特征、分类及功能。
3. 掌握货币市场与资本市场、发行市场和流通市场的内容及运作。

能力目标

1. 能对货币市场的基本业务进行分析。
2. 能按照证券交易的程序参与投资活动。
3. 能综合分析我国外汇市场的现状及前景。

引导案例

“庞氏骗局”的由来

“庞氏骗局”是一种最古老和最常见的投资诈骗，是指以高资金回报率为许诺，骗取投资者投资，用后来投资者的投资去偿付前期投资者的欺骗行为。

“庞氏骗局”源于一个名叫查尔斯·庞齐的意大利人。他于1903年移民到美国。在美国干过各种工作，经过“美国式发财梦”十几年的熏陶，庞齐发现最快速赚钱的方法就是做金融行业。于是，从1919年起，庞齐隐瞒了自己的历史来到波士顿，设计了一个投资计划，向美国大众兜售。

这个投资计划说起来很简单，就是投资一种东西，然后获得高额回报。但是，庞齐故意把这个计划弄得非常复杂，让普通人根本搞不清楚。他宣称，购买欧洲的某种邮政票据，再卖到美国，便可以赚钱。庞齐一方面在金融方面故弄玄虚，另一方面则设置了巨大的诱饵，所有的投资，在45天之内都可以获得50%的回报。而且，他还给人们“眼见为实”的证据：最初的一批“投资者”的确在规定时间内拿到了庞齐所承诺的回报。于是，后面的“投资者”大量跟进。

在一年左右的时间里，有4万名波士顿市民，傻子一样变成庞齐赚钱计划的投资者，而且大部分是怀揣发财梦想的穷人，庞齐共收到约1 500万美元的小额投资，平均每人“投资”几百美元。当时的庞齐被一些愚昧的美国人称为与哥伦布、马尔孔尼齐名的最伟大的三个意大利人之一，因为他像哥伦布发现新大陆一样“发现了钱”。庞齐住上了有20个房间的别墅，买了100多套昂贵的西装，并配上专门的皮鞋，拥有数十

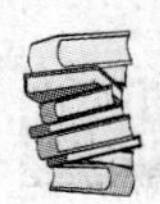

根镶金的拐杖，还给他的情人购买了无数昂贵的首饰，连他的烟斗都镶嵌着钻石。

1920 年 8 月，庞齐破产了。他所收到的钱，按照他的许诺，可以购买几亿张欧洲邮政票据，事实上，他只卖过两张。此后，“庞齐骗局”成为一个专门名词，意思是指用后来的“投资者”的钱，给前面的“投资者”以回报。庞齐被判处 5 年刑期。出狱后，他又干了几件类似的勾当，因而蹲了更长的监狱。1934 年被遣送回意大利，他又想办法去骗墨索里尼，也没能得逞。1949 年，庞齐在巴西的一个慈善堂去世。死去时，这个“庞齐骗局”的发明者身无分文。

（资料来源：http：//hi. baidu. com/iwaslip/blog/item/458d85f730e88028730eec17. html.）

第一节　金融市场概述

一、金融市场的含义

金融市场，即货币资金融通的市场，是指资金的盈余方与短缺方通过买卖金融工具以融通资金的场所或机制。金融市场有广义和狭义之分。广义的金融市场指一切进行资金交易的市场，既包括以金融机构为中介的间接融资，也包括资金供求者之间的直接融资。狭义的金融市场主要指资金供求者之间的直接融资，通常包括以所有可流通的有价证券为金融工具的融资活动以及金融机构之间的资金拆借和黄金、外汇买卖。

由于金融市场交易的是一种特殊商品，即货币与各种证券，所以金融市场可以是具体的固定交易场所，如证券交易所、商业银行等；也可以是观念上的市场，即没有具体的固定交易场地，主要是双方通过电话、电报、电传、计算机等通讯工具进行金融商品交易的市场，如拆借市场、贴现市场等。金融市场形成的初期，一般都有固定的场所，即有形市场。随着商品经济、信用活动和科学技术的发展，金融市场突破了场所的限制，人们可以借助于电话、电传、计算机网络等现代化设施来进行资金融通，从而形成一种无形的市场。

二、金融市场的特点

金融市场与其他市场一样，也是交易市场，但金融市场具有如下特点。

1. 市场商品具有单一性

一般商品市场所交易的是具有不同使用价值的商品；而金融市场所交易的商品是资金或代表资金的各种票据和证券，而且这种商品的使用价值都是相同的，即交易商品的获利能力。

2. 交易价格具有特殊性

一般商品的价格是由商品的价值决定的，而金融商品的价格则表现为利息率，即在资金供求关系决定下，形成市场利息率，各种金融商品都按市场利息率进行交易。

3. 交易目的具有多重性

一般商品的交易目的比较单纯，卖者的目的是实现商品的价值，买者的目的是获得商品的使用价值；金融商品的交易目的则比较复杂。在发行市场，发行者的目的是筹集资金用于生产经营活动，购买者主要是投资获利；在交易市场，金融商品交易目的主要表现为为了获取投资回报而购买证券、急需现金而卖出证券、回避风险而卖出证券、进行投资获利而买卖证券。

三、金融市场的功能

金融市场作为资金融通的场所，在现代经济体系的运行中，发挥着重要的作用。具体来说，主要有聚集社会资金功能、配置功能、加速资金周转功能、宏观调控功能。

1. 聚集社会资金的功能

一般而言，投资规模的大小或资金投入的多少，直接决定或影响着一个国家经济发展的速度与经济增长的程度。而在国民收入一定的前提下，投资规模的大小又取决于储蓄率的高低，以及人们对储蓄与投资的偏好程度。发达的金融市场，为人们提供了多样化的、可供选择的金融工具，开辟了储蓄向投资转移的渠道，有效地实现了社会资金的聚集。

金融市场聚集社会资金的功能主要表现在可以将社会上闲置的、分散的、零星的资金聚集起来，汇聚成为可以投入社会再生产的大规模资金。可以说，金融市场发挥着“蓄水池”的作用。其最直接的手段就是银行等金融机构所吸收的存款。

2. 配置功能

金融市场的这一功能主要体现在其对资源、财富和风险的配置三个方面。

（1）优化资源配置功能。在市场经济条件下，资源的合理配置是以资本的自由转移为前提的，而资本的自由转移又离不开发达的金融市场。在金融市场上，资源的合理配置是通过市场机制的作用来实现的。例如，某种产品的社会需求增加，同时供给又相对不足，就会引起该种产品的价格上涨。价格的提高则意味着预期利润的提高，由此该行业股票的平均价格随之上涨，从而促使人们纷纷购买该行业的股票，资金便源源不断地流向这个行业，就会吸引更多行业外的竞争者进入到这个领域，从而带动了资产、资料和劳动力向这个行业流动，直至达到相应的水平。反之，股票价格一旦下降，人们便纷纷转移资金，使其流向其他行业。作为投资者个人，要想把自己的投资转向利润更高的企业，可以通过卖出原有企业的股票，买进相关企业股票的方式来进行，实现资本在不同企业间的转移。作为企业而言，要想向利润相对高的领域投资，可以不受厂房、机器、设备等资产形态的限制，通过特定的金融市场交易方式实现资产的转移。这种资产在不同行业、不同地区间的转移和流动，从客观上促进了社会资源的合理配置。

金融市场不仅可以促进资源的合理配置，而且可以促进资源的有效利用。金融市场上的资金流动都是以借贷的方式存在的。一个企业想要取得资金，必须支付一定的利息或成本。为了保证资金的充分增值，以便在支付利息后依然能够获得一定的收益，企业则必须节约使用资金、加快资金周转，保证资金的充分、有效利用。

（2）财富的再分配功能。金融市场对财富的再分配主要体现在对人们的财富进行再次分配。国民收入经初次分配后，在金融市场上，通过市场价格的波动实现着社会财富的再分配。投资者持有的金融资产价格下跌，其财富的价值相对减少；投资者持

有的金融资产价格上升，其财富的价值相对上升。这一功能在我国的股票市场上表现得最为突出。我国的股市在经历了2006年至2007年10月的大牛市，造就了一批股市富翁后，像过山车似的从最高的6124点跌至1664点，又使得投资者手中的财富进行了再一次的分配。

（3）风险配置功能。金融市场对风险再分配是由金融资产的定价原则所确定的。金融资产的定价遵循“无套利均衡”的原则，金融资产价格的确定实际上反映了风险和收益的动态均衡。金融市场的参与者根据自身对风险的态度选择不同的金融工具，风险厌恶者可以通过出让收益的方式将风险转嫁给风险偏好者，从而实现风险的再分配。

3. 加速资金周转功能

在没有金融市场的情况下，资金的融通只能通过间接金融方式即银行等提供的借贷资金来进行。由于经过金融中介机构的中转，融资过程和时间会大大延长。在多元化的金融市场上，资金的融通可以通过发行股票、债券和签发商业票据等形式完成，大大节约了时间，节省了流通费用并加速了资金的周转。

4. 宏观调控功能

金融市场的调节功能是指宏观经济的调节作用。主要体现在以下两个方面。

（1）金融市场的直接调节作用。在金融市场大量的直接融资活动中，投资者为了自身利益，一定会谨慎、科学地选择投资的国家、地区、行业、企业、项目及产品。只有符合市场需求、效益高的投资对象，才能获得投资者的青睐。投资对象在获得资本后，只有保持较高的经济效益和较高的发展势头，才能继续生存并进一步扩张。否则，它的证券价格就会下跌，继续在金融市场上筹集就会面临困难，发展就会受到资本供应的抑制。换句话说，金融市场正是通过其特有的引导资本形成及合理配置的机制首先对微观经济部门产生影响，进而影响到宏观经济活动的一种有效的自发调节机制。

（2）中央银行是实施货币政策的场所。金融市场的存在及发展，为政府实施对宏观经济活动的间接调控创造了条件。政府制定实施的货币政策属于调节宏观经济活动的重要宏观经济政策，其具体的调控工具有存款准备金政策、再贴现政策、公开市场操作等，这些政策的实施都是以金融市场的存在、金融部门及企业成为金融市场的主题为前提的。金融市场为中央银行实施货币政策提供了一个平台。

四、金融市场的构成要素

金融市场的构成要素大致包括交易主体、交易对象、交易工具、交易的组织形式和交易价格。

1. 交易主体

交易主体就是金融市场的参与者，也就是参与金融市场交易活动而形成供需双方的各经济单位，包括资金供给者、资金需求者、中介者。资金供给者有金融机构、个人及政府部门等。资金需求者有企业、政府、金融机构和个人。中介者主要有金融机构和经纪人。

2. 交易对象

金融市场的交易对象是货币资金。金融市场中的资金融通是通过金融商品的买卖实现的。金融商品也称为金融工具或信用工具，它是证明信用关系存在及条件有效的一种合法凭证。它从发行者角度看是金融负债，从购买者角度看是金融资产，从金融交易角度看是金融商品。金融商品是金融市场的交易对象，是金融市场的构成要素之一。一个活跃的、有效率的金融市场，必须有足够的优秀金融商品。

3. 交易工具

金融市场在进行交易时主要是以金融工具作为交易的凭证。金融交易可以采用口头协定、账面信用和书面凭证三种方式进行。前两种方式虽然简单，但由于协议条件没有正式凭证，不能可靠地确定债权债务关系，容易发生纠纷，并且无法在金融市场上流通转让，不能适应信用关系日益发展和复杂交错的情况。书面凭证则具体载明支付或偿还条件等事宜，可凭此确立信用关系和流通转让，因而成为金融交易的必要工具。金融工具种类繁多、各具特色，能够分别满足资金供求双方的不同需要，由此形成金融市场的各类子市场。

4. 交易的组织形式

交易的组织形式是指金融市场的交易主体进行交易时所采取的方式，主要有三种。一种是交易所交易，这是一种由交易双方集中在交易所内通过公开竞价的方式进行资金交易的组织形式。二是柜台交易，是指在各种金融机构柜台上买卖双方进行面议、分散交易的形式。三是场外交易，这种交易方式没有固定的交易场所，也不需要进行直接接触，而是借助于通讯手段完成交易。

5. 交易价格

在金融市场上，利率是资金商品的价格，利率的高低调节着资金供求和引导资金的流向。当资金供不应求时，市场利率会上升；当资金供大于求时，市场利率会下降。各种金融市场都有自己的利率，如贴现市场利率、国库券市场利率、银行同业拆借市场利率等。不同的利率之间有密切的联系。通过市场机制作用，所有各种利率在一般情况下呈同方向的变化趋势。

五、金融市场的分类

由于资金融通的空间范围、交易对象、交易方式及期限长短等都有一定差别，因此按不同标准，金融市场可分为不同类型的市场。

1. 按交易对象分类

按交易对象分类，即以金融市场交易的具体“商品”的性质特点为标准，金融市场可以分为拆借市场、票据市场、CD（大额可转让定期存单）市场、证券市场、黄金市场、外汇市场和保险市场等。

2. 按期限分类

按期限划分，可将金融市场分为短期金融市场和长期金融市场。短期金融市场是指融资期限在1年以内的金融市场，其融通的资金偿还期比较短，流动性比较高，风险较小，与货币的差别不大，而且这些金融商品往往被当作货币的代用品，如商业票

据、银行票据等，所以短期金融市场也称为货币市场。长期金融市场是指融资期限在1年以上的金融市场，其交易的金融商品主要是股票和长期债券等，由于其期限比较长、风险比较大，而且能够给购买者带来一定的收入，所以长期金融市场也称为资本市场。

3. 按市场功能分类

按市场功能划分，可将金融市场分为发行市场和流通市场。发行市场又称为初级市场或一级市场，是指发行者将其发行的票据或证券等金融商品最初出售给投资者的市场。流通市场也称为次级市场、二级市场、交易市场或转让市场，是已发行票据或证券等金融商品转让、买卖的市场。

4. 按交易场所分类

按交易场所划分，可将金融市场分为有形市场与无形市场。有形市场是指固定的具体交易场所，有专门组织机构和人员，有专门设施的市场，如证券交易所。无形市场是指没有固定的具体交易场地，而是进行分散的非组织化交易的市场，主要是双方通过电话、电报、电传、计算机等通讯工具进行交易的市场，如拆借市场、贴现市场等。

5. 按交割时间分类

按交割时间划分，可将金融市场分为现货市场和期货市场。现货市场是指交易双方在成交后（5日内）即交割清算（交货付款）的交易市场。期货市场是指交易双方在成交后不立即交割，而是在一定时间（1个月、2个月、3个月或6个月）后按合同规定的数量和价格进行清算和交割的市场。

6. 按地域分类

按地域划分，可将金融市场分为国内金融市场和国际金融市场。国内金融市场是指金融交易的作用范围仅限于一国之内的市场，它除了包括全国性的以本币计值的金融资产交易市场之外，还包括一国范围内的地方性金融市场。国际金融市场是金融资产交易跨越国界进行的市场，是进行金融资产国际交易的场所。

知识链接

纽约金融市场

纽约金融市场是国际金融中心之一。1810年纽约就已取代费城，成为美国国内最大的金融和商业中心。但当时国际金融交易都集中在伦敦，第一次世界大战期间及战后，纽约迅速发展为国际金融中心。

第二次世界大战以后，纽约金融市场在国际金融领域中的地位进一步加强。美国凭借其在战争时期膨胀起来的强大经济和金融实力，建立了以美元为中心的资本主义货币体系，使美元成为世界最主要的储备货币和国际清算货币。纽约联邦储备银行作为贯彻执行美国货币政策及外汇政策的主要机构，在金融市场的活动直接影响到市场利率和汇率的变化，对国际市场利率和汇率的变化有着重要影响。世界各地的美元买卖，都必须在纽约的商业银行账户上办理收付、清算和划拨，因此纽约成为世界美元交易的清算中心。1983年世界最大的100家银行在纽约设有分支机构的就有95家。这些都为纽约金融市场的进一步发展创造了条件，加强了它在国际金融领域中的地位。

（资料来源：http：//baike. baidu. com/view/967931. htm.）

第二节　货币市场

货币市场是专门融通短期资金、实现短期资金借贷的市场。在这个市场上交易的金融商品，因其偿还期短（1年以内）、变现能力强、风险小、与货币差别不大，往往被当作货币的替代品，或称为“准货币”。因此，短期金融市场又称为货币市场。

货币市场具体包括票据市场、同业拆借市场、CD（可转让大额定期存单）市场、短期债券市场、短期存放款市场等。

一、票据市场

票据市场是以票据作为交易对象，通过票据承兑、票据贴现、票据转让和票据抵押进行融资活动的货币市场。根据《中华人民共和国票据法》和《支付结算办法》规定，我国目前使用的票据有三种，即汇票、银行本票和支票，其中汇票分为银行汇票和商业汇票两种。由于银行汇票、银行本票、支票三种票据是即期票据，见票即付，不必承兑，更不必办理贴现，因此，票据市场上交易的对象一般是商业汇票。

票据市场的参加者有票据的债权债务人、商业银行、中央银行等。

1. 商业汇票承兑

商业汇票是出票人签发的，委托付款人在指定日期无条件支付确定的金额给收款人或者持票人的票据。商业汇票的付款人为承兑人，按承兑人不同，商业汇票分为商业承兑汇票和银行承兑汇票两种。银行承兑汇票是由在承兑银行开立存款账户的存款人出票，向开户银行申请并经银行审查同意承兑的，保证在指定日期无条件支付确定的金额给收款人或持票人的票据。商业承兑汇票是由银行以外的付款人承兑的票据。商业承兑汇票可以由付款人签发并承兑，也可以由收款人签发交由付款人承兑。

2. 商业汇票贴现

（1）商业汇票贴现概念：商业汇票贴现，是指商业汇票持票人将未到期商业汇票的债权转让给商业银行而获得资金的一种票据转让行为。如果办理贴现的商业银行资金周转紧张，可以把收进的贴现票据向另一商业银行贴现，称为“转贴现”，也可以持票向中央银行贴现，称为“再贴现”。这些贴现业务，统称为票据贴现市场。

（2）商业汇票贴现规定：除法律另有规定外，商业汇票的贴现银行必须是贴现申请人的开户银行。银行承兑汇票的贴现银行必须是参加全国联行和省辖联行的银行机构，非银行金融机构不准办理银行承兑汇票的贴现。

（3）持票人办理贴现条件：商业汇票的持票人向银行办理贴现必须具备下列条件：在银行开立存款账户的企业法人及其他组织；与出票人或者直接前手之间具有真实的商品交易关系；提供与其直接前手之间的增值税发票和商品发运单据复印件。

（4）商业汇票贴现金额：贴现金额和贴现利息的计算方法如下：

贴现金额是指贴现银行按汇票的票面金额扣除贴现利息后，实际支付给贴现申请人的金额，其计算公式为

$$\text{贴现金额}=\text{汇票金额}-\text{贴现利息}$$

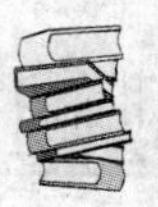

贴现利息是指出票人持商业汇票向开户银行办理贴现时，向开户银行所支付的利息，其计算公式为

贴现利息 = 汇票金额 × 实际贴现天数 ×（月贴现率 ÷ 30）

实际贴现天数是指贴现银行向持票人支付贴现金额之日至汇票到期前一日的期限。

（5）商业汇票抵押放款：商业汇票抵押放款是以经过承兑的商业汇票为抵押品，向商业银行取得贷款的融资方式。这种方式与票据贴现的区别在于，贴现是票据债权的转移，票据到期银行应向票面债务人收款；票据抵押放款是票据到期前，原持票人向银行归还贷款并赎回抵押票据，而后由持票人向票面债务人收款。

二、同业拆借市场

1. 同业拆借市场的概念和特点

同业拆借市场是金融机构之间进行相互借贷的场所，即金融机构之间利用资金融通的地区差、时间差调剂资金余缺，由资金多余的金融机构对临时资金不足的金融机构进行短期放款的市场。同业拆借市场的主要特点如下：

（1）同业性。参加同业拆借的成员，都是经中国人民银行批准经营金融业务的银行或非银行金融机构。

（2）短期性。同业拆借市场属于短期金融市场，是一种临时性的资金拆借，主要用于调剂资金的临时余缺。同业拆借按期限分为 7 天（含 7 天）以内同业头寸拆借和 7 天以上、4 个月（含 4 个月）以内的同业短期拆借。

（3）无担保性。同业拆借完全凭借借款人的信用进行，无需向放款人提供担保品。

（4）大额交易。同业拆借依据银行间的需要，每笔交易一般数量很大。

（5）不提交准备金。银行吸收的存款要按一定比例上缴中央银行存款准备金，而通过同业拆借市场拆借资金按规定可以免交存款准备金。

2. 同业拆借市场的种类和运作程序

（1）头寸拆借。“头寸”一词是旧中国金融业的习惯用语，是指资金或款项的意思。头寸拆借是指金融机构之间为了补足存款准备金，弥补票据结算、联行汇差头寸不足而进行的短期资金融资活动。头寸拆借的时间比较短，一般为 1 ~ 2 天。

头寸拆借的运作方式，一般是拆出银行开出支票交给拆入银行，并通过中央银行的票据交换将资金转入拆入银行的中央银行账户，增加备付金存款，补足资金差额。同时，拆入银行开出一张同等金额并加利息的支票交给拆出银行，并写明兑付日期(归还资金的时间)。拆借资金到期，拆出银行将支票通过中央银行的票据交换收回本息，整个拆借过程即告完成。

（2）同业借贷。同业借贷是指金融机构之间为了解决经营过程中的临时性和季节性的资金需要而相互融通资金的行为。同业借贷的运作程序，一般是由拆入银行填写一份借据交给拆出银行，拆出银行审核无误后向拆入银行提供贷款，即将其账户上的资金划转到拆入银行账户。拆借资金到期，拆出银行向拆入银行收回贷款本息，拆借过程即告完成。

3. 同业拆借利率

同业拆借利率是由交易双方根据当时货币市场情况协商自定的，一般低于中央银行的再贴现率。由于各种原因，同业拆借市场也时常出现拆借利率高于中央银行再贴现率的情况。同业拆借利率变动频繁，可以灵敏地反映资金供求状况，并对货币市场上的其他金融工具的利率变动产生导向作用，这就使同业拆借利率成为货币市场的核心利率。许多国家的中央银行已把同业拆借利率作为货币政策的操作目标，以通过货币政策工具的运用，影响同业拆借利率，进而影响长期利率使货币供应量发生变化，从而达到既定的货币政策目标。

三、可转让大额定期存单市场

可转让大额定期存单市场，简称CD市场，是可转让大额定期存单的发行与转让市场。CD是可转让大额定期存单的英文简称。可转让大额定期存单是银行为吸收资金而开出的按一定期限和利率支付本息的存款单据，是具有转让性质的定期存款凭证。固定面额、固定期限，到期时，持有人可向银行提取本息。可转让大额定期存单有记名式和不记名式两种。在到期前，持有人如需现金，可以转让。不记名式通常可自由交付转让；记名式转让必须到当地人民银行批准的机构办理过户手续。可转让大额定期存单是一种兼具活期存款流动性强和定期存款收益性高两方面优点的一种新型存款形式。

可转让大额定期存单的期限通常不少于2周，大多为3～6个月，一般不超过1年。其利率水平一般都高于同档次定期存款利率，不办理提前支取，不分段计算利息。

四、证券回购市场

证券回购交易，是指证券买卖双方在成交同时，就约定于未来某一时间以某一价格双方再进行反向成交的行为。其实质内容是证券的持有方以持有的证券作抵押，获得一定期限内的资金使用权，期满后须归还借贷的资金，并按约定支付一定的利息；而资金的贷出方则暂时放弃相应资金的使用权，从而获得融资方的证券抵押权，并于回购期满时归还对方抵押的证券，收取融出的资金并获得一定利息。

一笔证券回购交易涉及两个交易主体、二次交易契约行为。两个交易主体是指以券融资方（资金需求方）和以资融券方（资金供应方）；二次交易契约行为是指开始的初始交易和回购期满时的回购交易。无论是资金需求方还是资金供应方都要经过二次交易契约行为。

证券回购交易实质是一种以有价证券为抵押品拆借资金的信用行为，是一种以证券为担保的短期融资方式，也是证券市场的一种重要的融资方式。

五、短期国债市场

短期国债市场是通过买卖短期政府债券而进行短期资金融通的场所。由于短期政府债券具有安全性好、流动性强、收益高、免税待遇等特点，因此短期国债成为各商业银行、非银行金融机构、企业和社会公众的投资首选品种之一。

我国从1981年开始恢复发行国库券，但一直到1994年之前我国发行的国库券期限都比较长。1994年，为配合中国人民银行的公开市场业务操作，我国分别发行了6个月期和1年期的短期政府债券，为中国人民银行在1996年4月正式启动公开市场业务

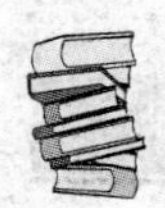

操作提供了基础条件。

六、货币市场基金

相对来说，货币市场流动性高、风险性低，但多数货币市场上的交易规模较大且交易频繁，普通投资者无法将手头闲置资金在其他货币子市场进行投资。而货币市场基金则是一条适合普通投资者参与货币市场投资的渠道。

货币市场基金是指投资于货币市场上短期（一年以内，平均期限120天）有价证券的一种投资基金。该基金资产主要投资于短期货币工具如国库券、商业票据、银行定期存单、银行承兑汇票、政府短期债券、企业债券等短期有价证券。货币基金只有一种分红方式——红利转投资。货币市场基金每份单位始终保持在1元，超过1元后的收益会按时自动转化为基金份额，拥有多少基金份额即拥有多少资产。而其他开放式基金是份额固定不变，单位净值累加的，投资者只能依靠基金每年的分红来实现收益。

当前我国的货币市场基金尚未开放企业债券、大额存单、商业票据的投资品种。于是，我国货币市场基金的投资范围主要是中央银行票据和各大国家控股商业银行发行的金融债券。

知识链接

“余额宝”的收益来源

2013年6月13日，国内独立第三方支付平台“支付宝”个人账户下面增加了一个名叫“余额宝”的功能。按照其官方介绍，余额宝是支付宝为个人用户推出的通过余额进行基金支付的服务。把资金转入余额宝即为向基金公司等机构购买相应理财产品。余额宝首期支持天弘基金“增利宝”货币基金。货币基金主要用于投资国债、银行存款等安全性高、收益稳定的有价证券。

很多媒体一味抓住“高收益”这一热点，对于余额宝高收益的来龙去脉并不清楚。严格来说，余额宝的高收益只能是理想收益。余额宝的收益是购买货币基金所得，这注定余额宝的收益与银行和证券公司销售的基金一样，高收益伴随着高风险。一旦购买的货币基金营收出现问题，用户的资金将蒙受损失。在一些货币基金购买合同上，也明确指出了有可能会亏损，并给出了收益的最大值。言外之意，号称年收益率4%的货币基金，是指最大收益率是4%，实际收益如果达到2%也不算违约。然而正如媒体所分析的那样，提高用户“黏性”是支付宝推出余额宝的目的所在，尽管支付宝牺牲了部分短期利益，但可能换来的是其资金量的不断壮大。

（资料来源：网易财经，http：//money. 163. com/13/0618/12/91LD920M00253B0H. html.）

第三节　资本市场

资本市场即长期资金市场，是指以长期金融工具为媒介而进行的一年期以上的资金交易活动的市场。资本市场的主要活动是发行和买卖各种债券、股票、基金，满足政府和企业对长期资金的需要，还包括融资期限在1年以上的银行信贷活动等。资本

市场具有期限长、风险大、收益高的特点，是金融市场的重要组成部分。

资本市场包括证券市场和银行长期信贷市场。以下主要介绍证券市场。

一、证券市场的特征

1. 证券市场是价值直接交换的场所

有价证券都是价值的直接代表，它们本质上是价值的一种直接表现形式。虽然证券交易的对象是各种各样的有价证券，但由于它们是价值的直接表现形式，所以证券市场本质上是价值的直接交换场所。

2. 证券市场是财产权利直接交换的场所

证券市场上的交易对象是作为经济权益凭证的股票、债券、投资基金份额等有价证券，本身是一定量财产权利的代表，代表着对一定数额财产的所有权或债权，以及相关的收益权。证券市场实际上是财产权利的直接交换场所。

3. 证券市场是风险直接交换的场所

有价证券既是一定收益权利的代表，同时也是一定风险的代表。有价证券的交换在转让出一定收益权的同时，也把该有价证券所特有的风险转让出去。所以，从风险的角度分析，证券市场也是风险的直接交换场所。

二、证券市场的职能

1. 筹资—投资功能

证券市场的筹资—投资功能是指证券市场一方面为资金需求者提供了通过发行证券筹集资金的机会，另一方面为资金供给者提供了投资对象。在证券市场交易的任何证券，既是筹资的工具，又是投资的工具。在经济运行过程中，既有资金盈余者，又有资金短缺者。资金盈余者为使自己的资金价值增值，必须寻找投资对象；而资金短缺者为了发展自己的业务，就要向社会寻找资金。为了筹集资金，资金短缺者可以通过发行各种证券来达到筹资的目的，资金盈余者则可以通过买入证券而实现投资。筹资和投资是证券市场基本功能不可分割的两个方面，忽视其中任何一个方面都会导致市场的严重缺陷。

2. 定价功能

证券价格的确定，实际上是证券所代表资产价格的确定。证券市场的有效运行，使得价格确定可以通过证券需求者和证券供给者的竞争形成，从而能较为充分地反映证券市场的供求状况。证券一级市场具有确定证券发行价格的功能，证券二级市场具有确定证券交易价格的功能。

3. 资本配置功能

证券市场的资本配置功能是指通过证券价格的影响，引导资金的流动，实现资金合理配置。股市的资源配置功能体现在两个环节上。其一，一级市场的资源配置功能。就中国的国情来说，股市资源的配置过程，主要是在一级市场通过发行股票融资完成的。上市公司之所以能筹资，能被市场认同，在于它能提供被投资者认知的产品和劳务，在于能生产社会需要的紧俏、盈利产品。其二，二级市场再融资的配置功能。上市公司的持续融资功能，就是社会资源再配置功能的体现，当然二级市场的再配置同

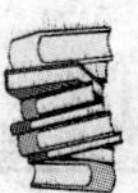

样是向高质量的上市公司倾斜。上市公司的资本优化是社会资源配置优化的前提。股市的资源优化配置功能与上市公司的质量及信息披露的真实性密切相关。如果上市公司质量低劣，信息披露虚假，就会丧失这一功能，导致股市堕落为赌场。

三、证券市场的种类

1. 按照交易组织形式的不同

证券市场按交易组织形式的不同，可以划分为有组织的场内交易市场和松散的场外交易市场。有组织的场内交易市场主要就是指有固定交易场所和有固定交易规则的证券交易所。松散的交易市场主要就是指场外交易市场，这种市场没有固定的交易场所，而且交易的都是没有在交易所挂牌上市的证券。场外交易市场是在证券交易所以外的各证券交易机构柜台上进行的交易市场，所以也叫作柜台交易市场。随着通讯技术的发展，一些国家出现了有组织的、并通过现代化通信与电脑网络进行交易的场外交易市场，如美国的全美证券商协会自动报价系统。

2. 按照市场职能不同

证券市场按市场职能不同，可以划分为发行市场和流通市场。证券发行市场又叫作初级市场，在这个市场中只买卖新发行的证券，即发行市场是通过发行股票、债券等进行筹资活动的市场。流通市场又称“二级市场”，是已发行证券进行流通转让的市场。流通市场一方面为股票持有者提供随时变现的机会，另一方面又为新的投资者提供投资机会。与发行市场的一次性行为不同，在流通市场上股票可以不断地进行交易。

发行市场是流通市场的基础和前提，流通市场又是发行市场得以存在和发展的条件。发行市场的规模决定了流通市场的规模，影响着流通市场的交易价格。没有发行市场，流通市场就成为无源之水、无本之木。所以，发行市场和流通市场是相互依存、互为补充构成的整体。

3. 按证券的性质不同

证券市场按证券的性质不同，可以划分为股票市场、债券市场和基金市场。股票市场是股票发行和买卖交易的场所。债券市场是债券发行和买卖交易的场所。基金市场是基金证券发行和流通的市场。其中，股票是由股份有限公司签发的证明股东所持股份的凭证；债券是指社会各类经济主体为筹措资金而向投资者出具的、承诺在一定时期支付利息和到期还本付息的债务凭证；基金一般指证券投资基金，是通过公开发售基金份额募集投资者的资金，由基金托管人托管，由基金管理人管理和运用资金的一种利益共享、风险共担的集合投资方式。

四、证券发行市场

证券发行市场又称证券的初级市场或一级市场，是发行人向投资者出售证券的市场，指企业或政府部门在发行证券时从规划到销售及承购等阶段的全过程。通常无固定场所，是一个无形的市场。

1. 证券发行市场的结构

证券发行市场由证券发行者、证券投资者和证券中介机构三部分组成。

(1) 证券发行者，是证券发行市场的供给方，同时也是资金的需求方。一般来说，都是一些公司或政府，它们发行证券数量的多少要取决于所在证券市场的规模和发达程度。反过来，发行者的证券发行规模和投资者的实际投资能力，决定着发行市场的容量和发达程度。

（2）证券投资者，是证券市场证券的需求者，同时也是市场上资金的供给者。投资者人数的多少和资金实力的大小，同样也取决于证券市场的发展规模，还要受到一个国家经济发展的影响。一般来说，证券市场上有两类投资者，一类是个人投资者，另一类是机构投资者。机构投资者主要由证券公司、信托投资公司、基金以及国家允许可以入市买卖股票的企业构成。

（3）证券中介机构，是证券发行的承销者和证券交易的经纪人。证券承销者主要代理证券发行，向投资者推销证券，一般是一些证券公司。证券经纪人就是专门代理客户买卖证券的证券中介，他们接受客户委托指令，在交易所内代替客户买卖。

2. 证券发行的主要方式

证券发行方式就是发行者采用什么方法、通过何种渠道或途径将证券投入市场，并为广大投资者所接受。从不同的角度划分，证券发行方式一般有如下几种。

（1）公募发行与私募发行。公募发行又称公募，是指事先没有特定的发行对象，向社会广大投资者公开推销股票的方式。采用这种方式，可以扩大股东的范围，分散持股，防止囤积股票或被少数人操纵，有利于提高公司的社会性和知名度，为以后筹集更多的资金打下基础，也可增加股票的适销性和流通性。公开发行可以采用股份公司自己直接发售的方法，也可以支付一定的发行费用通过金融中介机构代理。

私募发行又叫私募，是指发行者只对特定的发行对象推销股票的方式，通常在两种情况下采用。一是股东配股，即股份公司按股票面值向原有股东分配该公司的新股认购权，动员股东认购。二是私人配股，又称第三者分摊，即股份公司将新股票分售给股东以外的本公司职工、往来客户等与公司有特殊关系的第三者。

（2）公开发行与内部发行。公开发行是指企业经证券监督委员会批准公开向社会招股、筹集资金的证券发行方式。其股票经批准后可以在证券交易所公开挂牌交易。内部发行是企业经批准后向其内部职工发行的证券发行方式，其股票不能公开上市交易，只能在内部职工之间转让。

（3）直接发行与间接发行。直接发行又叫直接招股，是指股份公司自己承担股票发行的一切事务和发行风险，直接向认购者推销出售股票的方式。采用直接发行方式时，要求发行者熟悉招股手续，精通招股技术并具备一定的条件。

间接发行又称间接招股，是指发行者委托证券发行中介机构出售股票的方式。这些中介机构作为股票的推销者，办理一切发行事务，承担一定的发行风险并从中提取相应的收益。股票的间接发行有三种方法。

一是代销，又称为代理招股，推销者只负责按照发行者的条件推销股票，代理招股业务，而不承担任何发行风险，在约定期限内能销多少算多少，期满仍销不出去的股票退还给发行者。由于全部发行风险和责任都由发行者承担，证券发行中介机构只是受委托代为推销，因此，代销手续费较低。

二是承销，又称余股承购，股票发行者与证券发行中介机构签订推销合同明确规

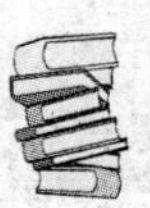

定，在约定期限内，如果中介机构实际推销的结果未能达到合同规定的发行数额，其差额部分由中介机构自己承购下来。这种发行方法的特点是能够保证完成股票发行额度，一般较受发行者的欢迎，而中介机构因需承担一定的发行风险，故承销费高于代销的手续费。

对于一次发行量特别大的股票发行，一家承销机构往往不愿意单独承担发行风险，这时就会组织一个承销团，由多家机构共同担任承销人，这样每一家承销机构单独承担的风险就减少了。在我国，大宗股票和部分国债的发行经常采用承销团形式。

三是包销，又称包买招股，当发行新股票时，证券发行中介机构先用自己的资金一次性地把将要公开发行的股票全部买下，然后再根据市场行情逐渐卖出，中介机构从中赚取买卖差价。若有滞销股票，中介机构减价出售或自己持有。由于发行者可以快速获得全部所筹资金，而推销者则要全部承担发行风险，因此包销费高于代销费和承销费。

（4）平价发行、溢价发行和折价发行。平价发行就是指股票的发行价格与股票的面值一致，亦称等价发行、按票面金额发行。平价发行可以准确确定每一股份在公司所占有的比例，而且发行价格也不受市场行情波动的影响。溢价发行是以高于证券面值的价格发行的证券发行方式，又称为时价发行。折价发行，是指发行公司将股票以低于面值的价格承包给股票承销商，以便承销商在包销股票时能够获得包销利润。

五、证券流通市场

1. 证券交易所

证券交易所是买卖双方公开进行交易的场所，是一个有组织、有固定地点、集中进行交易的次级市场，是股票流通市场的最重要的组成部分，也是交易所会员、证券自营商或证券经纪人在证券市场内集中买卖上市股票的场所，是二级市场的主体。

证券交易所自身并不参与买卖股票，也不决定证券交易价格，只是提供一定的交易场所和设施，配备必要的管理和服务人员，对证券交易制定周密的规则和进行严格的管理，接受和办理符合有关法律规定的股票上市买卖，使原股票持有人和投资者有机会在市场上通过经纪人进行自由买卖、成交、结算和交割。

目前，我国的证券交易所有两个，分别是上海证券交易所和深圳证券交易所。

2. 场外交易市场

场外交易市场又称店头市场或柜台市场，是在证券交易所以外进行证券交易活动形成的市场，它与交易所共同构成一个完整的证券交易市场体系。在早期银行业与证券业尚未分离之前，由于证券交易所尚未建立和完善，许多有价证券的买卖都是通过银行进行的，投资者买卖证券直接在银行柜台上进行交易，所以称为柜台交易或店头交易。实行分业经营之后，这种通过柜台进行的证券交易就由证券公司来承担。场外交易市场实际上是由千万家证券商行组成的抽象的证券买卖市场。在场外交易市场内，每个证券商大都同时具有经纪人和自营商双重身份，随时与买卖证券的投资者通过直接接触或电话、电报等方式迅速达成交易。作为自营商，证券商具有创造市场的功能，证券商往往根据自身的特点，选择几个交易对象；作为经纪证券商，证券商替顾客与

某证券的交易商进行交易。

（1）自营商。自营商是场外交易市场的主要参与者。一般来说，这类自营商既是交易所的会员，又直接从事场外交易。

（2）店头证券商。店头证券商不是证券交易所的会员，但是经过批准设立的证券营业机构，主要买卖未上市证券与国家债券。

（3）会员证券商。会员证券商主要经营证券交易所的业务，但也设立独立机构经营店头市场业务，要么自营，要么充当经纪人赚取佣金收入。

（4）证券承销商。证券承销商专门承销在场外交易市场新发行的证券，而且证券发行也主要是在场外进行。

（5）专门从事买卖债券的证券商。

（6）机构投资者和个人投资者。

3. 证券经纪人

（1）证券经纪人的概念：证券经纪人是指在证券市场专为证券买卖双方充当中介，代理买卖而收取佣金的中间商。证券经纪人作为证券交易双方的中介，是证券市场的中坚力量，起着重要作用。我国证券经纪人主要是各地证券公司、信托投资公司等，这些证券中介机构不仅办理代理委托业务，也做自营买卖，同时还充当证券承销商，包揽证券发行业务。证券经纪人大都是证券交易所的会员单位，在交易所充当经纪人的出市代表也是由这些机构委派的，同时他们还办理柜台业务，进行场外交易。

（2）投资者与证券经纪人的关系：普通投资者在流通市场上买卖证券须经过经纪人进行。对投资者来说影响其投资成功与否的因素很多，选择合适的经纪人是其中之一。选择经纪人时主要考虑经纪人的信誉情况、资金状况、规模大小、专长如何等。选择了合适的经纪人以后，要到经纪人那里开户，再行委托。

投资者与经纪人的关系主要是授权与代理关系。投资者在办理委托时应当注意，经纪人并不是专门的投资顾问和投资分析家，他们只是接受委托代其买卖证券。至于证券的买进或卖出，必须由投资者自己做出决定。

六、证券交易方式

金融市场的交易方式是在金融市场上买卖各种金融商品的方法和形式。各国证券市场一般有如下四种基本交易方式。

1. 现货交易

现货交易是指在成交后交易双方即时交割的交易方式。这里的“即时”，并不是一定要在成交的同一时间和空间一手交钱一手交货，可以是当天，也可以是次日，但一般是以 5 天为限。

2. 信用交易

信用交易是指由投资者按照规定的比例向经纪人支付部分证券或价款，不足部分由经纪人垫付而进行的证券交易方式。在证券市场上，当某种证券的行情看涨，投资者想买进该证券，但资金不足；或当某种证券的行情看跌，投资者欲卖出该证券，但手中没有该证券或持有量较少时，即使对行情把握得很准，由于受以上两方面的限制，也达不

到预期的收益。而利用信用交易方式则可以解决这个问题。在信用交易方式下，投资者凭自己的信誉，在交纳了一定的保证金后即可进行超过自己手头持有资金或证券的买卖。

3. 期货交易

期货交易是指交易双方在证券成交后，商定按照契约规定的数量和价格，在将来的某一特定日期（如30天、60天或90天后）进行清算交割的证券交易方式。期货交易是相对于现货交易而言的，现货交易要求在成交后即时交割。而期货交易是在现时完成，却在未来某个时间进行交割，即预约成交、定期交割。

4. 期权交易

期权也称选择权，是指赋予购买者的在规定期限内按交易双方约定的价格买进或卖出一定数量证券的权利。期权交易就是对这种证券买进权利或卖出权利进行买卖的活动。这种交易的直接对象不是证券，而是买卖证券的权利。购买期权的人在支付给出售期权的人一定期权费之后，就有权按照事先达成的协议，在一定时期内按规定的价格买进或卖出一定数量的证券。购买期权者在规定期限内可以行使这一权利，也可以不行使这一权利，即不买卖证券而任其作废。也就是说，期权购买者以付出期权费为代价，获得了对期权是否执行的选择权，所以期权交易也称为选择权交易。相反，期权出售者由于收取了期权费，因此在协议规定的有效期间内，无论市场行情如何变化，都有按协议规定执行交易的义务，直到期权过期为止。

七、证券交易的程序

1. 开立证券账户

投资者须到当地证券登记公司进行合法身份或合法资格登记。登记时，个人投资者需提供身份证件，单位投资者需提供营业执照等证件。

2. 开立资金账户

投资者进行登记后，应到选定的经纪人处开立证券交易账户，并在资金账户中交足保证金。因为普通股投资者不能直接进入证券交易所进行交易，而必须委托在场内有代表人的证券经纪商代为买卖，为此，需要在证券经纪商那里开立委托买卖账户。开户时要填具买卖契约，其内容大体包括投资者姓名、地址、职业、单位、联系电话、主要经历、委托交易的方式，以及其他应遵循的细则等。

3. 委托交易

开户之后，投资者可以随时采取书面、电话、电报、电传等形式，委托经纪商代为买卖证券。委托的内容包括证券名称、买进或卖出的数量、价格、交易方式、有效期限等。经纪商在接受委托后，应当将委托的内容及时通知其在证券交易所中的驻场人员，由驻场人员负责执行委托。

4. 竞价成交

经纪商的驻场人员——红马甲在接到客户的指令后，将其输入计算机终端进行撮合成交。竞价成交要按照成交的竞争规则进行，其核心内容是价格优先、时间优先和数量优先原则。价格优先原则是在买进时较高的买进价格申报优先满足于较低的买进价格申报；卖出证券时，较低的卖出价格申报优先满足于较高的卖出价格申报；时间优先原则要求当存在若干相同价格申报时应当以最早提出该价格申报的一方成交；数量优先原则是指在申报价格相同且申报时间相同的情况下，申报交易数量较大者优先于申报数量较小者。

申报竞价成交后，买卖即告成立，任何一方不得反悔或拒不承认成交的价格和数量。

5．交割与过户

交割是指证券交易成交后，买卖双方通过交易所和证券商结算并收付应收应付款项和证券的行为。过户即股票持有者变更名称。

知识链接

股市与汇率的联动性

美元的走势经常与美国股票市场的道琼斯指数保持相当程度的联动性，它们之间的关系可以说是相辅相成的，一般为同方向变动。

你可以理解为道琼斯指数上涨推动了美元的强势，也可以理解为美元的强势进一步刺激了道琼斯指数的飙升。

其实对于投资者来说，美元指数和道琼斯指数之间的联动性是很容易理解的：在国际资本流动日趋频繁的今天，美国股市的上涨所形成的盈利机会，必然会吸引国外的资本流向美国股市，这是资本的趋利性使然。由于投资美国股市需要用美元，这必然造成美元的需求在不断增加，美元指数的上涨也就很容易理解了。

美元的上涨是美国经济繁荣的标志。美元的强势进一步加剧了投资者对于美国股市上涨的信心，从而推动美国股市持续上涨。两者之间相辅相成而又联动紧密的现象，给投资者通过美国股市的表现来判断分析外汇市场美元的走势提供了非常好的依据。实际情况也是这样，美元指数的走势与道琼斯指数相当同步，基本上可以说在10天当中有9天走势是同步的。

同样地，日经指数上涨，就会刺激日元走强；反之，日经指数下跌，就会影响日元走弱。

（资料来源：http：//www．godsignal．com/FX/whzs/132315474165397．html．）

第四节　外汇市场

一、外汇市场的概念

外汇市场是以外汇银行为中心，由外汇需求者和外汇供给者组成的买卖外汇的场所或交易网络。外汇市场按经营范围分为国际外汇市场和国内外汇市场；按交易形式分为有形市场和无形市场。

二、外汇市场的参与者与动机

1．银行

参与外汇市场的银行主要是外汇银行和中央银行。外汇银行是指经过中央银行批准

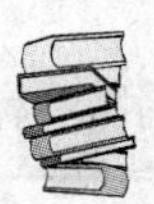

可以经营外汇业务的商业银行或其他金融机构，其中大多数是重要的商业银行。商业银行参与外汇买卖的主要目的有两个。一是代客户买卖，尽可能提供全面服务。有的客户要买入外币现钞或电汇、或开信用证、或办理外币存款，有的客户要卖出外币或进行贴现，他们一般通过商业银行进行。商业银行提供服务的同时可获得外汇买卖利润。二是自行买卖。有不少商业银行设有专门的外汇部门，买卖外汇以调整其外汇头寸，将外汇存贷保持在合理水平。也有的商业银行在外汇市场上进行投机以赚取利润。

中央银行买卖外汇则主要出于宏观经济目标动机，干预汇率的变动以维持所预期的汇率水平。

2. 外汇经纪商

外汇经纪商是指在外汇市场上从事介绍外汇买卖成交的中间人，他们为客户的买卖接洽撮合，从中赚取佣金。经纪商熟悉外汇供求行市，与外汇银行关系密切。

3. 买卖外汇的客户

由于要付出和收进外汇，进出口贸易公司是主要的外汇需求者和供给者。运输、旅游、汇出或收入侨汇等，也都形成对外汇的需求和供应，从而进行这些行为的人也成为外汇市场的参与者。这些客户的外汇买卖一般都通过商业银行和经纪人进行。

4. 外汇投资或投机者

这些投资或投机者也许是公司，也许是个人，他们买卖外汇的主要目的是利用外汇交易的时间差和空间差及汇率的变动来获取利润。

三、外汇交易的种类

1. 即期外汇交易

即期外汇交易又称现汇交易或现货交易，是指买卖双方以当时外汇市场的价格成交，在两个营业日内进行交割的外汇买卖。在外汇市场的各类交易中其交易量居首位。

2. 远期外汇交易

远期外汇交易又称期汇交易，是指外汇买卖双方先签订合同，规定买卖外汇的币种、数额、汇率和将来交割的时间，到规定的交割日期，再按合同规定的币种、数额和汇率，由卖方交汇，买方付款的一种外汇交易。简言之，远期外汇交易是指预约购买或出售外汇的一种外汇交易。

远期外汇交易使用远期外汇汇率。远期外汇汇率是在即期汇率的基础上用加减升水和贴水的方式来计算的。如果远期汇率高于即期汇率，高出的差额就称作“升水”；远期汇率低于即期汇率，低的那部分差额就叫作“贴水”；如果两汇率相等，就称为“平价”。两种货币的远期汇率究竟是升水还是贴水，其主要决定因素是这两种货币的利率水平，通常利率高的国家的货币相对于利率低的国家的货币呈远期贴水。

3. 套汇、套利和掉期交易

套汇是指利用不同的外汇市场同一时点的汇率差异贱买贵卖，从而赚取利润的外汇交易活动。20 世纪 70 年代后，世界各国普遍实行浮动汇率制度，外汇市场上汇率波动频繁，不同的外汇市场在同一时点上往往会出现明显的汇率差异，使投机者有机会利用汇率差异赚取差价利润。

套利也称利息套汇，是指利用两个不同国家金融市场短期利率差异，将资金从利率较低的国家调往利率较高的国家，以赚取利率差异的外汇交易。

掉期交易又称时间套汇，是指利用外汇市场上不同时间的汇率差异，买入或卖出某种货币的同时，卖出或买入交割时间不同的等额同种货币的交易。掉期交易往往用于各国中央银行稳定汇价；银行同业间、银行与其他金融机构之间、银行与客户之间保值避险或套期图利。比如，一美国公司，需要100万英镑进行投资，并在三个月收回，但据预测三个月后英镑对美元将贬值，为了保证投资盈利，又避免汇率变动的风险，该公司在买进即期英镑的同时，卖出同样数额的三个月远期英镑。

4. 外汇期货交易和期权交易

外汇期货，也称货币期货交易，是指外汇交易双方在外汇期货交易所以公开叫价的方式成交后，承诺在未来某一特定日期，以约定的价格交割某种特定的标准量货币的交易活动。

外汇期权交易，也称货币期权，是外汇期权购买者通过付给期权卖出者一定费用，取得在期权有效期内履行或放弃按约定汇率和金额买卖某种外汇的权利。外汇期权是一种权利，而不是一种义务。因此，期权的购买者可以根据形势对这个权利实施、转让或者放弃。期权交易的出现突破了过去金融期货交易必须实施的限制，避免了交易带来的风险。目前，期权交易的主要货币有英镑、美元、法国法郎、日元、瑞士法郎和加拿大元等。

知识链接

表13-1　常见外汇货币符号

货币名称	货币符号	货币名称	货币符号
日元	JPY	美元	USD
英镑	GBP	欧元	EUR
瑞士法郎	CHF	港币	HKD
加拿大元	CAD	澳大利亚元	AUD
印尼盾	IDR	新西兰元	NZD
马来西亚林吉特	MYR	俄罗斯卢布	SUR
菲律宾比索	PHP	韩国元	KRW
新加坡元	SGD	泰铢	THB
欧元区各国原货币			
德国马克	DEM	西班牙比塞塔	ESP
爱尔兰镑	IEP	芬兰马克	FIM
奥地利先令	ATS	法国法郎	FRF
比利时法郎	BEF	卢森堡法郎	LUF
意大利里拉	ITL	荷兰盾	NLG

（资料来源：http：//www. chinaacc. com/new/635_ 648_ 201110/09ya456301575. shtml.）

本章小结

金融市场是指资金的盈余方与短缺方通过买卖金融工具以融通资金的场所或机制。金融市场的存在和发展，为政府、金融机构、企业单位和个人的长短期资金相互转化和融通提供了媒介和场所。金融市场具有如下特点：市场商品具有单一性、交易价格具有特殊性、交易目的具有多重性。金融市场的功能主要有聚集社会资金功能、配置功能、加速资金周转功能、宏观调控功能。金融市场的构成要素大致包括交易主体、交易对象、交易工具、交易的组织形式和交易价格。货币市场是专门融通短期资金、实现短期资金借贷的市场，具体包括票据市场、同业拆借市场、CD（可转让大额定期存单）市场、短期债券市场、短期存放款市场等。资本市场是指以长期金融工具为媒介而进行的1年期以上的资金交易活动的市场。资本市场具有期限长、风险大、收益高的特点，是金融市场的重要组成部分。资本市场包括证券市场和银行长期信贷市场。外汇市场是以外汇银行为中心，由外汇需求者和外汇供给者组成的买卖外汇的场所或交易网络。外汇市场按经营范围分为国际外汇市场和国内外汇市场；按交易形式分为有形市场和无形市场。

思考与练习

一、选择题

1．由出票人签发的，委托付款人在指定日期无条件支付确定的金额给收款人或持票人的票据是（　　）。

A．银行汇票　　B．商业汇票　　C．本票　　D．回购协议

2．证券交易双方在证券成交后，即时按协议约定的价格、数量进行交割的证券交易方式是（　　）。

A．现货交易　　B．期货交易　　C．期权交易　　D．信用交易

3．（　　）是金融机构之间进行相互借贷的场所，即金融机构之间利用资金融通的地区差、时间差调剂资金余缺，由资金多余的金融机构对临时资金不足的金融机构进行短期放款的市场。

A．贴现市场　　B．外汇市场　　C．同业拆借市场　　D．发行市场

4．同业拆借利率是由交易双方根据当时货币市场情况协商自定的，一般（　　）中央银行的再贴现率。

A．高于　　B．低于　　C．等于　　D．无关

5．（　　）是指买卖双方以当时外汇市场价格成交，在两个营业日内进行交割的外汇买卖。

A．外汇期货　　B．外汇期权　　C．远期外汇交易　　D．即期外汇交易

6．股票的发行价格分为（　　）。

A．平价发行　　B．折价发行　　C．市价发行　　D．溢价发行

7．金融市场的参与主体包括（　　）。

A．企业　　B．政府　　C．个人　　D．金融机构

8．证券市场根据市场的功能划分，分为（　　）。

A．发行市场　　B．场内交易市场　　C．场外交易市场　　D．流通市场

9．金融市场的配置功能表现在（　　）。

A．收益的再分配　　B．资源的配置　　C．财富的再分配　　D．风险的再分配

10．金融市场按标的物划分，分为（　　）。

A．货币市场　　B．证券市场　　C．外汇市场　　D．黄金市场

二、判断题

1．货币市场是专门融通短期资金、实现短期资金借贷的市场。（　　）

2．票据市场上交易的对象一般是银行汇票。（　　）

3．证券回购交易实质是一种以有价证券为抵押品拆借资金的信用行为，是证券市场的一种重要的融资方式。（　　）

4．证券发行市场由证券发行者、证券投资者和证券中介机构三部分组成。（　　）

5．证券交易所自身可以参与买卖股票和决定证券交易价格。（　　）

6．我国目前有两家证券交易所，分别是深圳证券交易所和上海证券交易所。（　　）

7．期权出售者以付出期权费为代价，获得了对期权是否执行的选择权。（　　）

8．期货交易是在现时完成，却在未来某个时间进行交割。（　　）

9．外汇市场按经营范围分为有形市场和无形市场。（　　）

10．中央银行买卖外汇则主要出于宏观经济目标动机，干预汇率的变动以维持在它所预期的汇率水平。（　　）

三、名词解释

金融市场　证券市场　外汇市场　货币市场　证券交易所

四、简答题

1．什么是金融市场？

2．金融市场的种类有哪些？

3．什么是货币市场、同业拆借市场？

4．什么是资本市场？

5．简述外汇市场的作用和分类。

五、案例分析

新加坡金融市场国际化的成功经验

1965年，新加坡脱离马来西亚获得独立。1967年6月，新加坡成立了货币委员会，从英国人手中收回了货币发行权，发行了自己的货币。此后，新加坡政府立即着手对工业和金融结构改革，建立了自己的银行体系。为了迅速实现强国富民的目标，根据自身的国情和国际金融发展的形势，新加坡政府决定将发展金融服务业作为建立新的国民经济结构的一个重要方面，给予重点倾斜和支持，由此确立了金融立国的政策和金融市场国际化的战略。

1968年，新加坡政府决定抓住欧洲货币市场对美元需求大增的有利时机，创建亚洲美元（以下简称“亚元”）市场。

新加坡建立国际金融中心的愿望恰好也迎合了以美洲银行为首的一些外国银行在东南亚开展国际金融活动的利益。1968 年，美洲银行率先向新加坡政府申请，在其银行内部设立一个专门经营离岸美元业务的系统——亚洲货币单位（Asian Currency Unit）。通过该系统，可办理非居民的美元存款、外汇买卖和资金借贷等项业务。1968 年 10 月 1 日，经批准设立的美洲银行亚洲货币单位以 20 万美元的存款基数开始其经营活动。到 1970 年，新加坡政府又先后批准了花旗、麦加利、华侨、华通、渣打和汇丰等 16 家外国银行经营境外货币业务。为了避免扰乱本国金融市场，新加坡政府要求各经办行，通过设立专门账户，使境外货币业务与本地金融业务严格区分开来，从而形成了两个金融体系，即在岸银行体系和离岸银行体系，后者专门经营境外货币业务。亚元市场的建立，是新加坡金融国际化的一个重要里程碑。它标志着新加坡金融业进入了一个新的历史时期，为确立新加坡的国际金融中心地位奠定了基础。

为了巩固新生的亚元市场，新加坡政府除了进一步完善各项经济和金融法规，为外国银行到新加坡设立分行经营境外货币业务提供可靠的法律保障外，还采取了种种优惠政策加以扶植。

1972 年以前，亚元市场只允许非居民参加，新加坡禁止其居民向亚洲货币单位借款和投资。为了鼓励金融机构之间的竞争，进一步促进金融市场的国际化，1972 年以后，新加坡政府逐步放宽了这方面的限制，并于 1978 年最终取消了外汇管制。此外，新加坡政府还降低了对外国银行进入国内市场的要求，放宽了对外资银行业务范围的限制，允许在新加坡的外资银行发售美元存款单，1990 年又进一步放宽了对外资持有银行股份的限制，把外资持有当地银行股权的比例由 20% 提高到 40%，并将各亚洲货币单位的离岸业务经营所得税率由 33% 降为 10%（低于香港 16.5% 的税率），以吸引更多的外国银行到新加坡设立分行。

经过三十多年的努力，新加坡亚元市场终于获得了较大的发展，新加坡由此成为全球性的国际金融中心。

（资料来源：http：//www. sdwm. cn/bumen/khshow. php？tid = 19609.）

根据上述资料，讨论分析以下问题：

1. 新加坡金融市场国际化的成功经验有哪些？

2. 中国应当如何进一步完善金融市场的建设？

第十四章　国际金融

学习目标

知识目标

1. 了解外汇的定义和分类、主要外汇市场、国际结算制度。
2. 理解汇率的决定因素。
3. 熟悉国际收支平衡表的主要内容。

能力目标

1. 能够正确使用汇率标价方法。
2. 能够利用结算工具办理国际结算业务。
3. 能够分析国际收支变动对经济的影响。

引导案例

1997 年泰国金融危机

早在 1996 年下半年，泰国出口下滑，又因泰铢采用盯住美元的汇率制度，美元的走势强劲，带动泰铢汇率上扬，给泰国出口带来更多不利。当时泰国外汇储备虽然维持在 380 亿美元的水平，但外债已高达 1 000 亿美元。

1996 年 12 月底，投机者认为泰国已左右为难。如要稳定出口，就必须提高利率、稳定泰铢（汇率不上扬）。但提高利率有损于债务缠身的金融业，银行呆账正在上升，高利率只能促使银行倒闭。另一个选择是让泰铢贬值，但这有损于那些欠了美元外债的企业。索罗斯为首的投机者预计：泰国政府会宁肯提高利率也要维持泰铢，这样一来他们便有好的攻击机会——在迫使泰铢贬值的过程中赚取巨额钱财。

索罗斯为首的国际游资大量卖空泰铢。为维持汇率，政府不得不提高利率，政府利率越高，企业贷款成本越高，最后企业体系完全陷入瘫痪。与此同时，泰国外汇储备急剧下降，只有贬值是唯一选择。到 1997 年 7 月 2 日，泰国政府不得不宣布泰铢贬值，当天泰铢应声下跌 20%，一夜之间失去了 1/5 的购买力，泰国政府被国际投机家一下子卷走了 40 亿美元。

（资料来源：封文丽．从亚洲金融危机到国际金融危机［M］．北京：冶金工业出版社，2009.）

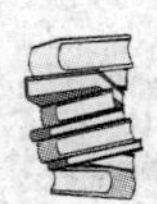

第一节 外汇与汇率

一、外汇

1. 外汇的含义

外汇的概念具有双重含义，即有动态和静态之分。外汇的动态概念，是指经过银行等金融机构把一国货币兑换成另一国货币的一种行为或活动。“汇”指资金的移动，“兑”指通过金融机构进行的货币兑换。它是国际汇兑（Foreign Exchange）的简称。外汇的静态概念，是指以外国货币表示的可用于国际结算的支付手段。这种支付手段包括以外币表示的信用工具和有价证券，如银行存款、商业汇票、银行汇票、银行支票、外国政府库券及其长短期证券等。

按照我国1997年1月修正颁布的《外汇管理条例》规定：外汇，是指下列以外币表示的可以用作国际清偿的支付手段和资产。它包括：①外国货币，包括纸币、铸币。②外币支付凭证，包括票据、银行存款凭证、邮政储蓄凭证等。③外币有价证券，包括政府债券、公司债券、股票等。④特别提款权SDRs。⑤其他外汇资产。人们通常所说的外汇，一般都是就其静态意义而言，就是外国货币或以外国货币表示的能用于国际结算的支付手段。

2. 外汇的三个基本特征

（1）外汇是以外币计值或表示的金融资产，任何以外币计值或表示的实物资产和无形资产并不构成外汇。

（2）外汇必须具有可靠的物资偿付的保证，能为各国所普遍接受。

（3）外汇必须具有充分的可兑换性，能用于多边国际结算。

3. 外汇的主要作用

（1）节约流通费用，便于国际结算。以外汇充当国际支付手段，可通过电汇、信汇或票汇方式清偿国际的债权债务和实现资金的国际转移。这种以可兑现货币表示的各种票据的收付和周转，既节约了流通费用，同时也加快了资金的流通，并且方便了结算工作。

（2）扩大了商品流通的范围，加快了商品流通速度。在不同的货币制度下，不同国家的货币购买力是不能转移的。但外汇可以把一国的货币兑换成另一国的货币，即两国的购买力不仅在本国得以实现，而且通过兑换在国外也能得以实现。这种货币在国际的流通，扩大了商品流通的范围，加快了商品流通速度，为国际商品流通提供了可能性和现实性。

（3）调节国际间资金供求的不平衡。世界经济的发展是不平衡的，由此产生了各国资金余缺不一的状况。因此不同国家之间客观上都有着调剂资金余缺的需要。但是，在没有外汇的条件下，调剂资金余缺是相当困难的。只有外汇这种国际的支付手段，才能加速资金在国际的周转速度，促进各国投资活动与资本移动，推动国际经济贸易关系的发展。

(4) 作为国际储备平衡各国的国际收支。外汇是国际金融组织和世界各国重要的储备资产。当一个国家的对外贸易、非贸易往来或资本项目收支不平衡，而使国际收支发生逆差时，该国可以运用外汇储备予以弥补。在现代国际经济活动中，一国国际收支持续逆差，即使拥有大量外债，也不能直接用黄金抵付，而必须在国际市场按市价出卖所持有的黄金，以换取外汇来清偿。这是现代黄金交易的主要特征，也是外汇运作的一大特点。

(5) 促进国际贸易与资本流动的迅速发展。这是因为外汇的出现便利于国际结算，外汇的出现扩大了资金融通的范围，因此，极大地促进了国际贸易的发展。同时，利用外汇这种支付手段，通过办理国际长短期信贷与直接对外投资，可推动国际资本流动规模的扩大与流动速度的提高。

(6) 作为衡量一国经济实力和经济地位的标准。外汇代表一国的国际购买力，更本质地说，代表一国所拥有的债权。外汇越多，意味着该国越有实力作用于国际金融市场，从而表明一国的国际经济地位的增强。同时，外汇增多，意味着该国外汇储备相应地增加，促进本币对外币比值上升，并在国际市场上成为硬通货，使该国货币的国际地位增强。

二、汇率

1. 汇率的概念

汇率是一国货币折算为另一国货币的比率或比价，或者说是以一国货币表示另一国货币的价格。由于世界各国货币的名称不同，币值不一，所以一国货币对其他国家的货币要规定一个兑换率，即汇率。在外汇市场上，汇率又常常被称为汇价、外汇行情或外汇行市。

因为一个国家生产的商品都是按本国货币来计算成本的，要拿到国际市场上竞争，其商品成本一定会与汇率相关。因此，汇率的高低也就直接影响该商品在国际市场上的成本和价格，直接影响商品的国际竞争力。

2. 汇率的标价方法

确定两种不同货币之间的比价，先要确定用哪个国家的货币作为标准。人们是以外国货币表示本国货币的价格，还是以本国货币表示外国货币的价格，就涉及汇率的标价方法问题。汇率有三种标价方法：直接标价法、间接标价法和美元标价法。

(1) 直接标价法。直接标价法又称应付标价法，它是以一定单位的外币为标准，折算成若干单位本币的一种汇率表示方法。在直接标价法下，外币的数量固定不变，折合本币的数量则随着外币币值和本币币值的变化而变化。若一定单位的外币折合的本币数额多于前期，则说明外币币值上升或本币币值下跌，叫作外汇汇率上升；反之，如果要用比原来较少的本币即能兑换到同一数额的外币，这说明外币币值下跌或本币币值上升，叫作外汇汇率下跌，即外币的价值与汇率的涨跌成正比。目前世界上绝大多数国家都采用直接标价法。我国国家外汇管理局公布的外汇牌价，就是采用直接标价法。

(2) 间接标价法。间接标价法又称应收标价法，是以一定单位的本国货币作为标准，折算为一定数量的外国货币的标价法。在间接标价法下，本国货币的数额固定不变，外

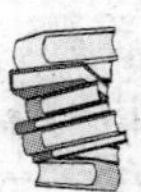

国货币的数额则随着本国货币或外国货币币值的变化而变化，汇率的涨跌都以相对的外币数额的变化来表示。如果一定单位的本币折成外币的数量比原来多，则说明本币汇率上升，外币汇率下跌。英国一直采用间接标价法。欧元也采用间接标价法。美国从1978年9月起除对英镑继续采用直接标价法外，对其他货币改用间接标价法。

（3）美元标价法。美元标价法又称纽约标价法，它是以一定单位的美元为标准来计算应兑换多少其他货币的汇率表示方法。在美元标价法下，美元的单位始终不变，美元与其他货币的比值是通过其他货币量的变化体现出来的。美元标价法的目的是为了简化报价并广泛地比较各种货币的汇价。随着国际金融市场之间外汇交易量的猛增，为了便于进行国际交易，美元标价法成为银行之间报价时采用的一种汇率表示法。目前，主要国际外汇市场和大银行的外汇交易报价均采用美元标价法。

三、汇率的种类

1．按国际货币制度的演变划分，汇率分为固定汇率和浮动汇率

（1）固定汇率。固定汇率是由政府制定和公布，并只能在一定的很小幅度内波动的汇率。在金本位制度下，固定汇率决定于两国金铸币的含金量，波动的界限是引起黄金输出输入的汇率水平，波动的幅度是在两国之间运送黄金的费用。在第二次世界大战后到20世纪70年代初的布雷顿森林货币制度下，国际货币基金组织成员国的货币规定含金量和对美元的汇率。汇率的波动严格限制在官方汇率的上下1%的幅度下。由于汇率波动幅度很小，所以也是固定汇率。

（2）浮动汇率。浮动汇率是指由市场供求关系决定的汇率，是指一国货币当局不规定本国货币对其他货币的官方汇率，也无任何汇率波动幅度的上下限，本币由外汇市场的供求关系决定，自由涨落。外币供过于求时，外币贬值，本币升值，外汇汇率下跌；相反，外汇汇率上涨。

2．按制定汇率的方法划分，汇率分为基本汇率和套算汇率

（1）基本汇率。基本汇率是指本国货币与关键货币对比制定出来的汇率。所谓关键货币，是指在国际贸易或国际收支中使用最多、在各国外汇储备中所占比重最大、自由兑换性最强、汇率行情最为稳定、事实上为各国所接受的货币。各国在制定汇率时会先选择关键货币作为本币的主要对比对象，一国通常根据本国货币与关键货币实际价值的对比，制定出对它的汇率，而这个汇率就是基本汇率。人民币基准汇率是由中国人民银行根据前一日银行间外汇市场上形成的美元对人民币的加权平均价，公布当日主要交易货币（美元、日元和港币）对人民币交易的基准汇率，即市场交易中间价。

（2）套算汇率。套算汇率也叫交叉汇率，是指按照基本汇率套算出的直接反映本币与其他货币之间价值比率的汇率。或者说，两国间的汇率是通过各自与第三方货币的汇率间接计算出来的，又称交叉汇率。例如，在东京外汇市场上，1美元＝81.20日元，又知1美元＝6.640 6人民币，则人民币和日元的套算汇率为1人民币＝12.228日元。

3．按银行买卖外汇的角度划分，有买入汇率、卖出汇率、中间汇率和现钞汇率

（1）买入汇率。买入汇率也称买入价，即银行向同业或客户买入外汇时所使用的汇率，采用直接标价法时，外币折合本币数较少的那个汇率是买入价，采用间接标价法时则相反。又叫作买入价，是外汇银行向客户买进外汇时使用的价格。在直接标价法下，一般地，外币折合本币数较少的那个汇率是买入汇率，它表示买入一定数额的外汇需要付出多少本国货币。

（2）卖出汇率。卖出汇率也称卖出价，即银行向同业或客户卖出外汇时所使用的汇率，采用直接标价法时，外币折合本币数较多的那个汇率是卖出价，采用间接标价法时则相反。直接标价法下卖出价大于买入价。银行靠差价谋取利益，差价是银行的利润。

（3）中间汇率。中间汇率是现汇买入价与卖出价的平均数。西方报刊报道汇率消息时常用中间汇率，套算汇率也用有关货币的中间汇率套算得出。

（4）现钞汇率。由于一般国家都不允许外币在本国流通，因此产生了买卖外汇现钞的兑换率，即现钞汇率。现汇卖出价等于现钞卖出价。因为对于银行来说，是卖出外币（比如美元），是不分现钞还是现汇的，所以二者等同，是同一个价格。现汇买入价大于现钞买入价，银行在收兑外币现钞时的汇率通常要低于外汇买入汇率。因为对于银行来说，现汇是银行账户中的外国货币、支票、汇票等以电子形式存在的外汇，相比于实物形式的现金钞票来说可以节省存储、划拨、运输、保管等费用，所以前者要大于后者。

表 14－1　2014 年 4 月 15 日中国银行公布的外汇牌价

货币名称	现汇买入价	现钞买入价	现汇卖出价	现钞卖出价	中行折算价
澳大利亚元	582.13	564.16	586.21	586.21	581.21
加拿大元	563.86	546.45	568.38	568.38	561.42
瑞士法郎	703.25	681.53	708.89	708.89	706.09
丹麦克朗	114.53	110.99	115.45	115.45	115.04
欧元	855.25	828.84	862.11	862.11	850.82
英镑	1 036.28	1 004.28	1 044.6	1 044.6	1 029.96
港币	80.06	79.42	80.36	80.36	79.41
印尼卢比		0.052 5		0.056 3	0.054 4
日元	6.084 9	5.897 2	6.127 7	6.127 7	6.064 6
韩国元		0.576 7		0.625 4	0.597 6
澳门元	77.72	75.11	78.01	80.51	77.78
林吉特	191.17		192.51		191.05
挪威克朗	103.83	100.63	104.67	104.67	104.23
新西兰元	536.57	520.01	540.33	543.57	535.62
菲律宾比索	13.92	13.49	14.04	14.47	13.96
卢布	17.21	16.73	17.35	17.92	17.28

续表

货币名称	现汇买入价	现钞买入价	现汇卖出价	现钞卖出价	中行折算价
瑞典克朗	94.15	91.25	94.91	94.91	94.71
新加坡元	494.93	479.65	498.91	498.91	495.76
泰国铢	19.21	18.62	19.37	19.96	19.26
新台币	19.89	21.33	20.58		
美元	620.81	615.83	623.29	623.29	615.71

（资料来源：中国银行网站）

4. 按银行外汇付汇方式划分，有电汇汇率、信汇汇率和票汇汇率

（1）电汇汇率。电汇汇率是经营外汇业务的本国银行在卖出外汇后，即以电报委托其国外分支机构或代理行付款给收款人所使用的一种汇率。由于用电汇方式付款速度快，银行可利用客户在途资金的时间短，同时国际电信费用较高，所以电汇汇率较一般汇率高。

（2）信汇汇率。信汇汇率是银行开具付款委托书，用信函方式通过邮局寄给付款地银行转付收款人所使用的一种汇率。由于邮程需要时间较长，银行可在邮程期内利用客户的资金，故信汇汇率较电汇汇率低。

（3）票汇汇率。票汇汇率是指银行在卖出外汇时，开立一张由其国外分支机构或代理行付款的汇票交给汇款人，由其自带或寄往国外取款所使用的汇率。由于票汇汇率从卖出外汇到支付外汇有一段间隔时间，银行可以在这段时间内占用客户的资金，所以票汇汇率一般比电汇汇率低。

5. 按外汇交易交割期限划分，有即期汇率和远期汇率

（1）即期汇率。即期汇率也叫现汇汇率，是指即期外汇买卖的汇率，也就是外汇买卖成交后，买卖双方在当天或在两个营业日内进行交割所使用的汇率。即期汇率是由当场交货时货币的供求关系情况决定的。一般在外汇市场上挂牌的汇率，除特别标明远期汇率以外，一般指即期汇率。

（2）远期汇率。远期汇率是在未来一定时期进行交割，而事先由买卖双方签订合同、达成协议的汇率。到了交割日期，由协议双方按预订的汇率、金额进行钱汇两清。

远期外汇买卖是一种预约性交易，是由于外汇购买者对外汇资金需要的时间不同，以及为了避免外汇风险而引进的。远期汇率是以即期汇率为基础的，远期外汇的汇率与即期汇率之间的差额叫远期差价，有升水、贴水、平价三种情况，升水是表示远期汇率比即期汇率贵，贴水则表示远期汇率比即期汇率便宜，平价表示两者相等。

6. 按对外汇管理的宽严区分，有官方汇率和市场汇率

（1）官方汇率。官方汇率是由一个国家的外汇管理机构制定公布的汇率。在实行严格外汇管制的国家，这种形式的汇率占据主导地位，而外汇管制比较松的国家，官方汇率只起中心汇率的作用。

（2）市场汇率。市场汇率是指在自由外汇市场上买卖外汇的实际汇率。汇率随外汇供求状况的变化而上下波动。政府要想对其汇率进行调节，就必须通过影响外汇市

场进行干预。在外汇管理较松的国家，官方宣布的汇率往往只起中心汇率作用，实际外汇交易则按市场汇率进行。

四、汇率制度

汇率制度（汇率安排）是指一国货币当局对本国汇率变动的基本方式所做的一系列安排或规定。汇率制度在汇率的确定、汇率的变动等方面都有具体规定，因此，汇率制度对各国汇率的决定有重大影响。按照汇率变动幅度的大小，汇率制度可分为固定汇率制和浮动汇率制。

1. 固定汇率制

固定汇率制是指以本位货币本身或法定含金量为确定汇率的基准，汇率比较稳定的一种汇率制度。在不同的货币制度下具有不同的固定汇率制度。

（1）金本位制。1880—1914 年的 35 年间，主要西方国家通行金本位制，即各国在流通中使用具有一定成色和重量的金币作为货币。金币可以自由铸造、自由兑换及自由输出输入，由于各国货币之间的汇率由它们各自的含金量比例决定，因此只要两国货币的含金量不变，两国货币的汇率就保持稳定。金币本位制度下汇率的决定基础是铸币平价。铸币平价指的是两种货币含金量的对比。

国际金本位制本质上是一种严格的固定汇率制，其特点是：它是一种自发形成的固定汇率制，因为两国货币之间的汇率是按两国本位币含金量决定的金平价之比（铸币平价）自行确定的；金本位能自动保证汇率的波动不超过黄金输送点。

（2）布雷顿森林体系下的固定汇率制。布雷顿森林体系是指第二次世界大战后以美元为中心的国际货币体系协定。布雷顿森林体系是该协定对各国对货币的兑换、国际收支的调节、国际储备资产的构成等问题共同做出的安排所确定的规则、采取的措施及相应的组织机构形式的总和。

布雷顿森林体系下的固定汇率制是纸币本位下以美元为中心，以黄金为基础的固定汇率制。该制度以美元作为最主要的国际储备货币，美元直接与黄金挂钩，即每一美元的含金量为 0. 888 671 克黄金，各国货币则与美元挂钩，各国政府规定各自货币的含金量，通过含金量的比例确定同美元的汇率。

在布雷顿森林体系下各国可按 35 美元一盎司的官价向美国兑换黄金。为使黄金官价不受自由市场金价冲击，各国政府需协同美国政府在国际金融市场上维持这一黄金官价。与此同时，《国际货币基金协定》规定，各国货币对美元的汇率，一般只能在法定汇率上下各 1% 的幅度内波动。若市场汇率超过法定汇率 1% 的波动幅度，各国政府有义务在外汇市场上进行干预，以维持汇率的稳定。若会员国法定汇率的变动超过 10%，就必须得到国际货币基金组织的批准。

布雷顿森林体系下的固定汇率制，实质上是一种可调整的钉住汇率制，它兼有固定汇率与弹性汇率的特点，即在短期内汇率要保持稳定，这类似金本位制度下的固定汇率制；但它又允许在一国国际收支发生根本性不平衡时可以随时调整，这类似弹性汇率。

1971 年 8 月 15 日，美国总统尼克松宣布美元贬值和美元停兑黄金，布雷顿森林体

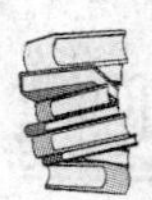

系开始崩溃。到1973年2月，美元第二次贬值，欧洲国家及其他主要资本主义国家纷纷退出固定汇率制，固定汇率制彻底瓦解。

2. 浮动汇率制

浮动汇率制指一国中央银行不规定本国货币与他国货币的官方汇率，听任汇率由外汇市场自发地决定。在典型的浮动汇率制度下，汇率不受上下限波动幅度的限制，完全按外汇市场供求变化来决定本国货币与外国货币的比价，国家货币当局不负责维持一定的法定汇率。在实行浮动汇率制后，各国原规定的货币法定含金量或与其他国家订立纸币的黄金平价，就不起任何作用了，两国货币所代表的价值之比是浮动汇率制度下决定两国货币汇率的基础。因此，国家汇率体系趋向复杂化、市场化。

随着全球国际货币制度的不断改革，国际货币基金组织于1978年4月1日修改“国际货币基金协定”条文并正式生效，实行所谓“有管理的浮动汇率制”。由于新的汇率协议使各国在汇率制度的选择上具有很强的自由度，所以现在各国实行的汇率制度多种多样。

根据浮动汇率制度在运行中的特点，可以将浮动汇率制度分为以下几种：

（1）自由浮动和管理浮动。根据政府是否干预外汇市场进行分类，可分为自由浮动和管理浮动两类。

（2）单独浮动、联合浮动及钉住浮动。根据汇率浮动的方式进行分类，可分为单独浮动、联合浮动及钉住浮动三类。

单独浮动指一国货币不与其他任何货币固定汇率，其汇率根据市场外汇供求关系来决定，目前，包括美国、英国、德国、法国、日本等在内的三十多个国家实行单独浮动。

联合浮动指国家集团对成员国内部货币实行固定汇率，对集团外货币则实行联合浮动汇率。欧盟1979年成立了欧洲货币体系，设立欧洲货币单位时，采用的就是联合浮动方式。

钉住浮动指一国货币与另一种货币保持固定汇率，随后者的浮动而浮动。一般地，通货不稳定的国家可以通过钉住一种稳定的货币来约束本国的通货膨胀，提高货币信誉。当然，采用钉住浮动方式，也会使本国的经济发展受制于被钉住国的经济状况，从而蒙受损失。目前全世界有一百多个国家或地区采用钉住浮动方式。

3. 影响一国汇率制度选择的主要因素

（1）经济规模和开放程度。如果一国的贸易额在该国GDP中所占比重较大，那么币值不稳定就会给其经济稳定带来很大的威胁。如果一国是小国，那么它就较适宜采用固定性较高的汇率制度；相反，如果一国是大国，则一般以实行浮动性较强的汇率制度为宜。

（2）通货膨胀率。如果一国的通货膨胀率高于其贸易伙伴国，那么它就需要灵活地调整其汇率，以阻止该国商品在国际市场上竞争能力的下降；如果通货膨胀率的差距不大，那么采用固定汇率制也未尝不可。

（3）政策制定者的权威大小。一国中央银行的威信越低，就越需要实行固定汇率制，以便使外国投资者对该国有效控制通货膨胀的能力充满信心。

(4) 资本流动性。一国经济对国际资本市场越开放，资本流动性越大，就越难以维持固定汇率。

(5) 国际经济和环境对一国的汇率制度选择的制约。国际经济和环境制约着一国的汇率制度选择。在国际资本流动日益频繁并且资本流动规模日益庞大的背景下，一国国内金融市场与国际金融市场联系越是密切，本国政府对外汇市场的干预能力越有限，则该国实行固定汇率制度的难度很大。

五、影响汇率变动的因素

汇率的变动取决于外汇市场的供求关系，因而影响外汇市场供求的因素都是影响汇率变动的因素。这些因素归纳起来主要有：

1. 国际收支

国际收支是影响汇率变动的长期因素之一。当一国的国际收支为顺差时，表现在外汇市场上是外汇的供给大于需求，因而本国货币汇率有上升的趋势；而当一国的国际收支为逆差时，表现在外汇市场上是外汇的供给小于需求，因而本国货币汇率有下降的趋势。

但是，国际收支状况并非就一定会带来汇率的变化，这主要取决于国际收支顺（逆）差的性质。如果国际收支的顺差或逆差是短期、临时性的、小规模的，一般不会影响汇率的明显变化。如果一国的国际收支出现了持续性、巨额的顺差或逆差，则该国货币的汇率必定会发生相应的变动。

2. 通货膨胀率的相对差异

通货膨胀率的相对差异是影响汇率变动的另一长期因素。一国通货膨胀率较高，意味着其货币对内价值的下降，这种变化会通过经常账户和资本账户而表现为该国货币对外价值的降低，即对外汇率的下跌。其传递过程为：一方面，高通货膨胀率会削弱本国产品在国际市场上的竞争能力，引起出口的减少，同时提高了外国商品在本国市场上的竞争能力，造成进口增加；另一方面，通货膨胀率相对较高，还会通过影响人们对该货币将要贬值的预期，将本国货币转化为其他货币，造成该国货币在外汇市场上汇率的现实下跌。这两个方面的共同作用，使得当一国通货膨胀率相对较高时，该国货币在外汇市场上就会趋于贬值；反之，则会趋于升值。

3. 两国货币间的利率差异

利率是影响汇率变动的短期因素之一。在资本可以自由流动的情况下，利率的变化对短期资本流动具有显著的引导作用。如果一国货币利率相对于别国提高，就会刺激国外短期资本流入的增加，本国短期资本流出的减少，由此，使资本账户收支得到改善，本国货币的对外汇率上升；如果一国货币利率相对于别的国家降低，则会刺激短期资本净流出的增加，恶化资本账户，本国货币的对外汇率下降。

4. 经济增长率差异

国内外经济增长率的差异及其变化对货币汇率的影响作用是复杂的，它既可以通过影响贸易收支，也可以通过影响资本收支。具体来说，表现为：

(1) 一国经济增长率的提高，意味着国民收入的上升，因此导致进口支出的大幅

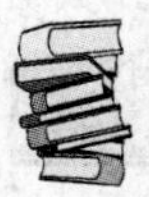

增长，恶化贸易收支。

（2）一国经济增长率加快，同时意味着在该国的投资具有较高的利润回报，由此吸引国外资本流入本国，进行直接投资，从而改善资本账户收支。一般来说，高的经济增长率在短期内不利于本国货币在外汇市场的行市，但从长期来看，却对汇率的上升起着一种强有力的支撑作用。

5．政府的财政状况

政府的财政状况也是影响汇率变动的一个极为复杂的因素。从总体来说，如果一国政府的财政状况一直良好，有大量的盈余，说明该国经济处于比较好的稳定发展之中，这对汇率的稳定具有一定的支持作用。反之，如果出现了大量赤字，则对该国汇率的稳定极为不利。

当政府的财政赤字出现以后，不同的弥补方式对市场汇率的影响是不同的。如果用向中央银行透支的方式弥补，会诱发通货膨胀，使本国货币汇率下降；如果用借内债的方式弥补，由于对市场的货币供求关系不产生直接影响，因而对汇率也无直接影响；如果用借外债的方式弥补，在借外债时，由于国外资本的流入，会使本国货币汇率有上升的趋势，而在偿还外债时，由于大量的外汇流出，又会使本国汇率有下降趋势。

6．中央银行的市场干预

无论是在固定汇率制下，还是在浮动汇率制下，各国的中央银行或货币当局为了汇率稳定或操纵汇率以服务于某种经济政策目的，都会对外汇市场进行一些直接干预。这种干预虽然无法从根本上改变汇率的长期趋势，但会对汇率的短期走向有一定的影响。直接干预的主要形式就是中央银行或货币当局对外汇的直接买或卖。中央银行进入市场买外汇时，促使外汇汇率上升；进入市场卖外汇时，促使外汇汇率下降。

7．市场的心理预期

市场心理预期是影响汇率变动的一个重要因素，这主要是针对大量存在的国际短期资本而言的。国际游资出于投机或安全的考虑，对国际政治、经济、军事等具有极高的敏感性。当预期某种货币不久将贬值时，会产生大量游资对这一货币的抛售，从而带来该货币汇率的下跌；当预期某种货币不久将升值时，又会大量抢购这一货币，从而使这一货币的汇率上升。在目前国际游资十分庞大的情况下，这一因素对汇率的影响作用有时十分强烈。过度的投机活动会加剧外汇市场的动荡，歪曲外汇供求关系。

除此之外，影响汇率波动的因素还包括政府的货币、汇率政策，突发事件的影响，经济数据的公布甚至开盘收盘的影响。

六、世界主要外汇市场

1．伦敦外汇市场

伦敦外汇市场是一个典型的无形市场，没有固定的交易场所，只是通过电话、电传、电报完成外汇交易。

2．纽约外汇市场

纽约外汇市场是重要的国际外汇市场之一，其日交易量仅次于伦敦。纽约外汇市场也是一个无形市场。

3. 巴黎外汇市场

巴黎外汇市场由有形市场和无形市场两部分组成。其有形市场主要是指在巴黎交易所内进行的外汇交易，其交易方式和证券市场买卖一样，每天公布官方外汇牌价。但大量的外汇交易是在交易所外进行的。在交易所外进行的外汇交易，或者是交易双方通过电话直接进行买卖，或者是通过经纪人进行。

4. 东京外汇市场

东京外汇市场是一个无形市场，交易者通过现代化通讯设施联网进行交易。

5. 德国法兰克福外汇市场

由于欧洲央行总部设于法兰克福，欧元的发展和欧洲央行的设立，法兰克福外汇市场的地位越来越受到全球的关注，影响力不断增加。

6. 新加坡外汇市场

新加坡外汇市场是一个无形市场，大部分交易由外汇经纪人办理，并通过他们把新加坡和世界各金融中心联系起来。

7. 香港外汇市场

香港外汇市场是一个无形市场，没有固定的交易场所，交易者通过各种现代化的通讯设施和电脑网络进行外汇交易。

知识链接

中国外汇交易中心

中国外汇交易中心暨全国银行间同业拆借中心（以下简称“交易中心”）于1994年4月18日成立，交易中心总部设在上海。作为中国银行间外汇市场、货币市场、债券市场及汇率和利率衍生品市场的具体组织者和运行者，它的主要职能是：提供银行间外汇交易、信用拆借、债券交易系统并组织市场交易；办理外汇交易的资金清算、交割，负责人民币同业拆借及债券交易的清算监督；提供网上票据报价系统；提供外汇市场、债券市场和货币市场的信息服务；开展经人民银行批准的其他业务。多年来，交易中心一直致力于建设一个安全、高效、可控的电子交易平台，具有国际先进水平的交易平台已成功上线，人民币基准汇率和利率引人瞩目，市场主体数量和类型不断增加，清算、信息、监管服务功能也日益完善。

（资料来源：中国货币网，http：//www. chinamoney. com. cn/）

第二节　国际收支

一、国际收支的概念

国际收支是指一国与世界其他国家（地区）之间由各种经济往来而发生的收入和支付。它既包括涉及外汇收支的国际经济往来，也包括不涉及外汇收支的国际经济往

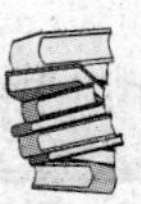

来；既包括国际间的交换行为，也包括那些单方面转移及其他诸如黄金货币化、特别提款权分配与取消、债权债务再分类等行为，它们被统称为对外交易。

国际收支反映的是一个国家在一定时期，从国外收进的全部货币资金与向国外支付的全部货币资金之间的对比关系。收支相等称为国际收支平衡，否则为不平衡。收入总额大于支出总额称为国际收支顺差，或称国际收支盈余；支出总额大于收入总额称为国际收支逆差，或称国际收支赤字。逆差表示对外负债，一般要用外汇或黄金偿付。

随着国际经济的日益发展，国际收支状况成为观察一国（或地区）对外支付能力、衡量其经济发展状况的重要指标。

二、国际收支平衡表

国际收支平衡表，简言之是指系统记录一国一定时期内国际收支项目和金额的一种统计表，集中反映一国国际收支的状况。具体来说，是一国根据交易内容和范围设置项目或账户，并按照一定的原则和复式记账原理，对一定时期内国际经济交易进行系统的记录，对每一笔交易进行分类、汇总而编制出的分析报表。通过国际收支平衡表，可综合反映一国的国际收支平衡状况、收支结构及储备资产的增减变动情况，为制定对外经济政策、分析影响国际收支平衡的基本经济因素、采取相应的调控措施提供依据，并为其他核算表中有关国外部分提供基础性资料。

1. 编制国际收支表的用途

（1）进行国际收支平衡状况分析。国际收支平衡状况分析，重点是分析国际收支差额，并找出原因，以便采取相应对策，扭转不平衡状况。

（2）进行国际收支结构分析。对国际收支结构进行分析，可以揭示各个项目在国际收支中的地位和作用，从结构变化中发现问题、找出原因，为指导对外经济活动提供依据。

2. 国际收支平衡表的主要内容

（1）经常项目。这是国际收支平衡表中最基本、最重要的项目，反映一国与他国之间真实资源的转移状况。经常账户包括货物和服务、收益、经常转移等三项。

1）货物和服务。货物是指通过海关的进出口货物，以海关的进出口统计资料为基础，在货物所有权发生变化时被记录下来，进出口均采用离岸价格计价。服务包括运输、旅游、通讯、建筑、保险、金融服务、计算机和信息服务、专有权使用费和特许费、各种商业服务、个人文化娱乐服务及政府服务。

2）收益。收益包括职工报酬和投资收益两类。职工报酬是指本国居民在国外工作（一年以内）而得到并汇回的收入以及支付外籍员工（一年以内）的工资福利。投资收益包括直接投资项下的利润利息收支和再投资收益、证券投资收益（股息、利息等）和其他投资收益（利息）。

3）经常转移。经常转移主要包括侨汇、无偿捐赠和赔偿等项目，包括实物和资金形式。

（2）资本和金融项目。资本和金融项目记录资本在国际间的流动，包括资本账户和金融账户。

1）资本账户。资本账户包括资本转移和非生产、非金融资产交易。资本转移主要包括固定资产转移、债务减免、移民转移和投资捐赠等。非生产、非金融资产交易是指不是生产出来的有形资产（土地和地下资源）和无形资产（专利、版权、商标和经销权等）的所有权转移。

2）金融账户。金融账户记录的是一经济体对外资产负债变更的交易，包括直接投资、证券投资、其他投资和储备资产等四类。①直接投资。直接投资是投资者寻求获取在本国以外经营企业的有效发言权为目的的投资。②证券投资。证券投资包括股本证券和债务证券两大类证券投资形式。债务证券又可以细分为中长期债券、货币市场工具和其他衍生金融工具。③其他投资。其他投资是指直接投资和证券投资外的所有金融交易，分为贸易信贷、贷款、货币和存款、其他资产负债事项。④储备资产。储备资产是指中央银行等货币当局拥有的对外资产，包括货币黄金、外汇、特别提款权和在国际货币基金组织的储备头寸。

（3）平衡项目。平衡项目是一个为了平衡经常项目与资本项目的差额而设置的调节性项目。它包括以下两个子项目：错误和遗漏；储备资产。

1）错误和遗漏。净误差和遗漏是基于会计上的需要，在国际收支平衡表中借贷双方出现不平衡时，设置的用以抵销统计偏差的项目。

2）储备资产。储备资产是一国金融当局持有的在国际间可以被普遍接受的可自由兑换资产及其对外债权。包括货币性黄金、外汇、分配的特别提款权和在国际货币基金组织的储备头寸（普通提款权）。一个国家在一定时期内的国际收支不可能完全平衡，当国际收支出现顺差或逆差时，最后必须通过增减其官方储备资产或增减其对外债权和债务获得平衡。

表 14－2　2013 年中国国际收支平衡表　　（单位：亿美元）

项 目	差 额	贷 方	借 方
一、经常项目	1 828	26 637	24 809
（一）货物和服务	2 354	24 250	21 896
1. 货物	3 599	22 190	18 591
2. 服务	－1 245	2 060	3 305
（1）运输	－567	376	943
（2）旅游	－769	517	1 286
（3）通讯服务	0	17	16
（4）建筑服务	68	107	39
（5）保险服务	－181	40	221
（6）金融服务	－5	32	37
（7）计算机和信息服务	94	154	60

续表

项目	差 额	贷 方	借 方
(8) 专有权利使用费和特许费	-201	9	210
(9) 咨询	169	405	236
(10) 广告、宣传	18	49	31
(11) 电影、音像	-7	1	8
(12) 其他商业服务	135	341	206
(13) 别处未提及的政府服务	0	12	12
(二) 收益	-438	1 855	2 293
1. 职工报酬	161	178	17
2. 投资收益	-599	1 677	2 276
(三) 经常转移	-87	532	619
1. 各级政府	-31	11	42
2. 其他部门	-57	520	577
二、资本和金融项目	3 262	17 271	14 009
(一) 资本项目	31	45	14
(二) 金融项目	3 2321	17 226	13 995
1. 直接投资	1 849	3 478	1 629
(1) 我国在外直接投资	-732	364	1 096
(2) 外国在华直接投资	2 582	3 114	532
2. 证券投资	605	1 041	436
(1) 资产	-53	258	311
1) 股本证券	-25	136	161
2) 债务证券	-28	122	150
a. (中) 长期债券	-28	122	150
b. 货币市场工具	0	0	0
(2) 负债	659	784	125
1) 股本证券	326	407	81
2) 债务证券	333	377	44
a. (中) 长期债券	160	204	44
b. 货币市场工具	173	173	0
3. 其他投资	777	12 707	11 930
(1) 资产	-1 365	1 439	2 804

续表

项 目	差 额	贷 方	借 方
1）贸易信贷	-602	65	667
a. 长期	-12	1	13
b. 短期	-590	64	654
2）贷款	-319	374	693
a. 长期	-422	100	522
b. 短期	102	274	172
3）货币和存款	-20	890	910
4）其他资产	-423	110	533
a. 长期	100	100	0
b. 短期	-523	10	533
(2) 负债	2 142	11 268	9 126
1）贸易信贷	449	449	0
a. 长期	8	8	0
b. 短期	442	442	0
2）贷款	935	9 493	8 558
a. 长期	194	569	375
b. 短期	740	8 923	8 183
3）货币和存款	758	1 208	450
4）其他负债	0	118	118
a. 长期	8	21	13
b. 短期	7	97	104
三、储备资产	-4 314	13	4 327
(一) 货币黄金	0	0	0
(二) 特别提款权	2	2	0
(三) 在基金组织的储备头寸	11	11	0
(四) 外汇	-4 327	0	4 327
(五) 其他债权	0	0	0
四、净误差与遗漏	-776	0	776

（资料来源：国家外汇管理局，http：//www. safe. gov. cn/）

3. 国际收支平衡表的分析

国际收支是经济分析的主要工具，一国的国际收支记录了它与世界各国的经济金

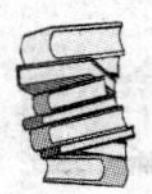

融往来的全部情况，反映了该国的对外经济特点及变动对国际金融的影响。因此，认真全面地对国际收支平衡表进行分析，对了解国内外经济状况，制定相应的措施具有极其重要的意义。

（1）国际收支平衡的含义。在国际收支平衡表中，有两种完全不同性质的经济交易。一种是自主性交易，是指单纯由经济上的某种目的而自动进行的各项经济交易。包括经常项目中的各项交易，资本和金融项目中的经济交易。另一种是调节性交易，是指自主性交易出现盈余或赤字时，被迫进行的弥补性交易。例如官方储备增减，就属于这种交易。

自主性交易具有自发性，必然产生缺口或差额。要取得国际收支平衡，只有用调节性交易来弥补自主性交易的缺口或差额。因此自主性交易是否平衡，就成了判断一国国际收支是否平衡的标准。

由于国际收支涉及各国间的政治、经济利益，受世界及本国政治、经济形势的影响，出现不平衡现象是难免的。由于对外经济与国内经济是相互联系、相互制约的，所以，一国国际收支不稳定，必然影响国内经济的平衡和稳定。因此世界各国都非常重视分析国际收支失衡原因，并研究采用适当措施调节国际收支，使之保持基本平衡。

（2）国际收支失衡的原因。国际收支不平衡是绝对的、经常的，而平衡则是相对的、偶然的。国际收支失衡的主要原因有：周期性失衡；结构性失衡；收入性失衡及货币性失衡。

1）周期性不平衡，指由于国际间各国所处的阶段不同而造成的不平衡。经济周期一般包括四个阶段，即危机、萧条、复苏、繁荣。当一国处于繁荣阶段，而贸易伙伴国处于衰退阶段，易造成本国的贸易收支赤字。

2）结构性不平衡，指由于国际市场对本国的出口和进口的需求条件发生变化，本国贸易结构无法进行调整所导致的国际收支不平衡。

3）货币性不平衡，指由于一国的价格水平、成本、汇率、利率等货币性因素而造成的国际收支不平衡。

4）收入性不平衡，指由于一国国民收入相对快速增长，导致进口增长超过出口增长而引起的国际收支失衡。

（3）国际收支失衡调节的必要性。国际收支失衡调节的必要性在于：持续的巨额国际收支逆差，会耗费大量的国际储备，导致国内通货紧缩和生产下降；会削弱该国货币和国家信用的国际地位；如果逆差主要是由资本流出引起的，则会造成本国的资金短缺，利率上升，从而使该国消费和生产下降；如果逆差主要是由进口大于出口引起的，则会导致本国开工不足，失业增加，国民收入下降。持续的巨额国际收支顺差，会导致本币汇率上升，抑制出口，削弱本国商品的国际竞争力；会使国际储备大量增加，国内货币供应量增加，引发通货膨胀；如果顺差主要是由出口大于进口引起的，会减少国内生产资源，影响本国经济发展；容易造成与主要贸易伙伴国之间的摩擦，不利于国际经济关系的正常发展。

（4）国际收支失衡的调节方法：

1）建立外汇平衡基金。这是由国家中央银行拨一定数量的外汇来建立的基金，当

国际收支出现不平衡时，由中央银行直接介入外汇市场，通过直接买卖外汇，影响外汇汇率来促进出口和改善国际收支。这种办法一般只能对付短期性的国际收支不平衡，而不能解决长期性的国际收支逆差。如果过分使用，还会严重影响本国的国际储备，扩大国际收支不平衡。

2）实行紧缩或扩张型的财政货币政策。利用财政政策调节国际收支，主要是通过增减财政开支和升降税率来实现的。利用金融政策调节国际收支，主要通过调节再贴现率、增减存款准备金率和公开市场业务等政策来达到目标。财政与金融政策双管齐下，通过影响社会总需求量，进而起到提高或降低国民收入水平的作用，最终达到平衡国际收支的目的。

3）实行调整汇率政策。当一国国际收支不平衡出现时，可以通过调整汇率来调节。在国际收支出现逆差时，降低本国货币的汇率，可以增加出口，从而改善经常性国际收支状况，进而改善国际收支。但这种方式可能引起国内通货膨胀，不能长期使用。如果顺差过多，可以实行货币升值，以减少出口，进而改善国际收支。

4）实行直接管制政策。这是一国政府直接干预外汇自由买卖和对外贸易的自由输出输入，又可分为财政、金融、贸易管制三种形式。财政管制包括关税和实行出口信贷、出口补贴等“奖出限入”政策。金融管制则是从外汇方面限制国际经济交易，如实行外汇管制来限制输入，促进输出。贸易管制是对进出口实行直接限制，如实行进口许可证与进口配额等保护贸易措施。直接管制对平衡国际收支效果迅速，也不必牵动整个经济的变化，但会影响与之有经济联系的国家，可能激起这些国家的反对和采取报复性措施，因此使用时也应慎重。

知识链接

2013 年中国国际收支情况

国家外汇局公布的2013年国际收支数据显示，2013年我国国际收支总顺差较快增长。2013年，我国经常项目顺差1 828亿美元，较2012年下降15%；资本和金融项目顺差3 262亿美元，上年为逆差318亿美元，国际收支重回“双顺差”格局。国际收支总顺差5 090亿美元，较2012年增长1.77倍。不过，国际收支总体不平衡问题依然突出，经常项目与直接投资顺差规模仍处于较高水平，非直接投资资本流动由2012年的逆差转为顺差，外汇储备资产增加4 327亿美元，较上年多增3 340亿美元。

2014年，我国国际收支“扩顺差”与“减顺差”的因素并存。其中，经常项目顺差将保持一定规模，与GDP之比维持较低水平；国内外宏观环境中的不确定因素较多，资本和金融项下总体将呈现振荡走势。在此情景下，促进国际收支基本平衡、防范跨境资本冲击风险仍是未来的主要政策方向。下一步，外汇管理部门将加快推进外汇管理体制改革创新，完善跨境资金流动监管体系建设，转变外汇管理职能，完善外汇储备经营管理体制。

（资料来源：京华时报，2014年04月05日）

第三节　国际结算

一、国际结算的概念

国际结算是国际清偿债权和债务的货币收付行为，是以货币收付来清偿国与国之间因经济文化交流、政策性事务性的交流所产生的债权债务。国际债权、债务是由国与国之间政治、经济、文化的交流和联系而产生的，它包括贸易往来，资本和利润的转移，劳务的提供和偿付，国际交通、航运、保险费用的收支，侨汇、旅游、政府的对外事务活动等所引起的国际间货币收付行为。

根据不同的收支原因，国际结算可划分为三类：有形贸易类、无形贸易类和金融交易类。有形贸易类即有形商品交易。无形贸易类是以劳务为背景而仅仅是单方面的付出，它主要包括国际旅游、国外亲友赠款、出国留学、对国外的捐助及劳务输出等。金融交易类即纯粹的货币交易，主要包括外汇买卖、对外投资和对外筹资等。

二、国际结算特点

1. 银行是国际结算的中介

在国际结算中，由于买方和卖方位于两个不同的国家，使用不同的货币，因此不可能办理面对面的买卖双方一手交钱一手交货的直接结算，这就需要通过银行办理国际结算。

2. 结算各方受国际惯例的约束

由于国际结算在不同国家之间进行，为了减少法律管辖权的分割给国际结算造成的困难，国际商会对国际结算确定了一系列指导性惯例，如《跟单信用证统一惯例》《托收统一规则》等。

3. 货物单据化

在国际结算中最常使用的交易所是海运提单，它具有物权凭证的作用，交单等于交货，持有海运提单即持有货物所有权。货物单据化促使国际结算与融资相结合。

三、国际结算制度

国际结算制度是国与国之间进行债权债务清算所遵循的原则和行为规范。国际结算制度有两种，即多边结算制度和双边结算制度。多边结算制度是通过经营国际业务的银行按照债权债务当事人的指示，以账户转账的方式抵销和清算彼此间的债权债务的结算制度。在这种制度下，一个国家对另一个国家的债权可以用来抵销对任何国家的债务。目前，大多数国家都采用这种结算制度。双边国际结算制度是指两国政府签订支付协定，开立清算账户，用集中抵销债权债务的方法，清算两国之间的由于贸易和非贸易往来所产生的债权和债务的一种制度。

四、国际结算方式

国际结算方式就是指实际国际贸易领域内的债权债务清偿或资金转移的传递手段。

国际结算的方式有两类：一类是属于商业信用的结算方式，即由出口商和进口商相互提供信用，如汇付、托收等；另一类是属于银行信用的结算方式，即由银行提供信用来进行债权债务的清偿，如信用证、信用保证书等。

1. 汇付

汇付是一种最简单的支付方式，它是付款人主动通过银行或其他途径将款项交给收款人。对外贸易货款的汇付，一般是由买方按约定条件（收到单据或货物）和时间，通过银行将货款汇交给卖方。由于汇付是由付款人汇付货款，他是否按约定条件付款或是否拖延付款，完全取决于买方的商业信用。因此，汇付的性质属于商业信用。

汇付可以采用三种不同的方式：

（1）信汇（简称 M/T）。信汇是应汇款人的申请，由汇出行将信汇委托书邮寄给汇入行，授权其解付一定金额给收款人的一种汇款方式。债务人以信汇委托书作为结算工具，其凭证传送方向与资金的流向相同，故称“顺汇法”。

（2）电汇（简称 T/T）。电汇是银行应汇款人的申请，由汇出行拍发加押电报、电传或 SWIFT（环球银行金融电信协会）电文等电信方式指示其在国外的分行或代理行，要求其解付一定金额给出口商或其批定人的结算方式。由于 SWIFT 具有传递速度快、准确性强、收费合理、操作规范及方便等特点，因此 SWIFT 通信方式已被各国广泛应用。电汇的显著特点是快捷安全，适用于汇款金额大、汇款急的汇款项目，是目前最常用的汇付方式。

（3）票汇（简称 D/D）。票汇是汇出行应汇款人的申请，代汇款人开立以其分行或代理行为解付行的银行即期汇票，支付一定金额给收款人的一种汇款方式。

2. 托收

托收是指由卖方根据发票金额开立汇票，委托银行或通过其他途径向买方收款。国际贸易中的托收，一般都是通过银行进行。

银行托收的基本做法是：卖方在货物装运并取得装运单据后，即根据发票金额主动开立汇票并连同装运单据，委托银行（托收行）根据卖方填写的委托申请书规定的条件，通过其国外代理行（代收行）或往来行向买方收取货款。卖方在委托书中，要详细说明托收的要求，随附汇票的各种单据，托收金额和托收办法等。银行收回货款后，即转给卖方。

3. 信用证

信用证是银行做出的有条件的付款承诺，即银行根据开证申请人的请求和指示，向受益人开具的有一定金额、并在一定期限内凭规定的单据承诺付款的书面文件；或者是银行在规定金额、日期和单据的条件下，愿代开证申请人承购受益人汇票的保证书。信用证方式是银行信用介入国际货物买卖价款结算的产物，它属于银行信用，采用的是逆汇法。它的出现不仅在一定程度上解决了买卖双方之间互不信任的矛盾，而且还能使双方在使用信用证结算货款的过程中获得银行资金融通的便利，从而促进了国际贸易的发展。因此，被广泛应用于国际贸易之中，以致成为当今国际贸易中的一种主要的结算方式。

知识链接

人民币国际化

人民币国际化是指人民币能够跨越国界，在境外流通，成为国际上普遍认可的计价、结算及储备货币的过程。人民币国际化的含义包括三个方面：第一，人民币现金在境外享有一定的流通度；第二，也是最重要的，以人民币计价的金融产品成为国际各主要金融机构包括中央银行的投资工具，为此，以人民币计价的金融市场规模不断扩大；第三，国际贸易中以人民币结算的交易要达到一定的比重。这是衡量货币包括人民币国际化的通用标准，其中最主要的是后两点。

当前国家间经济竞争的最高表现形式就是货币竞争。如果人民币对其他货币的替代性增强，不仅将现实地改变储备货币的分配格局及其相关的铸币税利益，而且也会对西方国家的地缘政治格局产生深远的影响。

（资料来源：新浪财经，http：//finance. sina. com. cn）

本章小结

汇率是指一国货币折算成他国货币的比率或比价，汇率有直接标价法、间接标价法和美元标价法。影响汇率变化的主要因素有国际收支状况、通货膨胀率的差异、经济增长率的差异、利率的差异、市场心理预期、宏观经济政策及重大的国际政治因素。国际收支是国际金融活动的起点和归宿，它的含义经历了狭义向广义发展的过程。国际收支平衡表集中反映了一国国际收支的具体构成和总貌。经常账户、资本和金融账户是国际收支平衡表的主要构成部分。国际收支失衡是指国际收支出现顺差或逆差的状况，通过一定的调节政策和调节方法可以对国际收支失衡加以调节。国际结算是国际间清偿债权和债务的货币收付行为，是以货币收付来清偿国与国之间因经济文化交流、政策性事务性的交流所产生的债权债务。现在的国际结算都是非现金结算，结算中心是银行。汇款、托收和信用证是国际结算的三种主要方式。

思考与练习

一、选择题

1．汇率的三种标价方法有（　　）。

A．直接标价法　　B．间接标价法　　C．欧元标价法　　D．美元标价法

2．按国际货币制度的演变划分，汇率可以分为（　　）。

A．基本汇率　　B．固定汇率　　C．套算汇率　　D．浮动汇率

3．国际收支平衡表的主要内容有（　　）。

A．经常项目　　B．资本和金融项目

C．负债项目　　D．平衡项目

4．国际收支失衡的原因有（　　）。

A．周期性失衡　　B．结构性失衡

C．收入性失衡　　D．货币性失衡

5. 国际收支失衡的调节方法有（　　）。

A. 建立外汇平衡基金　　B. 实行紧缩或扩张型的财政货币政策

C. 调整汇率　　D. 直接管制

6. 根据不同的收支原因，国际结算可划分为（　　）。

A. 政府援助类　B. 有形贸易类　C. 无形贸易类　D. 金融交易类

7. 以一定单位的外币为标准，折算成若干单位本币的汇率表示方法是（　　）。

A. 直接标价法　B. 间接标价法　C. 欧元标价法　D. 美元标价法

8. 当一国的国际收支为顺差时，会引起本国汇率（　　）。

A. 升值　B. 贬值　C. 不确定　D. 两者没有关系

9. 国际收支平衡表中最基本、最重要的项目是（　　）。

A. 经常项目　　B. 资本和金融项目

C. 负债项目　　D. 平衡项目

10. 国际收支平衡表中的经常账户包括（　　）。

A. 货物和服务　B. 收益　C. 经常转移　D. 储备资产

二、判断题

1. 人们通常所说的外汇指的是以外国货币表示的、能用于国际结算的支付手段。（　　）

2. 外汇代表一国的国际购买力。（　　）

3. 主要国际外汇市场和大银行的外汇交易均采用直接标价法报价。（　　）

4. 银行的现钞买入价大于现汇买入价。（　　）

5. 如果一国货币利率相对于别的国家降低，则本国货币的对外汇率下降。（　　）

6. 国际收支平衡是按照复式记账的方法编制的。（　　）

7. 一国国际收入总额大于支出总额时，称之为国际收支顺差。（　　）

8. 信用证是由出口商和进口商相互提供信用的、商业信用类的国际结算方式。（　　）

9. 汇付是国际结算中一种最简单的支付方式。（　　）

10. 当今国际贸易中的一种主要的结算方式是信用证。（　　）

三、名词解释

汇率　直接标价法　间接标价法　即期汇率　国际收支平衡表　国际结算　信用证

四、简答题

1. 简述影响外汇汇率变动的因素。

2. 简述汇率的标价方法。

3. 何谓国际收支平衡表？它包括哪些基本内容？

4. 国际收支失衡的原因有哪些？如何进行调节？

5. 国际结算方式主要有哪些？

五、案例分析

华为 2011 年净利润下滑 52.9%

中国华为技术有限公司（简称华为）是全球第二大电信设备制造商，华为公司

2012 年 4 月 23 日公布了 2011 年年报。年报显示，华为公司 2011 年公司实现销售收入人民币 203 929 百万元，同比增长 11.7%，实现净利润为人民币 11 647 百万元，同比下降 52.9%。在销售收入上涨的同时，华为净利润却大幅下滑，较大程度上是受到了汇兑损失的影响。其中，人民币对欧元升值，是其利润下滑的主要因素。据悉，华为出口结算主要用欧元，欧元兑人民币贬值，由于项目周期一般为 2 年左右，以欧元计价项目金额早已确定，导致最终从客户手中拿回欧元，其利润兑换成人民币时缩水。2011 年，该公司汇兑损失高达 48.76 亿元。

（资料来源：财新网，http：//companies. caixin. com/2012 - 04 - 24/100383432. html.）

根据上述资料，讨论分析以下问题：

1. 华为如果想减少汇兑损失可以采取哪些措施?

2. 请结合案例分析欧元兑人民币的变化对华为经营的影响。

第十五章　中央银行与货币政策

学习目标

知识目标

1. 了解我国中央银行货币政策的中介指标的含义和应用原理。

2. 理解中央银行货币政策的传导机制及货币政策效应，理解财政政策和货币政策的配合。

3. 掌握中央银行的各项资产负债业务，货币政策目标的具体含义及货币政策工具的具体内容和运行机制。

能力目标

1. 能够运用所学知识对中国人民银行的业务做出综述。

2. 能够对我国中央银行货币政策的实施情况和未来走向做出基本分析。

引导案例

美联储救助银行面临道德争议

英国著名经济学家巴杰特曾指出，在金融市场面临压力时，中央银行应扮演提供无限量流动性的“最终贷款人”角色，“巴杰特法则”也因此成为货币当局对危机进行干预的重要理论依据。从19世纪的英国开始，全球主要央行一直在扮演该角色。据彭博社报道，美国大型银行从2007年至2009年共计从美联储获得7.7万亿美元救援款，超过美国国内生产总值的一半。美联储货币事务部主任威廉·英格利希对新华社记者说，面对极大的市场压力，确保金融市场稳定是央行的核心职责之一，美联储在金融危机期间对金融机构的救助避免了金融体系崩溃。

虽然巴杰特强调央行应当在金融市场面临系统性风险时扮演“最终贷款人”角色，但也强调应以惩罚性利率向金融机构提供融资。可是有关数据显示，在次贷危机中，美联储给银行提供资金的利息低得惊人，有违“巴杰特法则”的惩罚性原则。经济学家表示，美联储以超低利率给商业银行融资面临一定道德风险，因为银行如果预期在面临融资困境时将得到央行帮助，可能将疏于日常风险管理甚至故意采取冒险行为。

（资料来源：新华网，http：//www. xinhuanet. com/）

第一节　中央银行业务

一、中央银行的负债业务

中央银行的负债业务指中央银行吸收资金的业务，主要包括货币发行、经理国库、集中存款准备金等内容。

1. 货币发行业务

中央银行的货币发行业务指中央银行垄断货币发行权的业务。所谓货币发行是指一国货币从中央银行的发行库通过各家银行的业务库流到社会的全过程。如果从数量上看，当货币从中央银行流出的数量大于从流通中回笼的货币数量，也称为中央银行的货币发行。

货币发行按性质不同可划分为经济性发行和财政性发行两种。所谓经济性发行是指中央银行根据国民经济发展的客观要求增加货币供应量。这种发行既确保了经济增长对货币供应量的需要，又避免货币投入过多的负面影响。而货币的财政性发行指为了弥补财政赤字而发行货币，由此增加的货币供应量超过实质经济对货币的需求，容易引发通货膨胀。

中央银行货币发行的渠道包括再贴现、发放贷款、购买证券、收购金银和外汇等。中央银行通过这些业务活动将纸币投入流通，并通过这些相同的渠道逆向组织货币的回笼，从而满足国民经济发展对流通手段的需求。

我国人民币的发行是通过中国人民银行的发行基金保管库（发行库）来完成的。发行基金来源于两个方面：一是人民银行总行所属印钞企业按计划新印制的解缴发行库的人民币；二是开户的各金融机构和人民银行业务库缴存人行发行库的回笼资金。人民银行的发行库在总行、省（自治区、直辖市）、地（市）和县（市）分别设立总库、分库、中心支库和支库。

2. 经理国库

国库是国家金库的简称，专门负责办理国家预算资金的收入和支出。我国的国库机构按照国家财政管理体制设立，原则上一级财政设立一级国库，在中央、省（自治区、直辖市）、地（市）和县（市）分别设立总库、分库、中心支库和支库，支库以下设国库经收处。

我国国库由中国人民银行经理。政府在中国人民银行设立账户，政府的收支都通过财政部门在中国人民银行开立的各种账户进行结算。各级国库的主任由各该级人民银行行长兼任，副主任由主管国库工作的副行长兼任，不设人行机构的地方，国库业务由人行委托当地商业银行办理，工作上受上级国库领导，受委托的商业银行行长兼任国库主任。

中央银行经理国库业务可以吸收大量的财政金库存款，一方面，各项税收、国有企业上缴利润及政府其他收入要作财政存款存入中央银行；另一方面，依靠国家财政拨款的行政事业单位、机关团体、部队、学校的存款，也由中央银行办理。

3. 集中存款准备金

存款准备金是商业银行及某些金融机构为应付客户提取存款和资金清算而准备的货币资金，准备金占存款或负债总额的比例就是存款准备金率。存款准备金分为法定存款准备金和超额存款准备金两部分。法定存款准备金是指金融机构按中央银行规定的比率上缴的部分，超额存款准备金则是准备金总额减去法定存款准备金的剩余部分。《中华人民共和国商业银行法》规定，商业银行应按照中国人民银行规定的法定存款准备金率，向中国人民银行上缴法定存款准备金。在大多数国家，中央银行对准备金存款是不支付利息的，但在我国，为了保证商业银行的利润，中国人民银行对法定存款准备金和超额存款准备金都支付利息。

4. 其他负债业务

中央银行除以上负债业务外，还有对国际金融机构的负债、国内金融机构往来、当年盈余和自有资本。

二、中央银行的资产业务

中央银行的资产业务是指中央银行运用其负债方资金来源的行为。通常包括贷款、再贴现、有价证券买卖、黄金外汇储备等主要内容。

1. 贷款业务

中央银行的贷款对象主要是商业银行、财政部，还可以是一些外国银行、国际性金融机构。

（1）对商业银行的贷款。这是中央银行放款中最主要的种类，其目的在于解决商业银行临时资金不足，采取的形式多为以政府证券或商业票据为担保的抵押放款。商业银行向中央银行借款，不能以盈利为目的，即不能用中央银行的低息贷款转手进行高息放款，而只能解决其短期资金周转不灵的需要。因此，各国中央银行在贷款内容上都有限制，比如贷款的数额和期限。中国人民银行根据执行货币政策的需要，可决定对商业银行贷款的数额、利率和方式，但期限一般不超过1年。

（2）对财政部（政府）的放款。中央银行对财政部的贷款可以分为两种：一是短期性、暂时性融资。中央银行在法律许可的限度内，可直接向政府提供短期贷款或透支。二是购买政府债券。1995年通过的《中华人民共和国中国人民银行法》明确规定，严禁财政在出现赤字时向中央银行透支，严禁中央银行在一级市场购买政府债券。

2. 再贴现业务

再贴现是指中央银行买进商业银行所持有的商业票据的行为。也可以定义为：商业银行在急需资金周转时，将其对企业办理贴现取得的商业票据提交中央银行，请求对商业票据做第二次买进的经济行为。中央银行可通过对再贴现率的调整来影响商业银行获得资金的成本，从而影响资金市场的供求关系，最终实现中央银行调控宏观经济的目标，是中央银行货币政策的重要工具之一。

3. 有价证券买卖业务

有价证券买卖业务指中央银行为了稳定金融局势，调节货币流通，在公开的金融市场上从事有价证券买卖活动，又称“公开市场业务”。在需要紧缩银根，减少市

场货币供应量时，可在市场上卖出它所持有的有价证券（抛出证券、回笼货币）；反之，在需要扩张信贷，增加市场货币供应量时，便在市场上买进它所需要的有价证券（发行货币、收回证券）。由于中央银行在公开市场上买卖有价证券，既可以主动出击，又可以被动防御，买卖数量可以灵活控制，并且易于逆转，执行迅速，没有行政性延误等，所以，它成为金融市场发达国家中央银行的主要资产业务，随着我国金融市场的逐步成熟和完善，公开市场业务也成为中国人民银行货币政策的重要工具。

4. 保管黄金外汇业务

中央银行保管黄金外汇储备资产是一项非常艰巨的任务，它具有特别重要的意义，比如当国内商品供给与需求出现不平衡，物价呈上涨趋势时，中央银行会利用所持有的黄金外汇储备从国外进口商品或直接向社会抛售国际通货，以回笼货币，平抑物价，使币值保持稳定。另外，中央银行还通过买进或抛售国际通货，使汇率稳定在合理的水平上。

三、中央银行的清算业务

清算，是指中央银行为各金融机构之间因经营活动而发生的债权、债务的清偿和资金的划转进行结算。

各国中央银行都设立专门的票据清算机构，处理各商业银行的票据并结清各银行的差额。参加中央银行交换票据的银行，均为“清算银行”。只有清算银行方可参加中央银行的票据交换，非清算银行要办理票据清算必须委托清算银行办理，中央银行不仅为商业银行办理票据交换和清算，而且还在全国范围内办理异地的资金转移，这个资金转移主要靠中央银行强大的资金划拨网进行。

中国人民银行总行设立清算总中心，负责信息的转收转发，中国人民银行各地分行设立清算分中心，具体办理汇划业务。汇出、汇入资金由中国人民银行当即清算，汇划款项与资金清算同步进行。

知识链接

神秘的“世界金库”

美国华尔街的纽约联邦储备银行的地下金库里保管着60个国家中央银行及国际组织大约三分之一的官方黄金储备，总价值超过4万亿美元。这里位于世界金融中心华尔街的心脏地带，方便各银行间往来交易，另一方面曼哈顿岛南端坚硬的花岗岩地层能够支撑几千吨重的金砖和几百吨重的防盗门，而且不必担心劫匪会打个地洞钻进金库。

这个金库有半个足球场那么大，分成122间密室，基本上是一个国家的黄金放在一个密室里。地下金库黄金的提取必须由一个3人小组监管，这3个人分属会计、管理和保卫部门。每个库房都有3把锁锁着，必须由这3个人分别打开。金库的入口是一个90吨重的钢制圆柱体机关，当机关启动、粗大的圆柱体旋转后，中间会露出一个两米长的狭窄通道——这就是金库的唯一入口。每天晚上，钢制圆柱都会通过旋转关上这一入口。这个仿佛整块钢铁浇铸而成的90吨重圆柱体，可能连炸弹都不能撼其分

毫。此外，该地下金库的安全系统可以说处于世界的顶尖级。一有风吹草动，整个地下金库能在28秒钟之内彻底封闭，里面的空气最多供一人呼吸72小时。大门打开后，还要再经过一条长长的隧道。隧道每隔1米远就会出现几个外形完全一样的岔口，走错任何一个岔口都无法到达金库区域。金库的安全系统还可以在发生火警之后数十秒内将氧气完全抽尽，从而起到灭火的作用。金库内外，众多荷枪实弹的武装警卫24小时轮班看守，他们个个都是百步穿杨的职业神枪手，还精通其他武器。

进入金库的人首先都必须接受专门的“排金属”检验和“吹风机”清洗，必须经过“眼球虹膜摄像仪”的扫描，眼球虹膜的准确性和唯一性比指纹和人的面容高出很多倍，而且无法买卖和模仿，一旦找不到相应的虹膜记录，大门就会拒绝打开，同时发出警报。

虽然纽约美联储保存着世界上四分之一的黄金储备，但美国政府的主要黄金储备并不在那里。美国肯塔基州路易斯维尔西南50千米处，坐落着美国陆军装甲兵司令部所在的诺克斯堡基地，同时也是美国黄金储备最大的存放地，这是美国最神秘、守备最森严的地方之一，其保卫措施非常严格，自建成以来就禁止任何游客参观，历史上只有两位美国总统曾进入诺克斯堡金库。

（资料来源：京报网，news. qq. com/a/20101212/000404. htm.）

第二节 中央银行货币政策

货币政策是一国中央银行通过对货币和信用的控制和调节来变动总需求，并进而影响宏观经济运行的经济管理政策。货币政策问题一般主要涉及四个方面的内容：货币政策目标，货币政策工具，货币政策传导机制和中介指标，货币政策效应。这四项基本内容反映了货币政策从确立目标开始到最终取得目标效果的全部运行过程。

一、货币政策目标

货币政策目标，是中央银行通过实施各种控制货币和信用的手段所需要达到的宏观经济目标，主要有四个：稳定物价、充分就业、经济增长、国际收支平衡。但这并不是说每个国家的中央银行所确定的货币政策目标都有这四个，而是说各国的货币政策目标一般都在这四个目标中选择，一国货币政策目标总是这四个目标的部分或全部的某种组合。

1. 稳定物价

所谓稳定物价，就是设法使一般物价水平在短期内不发生显著的或急剧的波动，呈现基本稳定状态。稳定物价是指一般物价水平的基本稳定，个别商品或劳务价格的变动不能作为物价稳定与否的标准；就物价总水平来看，稳定物价也不是绝对静止不动，它与冻结物价不是一个概念。物价水平不稳定有两种表现形式：一是物价总水平趋于上涨；二是物价总水平趋于下降。但在现实生活中物价波动的趋势更多的、更主要的表现为物价总水平趋于上涨。因此，稳定物价的实质是控制通货，防止物价普遍的、持续的、大幅度的上涨。

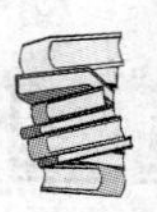

在实际的经济分析中，衡量物价稳定与否的指标通常有三个：一是GNP（国民生产总值）物价平减指数，它以构成国民生产总值的最终产品和劳务对象，反映最终产品和劳务价格的变化情况；二是消费物价指数，它以消费者的日常生产支出为对象，能较准确地反映消费物价水平的变化情况；三是批发物价指数，它以批发交易为对象，能较准确地反映大宗批发交易的物价变动情况。三种指标包含的商品范围不同，反映的物价变化也都有一定的局限性，但它们在趋势上应当是一致的。

2. 充分就业

充分就业本来是针对一国所有能被利用的资源的利用程度而言的，通常以劳动力的就业水平来说明社会经济资源是否被充分利用。因此所谓充分就业，通常指凡是有能力并自愿参加工作者，都能在较合理的条件下随时找到合适的工作。用失业率表示就业情况，这是公认的。失业率就是失业人数与愿意就业的劳动力之比。

经济学家们都承认，要达到社会劳动力的100%的就业，使失业率为零是办不到的。所谓的充分就业通常把两种失业排斥在外，一是自愿失业，即劳动者不愿意接受现行的货币工资水平和现行的工作条件而自愿放弃工作所引起的失业；二是摩擦性失业，即指由于季节性、技术性及经济结构的变化等原因所造成的临时性失业。比如有些企业会解雇人，有些企业需要增雇工人；而转换职业也需要一定的时间才能完成，许多工人在找到新工作之前总是处于失业状态；由于工人的地区性分布和职业分布组合不当等原因常会造成摩擦性失业。因此充分就业实际上是指失业人数很少。因为各国经济发展的情况不同，对适当的失业率的看法也不相同，多数学者认为失业率在5%以内就算充分就业。总之，这是一个很难用具体指标衡量的问题，只能根据不同的社会经济条件下社会经济发展的状况来判断社会就业状况的大致趋势。

3. 经济增长

经济增长的目的在于提高人们的生活水平，提高本国的国际地位。各国都把经济增长作为货币政策的重要目标。通常经济增长水平是以国民生产总值增长率和人均国民生产总值增长率表示的。

用国民生产总值增长率或人均国民生产总值增长率来衡量经济增长的程度也存在一些不足。一是经济增长率与国民生产总值增长率这两个概念并不完全等同，价格上涨也会引起国民生产总值（名义国民生产总值）的增加，但并不意味着经济的增长，只有剔除价格上涨因素所计算出的国民生产总值（实际国民生产总值）才能在一定程度上反映经济增长的程度。二是以国民生产总值表示的经济增长只是一个数量指标，没有考虑到产值增长的背后可能隐藏着资源的浪费和环境污染等质量问题。

4. 国际收支平衡

国际收支平衡是指一国在一定时期对其他国家的全部货币收入和货币支出相抵基本平衡，略有顺差或略有逆差的现象。国际收支状况对国内货币量状况有着重大影响。

正是因为国际收支状况与国内货币供应量存在着这样的密切关系，所以各国中央银行都把国际收支平衡纳入货币政策目标。不过事实上，国际收支不平衡是经常存在的，一个国家的国际收支有盈余则意味着别的国家的国际收支有赤字，在不得不处于失衡状况时，中央银行要通过汇率政策、利率政策等手段尽可能改善国际收支状况，

以利于国民经济发展。

从长远的角度来说，货币政策的四个目标是相互促进和统一的。但是，就一个时期的货币政策目标实现的效果来看，各项目标之间又存在程度不同的矛盾，往往是较好地实现了某一个目标，却伤害了另一个目标。

（1）物价稳定与充分就业之间存在一种此高彼低的交替关系。当失业过多时货币政策要实现充分就业的目标，就需要扩张信用和增加货币供应量，以刺激投资需求和消费需求，扩大生产规模，增加就业人数；同时由于需求的大幅增加，会带来一定程度的物价上升。反之，如果货币政策要实现物价稳定，又会带来就业人数的减少。所以，中央银行只有根据具体的社会经济条件进行相机抉择，寻求物价上涨率和失业率之间某一适当的组合点。

（2）物价稳定与经济增长也存在矛盾。要刺激经济增长，就应促进信贷和货币发行的扩张，结果会带来物价上涨；为了防止通货膨胀，就要采取信用收缩的措施，这又会对经济增长产生不利的影响。

（3）物价稳定与国际收支平衡存在矛盾。若其他国家发生通货膨胀，本国物价稳定，则会造成本国输出增加、输入减少，国际收支发生顺差；反之，则出现逆差，使国际收支恶化。

（4）经济增长与国际收支平衡的矛盾。随着经济增长，对进口商品的需求通常也会增加，结果会出现贸易逆差；反之，为消除逆差，平衡国际收支，需要紧缩信用，减少货币供给，从而导致经济增长速度放慢。

在经济发展中，货币政策要同时满足四项目标的要求，事实上是不可能的，中央银行应根据不同的情况选择具体的政策目标。由于各目标间存在的矛盾性，所以各国都以其中一项作为主要目标，经济发展比较快速稳健的国家，都把稳定物价作为货币政策的首要目标或唯一目标。

二、货币政策工具

中央银行为实现政策目标所采用的措施和手段被称为货币政策工具。货币政策工具多种多样，大致可分为两大类，即一般性货币政策工具和选择性货币政策工具。

1. 一般性货币政策工具

一般性货币政策工具是从市场全局的角度，或者说从总量的角度对货币和信用进行调节和控制，从而对整个经济体系发生普遍影响的工具。这类工具主要有三个：法定存款准备金政策、再贴现政策、公开市场业务。现代中央银行普遍运用法定存款准备金率、再贴现率和公开市场业务操作来影响货币供应量，这三大货币政策工具被称为是中央银行的“三大法宝”，现在已成为各国中央银行最主要的货币政策操作手段。

（1）法定存款准备金政策。法定存款准备金政策是指由中央银行强制要求商业银行等存款货币机构按规定比率上缴存款准备金，中央银行通过提高或降低法定存款比率达到收缩或扩张信用的目标。法定存款准备金率，就是以法律形式规定商业银行等金融机构将其吸收存款的一部分上缴中央银行作为准备金的比率，中央银行通过调整存款准备金率来调节信用、调节货币供应量。它的作用机制是：当经济处于需求过度

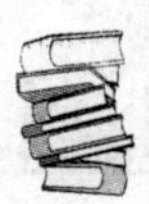

和通货膨胀状态时，中央银行就提高法定存款准备金率，借以收缩信用和货币量；而当经济处于衰退状态时，中央银行就降低存款准备金率，使银行及整个金融体系的信用和货币量得以扩张，达到刺激经济增长的目的。

调整法定存款准备金率之所以能够起到调节信用和货币量的作用，达到调节经济的目的，是因为这一比率变动后能够产生诸多导致信用量和货币量变化的效应，主要有：

1）货币乘数发生变化。中央银行提高或降低法定存款准备金比率，直接减少或增加商业银行持有的超额准备金，这样，商业银行吸收的存款中用于发放贷款和进行投资的数量就会减少或增加，进而使新派生的存款数量减少或增加，引起货币乘数发生变化，其结果使货币供应量大大改变，也因此体现出调整法定存款准备金率这一政策工具作用的猛烈性。

2）商业银行的行为发生改变。法定存款准备金是受中央银行操纵而形成的商业银行资产，法定存款准备金增加，就意味着商业银行的盈利性资产的减少。在这种情况下，商业银行就可能重新调整盈利性资产的结构和负债的结构，甚至会变动利率，尽可能使盈利损失得到补偿。商业银行的这种行为调整，自然会影响信用的规模和结构，进而对货币供应量产生影响。

3）公众预期行为发生变化。调整法定存款准备金率具有强烈的告示效应，会对公众的心理预期产生重大影响。中央银行调高法定存款准备金率，就是向金融体系和社会公众发布了紧缩信用和货币的信息，金融机构和公众立刻会根据他们对由此而可能出现的市场变化所做的判断或预期，调整各自的行为。如商业银行可能会调整准备金头寸、调整资产负债结构，企业可能会改变融资计划，家庭可能会改变支出计划，等等。所有这些都会不同程度地反映到货币供应量的变化上来，尤其是通过货币流通速度的改变而影响到货币供应量。正因为这样，中央银行也才将这一政策工具作为向金融体系和社会公众宣布政策意向的一个重要渠道。

将法定存款准备金率作为货币政策工具，也存在明显的缺陷。首先这一工具在操作时缺乏伸缩性或灵活性。由于这一工具的执行是靠强制手段，直接影响货币乘数对货币供应量产生强烈影响。再加上变动法定存款准备金率对社会心理预期的影响也十分强烈，因此不宜经常变动。正因为如此，许多国家的法定存款准备金率事实上都是长期固定不变的。

（2）再贴现政策。再贴现是相对于贴现而言，企业将未到期商业票据卖给商业银行，得到短期贷款，称为贴现；商业银行在票据未到期以前将票据卖给中央银行，得到中央银行的贷款，称为再贴现。中央银行在对商业银行办理贴现贷款中所收取的利息率，称为再贴现率。再贴现政策是中央银行通过变动给商业银行及其他金融机构的放款利率，以及在再贴现业务中规定申请再贴现的资格，包括申请再贴现的票据范围、申请机构范围等，申请资格的放宽和收紧等来调节货币供应量的货币政策工具。

再贴现政策工具在实际中的作用原理一般是：当经济出现需求过度、通货膨胀时，中央银行就调高再贴现率，商业银行如果不愿接受上升了的筹资成本，就会减少向中央银行借款；或者商业银行依然向中央银行借款，但同时相应提高向工商企业贷款的

利率，以抵偿由再贴现率调高后多付出的筹资成本，这会进一步引起整个市场利率的上升，证券价格也会因此而下跌，投资需求下降，导致信用的收缩和货币供应量的减少；而当经济出现需求乏弱、生产下降时，就降低再贴现率，使银行及整个金融体系的信用及货币量得以扩张，从而起到刺激经济增长的作用。

再贴现政策作为中央银行的货币政策工具，一个明显的缺陷，就是中央银行缺乏主动性。中央银行规定和调整再贴现率只是在再贴现业务已经发生后对商业银行的筹资成本产生影响，但是否向中央银行申请再贴现，申请多大数量，都完全由商业银行来决定。假如商业银行的市场回旋余地比较大，对市场利率的承受能力比较强，有多种有效的筹资渠道，那么，中央银行再贴现率的调高或调低，对商业银行再贴现需求的影响就很小。商业银行只有在经过成本和收益的比较后，认为能够接受调整后的再贴现率时，才会主动地申请再贴现，这种行为，中央银行是无法直接左右的。这与法定存款准备金率的调整相比较，形成极大的反差。另外，再贴现率调整的灵活性和伸缩弹性也是有限的。由于再贴现率调整主要是通过对利率的影响而发挥作用的，而利率的经常波动不利于经济的正常运行，因此，再贴现率一般不宜随时变动。就再贴现对利率的影响内容来讲，它一般只影响利率的总水平，对利率的结构则很少有影响，尤其是随着贴现政策越来越向自由化方向发展，那些能够影响利率结构的再贴现质量管理的规定（如对合格票据范围和申请机构资格的规定）逐渐失去作用。

（3）公开市场业务。在多数发达国家，公开市场操作是中央银行吞吐基础货币，调节市场流动性的主要货币政策工具，通过中央银行与指定交易商进行有价证券和外汇交易，实现货币政策调控目标。中国人民银行公开市场操作包括人民币操作和外汇操作两部分。外汇公开市场操作于1994年3月启动，人民币公开市场操作于1998年5月26日恢复交易，规模逐步扩大。1999年以来，公开市场操作已成为中国人民银行货币政策日常操作的重要工具，对于调控货币供应量、调节商业银行流动性水平、引导货币市场利率走势发挥了积极的作用。

公开市场业务（人民币操作）是中央银行在金融市场上公开买进或卖出有价证券的活动。中央银行买卖有价证券并非以盈利为目的，而是借此达到调节信用和货币供应的目的。中央银行买卖有价证券的交易对象主要是商业银行。因此，公开市场业务（人民币操作）作为中央银行的货币政策工具，主要是通过买卖商业银行所持有的有价证券，改变其超额准备金，影响其货币创造能力，达到收缩或扩张货币供应量的目的。这一政策工具的作用机制一般是：当经济中出现需求过大、物价上涨趋势，有必要收缩货币时，中央银行就卖出有价证券；而当经济中出现需求不足、生产下降趋势，有必要扩张货币时，中央银行就买进有价证券。中央银行通过买卖有价证券的活动，之所以能达到调节信用和货币的目的，是因为这种活动一可以引起基础货币供应的变化，二可引起利率的变化，二者都是影响信用量和货币量的重要指标。

中国人民银行从1998年开始建立公开市场业务一级交易商制度，选择了一批能够承担大额债券交易的商业银行作为公开市场业务的交易对象，这些一级交易商可以运用国债、政策性金融债券等作为交易工具与中国人民银行开展公开市场业务。

从交易品种看，中国人民银行公开市场业务债券交易主要包括回购交易、现券交易和发行中央银行票据。其中回购交易分为正回购和逆回购两种，正回购为中国人民银行向一级交易商卖出有价证券，并约定在未来特定日期买回有价证券的交易行为，正回购为央行从市场收回流动性的操作，正回购到期则为央行向市场投放流动性的操作；逆回购为中国人民银行向一级交易商购买有价证券，并约定在未来特定日期将有价证券卖给一级交易商的交易行为，逆回购为央行向市场上投放流动性的操作，逆回购到期则为央行从市场收回流动性的操作。现券交易分为现券买断和现券卖断两种，前者为央行直接从二级市场买入债券，一次性地投放基础货币；后者为央行直接卖出持有债券，一次性地回笼基础货币。中央银行票据即中国人民银行发行的短期债券，央行通过发行央行票据可以回笼基础货币，央行票据到期则体现为投放基础货币。

在中央银行的一般性货币政策工具中，公开市场业务通常被认为是最重要、最常用和效果最理想的工具。与前面两种政策工具相比，公开市场业务有明显的优点：

1）中央银行在操作中始终处于主动地位，而不像再贴现业务那样，中央银行通过变动再贴现率只能影响商业银行的业务条件，业务的主动性仍在商业银行。在证券买卖的操作中，由于中央银行以变动商业银行的准备金，从而调节信用和货币量为目的，不受盈利要求的限制，它可以执行最有利的交易价格而争取到业务的主动性。

2）中央银行的调节有巨大的弹性，它既可以大量买卖政府债券，对金融体系产生较强烈的影响，也可以少量买卖政府债券，对信用和货币量进行微调。它是一种经常性、连续性的操作，可能逐日逐周地开展业务，调节的方向和力度随时可以根据变化了的经济金融形势而改变，不像法定存款准备金率和再贴现率那样难以随时变动。

3）操作时对经济的震动很小。公开市场操作以经常性和连续性的交易活动的形式出现，人们的心理预期不会因中央银行的政策操作而突发性地改变，行为的调整也比较平缓。不像法定存款准备金率和再贴现政策那样，时隔多时才调整一次，而每次调整一般都表现政策方向或力度的较大改变，使人们的预期发生很大变化，在经济行为上也做出强烈的反应。尤其是具有强制性特征的法定存款准备金率，不调则已，一调则产生强烈震动。

当然，公开市场操作业务也有其局限性：一是需要以发达的金融市场作背景，如果市场发育程度不够，交易工具太少，则会制约公开市场操作的效果；二是必须有其他政策工具的配合，才可以发挥更好的作用。

2．选择性货币政策工具

选择性货币政策工具是中央银行对信用和货币量进行局部性或结构性调节和控制的措施，这些措施主要有：

（1）差别利率政策。中央银行根据国家经济政策和产业政策的要求，可以实行对不同部门、不同企业和不同地区执行不同利率的政策。对国家重点发展的部门和产业执行较低的优惠贷款利率，对限制发展的部门和产业则执行较高的利率。

（2）证券保证金比率。为了控制证券市场的信用投资规模，防止市场出现过度投机，中央银行实行对证券购买者买进证券必须支付现金的比率加以规定并可随时调节

的制度。由于全部交易是借助于贷款完成的，购买证券支付现金的部分，实际上就是交易者为了获得贷款支持而必须拥有的保证金，因此，这一比率习惯上称为证券保证金比率。保证金比率越高，信用规模越小。在中央银行认为证券投机过度、证券价格过高时，提高保证金率就要抑制市场需求，使价格回落。反之，在证券市场低迷时则降低保证金比率。

（3）消费信用控制。就是中央银行对消费者分期购买耐用消费品的信用活动实施管理。内容主要包括：规定以分期付款形式购买耐用消费品的第一次付现的比率；规定用消费信贷购买商品的最长期限；规定用消费信贷购买耐用消费品的种类。

中央银行可以根据消费品市场的供求状况及物价情况，灵活地运用这些管理措施。如在需求过度、物价上升时，就提高首次付现的比率，缩短消费信贷的期限；反之，在需求不足、经济萧条时，则降低比率和延长期限。

（4）预缴进口保证金。在进口过度增长，国际收支出现逆差时，为抑制进口，中央银行要求进口商按照进口商品总值的一定比例，预缴进口商品保证金，存入中央银行，以增加进口商的资金占用，增加进口成本。对于预缴保证金占进口商品总值的比率，中央银行可视国际收支状况的变化灵活调整。

（5）不动产信用控制。中央银行对商业银行办理不动产抵押款做限制性规定，以抑制市场的过度需求。如对金融机构的房地产贷款规定最高限额、最长期限、第一次付现的最低金额等。

3. 其他货币政策工具

（1）直接信用控制：指中央银行通过发布行政命令等来干预或控制金融机构的信用活动的直接调控手段。包括利率最高限额，控制信贷额度，规定商业银行存、贷款利率上限，规定流动性比率等。

1）信用配额管理。就是中央银行根据金融市场的供求状况和经济发展需求，对各个商业银行的信用规模交易分配和控制，从而实现对整个信用规模的控制。信用配额管理是一种计划控制手段，在多数发展中国家中广泛采用，它也是我国转轨初期的主要信用控制手段。但随着我国市场经济的逐步完善和发展，信用规模控制的作用已大大降低。

2）流动性比率管理。中央银行通过规定商业银行的流动资产与存款比率来限制商业银行的信用扩张。此外，适当提高流动性比率还有降低商业银行经营风险的作用。

3）限制性利率。利率本来是依据金融市场上资金供求关系而定，但在某些情况下，则以法律等人为地给予限制。日本根据 1947 年的临时利率调整法，规定了存款利率、贷款利率的最高限度。在实际确定利率时，在此最高范围内，存款利率按日本银行的规定，贷款利率则由银行自主协商。

（2）间接信用指导：指中央银行通过道义劝告、窗口指导等间接信用控制手段来对商业银行的业务活动和决策取向等施加影响，从而对社会货币供应量进行调控，以最终实现货币政策目标。

1）道义劝告。中央银行运用自己在金融体系中的特殊地位和威望，对金融机构进

行劝告，影响其放款数量和投资方向，以达到控制信用目的的一种做法。道义性劝告是中央银行运用的一种辅助性政策工具，不具备法律约束力，但中央银行发出的通告、指示，与金融机构负责人的面谈，可以产生规劝效果和警示效果，促使金融机构自动地执行政府政策。在我国，央行与商业银行建立了比较稳定的行长、部主任碰头会制度。一方面商业银行报告即期的信贷业务进展情况，央行则向商业银行说明对经济金融形势看法，通报货币政策意向，提出商业银行改进信贷管理建议，使其能自动地根据中央银行的政策意向采取相应措施。例如，在通货膨胀较严重时期，中央银行劝导各金融机构自动约束放款或提高利率；在房地产与股票市场投机过度时劝告各金融机构收缩这两个市场的信贷规模；在国际收支出现赤字的情况下，劝告金融机构提高利率或减少海外贷款，等等。

2）窗口指导。中央银行根据经济增长情况、物价变动趋势、金融市场的动向和一定时期货币政策的要求，以及前一年度同期贷款的情况等，要求民间金融机构按季度向中央银行申报贷款增加额计划，中央银行可以确认也可以削减所申报的贷款增加额上限，并要求它们遵照执行的一种做法。它虽然只是一种“指导”，而非法律规定，但是实际上具有强制性效力。如果民间金融机构不按指导意见行事，尽管不承担法律责任，但最终会受到中央银行的经济制裁。

三、货币政策的传导机制和中介指标

1. 货币政策的传导机制

所谓货币政策的传导机制，是指在中央银行确定了政策目标后，从选用一定的政策工具并付诸实施开始，到实现其最终目标之间，所经过的各种中间环节相互之间的有机联系及其因果关系的总和。

中央银行货币政策的传导可通过两条途径，一条是商业银行。货币政策工具实施后可改变商业银行从中央银行融资的成本，可改变商业银行的准备金头寸，然后，商业银行通过调整信贷规模、利率、贷款期限等使企业和居民的消费、储蓄和投资活动受到影响，进而使全社会的总支出量和总产出量发生改变，这种改变最终反映了经济增长、就业、物价、国际收支等货币政策最终目标的实现程度。另一条基本途径是金融市场。货币政策工具实施后，如进行公开市场操作后，金融市场的货币供给和货币需求发生改变，引起各种金融资产的收益和价格的变化，这种变化同样会影响企业、居民等经济主体的消费、储蓄和投资，并最终影响到货币政策目标的实现。货币政策的传导顺序一般是先由中央银行作用于商业银行和金融市场，再由商业银行、金融市场作用于企业、居民等经济活动主体，最后由各经济主体作用于各宏观经济变量。

2. 货币政策中介指标

由于货币政策最终目标是长期的、非数量化的指标，中央银行无法直接控制和实现它们，因此在货币政策的执行过程中，央行不得不找出比较具体的、数值化的中介目标来作为实现货币政策的桥梁。货币政策的中介目标实际上就是中央银行设置的中间性或传导性变量，中央银行借助于短期的、数量性的、用于日常操作的中介指标来

实现最终目标。通过对中介目标变动的分析，货币当局也可以了解到国民经济运行的实际状况及其偏离调控目标的方向和程度，从而为下一阶段的货币政策操作提供指导。引入中介目标概念以后，货币政策实施过程就通常被划分为政策工具、中介目标、最终目标三个相互关联的阶段。

在选择中介指标时通常坚持如下几个标准：

（1）可观测性。这种指标具有明确的内涵，所需的数字资料和信息容易获得，透过这些资料和信息能够准确观察、分析和监测货币政策作用的效果和实施进度。

（2）可控性。这种指标在货币政策工具的直接作用范围内，与货币政策工具的操作密切相关。当货币政策工具的参数改变后，这种指标的数值随之发生变化。可控性较强的指标，一般称之为近期指标，其特征是，中央银行对它的控制力较强，但离货币政策目标较远。

（3）相关性。这种指标与货币政策目标高度相关。当这种指标的数值发生变化时，最终目标的实现程度就随之发生变化。相关性较强的指标，一般称之为远期指标，其特征是离货币政策的目标较近，但中央银行对它的控制能力较弱。

根据这些标准确定的货币政策中介指标主要有利率、货币供应量、基础货币和超额准备金等。基础货币由流通中的现金和商业银行在中央银行的准备金存款所构成。基础货币与货币乘数的乘积就是货币供应量。充当货币政策中介目标的经济变量可分为数量型指标（货币供应量、信用总量）和价格型指标（利率、汇率等）两大类。

四、货币政策效应

受经济生活中诸多因素的影响，货币政策的实施有时不能达到或不能完全达到预期的效果，从而对经济发展造成不利影响。影响货币政策效果的主要因素有以下方面。

1. 货币政策时滞

货币政策时滞指从货币政策的制定到最终目标的实现，必须经过的时间间隔。时滞是影响货币政策效果的主要因素，通常有三种。

（1）认识时滞。从需要采取货币政策行动的经济形势出现到中央银行认识到必须采取行动所需要的时间。

（2）决策时滞。即从认识到必须采取行动到实际采取行动所需要的时间。

上述两种时滞统称为内部时滞，其时滞长短取决于货币当局对经济形势发展的预见能力，制定对策的效率和行动的决心等。

（3）外部时滞。即从采取货币政策措施到对经济活动产生影响取得效果的时间。它主要由客观的经济和金融条件决定，并非货币当局能够主观地加以控制。例如，由于客观经济条件的限制，货币供应量的增加和利率的下降不会立即引起总支出与总收入的增加。就投资而言，要求企业必须对外部经济信息具有较强的敏感性，而从意向产生到考察到形成计划，到订购运输、投入生产等，每一步都需要时间。如果货币政策的影响能很快地表现出来，即时滞较短，或不论时间长短都有一确定的范围，则央行可根据预期落后的时间差距，预先采取影响将来某一时期经济情况的货币政策；若

时滞过长或变异程度很大，可测程度很低，则货币政策的运行会达不到预期效果，也可能导致经济、金融形势的进一步恶化。因此，央行应把预测货币政策时滞作为实施货币政策的重要环节。

2. 合理预期因素的影响

合理预期因素的影响是指社会经济单位和个人根据货币政策工具的变化对未来经济形势进行预测，并做出反应。这可能会使货币政策归于无效。比如，政府拟采取长期的扩张政策，公众一旦获得必要信息，他们将意识到货币供应将大幅增加，物价会上涨，于是工人会要求增加工资，企业短期工资成本增大而不愿扩展经营，人们则提前抢购商品，导致无产出增长的物价上涨。显然，公众的预防措施会使货币政策的效果大打折扣。另外还有其他因素，如经济、政治等因素的影响，也会影响政策效果或迫使其进行调整。

3. 货币政策与财政政策的协调和配合

在当代，国家对宏观经济进行调节，除了运用货币政策以外，还有财政政策、收入政策、产业政策等，每一种政策都以其特殊的作用方式影响着宏观经济变量。可以说宏观经济调控目标的实现，往往是各种政策措施共同作用的结果。

货币政策和财政政策在使用的政策工具及作用对象上，在制定和推行政策的方式上存在着诸多不同。货币政策的工具主要是存款准备金率、再贴现率、公开市场业务等，作用对象主要是商业银行和金融市场，政策的推行主要通过中央银行的资产负债业务活动。而财政政策的工具主要是税收、预算收支、公债、补贴等，作用对象主要是纳税人、财政性支出单位，政策的推行主要通过立法和行政程序。因此，两种政策发挥作用的特点和效果是不相同的。比如，在一般情况下，要求扩张经济时，财政政策比货币政策来得更直接更迅速，因为扩张财政支出，降低税率，执行起来很容易，对投资的作用也很直接；要求紧缩经济时，货币政策则能比较及时和灵活地操作，见效较快，而财政政策在执行压缩开支、提高税率等措施时阻力较大，见效较慢。国家在运用这两种政策时必须根据某一时期经济运行的特点和要求，寻求两种政策的最佳组合。主要的组合形式有以下四种。

（1）“双松”，即同时执行宽松的货币政策和积极的财政政策。在出现社会总需求严重不足、经济严重衰退、社会存在大量闲置资源情况时，可选择这种组合。

（2）“双紧”，即同时执行紧缩的货币政策和紧缩的财政政策。在出现社会总需求过旺、存在严重通货膨胀时，可选择这种组合。

（3）“松货币紧财政”，即执行宽松的货币政策和紧缩的财政政策。在总供求大体平衡，但政府与公众间的投资比例不合理，需要降低政府支出和投资比例，增加企业投资和居民消费时，可选择这种组合。

（4）“紧货币松财政”，即执行紧缩的货币政策和积极的财政政策。在总供求大体平衡，但企业投资和居民消费比重偏大，政府支出和投资比重偏小时，可选择这种组合。

当然，两种政策的协调配合，并没有排除单独使用货币政策和单独使用财政政策的情况。一般来说，短期调整比较适合于用货币政策，而长期调整却比较适合于用财政政策，因此，当经济体系出现临时故障，需要在短期内做微量调整时，只需要采取货币政策措施就可以了。当经济体系存在需要做长期的战略性调整的问题时，而短期内的经济运行基本平衡，就可以单独操作财政政策。

五、我国中央银行货币政策的实施情况

1. 我国中央银行货币政策的目标

改革开放以后，我国为了追求经济的快速增长，曾经在很长一段时间内将货币政策的目标确定为“维护经济增长，同时保持币值的稳定”。在经济增长率快速增长的同时，由于财政为弥补高额赤字而向中央银行透支，导致中央银行货币发行过多及投资规模过大、消费增长过快等原因，引发了大规模的通货膨胀，通货膨胀率在1988年和1994年达到顶点。总结了经验和教训后，我国在1995年颁布执行的《中华人民共和国中国人民银行法》中将货币政策的目标确定为“保持货币币值稳定，并以此促进经济增长”。

2. 我国中央银行对货币政策中介指标的选择

长期以来，我国的货币政策偏重于使用数量型指标（主要是货币供应量），而较少运用价格型指标（主要是利率），这其中既有传导机制的问题，也涉及政策偏好，反映了传统计划经济的思维模式所留下的烙印。我国正处在金融体制变革的时期，货币政策中介指标的选择经常变动，在我国的货币政策制定和实施过程中，历来存在价格型指标和数量型指标的效果和利弊之争。改革开放以来，为治理多次发作的通货膨胀，稳定经济运行，我国开始向利用货币供应量充当中介目标过渡。中国人民银行从1994年第三季度起正式推出货币量统计指标并按季度向社会公布。为了准确反映我国金融经济运行状况，从我国金融的现状出发，结合国际通用的按货币流动性强弱进行划分的原则，中国人民银行把货币供应量划分为M_0、M_1、M_2、M_3四个层次，1996年，中国人民银行开始正式采用M_1作为货币政策的中介目标，M_0和M_2作为观测目标。但货币供应量作为中介指标其有效性存在着不足之处，增加了央行有效控制基础货币变动的难度。2003年9月以来，我国消费者价格指数（CPI）持续增长，负利率一度逼近3%，通货膨胀露出端倪，2004年以来，为抑制投资过热，存款准备金率、再贴现和公开市场业务这三大直接影响货币供应量的工具几乎被央行用了个遍，但是效果仍然不太明显。在一片争论声中，2004年10月29日，中国人民银行宣布提高商业银行的存、贷款利息率，以抑制物价不断上涨的趋势。而面对我国经济运行中最突出的投资增长过快的问题，通过上调贷款利率来提高企业的融资成本，也正是最直接、最有效的措施。近年来，中央银行已经逐步加强了对利率、汇率等价格型指标的运用，不断调整利率和汇率政策以配合货币政策的实施，实现对经济的调控目的。

3. 我国中央银行对货币政策工具的运用

法定存款准备金率政策可以说是我国中央银行使用的比较频繁的政策工具，此处主要以法定存款准备金政策的运用为例。

我国从1984年5月开始实行法定存款准备金制度，当时的法定存款准备金率最高曾达到40%（对储蓄存款）。1985年下降至10%，从1985年起一直到1998年，为了治理通货膨胀的需要，法定存款准备金率一路上调达到13%。

1996年，我国经济经过几年的调整，成功实现了宏观经济“软着陆”，但伴随之后亚洲金融危机的发生，我国经济面临着内需不振的严重问题。为拉动内需，保持经济的稳定增长，防止出现通货紧缩，1998年将法定存款准备金率下调至8%，1999年又下调至6%。

2003年上半年发生“非典”以后，我国的部分物价开始快速上涨，为了抑制物价上涨的趋势和防止投资（尤其是投资房地产领域）过热，中央银行开始紧缩货币，于2003年9月21日将商业银行的法定存款准备金率上调至7%，并且从2004年4月25日起，实行差别存款准备金率制度。除农村信用社和四大国有商业银行外，对资本充足率等重要经营指标达不到中央银行规定标准的股份制商业银行，其法定存款准备金率在7%的基础上加0.5%，即7.5%。同时在2004年3月25日，对期限在1年以内的再贷款利率和再贴现率进行上调。

此后自2004年直到2008年9月25日之前，出于防止经济过热，控制信贷增长过快，抑制资产泡沫等因素的考虑，中央银行多次上调法定存款准备金率直至17.5%，仅2007年和2008年两年，中央银行对法定存款准备金率频繁调整多达19次。

自2008年下半年开始，由美国的次贷危机引发全球性的金融危机和经济危机全面爆发，全球经济一片低迷，中国出口受阻，经济增长率下降，为刺激经济增长，增强企业投资信心，中央银行从2008年9月25日至12月25日又连续4次下调法定存款准备金率至15.5%。不过随着全球经济的复苏，中国经济又进入新一轮的快速增长阶段，为调控信贷规模，抑制物价快速上涨，2010年1月18日至2011年6月20日，中央银行再连续12次上调法定存款准备金率至21.5%。

2011年至2014年我国经济由政策刺激下的快速回升转入稳定增长阶段，自2012年5月18日下调法定存款准备金率至20%以后，到2014年4月25日为止，我国法定存款准备金率没有进一步调整。2014年4月我国下调县域农村商业银行人民币存款准备金率2个百分点，下调县域农村合作银行人民币存款准备金率0.5个百分点。2014年6月对符合审慎经营要求且“三农”和小微企业贷款达到一定比例的商业银行下调准备金率0.5个百分点，下调后的准备金率为20%。

知识链接

我国财政货币政策配合的实践

根据形势需要，合理选择财政货币政策的组合模式，改善财政货币政策的协调搭配，对于提高宏观调控的有效性，是非常重要的，我国在宏观经济调控中一直比较重视货币政策和财政政策的配合运用。

从1979年到1992年，中国经济在高速增长的同时，有效供给不足，财政货币政策的配合更多着眼于影响总供给，通常运用行政性手段对国有企业来完成政策实施，很少用财政和金融中间变量来间接影响经济主体，而且“同松同紧”情况居多，没有更多的多元化政策搭配，造成政策协调效果不佳。

从1993年下半年到1996年，中国经济的市场化程度开始迅速提高，但仍是有效供给不足，经济过热也导致了通货膨胀的风险积累，因此财政货币政策一直采取“双紧”配合，政策协调目标就是通过紧缩性政策，来控制赤字、减少发债、压缩政府开支、控制货币总投放量等。1994 年的税制改革逐渐奠定了公共财政的基础，1995 年通过的《中华人民共和国中国人民银行法》也使得货币政策制定进一步得以独立，两大政策配合的制度基础更加稳固，对于实现经济“软着陆”起到了较大作用。

从 1997 年开始，有效需求不足成为经济调控的新问题，而亚洲金融危机的爆发，进一步促使中国经济的周期性低谷来临。面对这种情况，财政货币政策由适度从紧快速转为“双松”配合，不断增加货币供应量。

2003 年开始，中国经济形势再次发生变化，出现了通货膨胀压力加大、信贷和投资增长过快、外资流入偏多等问题。在这一背景下，政府从 2004 年逐步调整财政政策的作用方向和力度，2005 年我国提出了新的配套办法：将稳健的财政政策和稳健的货币政策相结合（双稳健）来抑制投资过热，保证经济的稳定增长。

进入 2007 年，经济过热和通货膨胀成为中国经济面临的最大问题，针对银行体系流动性偏多、货币信贷扩张压力较大、价格涨幅上升的形势，货币政策逐步从“稳健”转为“从紧”。

在 2008 年全球性经济危机爆发后，中国政府迅速做出反应，实施了相对宽松的货币政策，以诸多举措加大金融对经济增长支持力度。2009—2010 年，为了应对国内外诸多不利因素的挑战，保持经济平稳较快发展，中央决定继续落实适度宽松的货币政策并实施积极财政政策，充分发挥了财政政策在扩大内需、保持经济增长、促进结构调整、转变发展方式和改善保障民生、促进和谐社会建设方面的巨大作用。

2011—2014 年我国经济由政策刺激下的快速回升转入稳定增长阶段，中央便决定实施积极的财政政策和稳健的货币政策来调整经济结构，推动中国经济“稳中求进”。

（资料来源：金融界博客，blog. jrj. com. cn/kalong，1446506a. html.）

本章小结

中央银行是一国金融体系的核心，是监督管理各类金融机构、制定并执行金融政策法令、调节货币流通和信用活动、为政府经济政策服务的银行。中央银行是一国金融体系的核心，它不是经营性的银行，不以盈利为目的，而是由国家赋予其制定和执行货币政策，对国民经济进行宏观调控和管理的权力的特殊的金融机构。中央银行的组织形式划分为四种类型：一元式中央银行制度、联邦式中央银行制度、跨国的中央银行制度和准中央银行制度。中央银行的负债业务指中央银行吸收资金的业务，主要包括货币发行、经理国库、集中存款准备金等内容。中央银行的资产业务是指中央银行运用其负债方资金来源的行为。通常包括贷款、再贴现、有价证券买卖、黄金外汇储备等主要内容。货币政策是一国中央银行通过对货币和信用的控制和调节来变动总需求，并进而影响宏观经济运行的经济管理政策。货币政策问题一般主要涉及四个方面的内容：货币政策目标，货币政策工具，货币政策传导机制和中介指标，货币政策效应。

思考与练习

一、选择题

1.（　　）是指一国货币从中央银行的发行库通过各家银行的业务库流到社会的全过程。

A. 货币发行　　B. 经理国库
C. 集中存款准备金　　D. 再贴现业务

2. 中央银行货币发行的渠道包括（　　）。

A. 再贴现　　B. 发放贷款
C. 购买证券　　D. 收购金银和外汇

3.（　　）是指中央银行为各金融机构之间因经营活动而发生的债权债务的清偿和资金的划转进行结算。

A. 贷款　　B. 再贴现　　C. 有价证券买卖　　D. 清算

4. 中央银行的一般性货币政策工具中，执行靠强制手段，通过直接影响货币乘数对货币供应量产生强烈影响，不宜经常性变动的这种政策工具是（　　）。

A. 公开市场操作　　B. 再贴现政策　　C. 法定存款准备金政策

5. 在总供求大体平衡，但企业投资和居民消费比重偏大，政府支出和投资比重偏小时，可选择的货币政策和财政政策组合类型是（　　）

A. 双松　　B. 双紧　　C. 松货币紧财政　　D. 松财政紧货币

6.（　　）的目的在于提高人们的生活水平，提高本国的国际地位。

A. 物价稳定　　B. 充分就业　　C. 经济增长　　D. 国际收支平衡

7. 中央银行的负债业务主要包括（　　）。

A. 货币发行　　B. 经理国库
C. 集中存款准备金　　D. 自有资本

8. 在中央银行的一般性货币政策工具中，（　　）通常被认为是最重要、最常用和效果最理想的工具。

A. 法定存款准备金率　　B. 再贴现率
C. 公开市场业务　　D. 差别利率政策

9. 中央银行的资产业务是指中央银行运用其负债方资金来源的行为，通常包括（　　）。

A. 发放贷款　　B. 货币发行　　C. 有价证券买卖　　D. 黄金外汇储备
E. 办理再贴现　　F. 自有资本

10. 对充分就业的解释比较准确的有（　　）。

A. 凡是有能力并自愿参加工作者，都能在较合理的条件下随时找到合适的工作
B. 就业情况一般用失业率表示
C. 失业率为零
D. 在统计失业率时通常把两种失业排斥在外，即自愿失业和摩擦性失业

二、判断题

1. 中央银行通过再贴现、发放贷款、购买证券、收购金银和外汇等业务活动将纸币投入流通。（ ）

2. 我国《中央银行法》规定，商业银行应按照中国人民银行规定的法定存款准备金率，向中国人民银行上缴法定存款准备金。（ ）

3. 中央银行的贷款对象主要是商业银行、财政部，还可以是一些外国银行、国际性金融机构。（ ）

4. 只有清算银行方可参加中央银行的票据交换，非清算银行要办理票据清算必须委托清算银行办理。（ ）

5. 中央银行可通过对贴现率的调整来影响商业银行获得资金的成本，从而影响资金市场的供求关系。（ ）

6. 物价水平不稳定有两种表现形式：一是物价总水平趋于上涨；二是物价总水平趋于下降。（ ）

7. 失业率就是愿意就业的劳动力与失业人数之比。（ ）

8. 各国银行都把国际收支平衡纳入货币政策目标。（ ）

9. 公开市场操作业务时需要以发达的金融市场作背景，如果市场发育程度不够，交易工具太少，则会制约公开市场操作的效果。（ ）

10. 货币政策最终目标是长期的、非数量化的指标，中央银行可以直接控制和实现它们。（ ）

三、名词解释

货币发行　财政性货币发行　货币政策　货币政策目标　法定存款准备金　再贴现

四、简答题

1. 什么是中央银行的货币发行？它有哪些类型？

2. 中央银行的货币政策目标包括哪四个？请详述其义。

3. 什么是中央银行的再贴现政策？该政策如何发挥宏观调控作用？有何局限性？

4. 什么是公开市场业务？中央银行如何利用这种政策工具发挥宏观调控作用？它有何优点和局限性？

5. 货币政策和财政政策的主要组合形式有几种？每种组合各适用于什么经济状态？

五、案例分析

2011 年 6 月存款准备金率再次上调，达到 21.5% 历史高位

中国人民银行从 2011 年 6 月 20 日起，再度上调存款类金融机构人民币存款准备金率 0.5 个百分点，这是央行 2011 年以来第六次上调存款准备金率，也是自 2010 年以来央行第 12 次上调存款准备金率。在本次上调后，多数大中型银行的存款准备金率将达到 21.5% 的历史高位，这意味着这些银行每吸收 100 元存款，必须先在央行存放 21.50 元，余下的部分才能用于发放贷款等。据估算，此次上调后，可一次性冻结银行资金 3 700 多亿元。央行行长周小川表示，尽管存款准备金率已位于历史高位，但上调没有

上限要求，取决于不同的条件。当前货币政策已从适度宽松转为稳健，即货币政策要适当收紧，这个趋势还会持续一段时间。央行发布的《2011年第一季度货币政策执行报告》也指出，通胀预期仍处于较高水平，并称在准备金率方面，要继续加强流动性管理，控制物价上涨的货币因素，缓解居高不下的通胀压力，法定存款准备金率并不存在绝对上限。准备金率已成为我国管理流动性的常规手段。

（资料来源：http：//finance. ifeng. com/bank/special/2011zbjl5/20110513/4016031. shtml.）

根据上述资料，讨论分析以下问题：

1. 中央银行如何利用法定存款准备金政策进行宏观调控？有何局限性？

2. 请结合当前我国的经济背景和货币政策实施情况进行分析。

第十六章　通货膨胀与通货紧缩

学习目标

知识目标

1. 了解通货膨胀、通货紧缩的类型。
2. 理解通货膨胀、通货紧缩的成因及其对经济的影响。
3. 掌握治理通货膨胀、通货紧缩的对策。

能力目标

1. 能用所学知识判断我国当前的经济形势是通货膨胀还是通货紧缩。
2. 能用所学知识分析我国当前采取的货币政策与财政政策的含义。
3. 能用所学知识判断当前财政政策与货币政策所产生的效应。

引导案例

33 年间，100 万元被通胀“偷走”了 85 万元

汇添富基金公司首席投资理财师、基金策略分析师刘建位计算出，1990 年 1 月至 2009 年 12 月间，我国居民消费价格指数（CPI）的月平均值为 4.81%。得出的结论是，如果在 1978 年改革开放之初时拥有 100 万元，按购买力论，到现在只值当年的 15 万元。也就是说，33 年来，通胀悄悄“偷走”了 85 万元。通常，人们用广义货币供应量/国内生产总值（M_2/GDP）比例来说明货币与实体经济之间的量化比例关系。这一比例相对合理，反映了一个经济体的健康发展。一般而言，M_2/GDP 越大，货币超发越严重。据《中国经济周刊》报道，到 2010 年年底，中国 GDP 总额为 39 万亿余元，是 1978 年的 109 倍；而同期的 M_2 从 1978 年到 2010 年年底，增加了 842 倍。

（资料来源：http：//finance. sina. com. cn/roll/20110715/062510152659. shtml.）

第一节　货币的需求与供给

一、货币需求的含义

在经济学中，所谓需求，是指既有购买意愿，又有支付能力的经济行为，是能力和愿望的统一体。它包含希望得到和有支付能力两个基本要素，缺一不可。货币需求就是指家庭、企业和政府愿以货币形式持有其所拥有的财产的一种需要。它由货币需

求能力与货币需求愿望相互作用、相互决定的特殊需求。

如果只考虑人们持有货币的愿望，而不考虑是否有足够的能力持有货币，那么货币需求这个概念就毫无意义了。因为人们总是愿意持有尽可能多的货币。人们产生对货币需求的根本原因在于货币所具有的职能，货币具有和其他任何商品相交换的能力。货币需求包括货币作为流通手段、支付手段与货币作为储藏手段的货币需求两大部分。在现实经济生活中，货币更多的是作为一种资产被人们持有，人们持有的资产多种多样，有实物资产、金融资产。在金融资产中，又有货币性资产与非货币性资产之分，各种资产由于其盈利性、流动性和安全性的不同，人们在持有时，会根据自己的偏好和具体情况进行选择，使货币这种资产在各种资产的持有中保持一个恰当的比例。所以，货币需求也可以说是在人们的资产组合中，他们愿意持有且能够持有的货币数量。

从货币需求的主体考察，货币需求可以分为微观货币需求和宏观货币需求。微观货币需求是指从微观经济主体即个人、家庭或企业的角度进行考察，研究一个微观单位在既定的社会经济条件下，因生活和生产需要而保有的货币量。微观货币需求实际上是一种资产选择、财富分配行为，它受到人们的财富总额、各种资产的相对收益及风险的影响。宏观货币需求是指一个国家在一定时期内的经济发展与商品流通所必需的货币量，这种货币量既能够满足社会各方面的需要，又不至于引发通货膨胀。

微观货币需求与宏观货币需求是既有区别又有联系的同一问题的两个方面。从理论上讲，全部微观货币需求的总和即为宏观货币需求，因此，对货币需求的研究，必须根据需要从两个方面进行相互联系的综合研究。

二、货币需求的影响因素

货币需求是人们对货币性财富的需求。影响货币需求的主要有以下几个方面：

1. 收入状况

收入状况是影响货币需求的最主要因素。收入状况对货币需求的影响具体表现在以下两个方面：一是收入的数量；二是取得收入的时间间隔。一般情况下，货币需求量与收入水平成正比，与取得收入的时间间隔的长短成正比。收入水平越高，支出越大，对作为交易媒介的货币需求也就越大。取得收入的时间间隔越长，货币需求就越多。

2. 市场利率

在市场经济中，利率也是一种价格，是一定时期内使用资金的价格。在正常情况下，利率水平与货币需求成反比例变化关系。市场利率提高，意味着人们持有货币的机会成本增加，货币需求自然减少。另外，在一般情况下，市场利率与有价证券成反比关系。即市场利率上升，有价证券价格下跌，市场利率下降，有价证券价格上涨。当利率水平处于较高位置时，人们往往预期利率将下降，而有价证券价格将上涨，于是人们会减少货币需求量而增加有价证券持有量以期日后取得资本溢价收入。

3. 信用发达程度

在信用制度健全、信用比较发达的经济中，货币需求相对较少；而在信用制度不健全，信用观念落后的经济中，货币需求会相对较多。也就是说，信用制度的健全程度和信用的发达程度与货币的需求是负相关关系。因为在信用制度健全、信用比较发达的经济中，有相当一部分交易是通过债权债务的抵消来实现的，这样必然减少作为流通手段和支付手段的货币的需求量；同时，在这样的经济中，一般金融市场也比较发达，人们可以把暂时不用的货币用来购买短期债券，而在需要变现时，可在金融市场上很容易地出售，这样，人们就可以相对减少经常性的货币持有量。相反，如果没有健全的信用制度和完善的金融市场，人们只能在手中保有较多的货币，以满足自己安全性和流动性的需要，这种情况在广大的发展中国家和落后的农村偏远地区表现得最为明显，极端的例子就是以窖藏现金的形式进行储蓄。

4. 消费倾向

由于各个国家、各个地区的生活习俗、消费观念不同，使得各个经济主体及整个社会的消费倾向各不相同，消费倾向是指消费在收入中所占的比例。在一般情况下，消费倾向与货币需求呈现出同方向的变化，即消费倾向越大，则货币需求就越多。反之，消费倾向越小，则货币需求就越少。二者之所以呈现出同方向的变化，是因为在现代市场经济中，绝大部分消费还是以货币作为购买手段的。但在如下特殊的情况下，二者就不会是一种同向关系，一是当人们在取得收入后不是较为均匀地支出其收入，而是立即用于购买消费品；二是人们储蓄的方式不是存款和购买有价证券，而是以货币形式进行。

5. 预期及心理因素

货币需求在很大程度上还受人们主观意愿的影响。如果人们预期物价水平将上升，即未来通货膨胀较高，人们会担心货币贬值，不愿意再持有则用货币转而购买其他资产，因此对货币需求减少。相反，如果人们预期物价水平下降，对货币需求就会增加。

此外在现实生活中，除上述几个因素外，经济制度、人们的货币偏好等因素也会影响着货币需求。

三、货币供给的含义

货币供给是指一国的货币供给主体（一般指该国的银行系统，包括中央银行和商业银行）向本国货币需求主体供给货币的经济行为。货币供给是与货币需求相对应的，二者共同决定了一国的货币均衡状态，并由此对一国的货币经济问题产生根本的影响。调控货币供应量，使其适应本国经济发展的需要，已成为各国中央银行的重要任务。

货币供给量包括货币存量和货币流量两个方面。货币存量是指一国在某一时点上实际存在于经济生活中的货币量；货币流量是指一国在一定时期货币流通的总量，是货币存量与货币流通速度的乘积。我们平时所说的货币供给量指的是货币存量，在现代市场经济中，各国中央银行对外定期公布本国的货币供给量。

四、货币供给的影响因素

影响一国货币供给量的因素是基础货币和货币乘数，而这两个因素又受众多因素影响。

1. 基础货币

（1）基础货币含义。基础货币是指具有使货币供给总量数倍扩张或收缩的能力的

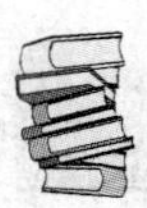

货币，它表现为中央银行的负债，是由中央银行投放并控制的货币。它包括商业银行的存款准备金和社会公众持有的通货。基础货币的改变直接改变了商业银行的存款货币创造能力，影响商业银行的信用规模，最终影响到全社会的货币供给总量。

在实践中，中央银行对社会货币供给总量的调控很大程度上都是通过调节基础货币来实现的。货币供给的过程是中央银行供应基础货币，基础货币形成商业银行的原始存款，商业银行通过贷款产生派生存款，最终形成全社会货币供给的过程。中央银行投放基础货币的渠道有三条：一是直接发行通货；二是变动黄金、外汇储备；三是实行货币政策。

（2）影响基础货币投放的因素。影响基础货币投放的因素主要有三个。第一个是一国的财政收支状况。当一国财政收支困难、出现赤字，并通过向中央银行透支借款弥补时，基础货币的投放就会增加；反之减少。第二个是向金融机构贷款和公开市场业务。中央银行无论是采用再贴现还是再贷款的方式向商业银行等金融机构注入资金，基础货币投放就会增加。中央银行从公开市场买入证券，基础货币投放增加，从公开市场卖出证券，基础货币投放减少。第三个是国际收支状况。国际收支状况的变动会引起一国黄金、外汇储备的变动。如果一国出现国际收支顺差，会增加黄金和外汇储备，基础货币投放增加。如果国际收支出现逆差，中央银行的黄金和外汇储备会减少，基础货币相应减少。

2. 货币乘数

货币乘数是货币扩张的倍数，也就是货币供给量与基础货币的比值，它表示一元基础货币的变动所能引起的货币供给量的变动。在基础货币一定的情况下，货币乘数的大小决定了社会的货币供应总量。

与基础货币不同的是，货币乘数不是一个外生变量，决定货币乘数的大部分因素不是货币当局，而是取决于商业银行和社会公众的行为。影响货币乘数的因素主要有法定存款准备金、超额存款准备金和通货比率。其中法定存款准备金率由中央银行决定，成为中央银行重要的货币政策工具；超额存款准备金率的变动取决于商业银行的经营决策行为，而商业银行的经营决策又受市场利率、宏观经济形势、借入资金成本和难易程度等因素的影响；通货比率取决于社会公众的资产选择行为，具体又受收入变动、其他金融资产收益率、社会公众流动性偏好等因素的影响。

货币供给量是由中央银行、商业银行和社会公众三个经济主体行为共同决定的。

五、货币均衡

1. 货币均衡的含义

货币均衡即货币供求均衡，是指在一定时期经济运行中的货币需求与货币供给在动态上保持一致的状态。货币的需求与供给既相互对立，又相互依存，货币的均衡状况是这两者对立统一的结果。

货币均衡是用来说明货币供给与货币需求的关系，货币供给符合经济生活对货币的需求则达到均衡。货币均衡在经济上表现为市场繁荣，物价稳定，社会再生产过程中的物质替换和价值补偿都能正常、顺利进行。

货币均衡不是简单的货币供给与货币需求相适应，它与社会总供求的均衡具有内

在的统一性。

在商品经济社会中，社会总需求与社会总供给的矛盾是客观存在的。社会总需求是指有现实购买力的需求，即一定时期内整个社会实际发生的有支付能力的需求总和。社会总供给是指同一时期内全社会实际提供的可供销售的商品和劳务总和。如果总需求小于总供给，就会出现经济萧条；如果总需求大于总供给，就会出现通货膨胀。无论哪种矛盾发生都和货币资金运动有关。

在现代经济条件下，货币供求与社会总供求是通过以下两条渠道紧密联系在一起的。一是商品的供给决定了一定时期的货币需求。因为任何商品都需要货币来度量并实现其价值，有多大规模的商品供给，就必然要求有相应的货币来满足其流通。二是货币的供给在一定程度上决定了社会的总需求。因为任何需求都表现为有货币支付能力的需求，没有货币的需求是无法实现的。因此，在货币流通速度相对稳定的条件下，一定时期的货币供给量也就相应地决定了当期的社会总需求。

社会经济的均衡要求社会总供给与社会总需求本身平衡，而用总需求更多地制约总供给的变化。货币的需求与供给本身也应平衡，而且从根本上说，货币的需求制约货币的供给。

2. 货币均衡的标志

货币均衡的标志体现在以下几个方面：

（1）商品市场物价稳定。

（2）商品供求平衡。社会上既没有商品供给过多引起的积压，也没有商品供给不足引起的短缺。

（3）金融市场资金供求平衡，形成均衡利率。社会有限资源得到合理配置，货币购买力既非过多，也非不足。

3. 货币均衡的条件

市场经济条件下货币均衡的实现有赖于三个条件，即健全的利率机制、发达的金融市场及有效的中央银行调控机制。

在完全市场经济条件下，货币均衡最主要的实现机制是利率机制。除利率机制之外，还有中央银行的调控手段、国家财政收支状况、生产部门结构是否合理、国际收支是否基本平衡等四个因素。

在市场经济条件下，利率不仅是货币供求是否均衡的重要信号，而且对货币供求具有明显的调节功能。因此，货币均衡便可以通过利率机制的作用而实现。

就货币供给而言，当市场利率升高时，一方面社会公众因持币机会成本加大而减少现金提取，这样就使现金比率缩小，货币乘数加大，货币供给增加；另一方面，银行因贷款收益增加而减少超额准备来扩大贷款规模，这样就使超额准备金率下降，货币乘数变大，货币供给增加。所以，利率与货币供给量之间存在着同方向变动关系。就货币需求来说，当市场利率升高时，人们的持币机会成本加大，必然导致人们对金融生息资产需求的增加和对货币需求的减少。所以利率同货币需求之间存在反方向变动关系。当货币市场上出现均衡利率水平时，货币供给与货币需求相等，货币均衡状态便得以实现。当市场均衡利率变化时，货币供给与货币需求也会随之变化，最终在

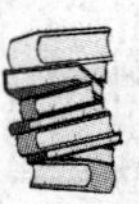

新的均衡货币量上实现新的货币均衡。

通货膨胀与通货紧缩是当今世界各国经常发生的经济现象，它们都与货币的供求紧密相连，实际上是货币供求失衡的两种表现形式。

知识链接

凯恩斯货币需求理论

凯恩斯货币需求理论是货币经济理论最显著的发展之一，它是众所周知的凯恩斯革命的重要组成部分，在经济发展史中具有十分重要的地位。它构成了众多货币经济论题讨论的经济学基础，也是分析评价宏观经济政策绩效的理论基础之一。凯恩斯的货币需求理论主要是基于其著名的《就业利息和货币通论》一书。按照《就业利息和货币通论》的分析，人们持有货币的动机包括：持币的交易动机、持币的谨慎动机和持币的投机动机，相应地，人们持币的需求包括：货币的交易需求、谨慎需求和投机需求。

（知识来源：http：//baike. baidu. com/view/377495. htm.）

第二节　通货膨胀

一、通货膨胀的含义

通货膨胀是指在纸币流通条件下，流通中的货币量超过实际需要量所引起的货币贬值、物价持续上涨的经济现象。通货膨胀是一种货币失衡，直接原因是货币供应量过多。通货膨胀必然表现为物价上涨、纸币贬值，但物价上涨并不一定是通货膨胀。

关于这一定义，有几点是必须说明的。

（1）产生通货膨胀的经济条件是纸币流通。

（2）通货膨胀的表现形式是物价上涨，但物价上涨不一定是通货膨胀。因为引起个别物价上涨的原因并不一定是纸币的过多发行，诸如供求关系、商品本身价值的变化、生产的周期性波动等也可能造成物价上涨。

（3）通货膨胀表现为一般物价水平持续地上涨。“一般物价水平”是指所有商品和劳务价格，因此，局部性的物价上涨不被视为通货膨胀。“持续地上涨”说明在真正的通货膨胀过程中，个别物价虽有升降，但一般物价则呈长期上升的趋势。因此，季节性、暂时性或偶然性的物价上涨，不能被视为通货膨胀。

二、通货膨胀的测量指标

通货膨胀的测定指标，又称“通货膨胀的度量”，指可以表达通货膨胀程度的一种相对数。由于通货膨胀总与物价上涨相连，故通过计量物价水平的上升幅度，可以作为测定通货膨胀的指标。在市场经济起步早的国家，通常将物价上涨率视为通货膨胀率，反映物价水平变动的相对数指标也即为物价指数。衡量通货膨胀的指标通常有三个：一是消费物价指数；二是批发物价指数；三是国内生产总值平减指数。

在目前情况下，人们一般将物价上涨指数看作是通货膨胀率，如何衡量物价指数，主要有：

1. 消费物价指数（CPI）

CPI即零售价格指数，它是根据家庭消费的代表性商品和劳务的价格变动状况而编制的，反映与人们生活直接相关的衣、食、住、行，以及健康、教育等商品和劳务价格的变动情况。许多国家通常是以它代表通货膨胀率。该指标的优点是，资料容易收集，便于及时公布，能够迅速反映公众生活费用的变化，由于它与人们的生活密切相关，所以深受关注。但它也有很大的缺点，包括的范围较窄，不能反映各种资本品及中间品的价格变化。

2. 批发物价指数（WPI）

它是根据制成品和原料的批发价格编制的指数，反映不同时期生产资料和消费品批发价格的变动趋势与幅度的相对数。这一指数对商业循环较为敏感，但由于它不包括各种劳务，所以其变化对一般居民生活的影响也不如消费物价指数那样直接。由于它与企业生产密切相关，能较为灵敏地反映企业生产成本的变动趋势，因此，往往为企业所关注，缺点是没有把劳务价格的变动包括在内。它与消费物价指数的变动一般是一致的，但也可能出现差异。

3. 国内生产总额平减指数（GDP Deflator）

它是指按当年价格计算的国内生产总额对按固定价格计算的国内生产总额的比率。它包括私营部门和公营部门的消费，还包括生产资料与进出口商品、劳务的价格，因此比较全面。它的缺点是所需的大量数据不易收集，难以经常性地公布。

除此以外，衡量通货膨胀率的指标还有许多，由于它们包括的内容各不相同，用不同指标反映出来的通货膨胀率也会有所不同，因此，我们在判断通货膨胀及其程度时要通过不同指标进行全面的衡量。目前世界上大多数国家在测量通货膨胀的程度时，往往同时采用两种物价指数，使用较多的是消费物价指数和国内生产总额平减指数。

三、通货膨胀的类型

按照不同的标准，通货膨胀可分为以下类型：

1. 按照通货膨胀的程度分类

按照通货膨胀的程度和物价水平上涨的速度，可将通货膨胀分为以下三种主要的类型。

（1）爬行的通货膨胀：爬行的通货膨胀是指一般物价水平按照不太大的幅度持续上涨，有时也叫“温和”的通货膨胀。一般年通货膨胀率（物价上涨率）在2%～3%，货币价值每年下降很少，不容易感到物价上涨的压力。一般来说，当消费物价指数增幅大于3%时，称为通货膨胀，我们也通常把消费物价指数增幅是否达到3%作为通货膨胀的预警线。

（2）奔驰的通货膨胀：奔驰的通货膨胀是指一般物价水平按照相当大的幅度持续上涨。一般物价上涨率在10%以上，达到两位数水平。此时居民对货币的信心逐渐消失，认为物价将日益上涨，纷纷抢购商品。此时的通货膨胀处在加速之中，通货膨胀

已对经济产生不利影响，但还不至于引起金融崩溃和经济生活混乱。

（3）恶性的通货膨胀：恶性的通货膨胀是指失控的、野马脱僵式的通货膨胀。此时货币价值不断下降，人们完全丧失了对货币的信心，开始抢购物资和外币，货币基本丧失了作为交换媒介和价值标准的功能。通货膨胀率往往在100%以上，甚至达到天文数字。比如1920—1923年德国发生了恶性通货膨胀。1923年年初，1马克能兑换2.38美元，而到夏天的时候1美元能换4万亿马克！早上能买一栋房子的钱，傍晚只能买一个面包了。我国1949年5月同1937年6月相比，纸币的发行额增加了1 768亿倍，同期上海的物价上涨了138 842亿倍。1949年5月10日，国民党新疆省银行发行的钞票面额为60亿元，堪称世界之最。这张60亿元的钞票在上海市场上的实际购买力大约是77粒大米。

2. 按发生原因分类

从通货膨胀的原因来分类，可分为需求拉上型、成本推动型、结构型和混合型通货膨胀。

（1）需求拉上型通货膨胀：通货膨胀是由于总需求过度增长所引起的，是由于“太多的货币追求太少的货物”，从而使包括物资与劳务在内的总需求超过了按现行价格可得到的总供给，因而引起物价上涨。在市场上，商品供过于求时，商家想方设法降价倾销商品；当供不应求时，人人都想得到商品，需求旺盛但是商品有限，从而带动价格上涨。因此，货币供应量的增加引起社会总需求扩大导致物价水平的普遍上升。

（2）成本推动型通货膨胀：在资源还没有充分利用时因成本因素而推动的价格上涨。典型的成本推动型有三种：

1）工资推动的通货膨胀：如工会要求给工人增加工资，工资的增加超过了生产率的增长，从而提高了单位产品的成本，企业为了维持原来的利润水平，必然要提高商品的价格。例如1982年，美国处于严重衰退之中，失业率接近10%，而工资增加5%。

2）利润推动的通货膨胀：利润推动的通货膨胀是怎样造成的？是一些企业为了增加利润，不采取提高效率、降低成本的途径，而是利用提高产品价格，投机取巧的方式获得更多利润。但是这种方式增加利润不一定成功，因为企业利润增加后，生产要素的所有者会相应提出增加要素报酬的要求，如工人要求增加工资，生产资料的供应者提高生产资料的价格，这样反而增加了单位产品的生产成本。成本增加，产品价格上涨，引起通货膨胀。

3）商品推动的通货膨胀：当能源、原料等价格大幅度上涨时，生产成本增加，引起通货膨胀。如北美、西欧等国2007年曾因世界石油价格剧增，原料价格高涨，发生了一次成本推动的通货膨胀。这种也叫结构型通货膨胀，即由于个别关键性的商品的供求比例失调而引起的通货膨胀。

（3）结构型通货膨胀：即物价的上涨是由于对某些部门的产品需求过多，虽然经济的总需求并不过多，但最初由于某些经济部门的压力使物价和工资水平上升，之后使得需求跟不上那些部门的物价和工资额趋于上升的水平，于是便出现全面的通货膨胀。

（4）混合型通货膨胀：即一般物价水平的持续上涨，既不能说是单纯的需求拉上，也不能归咎于单纯的成本推动，还不能笼统概括为社会经济结构的原因，而是由于需求、成本和社会经济结构共同作用形成的一种一般物价水平持续上涨的货币经济现象。

3. 按通货膨胀的表现形态分类

按通货膨胀的表现形态分类，可以把它分为公开型通货膨胀和隐蔽型通货膨胀。

（1）公开型通货膨胀：是指在价格完全放开，价格对供求反映灵敏的条件下，通过价格指数的变动反映出来的通货膨胀，它的前提条件是市场经济的完善。

（2）隐蔽型通货膨胀：是指当经济生活中积累了难以消除的总需求大于总供给的压力时，由于政府采取管理和冻结物价、对商品销售进行价格补贴和对购买行为进行限量控制等措施，使通货膨胀压力不通过物价上涨释放出来，而表现为市场商品供应极度短缺、限量供应、黑市活跃，国家牌价与黑市价形成巨大价差、商品质量下降、腐败猖獗等。在排斥市场经济，实行单一行政计划管理体制的社会主义国家，都程度不同地存在过隐形的通货膨胀。

四、通货膨胀对经济的影响

1. 通货膨胀对商品生产和流通的影响

首先，通货膨胀不利于生产的正常发展。通货膨胀初期，会对生产有一定的刺激作用，但这种刺激作用是递减的，随之而来的就是对生产的破坏性影响。在商品和劳务价格普遍上涨的情况下，能源、原材料价格上涨尤其迅速，生产成本提高，生产性投资风险加大，生产部门的资金，尤其是周期长、投资大的生产部门的资金会转向商业部门或进行金融投机，社会生产资本总量由此而缩小。由于投资风险加大，投资预期收益率下降，股息收入增长率低于利息率的上升，证券市场价格下跌，企业筹措资本困难，投资率下降。通货膨胀不仅使生产总量削弱，还会破坏正常的产业结构和产品结构。通货膨胀较严重的时候，投机活动猖獗、价格信号扭曲，在生产领域，投资少、周期短、产品投放市场快的加工业受到很大刺激。由于货币流通速度加快、购买力强劲，市场商品供应相对短缺，企业生产单纯追求周期短、见效快，产品质量下降，最终结果是质次价高的加工业产品生产过剩，而基础产业受到冷落。另外，通货膨胀使货币的价值尺度功能受到破坏，成本、收入、利润等均无法准确核算，企业的经营管理尤其是财务管理陷入困境，严重影响再生产活动的正常进行。

其次，通货膨胀打乱了正常的商品流通秩序。正常的商品流通秩序是商品由生产企业制成后，经过必要的批发、零售环节，进入消费领域。在此过程中，生产企业和处于各流通环节的销售企业均获得正常合理的经营收入和利润，消费者也接受一个合理的价格水平。但是，在通货膨胀情况下，由于价格信号被严重扭曲，商品均朝着价格最高的方向流动，在投机利益的驱动下，商品会长期滞留在流通领域成为倒买倒卖的对象，迟迟不能进入消费领域。由于地区间的物价上涨不平衡，商品追踪价格上涨最快和水平最高的地区，导致跨地区盲目快速地流动，加大了运输成本，一些商品从产地流向销地后，甚至会又从销地重新流回产地。由于国内市场价格上涨，出口商品价格也上涨，必然会削弱其在国际市场上的竞争力，因而使国内商品流向国际市场的通道受阻。在通货膨胀情况下，人们重物轻钱，严重时出现商品抢购，更有一些投机商搞囤积居奇，进一步加剧市场的供需矛盾。

2. 通货膨胀对国民收入分配和社会成员消费水平的影响

国民收入经过物质生产部门内部的初次分配之后，会由于税收、信贷、利息、价格等经济杠杆的作用而发生再分配。通货膨胀对每个社会成员来说，影响最直接的就是改变了他们原有的收入和财富占有的实际水平。在物价普遍上升的时期，每个社会成员都必须接受已经或正在上升的价格。从这个意义上说，通货膨胀是一种强制性的国民收入再分配。由于各个社会成员的收入方式和收入水平不同，消费支出的负担不同，消费领域和消费层次也不尽相同。因此，在同样的通货膨胀总水平下，有的成员损失小，有的成员损失大，有的成员则是受益者。一般来说，依靠固定薪金维持生活的职员，由于薪金的调整总是慢于物价上升，因此是主要的受害群体；工人和雇员也是受害者，其受害的程度跟他们所在的行业和企业在通货膨胀中的利润变动相关，处在产品价格大幅度上升的企业的工人或雇员，名义工资可能增加，通货膨胀损失可以得到一定补偿，受害程度就小一些。雇主一般都会使工资的增长幅度小于物价上涨幅度，以谋求最大利润，因此，雇主尤其是从事商业活动的雇主，是通货膨胀的受益者。其中，最大的受益者是那些经营垄断性商品、从事囤积居奇、专门的投机商和不法经营者。通货膨胀对分配的影响还表现在债权债务关系中，那些以一定利率借得货币的债务人，由于通货膨胀降低了实际利率，使他们的实际债务减轻，因而是受益者；而那些以一定利息为报酬持有债权的人，则由于实际利率下降而受到损失。

消费是生产的目的，消费水平是衡量社会成员活动质量的标准，消费的表现形式是对商品使用价值或效用的直接占有和支配。但是，在商品货币经济条件下，人们对商品使用价值的占有和支配一般都要首先通过取得货币的方式，人们的收入首先表现为一定的货币数量，而由货币数量转换为真实的消费品还需要通过市场，因此，货币收入等于消费的前提是币值稳定。通货膨胀使币值下降，人们在分配中得到的货币收入因此而打了折扣，实际消费水平也就下降了。

3. 通货膨胀对金融秩序和经济、社会稳定的影响

通货膨胀使货币贬值，当名义利率低于通货膨胀率，实际利率为负值时，贷出货币得不偿失，常常会引发居民挤提存款，而企业争相贷款，将贷款所得资金用于囤积商品，赚取暴利。对经营信用业务的银行来讲，存、贷款活动都承担着很大风险，不如将资金回转向商业投机，因此，银行业出现危机。金融市场的融资活动也会由于通货膨胀，名义利率被迫上升，导致证券价格下降，陷于困境。由于通货膨胀使生产领域受到打击，生产性投资的预期收益率普遍低落，而流通领域则存在过度的投机，工商业股票市场也因此处于不稳定和过度投机的状态。由于严重的通货膨胀，则会使社会公众失去对本位币的信心，人们大量抛出纸币，甚至会出现以物易物的排斥货币的现象。到了这种程度，一国的货币制度就会走向崩溃。

通货膨胀引起的经济领域的混乱，会直接波及整个社会领域，突出地表现为由于社会各阶层的利益分配不公平而激化社会矛盾，政府威信下降，政局不稳定。

4. 通货膨胀的特殊后果——滞胀

所谓滞胀，是指经济生活中出现了生产停滞、失业增加和物价水平居高不下同时存在的现象。它是通货膨胀长期发展的结果。西方各国在第二次世界大战后的20世纪50~60年代，实施通货膨胀政策，对经济起到一定的促进作用。那时通货膨胀一般表现为需求过多、商品供应不足、物价上涨，在需求的刺激下，经济增长和就业能保持一个较高的水平。但是，进入20世纪60年代和70年代以后，由于通货膨胀和刺激作用越来越弱，而对经济的消极影响渐渐上升，终于出现了经济增长速度下降，失业率上升，但物价依然上涨的滞胀局面。实质上，一国经济如果长期处在通货膨胀状态下，人们的收入增长速度慢于物价上涨，实际工资下降，社会购买力萎缩，必然出现需求不足、商品积压、生产下降；在国内物价水平高于国际市场时，来自国外的需求也在下降；由于大量生产性资本在通货膨胀情况下转向商品投机，实际生产投资减少。在生产下降、社会总供给减少的同时，由扩张性财政金融政策导致过多供应的货币却不会自动退出流通，而是以加快流通速度的态势给市场造成强大的通货膨胀压力，物价上升难以控制。在这种情况下，如果采取紧缩措施，则生产受到进一步削弱，市场商品供给进一步减少，而紧缩政策最终达到收缩货币供应量的目的，远不如刺激政策影响货币供应量那样快，于是滞胀就难以很快解决。许多国家的这种局面会持续十余年，严重影响了经济和社会的正常发展。

五、通货膨胀的治理

1. 宏观紧缩政策

宏观紧缩政策是各国对付通货膨胀的传统政策调节手段，也是迄今为止在抑制和治理通货膨胀中运用最多、最为有效的政策措施。其主要内容包括紧缩性货币政策和紧缩性财政政策。

（1）紧缩性货币政策。紧缩性货币政策又称为“抽紧银根”，即中央银行通过减少流通中货币量的办法，提高货币的购买力，减轻通货膨胀压力。具体政策工具和措施包括：①通过公开市场业务出售政府债券以相应地减少经济体系中的货币存量。②提高贴现率和再贴现率，以提高商业银行存、贷款利率和金融市场利率水平，缩小信贷规模；提高商业银行的法定准备金，以缩小货币发行的扩张倍数，压缩商业银行放款，减少货币流通量。在政府直接控制市场利率的国家，中央银行也可直接提高利率，或直接减少信贷规模。

（2）紧缩性财政政策。紧缩性财政政策主要是通过削减财政支出和增加税收来治理通货膨胀。削减财政支出的内容主要包括生产性支出和非生产性支出，生产性支出主要是国家基本建设和投资支出，非生产性支出主要由政府各部门的经费支出、国防支出、债息支出和社会福利支出等。在财政收入一定的条件下，削减财政支出可相应地减少财政赤字，从而减少货币发行量，并可减少总需求，对于抑制财政赤字和需求拉上引起的通货膨胀比较奏效。但财政支出的许多项目具有支出刚性，可调节的幅度有限，因此增加税收就成为另一种常用的紧缩性财政政策。提高个人所得税或增开其他税种可使个人可支配收入减少，降低个人消费水平；而提高企业所得税和其他税率则可降低企业的投资收益率，抑制投资支出。

2. 收入紧缩政策

收入紧缩政策主要是根据“成本推进论”制定的，其理由是依靠财政信用紧缩的

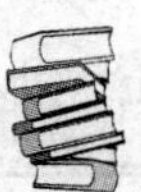

政策虽然能够抑制通货膨胀，但由此带来的经济衰退和大量失业的代价往往过高，尤其是当成本推进引起菲利普斯曲线向右上方移动，工会或企业垄断力量导致市场出现无效状况时，传统的需求管理政策对通货膨胀将无能为力，必须采取强制性的收入紧缩政策。收入紧缩政策的主要内容是采取强制性或非强制性的手段，限制提高工资和获取垄断利润，抑制成本推进的冲击，从而控制一般物价的上升幅度。具体措施一般包括工资管制和利润管制两个方面。

3. 收入指数化政策

收入指数化政策又称指数连动政策，是指对货币性契约订立物价指数条款，使工资、利息、各种债券收益及其他货币收入按照物价水平的变动进行调整。这种措施主要有三个作用：一是能借此剥夺政府从通货膨胀中获得的收益，杜绝其制造通货膨胀的动机；二是可以消除物价上涨对个人收入水平的影响，保持社会各阶层原有生活水平不至于降低，维持原有的国民收入再分配格局，从而有利于社会稳定；三是可稳定通货膨胀环境下微观主体的消费行为，避免出现抢购囤积商品、贮物保值等加剧通货膨胀的行为，维持正常的社会经济秩序，并可防止盲目的资源分配造成资源浪费和低效配置；四是可割断通货膨胀与实际工资、收入的互动关系，稳定或降低通货膨胀预期，从而抑制通货膨胀率的持续上升。

4. 供给政策

供给政策同宏观的紧缩政策一样，都是立足于消除总需求与总供给之间的缺口的政策。不同的是：宏观紧缩政策试图通过减少总需求来消除缺口，而总供给则试图通过增加供给来达到平衡的最终目的。具体措施是大幅降低税率，以刺激储蓄与投资，从而增加商品与服务的供给。

5. 改变预期

政府所采取的各种治理通货膨胀的措施能否奏效，部分取决于人们对通货膨胀或者对物价未来走势的预期。因此，为了有效地控制通货膨胀，政府有必要采取一些措施，改变人们对通货膨胀的预期，使通货膨胀带来的各种矛盾得以缓解，使政府治理通货膨胀的政策得以奏效。

6. 货币改革

当恶性通货膨胀已经发生，所有的治理对策都不能奏效，原有的货币体系已经不能正常运转，此时唯一的办法就是进行货币改革，废除旧货币，发行新货币。

以上分析了通货膨胀及其危害性，这是在调控经济中应特别注意的。但是，在防止和治理通货膨胀的过程中，又要防止出现通货紧缩。

知识链接

居民消费价格指数（CPI）

消费者物价指数（Consumer Price Index），英文缩写为 CPI，是根据与居民生活有关的产品及劳务价格统计出来的物价变动指标，反映与居民生活有关的产品及劳务价格统计出来的物价变动指标，通常作为观察通货膨胀水平的重要指标。

居民消费价格指数（CPI）涵盖全国城乡居民生活消费的食品、烟酒及用品、衣着、家庭设备用品及维修服务、医疗保健和个人用品、交通和通信、娱乐教育文化用品及服务、居住等八大类、262个基本分类的商品与服务价格。在计算消费者物价指数时，每一个类别都有一个能显示其重要性的权数。这些权数是通过向成千上万的家庭和个人调查他们购买的产品和服务而确定的。权数每两年修正一次，以使它们与人们改变了的偏好相符。

（资料来源：百度百科）

第三节　通货紧缩

一、通货紧缩的概念

通货紧缩是与通货膨胀相对立的一种经济现象，它是指流通中的货币量不足，引起货币升值、一般物价总水平持续下降的现象。应该指出的是，单个货物或劳务价格的下跌并不形成通货紧缩，只有一般价格水平的持续下跌才称为通货紧缩，且持续时间通常为两年以上。通货紧缩从本质上讲是一种货币现象。

这种货币现象的实质是：

（1）通货紧缩表现为物价的持续下跌，而物价水平本身就是货币现象。

（2）通货紧缩时期的货币流量不足，可能是由于货币流通速度减慢造成的。

持续的紧缩会导致货币供应减少，一般物价下跌，直到导致社会经济的衰退，但它不是经济衰退的必然原因。此外，通货紧缩与货币政策紧缩不同，虽然通货紧缩情形与货币紧缩有一定的联系，但不存在绝对的因果关系。从含义上讲，通货紧缩作为通货膨胀的对立面，是指一般物价的持续下跌，是一种经济现象；而货币政策紧缩，则是一种经济政策，其功能是减少流通中的货币量，抑制社会总需求，其目的是使社会总需求与总供给相适应，消除可能出现或已经出现的经济发展过热的隐患或现象，稳定经济增长速度。

由于通货紧缩是通货膨胀的对立面，因此，人们在测量通货紧缩时，往往采用与测量通货膨胀类似的指标，即前面所介绍的各种物价指数。人们通常将基期的物价指数定为100%，在此基础上计算报告期的物价指数。当报告期的物价指数低于100%时，即为通货紧缩。由于消费物价指数（或零售物价指数）具有资料容易收集、迅速反映直接影响人民生活的物价趋势等优点，因此，在测量通货紧缩时被广泛使用。

二、通货紧缩的类型

1．按照通货紧缩的发生程度不同分类

按照通货紧缩的发生程度不同分类，可以将通货紧缩分为相对通货紧缩和绝对通货紧缩。

（1）相对通货紧缩。相对通货紧缩是指物价水平在零值以上，在适合一国经济发展和充分就业的物价水平区间以下，在这种状态下，物价水平虽然还是正增长，但已

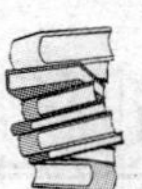

经低于该国正常经济发展和充分就业所需要的物价水平，通货处于相对不足的状态。这种情形已经开始损害经济的正常发展，虽然是轻微的，但如果不加重视，可能会由量变到质变，对经济发展的损害会加重。

（2）绝对通货紧缩。绝对通货紧缩是指物价水平在零值以下，即物价出现负增长，这种状态说明一国通货处于绝对不足状态。这种状态的出现，极易造成经济衰退和萧条。根据对经济的影响程度，又可以分为轻度通货紧缩、中度通货紧缩和严重通货紧缩。而这三者的划分标准主要是物价绝对下降的幅度和持续的时间长度。一般来说，物价出现负增长，但幅度不大（比如 -5%），时间不超过两年的称为轻度通货紧缩。物价下降幅度较大（比如在 -5% ~10%），时间超过两年的称为中度通货紧缩。物价下降幅度超过两位数，持续时间超过两年甚至更长的情况称为严重通货紧缩，20 世纪 30 年代世界性的经济大萧条所对应的通货紧缩就属此类。

2. 按照通货紧缩产生的原因不同分类

按照通货紧缩产生的原因不同分类，可以将通货紧缩分为需求不足型通货紧缩和供给过剩型通货紧缩。

（1）需求不足型通货紧缩。所谓需求不足型通货紧缩，是指由于总需求不足，使得正常的供给显得相对过剩而出现的通货紧缩。由于引起总需求不足的原因可能是消费需求不足，投资需求不足，也可能是国外需求减少或者几种因素共同造成的不足，因此，依据造成需求不足的主要原因，可以把需求不足型的通货紧缩细分为消费抑制型通货紧缩、投资抑制型通货紧缩和国外需求减少型通货紧缩。

（2）供给过剩型通货紧缩。所谓供给过剩型通货紧缩，是指由于技术进步和生产效率的提高，在一定时期产品数量的绝对过剩而引起的通货紧缩。这种产品的绝对过剩只可能发生在经济发展的某一阶段，如一些传统的生产、生活用品（如钢铁、落后的家电等），在市场机制调节不太灵敏，产业结构调整严重滞后的情况下，可能会出现绝对的过剩。这种状态从某个角度来看，它并不是一个坏事，因为它说明人类的进步，是前进过程中的现象。但这种通货紧缩如果严重的话，则说明该国市场机制存在较大缺陷，同样会对经济的正常发展产生不利影响。

3. 按照通货紧缩的表现方式不同分类

按照通货紧缩的表现方式不同分类，可以把通货紧缩分为显性通货紧缩和隐性通货紧缩。

（1）显性通货紧缩。在市场经济条件下，界定通货紧缩，在一般情况下可以而且能够用物价水平的变动来衡量，因为通货紧缩与通货膨胀一样是一种货币现象。这时的通货紧缩就是显性通货紧缩。

（2）隐性通货紧缩。如果采取非市场的手段，硬性维持价格的稳定，就会出现实际产生了通货紧缩，但价格可能并没有降低下来的状况，而这种类型的通货紧缩就是隐性通货紧缩。隐性通货紧缩的存在为我们的判断带来了困难，但并不影响我们以物价水平的变化作为判定通货紧缩的标准，就像隐性通货膨胀的存在，不影响我们以物价水平作为通货膨胀是否发生的判断标准一样。

三、通货紧缩的原因

1. 紧缩性的货币财政政策

在经济扩张时期，货币供应量过度膨胀，中央银行若采取紧缩的货币政策，紧缩货币供应量和信贷规模，将使货币供应量和商品流通的需要量趋于一致；但是，如果中央银行过度采用紧缩的货币政策，将使流通中的货币量不能满足商品流通的需要量，从而产生物价的持续下跌。美国20世纪30年代的通货紧缩便是典型的货币政策引起的通货紧缩。同样，如果一国采取紧缩性的财政政策，削减公共开支，减少转移支付，就会使商品市场和货币市场出现失衡，出现“过多的商品追求过少的货币”，从而引起政策紧缩性的通货紧缩。

2. 经济周期的变化

当经济到达繁荣的高峰阶段，会由于生产能力大量过剩，商品供过于求，出现物价的持续下降，引发周期性的通货紧缩。

3. 投资和消费的有效需求不足

当人们预期实际利率进一步下降，经济形势继续不佳时，会增加储蓄，投资和消费需求都会减少，而总需求的减少会使物价下跌，形成需求拉下型的通货紧缩。

4. 新技术的采用和劳动生产率的提高

由于技术进步及新技术在生产上的广泛应用，会大幅度地提高劳动生产率，降低生产成本，导致商品价格的下降，从而出现成本压低型的通货紧缩。

5. 金融体系效率的降低

金融体系的效率低，表现为银行业的不良资产增加及金融机构不能满足企业贷款的需要。假如一国银行业存在大量的不良资产，金融机构便不愿意向企业发放贷款或片面提高贷款利率，从而造成信贷紧缩，减少社会总需求，进而发展成为通货紧缩。

6. 体制和制度因素

体制变化（企业体制、保障体制等）一般会打乱人们的稳定预期，如果人们预期将来收入会减少，支出将增加，那么人们就会“少花钱，多储蓄”，引起有效需求不足，物价下降，从而出现体制变化型的通货紧缩。

7. 汇率制度的缺陷

如果一国实行钉住强币的联系汇率制度，本国货币又被高估，那么，会导致出口下降，国内商品过剩，企业经营困难，社会需求减少，则物价就会持续下跌，从而形成外部冲击型的通货紧缩。

四、通货紧缩对经济的影响

通货紧缩与通货膨胀都属于货币领域的一种病态，但通货紧缩对经济发展的危害比通货膨胀更严重。

1. 加速经济衰退

通货紧缩会加速经济衰退。由于物价水平的持续下降，必然使人们对经济产生悲观情绪，持币观望，使消费和投资进一步萎缩，加速经济的衰退。

2. 影响企业生产和投资的积极性

物价的下降会使实际利率上升，企业不敢借款投资，债务人的负担加重，利润减少，严重时引起企业亏损和破产。由于企业经营的不景气，银行贷款难以及时回收，出现大量坏账，并难以找到盈利的好项目，经营也会出现困难，甚至面临“金融恐慌”和存款人的挤提风险，从而引起银行破产，使金融系统面临崩溃。

3. 心理预期加速经济恶化

过度的通货紧缩，会导致物价总水平长时间、大范围下降，市场银根趋紧，货币流通速度减慢，市场销售不振。经济形势的变坏与人们的预期心理相互作用，会强化居民“买涨不买落”心理，左右企业的“惜投”和居民的“惜购”，使大量的资金闲置，限制了社会需求的有效增长，经济陷入螺旋式的恶性循环之中。同时这种通货紧缩还会通过国际交往输出到国外，而世界性的通货紧缩又会反过来加剧本国的通货紧缩局面。最终导致经济增长乏力，经济恶化局面加剧。

通货紧缩对经济发展不利。但是，适度的通货紧缩，通过加剧市场竞争，有助于调整经济结构和挤去经济中的“泡沫”，也会促进企业加强技术投入和技术创新，改进产品和服务质量，对经济发展也有积极作用的一面。

五、通货紧缩的治理

1. 扩张的财政政策和货币政策

通货紧缩是由于有效需求不足，即社会总供给大大超过总需求而造成的。要消除通货紧缩，就必须刺激有效需求。扩大总需求的有效途径是宽松的财政政策和宽松的货币政策。

（1）宽松的财政政策。宽松的财政政策的主要内容有：

1）减少税收。减少税收虽然减少了财政收入，但可以直接增加社会总需求。例如，降低个人所得税的税率，可以增加消费需求；降低企业所得税税率，可以增加企业的投资需求。

2）扩大政府支出。扩大政府支出可以增加政府需求。在财政收入既定或减少的条件下，扩大政府支出的资金来源，主要通过发行国债和财政赤字来弥补。

（2）宽松的货币政策。宽松的货币政策的主要内容有：中央银行采取有效措施扩大商业银行和非银行金融机构的信贷规模，增加货币供应量。中央银行在实施扩张性货币政策时主要采用的政策工具是在金融市场上购进政府债券、降低再贴现率、降低法定存款准备金比率等。

政府在采用财政政策和货币政策稳定通货时，必须适可而止，因为财政政策和货币政策是一把双刃剑，具有较大的副作用。宽松的财政政策和宽松的货币政策虽然可以治理通货紧缩，但会引起新一轮的通货膨胀。

2. 结构性调整

对由于某些行业的产品或某个层次的商品生产绝对过剩所引发的通货紧缩，可以采用结构性调整的办法加以治理。一般采用的调整政策是：长线产品限制生产，短线产品鼓励生产；新兴行业鼓励发展，夕阳产业限制发展。对过剩产品生产行业控制发展，支持符合社会发展需求的行业和产品的生产。

3. 改变预期

公众对通货紧缩发展前景的预期在很大程度上影响政府的通货紧缩治理政策及其效果。因此，政府有必要通过各种宣传手段，说服公众、相信政府，对未来保持信心。

4. 完善社会保障体系

如果造成通货紧缩的主要原因是由于处于中低层的居民收入过低而导致的消费需求不足，可以通过建立、健全社会保障体系，改善国民收入的分配格局，提高中低收入居民的收入水平，缓解通货紧缩的矛盾。

知识链接

通货紧缩时老百姓该怎么办?

（1）停止股票及一切有风险的投资，改买国债和储蓄，能保本和随时调用就行。

（2）停止买房、更换汽车的计划，不买昂贵的实物，不能把活钱变成死钱。

（3）在确保正常生活水平的前提下，限制奢侈品消费及高档服务消费，减少开支。

（4）积极储蓄，千万别再透支消费了。

（资料来源：http：//qzgycdm. blog. hexun. com/35700850_ d. html.）

本章小结

货币供求理论是整个货币理论的重心，是宏观经济理论的重要组成部分。货币需求是人们对货币性财富的需求，主要受收入状况、市场利率、信用发达程度、消费倾向、预期及心理因素的影响。货币供给是指一国的货币供给主体向本国货币需求主体供给货币的经济行为。影响一国货币供给量的因素是基础货币和货币乘数，而这两个因素又受众多因素影响。货币均衡即货币供求均衡，是指在一定时期经济运行中的货币需求与货币供给在动态上保持一致的状态。通货膨胀是指在纸币流通条件下，流通中的货币量超过实际需要量所引起的货币贬值、物价持续上涨的经济现象。通货膨胀不利于经济增长，即使对经济发展有某些制激作用，也是短时期的，并以积累更大矛盾为代价。通货紧缩是与通货膨胀相对立的一种经济现象，它是指流通中的货币量不足，引起货币升值、一般物价总水平持续下降的现象。通货紧缩的治理可采取以下几方面措施：扩张的财政政策和货币政策、结构性调整、改变预期、完善社会保障体系。

思考与练习

一、选择题

1. 通货膨胀的主要表现是（　　）。

A. 股票价格上涨　　B. 债券价格上涨

C. 工资水平上涨　　D. 商品和劳务价格上涨

2. 工资的增长率超过劳动生产率所引起的物价上涨，属于（　　）。

A. 需求拉上型通货膨胀　　B. 成本推进型通货膨胀

C. 结构型通货膨胀　　D. 混合型通货膨胀

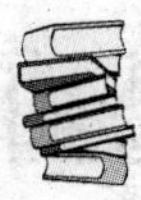

3. 在通货膨胀中，会受损的经济主体是（　　）。

A. 债权人　　B. 债务人

C. 以工资收入为主的人　　D. 以利润收入为主的人

4. 在治理通货膨胀过程中，属于紧缩性财政政策措施的有（　　）。

A. 削减政府支出　　B. 减少货币供给

C. 增发国债　　D. 增加税收

5. 通货紧缩主要有以下哪些表现形式？（　　）。

A. 有效需求不足　　B. 货币购买力增加

C. 股票价格下降　　D. 失业增加

6. 治理通货紧缩的措施包括（　　）。

A. 减税　　B. 中央银行在公开市场上卖出有价证券

C. 增加政府支出　　D. 减少消费信贷

7. 下列说法正确的有（　　）。

A. 只有恶性通货膨胀才会对经济造成伤害

B. 通货膨胀总是与经济增长并存

C. 通货膨胀总是与经济衰退并存

D. 通货膨胀成因不同治理措施也就不同

8. 下列说法错误的有（　　）。

A. 通货紧缩发生时，工资刚性会阻止价格进一步下降

B. 由于生产力提高和技术进步所产生的价格走低，并不会妨碍经济增长

C. 在通货紧缩时期，实际利率高于名义利率

D. 通货紧缩使得实际利率下降，从而降低社会投资的实际成本

9. 温和通货膨胀是指通货膨胀率（　　）。

A. 小于10%　　B. 在10%~50%　　C. 在60%~100%　　D. 大于100%

10. 由于总需求的增加超过了总供给而引起的通货膨胀是（　　）。

A. 需求拉上型通货膨胀　　B. 成本推动型通货膨胀

C. 结构型通货膨胀　　D. 混合型通货膨胀

二、判断题

1. 当出现价格水平上涨现象时，就意味着出现了通货膨胀。（　　）

2. 在高通货膨胀的情况下，人们持有货币的机会成本很低。（　　）

3. 通货膨胀具有的资产结构调整效应使得债权人受损而使债务人受益。（　　）

4. 在现代经济生活中，采取赤字财政政策的政府在通货膨胀发生时会受到损失。（　　）

5. 需求拉上说认为当总需求与总供给的对比处于供不应求的状态时，过多的需求就会拉动价格水平上涨。（　　）

6. 成本推进说是一种侧重从供给或成本方面分析通货膨胀形成机制的假说。（　　）

7. 通货紧缩使投资的预期收益下降，投资倾向降低，不利于经济增长。（　　）

8. 在通货紧缩的情况下，价格效应倾向于使消费者缩减消费，而收入效应则使他们缩减支出。（ ）

9. 通货膨胀对经济有害，而通货紧缩则对经济有利。（ ）

10. 通货紧缩过程一定是物价水平持续下降与经济衰退并存。（ ）

三、名词解释

货币需求　货币供给　货币存量　货币流量　基础货币　货币乘数　货币均衡　通货膨胀　通货紧缩

四、简答题

1. 我国经济学家总结我国改革开放以来通货膨胀的成因有哪些？
2. 西方学者关于通货膨胀成因的主要理论有哪些？
3. 通货膨胀对经济和社会的影响如何？
4. 详述治理通货膨胀的对策。
5. 何谓通货紧缩？治理通货紧缩可采用哪些对策？

五、案例分析

国家统计局：3月居民消费价格指数同比上涨2.4%

2014年3月，全国居民消费价格总水平同比上涨2.4%。其中，城市上涨2.5%，农村上涨2.1%；食品价格上涨4.1%，非食品价格上涨1.5%；消费品价格上涨2.2%，服务价格上涨2.8%。1至3月平均，全国居民消费价格总水平比去年同期上涨2.3%。3月，全国居民消费价格总水平环比下降0.5%。其中，城市下降0.5%，农村下降0.6%；食品价格下降1.6%，非食品价格上涨0.1%；消费品价格下降0.6%，服务价格下降0.1%。

3月，食品价格同比上涨4.1%，影响居民消费价格总水平同比上涨约1.35个百分点。其中，鲜菜价格上涨12.9%，影响居民消费价格总水平上涨约0.41个百分点；鲜果价格上涨17.3%，影响居民消费价格总水平上涨约0.37个百分点；水产品价格上涨7.7%，影响居民消费价格总水平上涨约0.20个百分点；粮食价格上涨2.7%，影响居民消费价格总水平上涨约0.08个百分点；肉禽及其制品价格下降1.8%，影响居民消费价格总水平下降约0.14个百分点（猪肉价格下降6.7%，影响居民消费价格总水平下降约0.21个百分点）。

（资料来源：国家统计局）

根据上述资料，讨论分析以下问题：

1. 居民消费价格指数包含哪些内容？
2. 结合现实，分析如何保证物价平稳。

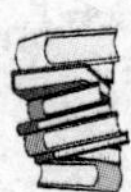

参 考 文 献

[1] 陈共. 财政学［M］. 北京：中国人民大学出版社，2009.

[2] 刘怡. 财政学［M］. 北京：北京大学出版社，2010.

[3] 中国注册会计师协会. 税法［M］. 北京：经济科学出版社，2009.

[4] 王淑云，傅红英. 财政与金融［M］. 北京：化学工业出版社，2009.

[5] 袁崇坚. 财政学［M］. 上海：上海财经大学出版社，2009.

[6] 张庆丰，刘连生. 财政与金融［M］. 上海：上海财经大学出版社，2009.

[7] 孙文基，魏晓峰. 财政与金融［M］. 北京：经济管理出版社，2009.

[8] 李鹰，曲焕波. 财政与金融［M］. 北京：冶金工业出版社，2009.

[9] 王国星. 财政与金融［M］. 北京：中国财政经济出版社，2010.

[10] 蒙丽珍，李星华. 财政与金融［M］. 大连：东北财经大学出版社，2008.

[11] 林如田. 论当前中国公务员工资收入分配的公平性［D］. 厦门：厦门大学，2006.

[12] 秦艳梅. 货币银行学［M］. 北京：经济科学出版社，2002.

[13] 李光. 财政与金融［M］. 郑州：中原出版传媒集团，2012.

[14] 康广. 完善政府非税收入管理体制的思考［D］. 长春：吉林大学，2006.

[15] 弗雷德里克斯·S. 米什金. 货币金融学［M］. 李扬等，译. 北京：中国人民大学出版社，1998.

[16] 兹维·博迪，罗伯特·C. 莫顿. 金融学［M］. 欧阳颖等，译. 北京：中国人民大学出版社，2006.

[17] 曹龙骐. 金融学［M］. 北京：高等教育出版社，2003.

[18] 范正玲. 财政与金融［M］. 济南：山东人民出版社，2009.

[19] 刘建国，钱丽霞. 货币银行学［M］. 上海：华东理工大学出版社，2009.

[20] 黄达. 金融学［M］. 北京：中国人民大学出版社，2004.

[21] 张玉智. 货币银行学［M］. 北京：中国铁道出版社，2009.

[22] 安德利. 金融概论［M］. 重庆：重庆大学出版社，2012.

[23] 潘理权. 财政与金融［M］. 合肥：中国科学技术大学出版社，2012.

[24] 杨冬梅. 财政学［M］. 北京：中国金融出版社，2011.

[25] 周海燕. 财政与金融［M］. 北京：中国水利水电出版社，2012.

[26] 吕报林，翟利艳. 财政与金融［M］. 北京：科学出版社，2011.